Study on the History of Modern Sino-Foreign Relations Vol.5

中国社会科学院近代史研究所中外关系史研究室
浙江大学蒋介石与近代中国研究中心　主办

近代中外关系史研究（第5辑）

Study on the History of Modern Sino-Foreign Relations Vol.5

张俊义（执行）　陈红民 ……… 主编 ………………………………
……………………… 侯中军　肖如平　副主编 ……………………………

社会科学文献出版社
SOCIAL SCIENCES ACADEMIC PRESS (CHINA)

卷 首 语

2014 年 11 月 21～23 日，"战争与外交——第五届近代中外关系史国际学术研讨会"在北京会议中心举办，本届会议由中国社会科学院近代史研究所中外关系史研究室与北京大学历史系联合举办，会议共收到论文 58 篇，来自中国大陆、港台地区以及日本、韩国、丹麦等多个国家的 70 余名学者参加了会议。由于 2014 年适逢甲午战争 120 周年、第一次世界大战爆发 100 周年，与会者向大会提交的论文中，涉及战争与外交主题的近 2/3，论题集中度创下了中外关系史系列国际学术研讨会之最。本次会议另外一个特色是会议主办方首次以公开征文的形式，向海内外同人尤其是青年学术骨干发出邀约，征文获得海内外学界热烈响应，会议组委会共收到 27 篇投稿，最终向 15 篇优秀论文的作者发出参会邀请。大量青年才俊的与会，充分显示近代中外关系史研究领域后继有人且欣欣向荣的景象。

中国社会科学院近代史研究所中外关系史研究室，自 2004 年起被列入中国社会科学院重点学科建设工程。为促进学科发展，加强与海内外各学术研究机构的联系与合作，共同推进与提升近代中外关系史研究的水平，自 2006 年起，近代史研究所中外关系史研究室先后与曲阜师范大学、湖南师范大学历史文化学院、中山大学历史系、杭州师范大学民国浙江史研究中心合作，举办了 4 届近代中外关系史国际学术研讨会，加上 2014 年与北京大学历史系合办的会议，8 年间该系列研讨会已连续成功举办了 5 届，成为海内外从事近代中外关系史研究的学人们联络互通、切磋交流的一个不可或缺的平台。

为及时展现近代中外关系史研究领域的最新研究成果，作为上述系列会议的倡导者与主办方，中外关系史研究室 8 年间克服资金困难，与社会科学文献出版社合作，坚持编辑出版会议的论文集，截至目前已经连续出版 4 辑：《近代中国：东亚与世界》（2008）、《近代中国：政治与外交》（2010）、《近代中国：文化与外交》（2012）、《近代中国：思想与外交》（2013）。会议论文集的陆续出版，在海内外学术界产生良好影响，对于促进近代中外关系史学科发展发挥了积极作用。

近代中外关系史系列国际学术研讨会的成功举办，离不开海内外学术界同人的参与和帮助，特别是历届会议合作方在会议组织上提供实实在在的支持，借此机会我们谨向历届会议的合作方表示衷心感谢，同时也向所有积极参加与支持我们会议的海内外学者表达感激之情，大家的支持与鼓励是我们继续前行的动力。

为进一步促进近代中外关系史学科的发展，我们今后会继续搭建并坚守这样一个两年一届的近代中外关系史系列国际学术研讨会的平台，然而在论文集的编辑出版上，自第 5 辑开始，我们尝试做出某些调整与改变。之所以谋求转变，一个原因是随着出版费用的日渐高企，继续编辑出版百万余字的论文集在经费上已令我们难以为继；另一个原因是此前出版的论文集中，有相当一部分文章已在其他刊物上发表，导致论文集的原创性不足，从而影响了论文集的精彩程度。从本辑开始，我们不再出版完整的会议论文集，而是尝试选取部分与会的优秀未刊论文，采取以书代刊的形式，编辑出版《近代中外关系史研究》集刊系列。

与举办近代中外关系史系列国际学术研讨会模式类似，编辑出版《近代中外关系史研究》集刊系列同样也需要来自学术界的同人及合作机构的大力支持，在酝酿与筹编本集刊系列的过程中，浙江大学蒋介石与近代中国研究中心的同人及该中心主任陈红民教授慨允为集刊的编辑出版提供支持。浙江大学蒋介石与近代中国研究中心成立于 2007 年，该中心成立 8 年来，通过召开学术会议、出版学术著作、开办网站等工作，已发展成国内外知名的蒋介石学术研究中心与资料中心。经过友好协商，中国社会科学院近代史研究所中外关系史研究室与浙江大学蒋介石与近代中国研究中心决定，就共同编辑出版《近代中外关系史研究》集刊系列开展固定合作，将出版的《近代中外关系史研究》集刊系列暂定每年出版 2 辑，双方各自主持编辑出版一辑。为体现本集刊与以往 4 期"近代中外关系史国际学术研讨会"系列论文集的承继关系，本集刊号将从"第 5 辑"起列注。

本辑《近代中外关系史研究》所收录的文章大部分曾提交 2014 年 11 月在北京召开的"战争与外交——第五届近代中外关系史国际学术研讨会"，亦有部分为会议参加者另行提供的反映其独到研究的佳篇力作，所有论文均为首次刊发。《近代中外关系史研究》将以我们每两年举办一届的近代中外关系史国际学术研讨会为依托，优先选登提交会议的未刊论文，同时我们也欢迎其他有志于近代中外关系史研究的学者向本刊投稿，与我们携手共同推动近代中外关系史研究领域的繁荣与壮大。

社会科学文献出版社人文分社宋月华社长对本刊出版提供了许多建设性意见。人文分社是我们出版系列会议论文集的长期合作伙伴，为本学科的建设与发展做出过独特而有益的贡献，本书能顺利面世，与他们的长期帮助与支持是分不开的。另外，责任编辑吴超为本书的编辑出版做了大量技术性工作，辛劳勤谨，在此一并致谢。

编　者
2015 年 5 月 29 日

CONTENTS

CONTENTS

目

录

1883～1885 年英国对中法矛盾的斡旋[*]

张志勇^{**}

摘要： 自 1883 年至 1885 年初，英国对中法矛盾进行了斡旋。英国的斡旋可以分为两个阶段：第一个阶段是 1883 年的斡旋，通过英国的斡旋中法双方又重新回到谈判桌上；第二阶段是 1884 年至 1885 年初的斡旋，英国政府帮助中法双方传递各自的谈判条件，使双方的要求不断接近。但是由于中法双方最后都未能接受对方的条件，英国的斡旋不得不以失败告终。

关键词： 英国　曾纪泽　中法

19 世纪 80 年代初，中法矛盾因越南问题而日益尖锐。为了和平解决中法矛盾，英、美、德都曾对其进行调停。对此，学术界早有研究，特别是邵循正所著《中法越南关系始末》（河北教育出版社，2000）一书做了深入的研究，但是就英国对中法矛盾的调停来说，其研究还是存在着明显的不足：（1）对 1883 年英国对中法矛盾的调停没有研究；（2）因为该书主要使用的是法文资料，对于 1884～1885 年英国对中法矛盾调停的研究显得比较粗略，有待于进一步细化。所以随着已刊与未刊中英文资料的发掘，有必要对于这一题目再进行系统细致的梳理与研究。

---

*　"斡旋"一词是英国政府所特意强调的，相当于有限的调停。

**　张志勇，中国社会科学院近代史研究所副研究员。

一　1883 年英国对中法矛盾的斡旋

1883 年初，李鸿章和法国驻华公使宝海（Frédéric-Albert Bourée）的谈判失败后，曾纪泽在美国驻英法公使的帮助下又与法国恢复了谈判，并于 8 月 18 日向法国政府提交了包含 6 项条件的解决方案，主要内容为：（1）法国应该尊重安南王国的政治现状，不要吞并 1862 年与 1867 年吞并或占领的领土之外的领土；（2）中国对安南的宗主权应该像以前一样继续；（3）法国军队最终应该从东京撤离，该国家的某些地方应该对外国开放通商，其条件就像中国通商口岸一样；（4）红河将向所有国家的轮船开放航行，然而，现在最远不应超过屯鹤关；（5）中国将利用其特殊地位所赋予的在红河上促进商业贸易的影响力，对"黑旗军"做出安排，避免使用武力来消灭他们；（6）法国和安南之间任何新条约都应取得中国的谅解。但是这一方案为法国外交部部长沙梅拉库（Challemel-Lacour）所拒绝，不过沙梅拉库答应将给予曾纪泽法国的对案。①

为了使中法矛盾尽快解决，曾纪泽准备请英国政府进行调停。7 月 2 日，曾纪泽拜会了英国外交大臣葛兰维尔（Granville）。葛兰维尔向曾纪泽表示，英国政府非常希望保持和平，不仅是为了中法双方的友好利益，而且也为了英国自己的利益。同时，葛兰维尔还表示，英国政府认为采取积极措施来推动这一目标并没有什么好处，除非是出于双方的愿望而那样做，但是他们没有理由认为目前法国方面期望这样的行动。然后，葛兰维尔问曾纪泽，对于他最近访问巴黎的主题是否有什么要说的。曾纪泽回答说，在东京问题上，他没有什么希望对葛兰维尔保密，茹费理在他代理外交部部长期间，看起来并不想使自己承担义务，结果什么确切的事情也没有做。葛兰维尔问保护国问题是否主要的分歧原因。曾纪泽给予了肯定的回答。他说，中国政府只是希望保持应有的主权，因为它过去一直存在；且并不希望增强这种主权的性质，或者扩大它。看起来应该能够就联合保护国达成某项协议，由法国人保护该国家南部，而东京则对中国保持忠诚。中国人不能允许法国在毗邻中国边界的地方行使权力。曾纪泽补充说，沙梅拉库已经明确宣称反对中国的声明；茹费理只是对此提出异

---

① "Pro-memorid of Conversation between Earl Granville and Mr. Macartney Which Took Place at Walmer Castle on the 11th September, 1883," *Correspondence Respecting the Proceedings of the French in Annam and Tonquin*, British National Archives, Inclosure 1 in No. 110, FO 881/4909.

议。虽然他更喜欢法国方面自发行动，但是现在的状况好像是，来自一个友好国家的一句话可能会对顺利解决分歧起到作用。葛兰维尔则表示，这是一件非常微妙的事情，他们未经邀请就提出建议，有可能制造新的矛盾而不是使其缓和；但是莱昂斯（Lyons）在巴黎，如果他们有可以采取任何行动的任何合适的机会，都会报告给他，并以适宜的方式采取有效的行动。① 这样葛兰维尔委婉地拒绝了曾纪泽请英国进行调停的要求。

虽然葛兰维尔拒绝了曾纪泽请英国进行调停的要求，但是曾纪泽并没有放弃。9 月 4 日，曾纪泽派中国驻英使馆翻译马格里（Samuel Halliday MaCartney）去英国外交部，转达曾纪泽对于中法形势的看法。曾纪泽认为现在是法国停下来的大好时机。如果法国再在东京前进一步，曾纪泽认为法国与中国的战争就不可避免，他希望英国政府理解形势的严峻性。②

为了自身的利益，英国政府也不愿意看到中法之间爆发战争，所以开始考虑对中法矛盾进行斡旋。9 月 5 日，葛兰维尔先与法国驻英大使瓦定顿（Waddington）进行了联系，之后于 9 月 10 日致函曾纪泽，约请他或马格里与其见面。翌日，马格里与葛兰维尔进行了会谈。葛兰维尔询问马格里是否可以告诉他中国与法国政府在东京问题上谈判的情况，马格里遂为其讲述了事情的经过，称曾纪泽已经起草并交给法方解决的条件，共 6 条，中国政府将会赞同。法方承诺给予答复，但是曾纪泽还未接到。葛兰维尔告诉马格里，之前他没有同意曾纪泽所提建议，即英国女王陛下政府的斡旋可能会有用，因为他怀疑他的干预是否具有优势。现在他有理由认为，他在促进中法矛盾解决方面可能会起作用，但是这要依赖于他能够向法国政府提出可能被法接受的条件。马格里表示，他知道法国政府现在准备接受宝海所提条件，然而这些条件从来未被中国接受过。中国政府当时并未同意，最近的事件发生后，他们将更不会同意给予法国所想要的而中国一无所获的解决办法。葛兰维尔从他的话里理解到，曾纪泽已经从中国政府接受了处理该问题的全部权力。葛兰维尔向马格里强调了允许中法之间爆发战争的责任，一旦开战，必将以法国军队的胜利而结束。马格里承认这个问题的严重性，但是表示北京主战派力量强大，慈禧太后和清政

---

① "Earl Granville to Mr. Grovenor, July 2, 1883," *Correspondence Respecting the Proceedings of the French in Annam and Tonquin*, No. 33, FO 881/4909.

② "Minute by Mr. Currie, September 4, 1883," *Correspondence Respecting the Proceedings of the French in Annam and Tonquin*, No. 72, FO 881/4909.

府没有力量与之抗衡。①

9 月 13 日，曾纪泽拜会葛兰维尔。葛兰维尔向曾纪泽表示，法国政府愿意接受英国的斡旋，解决东京问题，如果他看到斡旋有望成功，他将会很高兴进行斡旋。曾纪泽向葛兰维尔表示感谢，并表示他将立刻把英国政府将进行调停的消息电告中国政府，他确信北京将很高兴接受调停。但是葛兰维尔向曾纪泽指出，他能够进行的不是调停，而是斡旋，而且其成功必须依赖中国所提条件的温和性。然后他向曾纪泽询问其所提 6 项条件及法国政府回复的相关情况。曾纪泽回答，他收到了沙梅拉库的一封便笺，实际上有鉴于某些条件的不可接受性，他拒绝讨论这些条件，但是沙梅拉库邀请他进一步讨论。沙梅拉库已经答允将送给他法国政府的对案，他正在盼望，但是还没有收到。葛兰维尔认为，事情好像从某些方面来讲已经陷入僵局，法国政府很明显不会考虑中国公使的提案，他认为沙梅拉库更倾向于相信曾纪泽正在努力拖延并阻碍谈判。葛兰维尔询问中国政府在哪几点上准备让步，在什么程度上他所接到的任何答复只是给他个人的信息，并在得到公使的允许前不对法国大使透露任何消息。曾纪泽回答称，虽然对葛兰维尔所做保证非常信任，但是他感到很难对这个问题做出任何回答，因为中国政府所做决定并不取决于任何个人。中国政府虽然非常重视他对要让步或坚持的关键点提出的意见，但仍有其他因素会影响其决定。

曾纪泽向葛兰维尔解释，他已经从中国政府手中获得了全权，但是在现在的情况下，他感到在所有问题上与他接到的指示相背离并不对。对于前两项条件所涉及的法国军队的撤退和对法国合并或占领的限制，他接到的指示非常明确，中国政府不能够承认法国在南方安南以外的或安南王国在安南和东京是两个独立王国时的领土上的任何合并、占领或保护。曾纪泽相信这一界限在东京为人所熟知，即为广平省的北界。但是并不反对法国在东京北部对外开放贸易的城镇驻扎一定的武装力量，但是这些驻扎的武装力量，正如 1874 年法国条约中所载，并不是为了保护这些城镇本身，而是为了保护让与法国建造领事馆和商业机构的土地。中国政府希望这些领土上其他外国政府同样能建立有武装保护的领事馆与工厂。他强调，领事馆或武装力量保护的设立不应该涉及对法国在东京北部的主权或保护权的承认或同意。

葛兰维尔问曾纪泽，他们之间的谈话有多少是他被授权可转告瓦定顿的。

---

① "Earl Granville to Sir H. Parkes, 11, 1883," *Correspondence Respecting the Proceedings of the French in Annam and Tonquin*, No. 83, FO 881/4909.

曾纪泽表示，他更希望他们的谈话一点儿也不要提，在他收到法国的对案之前，他不知道什么是他们之间实质上的分歧，如他提前对条件进行修改，将会冒某种危险，即在某些方面做出不必要的让步，而对于法国更看重的问题则做出过分强硬的举动。①

在当日的另一次谈话中，葛兰维尔表示，如果法国一旦与中国发生战争，法国不会退缩，只能继续抗争，其结果几乎没有什么悬念，不是不可能推翻中国现在的王朝，使这个帝国瓦解。曾纪泽没有反驳葛兰维尔的观点，但是他说表现软弱和对法国做太大的让步，同样会给皇帝和他的家庭带来灾难性的后果。葛兰维尔问曾纪泽，是否能够采取什么措施来帮助达成协议。曾纪泽答称，他建议葛兰维尔打电报给英国驻华公使巴夏礼（Horry Smith Parkes），说他准备就中法矛盾进行斡旋，请巴夏礼向中国政府询问能够同意的真正条件是什么。曾纪泽表示，他自己在这样的职位上，如果他打电报问中国政府，他们是否能够在这些或那些问题上让步，将被认为实际是在建议做出让步，然而他还没有足够的理由来给出这些建议。但是英国女王陛下政府的询问将会有效。② 根据曾纪泽的建议，同日葛兰维尔致电巴夏礼，让他询问总理衙门，他们能够同意的与法国解决东京问题的真正条件是什么，并表示除非它们比较温和，否则他不可能进行斡旋。③

葛兰维尔在摸清了中法双方都希望英国对中法矛盾进行斡旋的情况下，于9 月 14 日邀请瓦定顿与曾纪泽在英国瓦尔麦尔（Walmer）城堡会晤。葛兰维尔询问瓦定顿他是否将交给曾纪泽对案，瓦定顿回答，他已经打电报给法国政府要求给予指示。法国政府肯定了曾纪泽所说的已经答允交给他对案，并且如果葛兰维尔同意对案，并迫使中国公使和中国政府接受，他们将授权瓦定顿将对案交给曾纪泽，否则沙梅拉库认为最好不要在这儿递交对案或对其进行任何讨论。沙梅拉库更喜欢自己将对案递交给曾纪泽。葛兰维尔表示，他不能承担提前赞同法国方案的责任。然而，他认为对案可以成为谈判的基础。葛兰维尔认为，在送给他阅看的上个月 18 日中国公使致沙梅拉库的信函和 27 日法国外

---

① "Earl Granville to Sir H. Parkes, September 13, 1883," *Correspondence Respecting the Proceedings of the French in Annam and Tonquin*, No. 93, FO 881/4909.

② "Earl Granville to Sir H. Parkes, September 13, 1883," *Correspondence Respecting the Proceedings of the French in Annam and Tonquin*, No. 94, FO 881/4909.

③ "Earl Granville to Mr. Grosvenor, September 13, 1883," *Correspondence Respecting the Proceedings of the French in Annam and Tonquin*, No. 92, FO 881/4909.

交部部长的答复中，差异看起来非常巨大。通过与中法的交流，他发现双方都愿意做出巨大让步，虽然这些让步依然存在很大的差距。他还不能有确切的结论，但是好像有能够达成协议的希望。葛兰维尔要求瓦定顿与曾纪泽谈谈此事。他们谈了两个小时，之后两个人都告诉葛兰维尔，虽然任何一方都没有提出条件，但是对当前的形势产生了有利的影响。曾纪泽同意下周二去巴黎。葛兰维尔告诉两位代表，他很高兴他们有这种打算，希望这能够促成一个满意的结果。他并不认为事情会发展到关系破裂的地步，但是如果谈判进行到某一阶段，他的友好斡旋能够有用，他将非常高兴运用他权利范围之内的一切力量促成事件得到满意的解决。①

　　9 月 17 日曾纪泽终于收到了法国外交部的备忘录，其中包含已经等待已久的法国对案，这些条件包括：（1）在目前中国边境和北纬 21 度与 22 度之间画一条线，建立中立区；（2）开放蛮耗，对外通商。9 月 18 日马格里拜访英国驻法国使馆参赞普朗开特（Plunkett），表示这些条件如此模糊，根本不能令人满意，中国绝不会同意。实际上，曾纪泽认为，提出这样的条件，是法国不提出任何明确条件的一种表现。普朗开特向马格里指出，如果中国继续在其所提条件上太过固执，中国就肯定会有战争的危险，法国也不可能避免战争。他一再强烈要求中国必须温和。普朗开特一方面希望中国条件温和，另一方面也希望法国方面更为理智。之前法国政治司司长毕乐向普朗开特表示，法国认为在东京取得明显胜利之前，与中国之间没什么可以商量的。普朗开特也强调了在这件事上应该谨慎；但是，他指出，如果不是胜利，而是那里的小股法国军队正在遭遇失败，这将对于法国来说是多么尴尬的事。②

　　9 月 19 日，瓦定顿秘密地送给葛兰维尔在巴黎法国政府交给中国公使的备忘录，其中包含法国提出的解决东京问题的条件。瓦定顿表示，根据他所听说的，他判断双方谈判很有希望很快会取得长足进展，法国政府将成功地与中国达成协议。他认为，他们可能不得不请英国进行斡旋，来排除最后的困难，并称葛兰维尔能为维护和平提供的最大帮助是对北京使用坚定明了的语言，而不应该使中国公使害怕在国内受到指责。瓦定顿称，谈判将会继续在曾纪泽与茹费理之间进行，他们保持着友好的私人关系。葛兰维尔希望谈判能够有好的

① "Earl Granville to Mr. Plunkett, September 14, 1883," *Correspondence Respecting the Proceedings of the French in Annam and Tonquin*, No. 97, FO 881/4909.

② "Mr. Plunkett to Earl Granville, September 18, 1883," *Correspondence Respecting the Proceedings of the French in Annam and Tonquin*, No. 102, FO 881/4909.

结果，因为他知道中国公使对茹费理有好感。①

9 月 22 日，曾纪泽致函葛兰维尔，向其表达中国政府的谢意，称葛兰维尔正在为中国的利益而做出努力，并将包括法国对案的法国外交部的备案副件附上，供葛兰维尔参考。② 9 月 28 日曾纪泽向普朗开特表示，正是由于葛兰维尔的友好斡旋，才使他能够恢复与法国的谈判。③ 虽然英国的斡旋已经使中法又回到谈判桌边，但是中法谈判仍困难重重。9 月 28 日巴夏礼致函葛兰维尔称：“总理衙门说只要法国坚持忽视中国对安南的宗主权，就不会存在谈判的基础。他们对女王陛下政府愿意进行斡旋表示诚挚的谢意，但是他们相信目前无法进行斡旋。他们拒绝现在宣布任何政策，希望形势可以促进更为相互接近的谅解。”④

虽然中法谈判进展得非常缓慢，但清政府还是希望通过自己的让步来促使谈判获得进展。11 月 7 日葛兰维尔致函瓦定顿，称中国公使已经送交他一个信息，告诉他中国政府为了和平解决东京问题正在准备做出进一步让步。他补充说，他之所以提到这点，是因为虽然让步幅度还没有与法国政府所拟条件一致，但是让步非常大，他认为有希望取得成功。瓦定顿接到葛兰维尔来信后于11 月 17 日与其进行了会晤，葛兰维尔告诉了瓦定顿中国政府准备进行的让步：中国应该放弃所有拥有红河南岸往上游直到山西以下不远处领土的声明；不过，法国应该放弃所有拥有红河北岸领土的声明；红河依据各国缔结的条约而成为中立地区，红河三角洲到红河北岸将在平等的条件下向所有国家的商业开放。⑤ 对此，瓦定顿问这是否意味着法国并没有放弃红河三角洲，也就是说没有放弃法国现在已经占领的那些地方。如果是这样的话，中国政府只是准备比他们以前提出的条件前进一点点。法国政府不可能同意这样的条件。⑥

---

① "Earl Granville to Mr. Plunkett, September 19, 1883," *Correspondence Respecting the Proceedings of the French in Annam and Tonquin*, No. 104, FO 881/4909.

② "The Marquis Tseng to Earl Granville, September 22, 1883," *Correspondence Respecting the Proceedings of the French in Annam and Tonquin*, No. 110, FO 881/4909.

③ "Mr. Plunkett to Earl Granville, September 28, 1883," *Correspondence Respecting the Proceedings of the French in Annam and Tonquin*, No. 122, FO 881/4909.

④ "Sir H. Parkes to Earl Granville, September 28, 1883," *Correspondence Respecting the Proceedings of the French in Annam and Tonquin*, No. 123, FO 881/4909.

⑤ "Earl Granville to Viscount Lyons, December 10, 1883," *Correspondence Respecting the Proceedings of the French in Annam and Tonquin*, No. 227, FO 881/4909.

⑥ "Earl Granville to Viscount Lyons, December 10, 1883," *Correspondence Respecting the Proceedings of the French in Annam and Tonquin*, No. 227, FO 881/4909.

12月11日曾纪泽还想请英国对中法矛盾进行斡旋，他向英国外交官莱昂斯（Lyons）表示，根据他所能获得的有关法国政府目前意向的最好消息来看，法国希望走出目前的困境，虽然法国不准备直接向中国做出让步，但是愿意有机会在第三国家的要求下按照这个国家的意愿做出让步。但是莱昂斯并不同意曾纪泽的看法，莱昂斯表示，恐怕法国下议院的辩论并不倾向于这样的结论。第三国家的仲裁或斡旋是消除两国对立的极好方法，但是除非是对立双方都邀请或在任何条件下都接受仲裁或斡旋，否则几乎不会有效。① 至此，英国对中法矛盾的斡旋暂告一段落。

二　1884年至1885年英国对中法矛盾的斡旋

1884年随着中法战争不断升级，美德调停相继失败，英国开始思考重新对中法矛盾进行斡旋。7月1日英国下议院讨论了英国出面调处中法矛盾的问题。② 10月4日葛兰维尔与瓦定顿就中国问题进行了会谈，委婉地表示英国愿意就中法矛盾进行斡旋。葛兰维尔表示，英国政府的斡旋一直在等待为中法双方利用，只要双方准备接受它。然而，事情的发展总是阻止双方同时表达这样的愿望，虽然在特定的时刻双方都曾准备接受斡旋。英国政府极不愿强行向法国提出斡旋，但是如果太过沉默，丧失带来有用结果的机会，英国政府将会自责。英国政府当然非常希望中法双方停止敌对状态，而且也意识到，中国的任何胜利对于欧洲整体来说将会造成严重的后果。③ 瓦定顿随即将英国政府愿意就中法矛盾进行斡旋的信息告知茹费理，10月11日瓦定顿告诉葛兰维尔，茹费理指示他对葛兰维尔提出对中法矛盾进行斡旋表示感谢，但是美国政府已经提出相似的计划，美法两国政府仍在讨论该计划，所以目前茹费理对于英国所提斡旋一事无法进行。瓦定顿表示，他一旦收到任何关于英国斡旋一事的进一步指示，将会立即与葛兰维尔联系。④

---

① "Viscount Lyons to Earl Granville, December 11, 1883," *Correspondence Respecting the Proceedings of the French in Annam and Tonquin*, No. 247, FO 881/4909.

② 《英使馆翻译禧在明为调处中法争端致总署节略》，张振鹍主编《中法战争》第二册，中华书局，1995，第161页。

③ "Earl Granville to Sir J. Walsham, October 4, 1884," *Further Correspondence Respecting the Proceedings of the French in Annam and Tonquin*, No. 440, FO 881/5045.

④ "Earl Granville to Viscount Lyons, October 17, 1884," *Further Correspondence Respecting the Proceedings of the French in Annam and Tonquin*, No. 511, FO 881/5045.

　　因为美国调停久没结果，法国政府转思接受英国政府的斡旋。10 月 21 日瓦定顿交给葛兰维尔一份备忘录，包含了法国政府准备与中国重开谈判的条件：（1）中国自东京撤军；（2）法国舰队停止行动；（3）批准并执行《天津条约》；（4）临时保持对基隆和淡水的占领，直到中国完成执行《天津条约》；（5）不再提赔款问题，但是相应的，法国将保持占有淡水和基隆海关和矿井一段时间，具体再商谈，同时一个或多个友好国家的斡旋都是允许的，或者占领的时间，或者通过金钱上的安排早日结束占领。这些条件已经于 10 月 12 日由法国驻天津领事林椿交给李鸿章。①

　　10 月 21 日葛兰维尔致电巴夏礼，询问如果英国提出在法国领事于 10 月 12 日交给李鸿章的条件的基础上作为调停人，中国政府是否会同意。并让巴夏礼咨询中国海关总税务司赫德（Robert Hart）对该问题的意见。② 巴夏礼接到葛兰维尔的来电时，并不知道法国所提条件的内容，当他根据葛兰维尔的意见咨询赫德时，赫德对这些条件也不知情。赫德从李鸿章 10 月 22 日派往北京的海关税务司德璀琳（Gustav von Detring）处得知了这些条件，并与他一起向总理衙门建议接受。10 月 28 日军机处第一次讨论了法国的条件，每位军机大臣都被要求单独向皇帝报告。由于法国长期占有煤矿和海关税收，因此这些条件遭到了强烈反对。总理衙门指示赫德通知法国公使，法国所提条件不能被考虑，如果法国希望和平，它可以邀请第三国家来进行斡旋。赫德随即电告法国公使，中国认为法国 10 月 12 日的条件并不是一项满意的谈判基础，中国将很快告知一项对案。巴夏礼相继于 11 月 6 日、8 日将上述情形电告葛兰维尔，认为英国政府没有必要在法国所提条件的基础上进行斡旋。③

　　虽然英国政府还未向中国正式提出调停，但是英法报纸登载的消息称，中法失和之事，英欲为调停，法甚愿而中国不愿。看到这些消息后，曾纪泽派马格里于 11 月 7 日向英国外交部询问报纸所言是否属实。此时巴夏礼的来电已经使葛兰维尔暂时打消了向中国提出斡旋的计划，所以 11 月 10 日葛兰维尔照会曾纪泽，称英国政府一直准备为法国和中国进行斡旋，以促成友好解决

---

①　"Memorandum Communicated to Earl Granville by M. Waddington, October 21, 1884," *Further Correspondence Respecting the Proceedings of the French in Annam and Tonquin*, No. 532, FO 881/5045.

②　"Earl Granville to Sir H. Parkes, October 21, 1884," *Further Correspondence Respecting the Proceedings of the French in Annam and Tonquin*, No. 536, FO 881/5045.

③　"Sir H. Parkes to Earl Granville, November 6, 1884," "Sir H. Parkes to Earl Granville, November 8, 1884," *Further Correspondence Respecting the Proceedings of the French in Annam and Tonquin*, No. 635, No. 645, FO 881/5045.

两国间所产生的矛盾。双方政府在不同时间，但是从来不是同时，都表示过准备接受斡旋。而最近一次，当几近斡旋时，中国政府并没有对女王陛下政府的斡旋进行任何鼓励，使其进行下去。最近，瓦定顿在与他的谈话中，确实又提到了斡旋。但是，目前没有来自中国将要接受斡旋的暗示，以及他们对准备接受这次斡旋的基础所做的说明，英国政府无意向中国提出斡旋。① 曾纪泽立即将葛兰维尔的来函电告总理衙门，总理衙门电复称中国接受英国的调停。11月 15 日曾纪泽将以上情形照会英国外交部，并请葛兰维尔约期会谈，并称届时再将中国所拟对案及所奉谕旨一并告诉他。② 但是在曾纪泽将清政府所拟对案告诉葛兰维尔之前，葛兰维尔于 11 月 16 日收到了巴夏礼的来电，巴夏礼称总理衙门今天要求他将 8 条对案交给葛兰维尔，由葛兰维尔转交法国政府。巴夏礼认为，他相信这些条件不会为法国接受，在这基础上进行调停几乎是不可能的。③ 这 8 条对案是：（1）津约已废，商务界务尚需酌改；（2）将来勘定南界，由谅山至保胜一带画一直线，为中国保护通商界限；（3）中国线界之外设关通商事宜，将来派员详细定议；（4）法国只可在越南通商，不应有保护该国之名，嗣后越南贡献中国及该国一切政令，法国不得阻止干预；（5）法国应派公正大臣与曾纪泽或文移详议，或同来中国商办；（6）中法文字不同，翻译恐涉歧误，此次立约，应以中国文字为主；（7）中国入越之兵，暂扎不进，法军退出基隆，泊船待议，和议完成两国定期撤兵，法国应自行停止对台湾的封口；（8）两国构兵，中国既费巨款，理应计较索偿，今弃怨修好，中国亦可免索此项巨款，若法国有不允之条，应先赔中国以上各费再明定和战之局。④ 翌日，葛兰维尔电复巴夏礼，请他向总理衙门表示，英国政府一直准备一旦中法双方准备接受斡旋，它将进行斡旋，很高兴中国现在愿意接受斡旋，相信法国也是如此。对于斡旋的方式，英国政府准备将任何一方的条件不加评论地转交给另一方。但是英国政府认为，转交不会被对方考虑的条件，对于解

---

① "Earl Granville to the Marquis Tseng, November 10, 1884," *Further Correspondence Respecting the Proceedings of the French in Annam and Tonquin*, No. 652, FO 881/504；《曾纪泽向总署抄呈英国照会及法报主笔与马格里往来函件》，《出使英俄大臣曾纪泽向总署抄呈与英外长问答节略》，张振鹍主编《中法战争》第二册，第 499～500 页。

② 《出使英俄大臣曾纪泽向总署抄呈与英外长问答节略》，张振鹍主编《中法战争》第二册，第 497～498 页。

③ "Sir H. Parkes to Earl Granville, November 16, 1884", *Further Correspondence respecting the Proceedings of the French in Annam and Tonquin*, No. 679, FO 881/5045.

④ 王彦威纂辑，王亮编《清季外交史料》第 1 册卷 48，书目文献出版社，1987，第 25～26 页，总第 878～879 页。

决问题没有任何帮助，而总理衙门让其转交的条件正是如此。① 虽然葛兰维尔认为，清政府所提条件不会为法国政府接受而没有转交给法方，但是他对于中国政府愿意接受英国的调停感到非常高兴。他立刻将中国愿意接受英国斡旋以及他给巴夏礼的电报内容秘密告诉了瓦定顿。瓦定顿认为，从葛兰维尔对于中国所拟条件的回复来看，这些条件肯定是不可接受的。②

11 月 18 日，曾纪泽与葛兰维尔就英国斡旋事进行会谈，因为巴夏礼已经将中方对案告知葛兰维尔，所以双方见面后葛兰维尔就告诉曾纪泽，英国不能将中国所拟对案转告法国。葛兰维尔表示："本国所谓调处之道，必先有切实办法，方能代为和解。至起首之时，两国有何意见，英国皆可传达，即所请之事在本国视为不近情理，而逆料彼国尚可允许者，本国仍可代达。倘本国视为彼国万不允许者，自不能代为传递。今中国所告巴使各条，在本国视之，法国万不允许，是以不能转致法国。"曾纪泽称，如果葛兰维尔对于中国所拟对案有不同意见，可以让巴夏礼转告总理衙门，但是葛兰维尔认为目前中法谈判刚刚开始，斡旋者不能轻易表态，如果请中国先行退让，是损中以益法。如果英国提出的意见法国不同意，则会非常尴尬。所以英国现在还不能随便提出自己的意见。③

巴夏礼按照葛兰维尔的来电向总理衙门阐述了葛兰维尔对于中方所提 8 条的意见后，总理衙门仍然要求葛兰维尔将其转交法方，因为他们只是对上次法国政府私下里交给中国使臣的条件的回复，他们希望这 8 条将诱使法方提出新的条件，但是如果葛兰维尔认为转交会产生不好的影响，他们将会重新考虑除第二条外的任何葛兰维尔认为不合适的条件。④

为了推动英国的斡旋，11 月 23 日曾纪泽让马格里将其重新拟定的 8 条交给英国外交部官员庞斯福德，这 8 条的大意是：（1）安南国王有权自由处理与法国和其他国家的关系；（2）中国承认安南与法国以及其他国家间的条约；

①　"Earl Granville to Sir H. Parkes, November 17, 1884," *Further Correspondence Respecting the Proceedings of the French in Annam and Tonquin*, No. 681, FO 881/5045.

②　"Earl Granville to Viscount Lyons, November 17, 1884," "Earl Granville to Viscount Lyons, November 17, 1884," *Further Correspondence Respecting the Proceedings of the French in Annam and Tonquin*, No. 684, No. 685, FO 881/5045.

③　《出使英俄大臣曾纪泽向总署抄呈与外长问答节略》，张振鹍主编《中法战争》第二册，第 498～499 页。

④　"Sir H. Parkes to Earl Granville, November 21, 1884," *Further Correspondence Respecting the Proceedings of the French in Annam and Tonquin*, No. 722, FO 881/5045.

（3）法国和中国同意越南对华十年一贡；（4）重新划定中越边境；（5）指定划界委员会；（6）在安南、中国大陆和台湾立即宣布停战；（7）6 天内在北京互换批准书，立即解除对台封锁；（8）1884 年 1 月 1 日签订的《中法友好和平条约》将被重新确认。① 庞斯福德将曾纪泽所拟新方案交给葛兰维尔后，葛兰维尔立即约见瓦定顿，将新方案的大意告诉他，并称曾纪泽已经宣称准备将新方案送交中国政府，并且如果从葛兰维尔那儿得到任何鼓励，他将强烈建议其政府接受该新方案。但是瓦定顿表示，除非葛兰维尔强烈要求他将这些条件转交给法国政府，否则他不会这样做，他反对所有内容，尤其是这个方案完全是一个全新的方案，所提边界与已知边界十分不同，从台湾撤兵的条件是不可接受的。虽然葛兰维尔非常希望瓦定顿能够将此新方案转交法国政府，他认为像法国这样的大国，在与中国交往时不能因形式问题而错过了取得让法国政府和人民非常满意的解决机会，但是他认为强迫瓦定顿将该方案交给法国政府是无益的。②

曾纪泽将自己所拟方案电告清政府后，得到了清政府的批准。11 月 28 日曾纪泽派马格里前往英国外交部，将此告诉葛兰维尔，希望他能够在其认为合适的时间以合适的方式将自己所拟方案交给法国政府。③ 此时不仅中方积极活动，希望英国能够进行斡旋，法方也在积极活动。12 月 1 日瓦定顿告诉葛兰维尔，对于中法矛盾的满意解决，法国政府认为有两个关键条件：一个是执行《天津条约》，另一个是在执行该条约前占有基隆；有几点可以进行谈判或调停，如《天津条约》执行后法占领基隆的时间长短，可以通过赔款来商定。④ 12 月 1 日葛兰维尔与马格里进行了会晤，要求他告诉曾纪泽，葛兰维尔非常希望看到中法间和平解决矛盾，所以准备做任何他认为能够促成该结果的事情，但是他认为曾纪泽所拟方案不会被接受，正式提交该方案不会促成此目标。⑤ 葛兰维尔正式拒绝将曾纪泽所拟方案转交法国政府。

① "Chinese Proposals for making Terms with France, November 23, 1884," *Further Correspondence respecting the Proceedings of the French in Annam and Tonquin*, No. 723, FO 881/5045.
② "Earl Granville to Viscount Lyons, November 24, 1884," *Further Correspondence Respecting the Proceedings of the French in Annam and Tonquin*, No. 726, FO 881/5045.
③ "Earl Granville to Sir H. Parkes, November 28, 1884," *Further Correspondence Respecting the Proceedings of the French in Annam and Tonquin*, No. 757, FO 881/5045.
④ "Earl Granville to Viscount Lyons, December 1, 1884," *Further Correspondence Respecting the Proceedings of the French in Annam and Tonquin*, No. 763, FO 881/5045.
⑤ "Earl Granville to Sir H. Parkes, December 1, 1884," *Further Correspondence Respecting the Proceedings of the French in Annam and Tonquin*, No. 765, FO 881/5045.

为了促进英国的斡旋，12 月 3 日曾纪泽拜访了葛兰维尔。葛兰维尔回顾了中方与法方请其进行斡旋的交往过程，以及中法双方可能恢复友好关系的各自条件。曾纪泽表示，他认为在《天津条约》中有不能为中国政府接受的条件，其中主要一条是法国应该保护中国边境。他表示，中国人没有要求这样的保护，这是不能接受的，其他则是一些形式问题。曾纪泽还表示，任何赔款都是不必要和被反对的。葛兰维尔告诉曾纪泽，瓦定顿所说法国政府在该问题上的决定是非常明确的，所以他要求曾纪泽在正式拒绝法国要求之前再考虑考虑。曾纪泽表示，对于条件的形式问题，可以安排得更容易为法国政府接受，但是对于占领基隆这一条，他无法同意将其转交，因为他有来自中国政府的明确指示。葛兰维尔回答称，在这件事上，每一步都很重要，都有可能导致严重的后果，所以他还是希望曾纪泽能够同意他的建议，再考虑一下这个问题。在葛兰维尔的再三要求下，曾纪泽答应在给葛兰维尔正式答复前再考虑 24 小时，但是他表示，他不能给葛兰维尔任何暗示去认为他的答复会和他已经表达的不一样，因为开战的原因就是法国政府提出了赔款问题，而占领基隆是一种更遭中国政府反对的赔款形式。①

12 月 4 日，瓦定顿拜访葛兰维尔，葛兰维尔将其与曾纪泽会晤的情况告诉了他。瓦定顿表示，这就意味着战争。葛兰维尔提醒瓦定顿，他说过法国政府期望得到答复的期限是 10 天，而现在为时尚早，曾纪泽还未给予最后的答复，所以他要求继续就斡旋一事保持联系。② 翌日，葛兰维尔将其与瓦定顿的谈话内容函告曾纪泽，并要求曾纪泽前来会谈。曾纪泽因为身体不适，派马格里代表他拜访葛兰维尔，称自从上次 12 月 3 日与葛兰维尔会晤后，又重新考虑了对法国所提两个条件的答复。在重新检讨了中国政府给他的指示后，曾纪泽认为不可能改变他已经做出的答复，即：（1）中国政府不能同意批准所谓的《天津条约》，但是愿意让与法国此条约中包含的实际利益；（2）中国政府不能同意由法国占领基隆，作为执行未被批准的《天津条约》的保证。中国政府认为，目前中法间的困难是由法国提出赔款引起的，而法国军队占领基隆

---

① "Earl Granville to Sir H. Parkes, December 3, 1884," *Further Correspondence Respecting the Proceedings of the French in Annam and Tonquin*, No. 792, FO 881/5045.

② "Earl Granville to Viscount Lyons, December 4, 1884," *Further Correspondence Respecting the Proceedings of the French in Annam and Tonquin*, No. 793, FO 881/5045.

只能是另一种更遭反对的赔款形式。① 翌日，葛兰维尔将曾纪泽的答复转交给了瓦定顿。②

12 月 10 日曾纪泽去了英国外交部，葛兰维尔总结了中法间存在分歧的最主要的两个问题：（1）《天津条约》。法方坚持执行，而中方则希望以另一个条约代替它，中方称该条约可以包含《天津条约》的主要内容。法方则否认中方所拟条约中包含了《天津条约》的内容。（2）占领基隆问题。中方坚持法国军队从基隆撤兵，法方则坚决拒绝在执行《天津条约》之前从基隆撤兵。曾纪泽询问葛兰维尔，法国政府是否真的不同意签订一个新条约，即使该条约包含了《天津条约》中所有的利益。葛兰维尔答称，据他理解，法国政府从一开始就坚持执行《天津条约》，并且他们否认中国的方案给予了他们在该条约中得到的利益。无论如何，占领基隆问题好像是一个无法克服的困难。但是葛兰维尔表示，如果有机会在其他问题上达成协议，虽然他认为此次谈判目前已结束，他将询问瓦定顿，如果法国政府认为中国政府所拟条件包含了《天津条约》所获利益，法国政府是否将反对以这些条件代替《天津条约》。曾纪泽称，他只能等待，看中国政府是否将做出更多让步，他认为这样的机会很渺茫，即使有，也是非常微不足道的。对此，葛兰维尔告诉曾纪泽，这样的保证无法使其重开谈判，但是他准备把任何实质性的让步信息转交给法国政府，虽然他不能肯定他们现在是否同意重开谈判。曾纪泽询问葛兰维尔，是否瓦定顿认为谈判已经终止。葛兰维尔给予了肯定的回答，并表示非常遗憾，和平解决近期无望，目前双方意见无法达成一致。③

翌日，葛兰维尔将其与曾纪泽的谈话告诉了瓦定顿，瓦定顿称法国政府认为中法间的谈判终止，并将茹费理关于此事的来电告诉葛兰维尔。茹费理表示，葛兰维尔与曾纪泽的谈判没有成功，英国政府没有必要再为中法间达成友好协议而进一步斡旋，很遗憾中国政府没有很好地理解法国要求的温和性。茹费理对于英国政府为中法间达成友好谅解所做努力和为了完成此项任务所采取的策略表示感激。对此，葛兰维尔表示，希望中法创造条件允许他们在将来能

---

① "Earl Granville to Sir H. Parkes, December 5, 1884," *Further Correspondence Respecting the Proceedings of the French in Annam and Tonquin*, No. 797, FO 881/5045.

② "Earl Granville to Mr. Waddington, December 6, 1884," *Further Correspondence Respecting the Proceedings of the French in Annam and Tonquin*, No. 803, FO 881/5045.

③ "Earl Granville to Sir H. Parkes, December 10, 1884," *Further Correspondence Respecting the Proceedings of the French in Annam and Tonquin*, No. 818, FO 881/5045.

够继续以这种友谊和调解的精神行动。①

虽然此次英国斡旋并没有成功，但是在赫德的努力下，清政府还是希望能够通过英国继续与法国谈判。12 月 19 日葛兰维尔致函莱昂斯，称他从中国非官方的权威渠道（指赫德）得到的信息表明，中国政府试图提出新的条件来解决与法国间的矛盾。他要求莱昂斯去会见正在巴黎的瓦定顿，询问他茹费理是否愿意听到关于此事的消息，如果愿意，他将鼓励中国政府将他们的条件直接或通过他送给法国政府。② 12 月 24 日总理衙门将赫德所拟办法电告知曾纪泽，即日曾纪泽派马格里将其送交给葛兰维尔，即中国于下列条件下，可批准"津约"：（1）约文分三本，一华文，一法文，一为他种文字，有争论时以他种文字本为据。（2）根据"津约"规定，法越间订约不载有伤中国体面之规定，如越南愿意入贡中国，法不得阻止之。（3）划界自谅山南起，东至海，西至缅甸境。③ 12 月 26 日葛兰维尔将已收到中国政府所拟新条件的事情函告瓦定顿，希望在收到瓦定顿的回信后再答复中国政府。④ 12 月 29 日瓦定顿回复葛兰维尔称，已经收到茹费理的答复，虽然目前情况下不可能重开谈判，但是他被授权与葛兰维尔就中国问题保持非正式联系，并称如若葛兰维尔将中国的新条件非官方的送给他，他将立即将其转送巴黎。⑤ 葛兰维尔随即将包含中国政府所提新条件的备忘录寄给瓦定顿，由其转交法国政府。⑥

12 月 30 日茹费理将其关于中国所拟新条件的意见通知莱昂斯，认为这些条件和之前中国交给法国政府的条件实质上没有多大区别，其中有两点完全无法答允，即中国宣称在东京的边界线，以及某种意义上由法国正式承认中国对安南拥有主权。莱昂斯立即将此告知葛兰维尔，葛兰维尔于 1 月 1 日将此电告

---

① "Earl Granville to Viscount Lyons, December 11, 1884," *Further Correspondence Respecting the Proceedings of the French in Annam and Tonquin*, No. 827, FO 881/5045.

② "Earl Granville to Viscount Lyons, December 19, 1884," *Further Correspondence Respecting the Proceedings of the French in Annam and Tonquin*, No. 846, FO 881/5045.

③ "Earl Granville to Sir H. Parkes, December 24, 1884," *Further Correspondence Respecting the Proceedings of the French in Annam and Tonquin*, No. 863, FO 881/5045;《总税务司赫德向总署再探议和条件函》《曾纪泽向总署抄呈英外部照会》，张振鹍主编《中法战争》第二册，第 472、597 页。

④ "Earl Granville to Mr. Waddington, December 26, 1884," *Further Correspondence Respecting the Proceedings of the French in Annam and Tonquin*, No. 867, FO 881/5045.

⑤ "Mr. Waddington to Earl Granville, December 29, 1884," *Further Correspondence Respecting the Proceedings of the French in Annam and Tonquin*, No. 869, FO 881/5045.

⑥ "Earl Granville to Mr. Waddington, December 29, 1884," *Further Correspondence Respecting the Proceedings of the French in Annam and Tonquin*, No. 870, FO 881/5045.

巴夏礼，并嘱其告知赫德。① 1 月 2 日巴夏礼将茹费理的答复告诉总理衙门，总理衙门大臣对于此次新提条件的失败表示遗憾，认为此事除非法国反过来做些让步，否则无法取得进展。次日巴夏礼将总理衙门对茹费理答复的反应电告葛兰维尔。② 1 月 10 日葛兰维尔又将茹费理的答复与总理衙门对茹费理答复的反应照会曾纪泽。③ 至此英国政府对中法矛盾的斡旋无果而终。此后对于中法矛盾的调停就由英国政府的手中转到了两位英国臣民赫德与金登干的手中。

小　结

对于中法矛盾的不断升级，各国持有不同态度，有积极调停者，有幸灾乐祸者，而英国则在 1883 年至 1885 年对中法矛盾进行了有限的调停，即其自己所谓的斡旋。这种斡旋基本上可以说是一个传话人的角色，对于双方所提条件尽量不发表任何意见地转达给对方，但是也会在与双方外交人员接触时适当地晓以战争的危害与严重性，以此来提醒双方应尽量用和平的方法来解决矛盾，但并不会逼迫双方接受自己的什么意见。值得注意的是，英国对中法矛盾的斡旋，一方面是为了保护本国在中国的商业利益，另一方面是害怕中国获胜，那将使整个欧洲的在华利益受到损害。虽然英国对中法矛盾的斡旋并没有产生直接的结果，但是随着英国斡旋的进行，中法双方所提条件不断接近，英国的斡旋为赫德最终的成功调停铺平了道路。

---

① "Earl Granville to Sir H. Parkes，January 1，1885，" "Earl Granville to Sir H. Parkes，January 1，1885，" *Further Correspondence Respecting the Proceedings of the French in Annam and Tonquin*, No. 1, No. 2, FO 881/5144.

② "Sir H. Parkes to Earl Granville，January 3，1885，" *Further Correspondence Respecting the Proceedings of the French in Annam and Tonquin*, No. 6, FO 881/5144.

③ "Earl Granville to Marquis Tseng，January 10，1885，" *Further Correspondence Respecting the Proceedings of the French in Annam and Tonquin*, No. 36, FO 881/5144；《曾纪泽向总署抄呈英外部照会》，张振鹍主编《中法战争》第二册，第 597 ~ 598 页。

甲午战争时期的中俄交涉[*]

陈开科[**]

摘要： 自 1886 年中俄达成口头 "君子协定" 始，中俄在东北亚问题上呈合作态势。在甲午战争期间，俄国认为直接卷入中日军事冲突不符合自己的国家利益，因此在战争期间奉行 "不干涉政策"。在甲午战争停战议和阶段，俄国纠合德、法压迫日本退还辽东半岛，多少减轻了中国战败的实际损失。由中俄交涉的过程可以看出：一方面，俄国纯粹以国家的外交、经济、军事等实际利益作为外交行为的准则，中俄交涉的成败取决于交涉主题在多大程度上符合俄国的实际利益；另一方面，中国政府则宁愿牺牲巨大的外交、经济或军事上的实际利益来维护虚幻的中朝宗藩体制，缺乏外交战略的眼光。

关键词： "君子协定"　中俄交涉　甲午战争　三国还辽

俄国在中日甲午战争时期的所作所为虽受到关注但远称不上学术热点，[①]且以往中俄学者们的研究视角大多局限于静态阐释俄国的对华政策，主要关注俄国在甲午战争时期想干什么、想得到什么，而有关中俄双边交涉的实践

---

　　* 本文系国家社科基金重大项目《中俄关系通史》（项目批准号：13&ZD194）阶段性成果。

　** 陈开科，中国社会科学院近代史研究所研究员。

　① 关于俄国与中日甲午战争的论著主要有米庆余《沙俄在甲午战争中充当了什么角色》，《历史研究》1979 年第 8 期；王少普《沙俄与中日甲午战争》，《社会科学》1981 年第 3 期；王魁喜《中日甲午战争与俄国的远东政策》，《东北师大学报》（哲学社会科学版）1985 年第 2 期；梁景和《俄国与甲午中日战争》，《辽宁大学学报》（哲学社会科学版）1990 年第 5 期；Пак Б. Д. Россия и Корея. М. 2004г.；Пак Б. Б. Российский дипломат К. И. Вебер и Корея. М. 2013г.

及其对俄国外交政策的有限修正作用则被弱化；主要强调了中俄两国东北亚外交政策上的矛盾，而相对忽视中俄两国在东北亚外交政策上的合作，即中俄共同为维护东北亚局势所做的外交努力。事实上，在甲午战争时期，一方面，俄国对华政策从属于俄国的远东政策，牵涉俄国对朝、对日政策，甚至与英俄在远东的争霸以及列强在欧洲的势力组合密切相关；另一方面，就当时东北亚国际关系的现实而言，中国的东北亚外交政策与俄国的远东政策除有矛盾外，在某种程度上还存在合作。根据相关史料，中俄双边的这种合作态势在 1886 年就已经形成，① 甲午战争时期的中俄交涉不过是这种合作态势的顺延。虽然中俄两国当时的外交努力未能改变中日关系的发展态势乃至中国在甲午战争中失败的结局，但在某种程度上确实减轻了中国因战败所遭受的实际损失，并成为促使列强瓜分日本胜利果实，奠定新的东北亚国际关系格局的重要因素。

此外，从史料利用的角度来看，俄罗斯学者虽然不停地在挖掘新的俄文档案史料，但迄今为止尚未利用丰富的中文档案史料。而中国学者不但未能利用新挖掘的俄文档案史料，而且许多新出版的相关重要的中文史料也未能纳入研究视野。② 史料挖掘和利用的缺陷在一定程度上也限制了研究工作的深入。

因此，本文拟采用中俄交涉的视角，努力挖掘并比较分析中俄文史料，试图从动态的角度来阐释甲午战争时期中俄两国在东北亚外交政策上的对立与合作，总结当时中俄在东北亚国际关系问题上的互动经验，为新时代中俄在东北亚国际关系问题上的协作提供历史性的参考经验。

一　甲午战争时期中俄交涉的法理基础

自 17 世纪末中俄条约体系建立之后，两国的双边交涉大都基于特定的法理基础。这种法理基础作为双方国家利益的协调结果，一般以文本、条约形式存在。然而，甲午战争时期中俄交涉的法理基础却有些特殊，它并非以文本、条约的形式存在，而是以口头约定的形式存在，它就是一贯为研究者所忽视的

---

① 陈开科：《1886 年李鸿章、拉德仁天津会谈与中俄朝鲜政策》，《近代史研究》2012 年第 6 期。
② 目前尚未见中俄学者利用新版《李鸿章全集》（顾廷龙、戴逸主编，安徽教育出版社，2008）、《袁世凯全集》（骆宝善、刘路生主编，河南大学出版社，2013）等史料从中俄交涉的视角来研究相关问题。

1886 年中俄天津"君子协定"。① 该协定是当时中俄努力调和矛盾，协调各自朝鲜政策的结果。

基于地缘因素，自清朝建立伊始，朝鲜作为属国一直处在清朝的庇护之下。然而，自 19 世纪 70 年代始，东北亚这种宁静单一的政治亲疏关系格局开始出现危机。

其一，东北亚国际关系格局由单一的中朝宗藩关系格局演变为中日俄多国势力角逐的复杂格局。首先是日本因素的介入。1876 年 2 月，日本武力胁迫朝鲜与之签署不平等的《江华条约》，欲从法理上打破中朝传统的宗藩关系体制。② 其次，1860 年中俄签署《北京续增条约》后，俄国成为朝鲜邻邦，并开始插手朝鲜事务。

其二，朝鲜内部一贯"事大"的单一政治格局慢慢演变为"事大"（亲华）、"开化"（亲日）、"亲俄"等多种政治势力角逐的复杂政治格局。由于西方列强特别是日俄等因素的介入，清廷决定敦促朝鲜向所有列强开放通商，企图通过均衡列强的势力以避免朝鲜为俄日所控制，③ 从而在夹缝中勉强维持自己对朝鲜的宗主权。然而，朝鲜开放之后，许多西方外交人员、商人、学者等纷纷涌入朝鲜，给朝鲜社会带来了近代观念，导致朝鲜内部政治力量的格局发生变化，出现"亲日""亲俄"等政治势力，打破了"事大"独一的局面，反而从根本上动摇了中朝传统宗藩体制。

与朝鲜的这种国际国内情势变化相呼应，中日俄等国纷纷行动，维护各自在朝鲜的利益。自 19 世纪 70 年代下半叶开始，日本对中朝传统宗藩体制采取积极打击的策略，助长了朝鲜亲日派的势焰。在日本的煽动下，朝鲜连续发生1882 年的"壬午兵变"和 1884 年的"甲申政变"。④"壬午兵变"后，日本强迫朝鲜与之签署了《济物浦条约》，从法理上获得了朝鲜驻军权；⑤"甲申政变"后，中日签署了《天津会议专条》，日本获得了与中国同等的派兵入朝

---

① Пак Б. Новые материалы об устном соглашении Ладыженского-Ли Хунчжана 1886 г. Проблемы Дальнего Востока, №5, 1999. с. 116 – 124.
② 〔日〕信夫清三郎：《日本外史交》上册，天津社会科学院日本问题研究所译，商务印书馆，1980，第 189 页。
③ 王彦威纂辑，王亮编《清季外交史料》第 1 册第 16 卷，王敬立校，书目文献出版社，1987，第 305 页。
④ 〔朝〕李清源：《朝鲜近代史》，丁则良、夏禹文译，三联书店，1955，第 60、67 页。
⑤ 曹中屏：《朝鲜近代史（1863 – 1919）》，东方出版社，1993，第 89 页。

权。① 该条约成为日后甲午战争的伏笔。与此同时，俄国亦与朝鲜内部亲俄派相呼应，遂发生两次《韩俄密约》事件。第一次《韩俄密约》发生于 1884 年 11 月至 1885 年 7 月之间，前期由韩圭稷、金镛元、权东寿、金光勋、申先郁运作，后期主要由德国人穆麟德（Moellendorff P. G.）运作。② 第二次《韩俄密约》发生于 1886 年 7～8 月，参与者主要是掌权的闵妃集团。《韩俄密约》的本质就是挑战中朝宗藩体制。

面对日俄觊觎朝鲜的复杂局面，清廷也决定变通旧制，派大员驻扎朝鲜，直接干预其内政外交，"强化"中朝宗藩体制。清廷之所以这么做，主要受了日本的蛊惑。经"壬午兵变""甲申政变"的消耗，朝鲜亲日势力受挫，日本外相井上馨认为，与其让朝鲜落入英俄等列强的怀抱，不如支持清廷控制朝鲜，③ 为将来的侵略提供方便。1885 年 4 月，井上馨通过驻日公使徐承祖建议中国强化中朝宗藩体制，④ 随后又具体化为"朝鲜外务办法八条"，⑤ 虽是日本的外交阴谋，但颇合当时清廷的心意。于是，李鸿章"主采其意"，相继派陈树棠、袁世凯驻节朝鲜，全方位管控朝鲜事务。然而，传统的中朝宗藩关系本是一种"不治而治"的松散政治关系，宗主国不干涉朝鲜的内政外交。⑥ 因此，清廷对朝鲜的这种强化控制，实质上无意识地实践了西方近代国际法体系中的"属国"概念，⑦ 是清廷对传统中朝宗藩关系体制的"自毁"行为。⑧

恰逢此时，英俄在阿富汗爆发危机。为了防备俄国海军从海参崴南下侵扰，英国军舰于 1885 年 4 月初突然占领朝鲜南部海域之巨文岛。⑨ 这个小小的

---

① 王芸生编著《六十年来中国与日本》第 1 卷，三联书店，1979，第 277～278 页。
② 故宫博物院编《清光绪朝中日交涉史料》卷 8，故宫博物院，1932，第 31～36 页。
③ 〔日〕信夫清三郎：《日本外交史》上册，第 206～207 页。
④ 郭廷以、李毓澍主编《清季中日韩关系史料》，台北，中研院近代史研究所，1972，第 1846～1847 页。
⑤ 顾廷龙、戴逸主编《李鸿章全集》（33），第 503 页。
⑥ 朝鲜民主主义人民共和国科学院历史研究所：《朝鲜通史》上册，吉林省哲学社会科学研究所译，吉林人民出版社，1975，第 164 页。
⑦ 参见张启雄《东西国际秩序原理的差异："宗藩体系"对"殖民体系"》，台北，中研院近代史研究所，2013，第 51～53 页。
⑧ 中朝宗藩体制的破灭由"自毁"和"他毁"两个过程构建，笔者将在待刊论文《自毁与他毁：中朝宗藩体制的破灭》中详细论述。
⑨ 孙启瑞：《清末（1883-1886）中韩俄的关系——兼论穆麟德主倡的韩俄密商》，《中国近代论集》第 15 编《清季对外会谈》（二），台北，台湾商务印书馆，1986，第 401 页；林明德：《袁世凯与朝鲜》，台北，中研院近代史研究所，1984，第 259 页；顾廷龙、戴逸主编《李鸿章全集》（33），第 486 页。

巨文岛虽是朝鲜领土，却牵涉多方。除了宗主国中国外，接壤的俄国①、隔海相望的日本，一时都紧张起来。清总理衙门认为"属国之地，岂可由我许其占据"，"若允英据该岛，俄必将索占永兴湾，日本亦必有词，后患更大"。②李鸿章完全赞同总理衙门的意见，③即与英国交涉。但英国直到1886年5月17日才致函中国驻英公使曾纪泽，表明退还该岛的前提是中朝担保别国（主要指俄国）不占此岛；而此时俄国则明确表示，如果听任英占巨文岛，俄必占永兴湾。④看来，中国必须马上与俄国协调双方的朝鲜政策，否则，朝鲜的局势将更加复杂。于是，中俄"天津会谈"提上了日程。

1886年8月14日，李鸿章致函俄国驻华临时代办拉德仁（Н. Ф. Ладыженский），邀请他赴津"晤谈一切"。李鸿章的邀请，正合俄国心意。9月12日，李鸿章和拉德仁开始天津会谈。据记载，他们一共进行了5次会谈：9月12、25、29日，10月5、24日。其中，第三次会谈以后，双方互有照会往来，讨论《中俄密约》的具体条款。从会谈的内容来看，所涉及的具体问题主要有如下几项。

（一）《韩俄密约》问题

从史料来看，李鸿章主要在前两次会谈（9月12、25日）中与拉德仁简要讨论该问题。李鸿章想通过会谈弄清两个问题：其一，拉德仁近期是否又收到韦贝有关《韩俄密约》的信函，或是否再次听到有关《韩俄密约》的传闻？拉德仁回答，《韩俄密约》实为朝廷小人捏造的"谣言"，并非俄朝政府的意愿。其二，拉德仁近期是否接到俄国政府有关《韩俄密约》的电报？拉德仁回答："（是）朝鲜谣言全无其事，纵使日后果有此事，亦必作为不算。"⑤从近代西方条约体制看，《韩俄密约》实与中国无甚关系。但如果从中朝宗藩体制来看，《韩俄密约》与中国密切相关。《韩俄密约》的实质就是朝俄挑战中

---

① 俄国得知英国占领巨文岛，舆论大哗。相关情况参见：Новости，4（16），Ⅶ，1885г.；Рсский ведомости，15（27），Ⅲ，1886г. Пак Б. Д. Россия и Корея. М. 2004г. с. 153；В. Попов. Корейский вопрос. Наблюдатель，1886г. № 5，с. 74 – 75；Русские Вестник，1885г. т. 176，с. 864 – 865. Дело，1886г. № 3 – 4，с. 124. Пак Б. Д. Россия и Корея. М. 2004г. с. 153。

② 顾廷龙、戴逸主编《李鸿章全集》（21），第522、523页。

③ 顾廷龙、戴逸主编《李鸿章全集》（21），第524页。另清季中国外交文献有时称巨文岛为"安岛""巨磨岛"等，或因其岛有港口"汉密尔顿"，故西文资料又往往以"汉密尔顿"代称巨文岛。

④ 郭廷以、李毓澍主编《清季中日韩关系史料》，第2115～2116、2120页。

⑤ 顾廷龙、戴逸主编《李鸿章全集》（34），第58、77～78、88页。

朝宗藩体制。现在俄国否认《韩俄密约》，至少意味着俄国暂时不会破坏中朝宗藩体制，而这正是"天津会谈"中中俄在朝鲜问题上达成谅解的前提。

（二）巨文岛问题

基于中朝宗藩体制，巨文岛问题能否得到解决直接关系到中朝宗藩体制的巩固。而对俄罗斯来说，巨文岛问题则主要是战略利益问题，被英国人占领的巨文岛犹如一道横江铁链，把俄国远东海军封死在日本海。因此，无论是中国，还是俄罗斯，都想通过"天津会谈"解决巨文岛问题，分别摆脱外交和战略困境。

会谈中，中方首先考虑的是中俄公开联盟，以武力压迫英国退出巨文岛。但李鸿章的提议遭到拉德仁的断然否决，因为当时俄国已准备与英国协调矛盾，自然不能与中国公开建立反英联盟。

如此，要解决巨文岛问题，就只能满足英国要求，即中国要取得俄国保证不占巨文岛的凭据。9 月 22 日，俄国外交部同意拉德仁在中国承诺在不改变朝鲜现状和保持朝鲜独立的前提下，向中国担保不占巨文岛。[①] 25 日上午，中俄进行第二轮会谈，拉德仁即将这层意思告知李鸿章。李鸿章希望俄国的担保能形诸文字，但遭拒绝。[②] 李鸿章觉得虽然俄国不愿与中国建立公开的政治联盟，但同意口头向中国担保"不占朝鲜土地"，那么，中俄两国何不订立一个文字密约，在东北亚建构一个中俄秘密联盟？因此，在 29 日第三轮会谈中，李鸿章就向拉德仁提出了订立密约的建议，谁知竟立刻得到拉德仁的响应。因为此前俄国外交部早就有了类似想法，要拉德仁在适当时机与中国签署一个关于朝鲜问题的文字密约，形式既可以是照会，也可以是两三款简约。对此，李鸿章喜出望外，当即同意双方以"互换照会"方式签订密约，但俄国必须于照会中声明：朝鲜是中国的属国，俄国是朝鲜的邻邦；中俄永不占朝鲜领土。照会一经互换，中国立即照会英国，敦促其退出巨文岛。[③]

10 月 1 日，拉德仁送来草拟的法文照会："（1）朝鲜与中国及朝鲜与各国之交际保无变更；（2）朝鲜全境土地遵守安全；（3）朝鲜国王应有自主之权，并保其平安，俾能遵行有益于百姓之事。"然而，李鸿章对这份意思隐晦的照会大为不满，要求修改。6 日，拉德仁又送来修改后的照会："（1）中俄两国

---

① Пак Б. Д. Россия и Корея. М. 2004г. с. 166.

② 顾廷龙、戴逸主编《李鸿章全集》（34），第 88~89 页。

③ 顾廷龙、戴逸主编《李鸿章全集》（34），第 92 页。

为捐除彼此误会起见，议明朝鲜一切情形，以后无有变更，均照历来及现在办法；所有一切变法与朝鲜现在情形有碍，或生出辽辖枝节，即与中俄两国愿共保平静之意不符。（2）俄国除担保太平外并无他意，不愿取朝鲜土地，中国亦自不行如此之事。（3）日后如有意外难于预料之事，与朝鲜现在情形大有关系，或与俄国在朝鲜之利益有碍，致使不得不变更朝鲜现在情形，中俄两国或由彼此政府，或由彼此驻韩大员公同商定办法。"[①] 修改后的这份照会，可能是翻译的问题吧，除了第2条尚称明晰外，其余内容仍十分隐晦，不但未明确承认中朝宗藩体制，而且似对当时中国正在朝鲜强化传统宗藩体制的许多措施有所牵制。其实，这正是俄国的本意。俄国政府为了通过中国迫使英国退出巨文岛，准备事实上承认中国对朝鲜的传统宗主权，[②] 但对当时中国加强控制朝鲜的系列举措颇不放心。11日，总理衙门在致李鸿章的电报中就说，俄国人"虑我将来改变朝鲜为郡县，或派大员监国，故历拟照会稿皆力持不改变之说"。李鸿章则认为，"将来措置属国，若改郡县、派监国两层恐办不到，其他平乱适宜当无掣肘"。[③] 5日，拉德仁与李鸿章进行了第四次会谈，主题仍是修改照会，"辩论至晚"无果，李鸿章建议拉德仁另拟"简明照会，专以第二条日后不取朝鲜土地为正义，其余枝节均应删除，免致日后辽辖"。[④] 14日，醇亲王致函李鸿章："中俄因韩立约，原恐俄怀他意，若因此被俄牵制，转不如不约为愈。盖俄不侵韩，乃其本分应尔，安能与我上国相提并论？"[⑤] 可知此时清廷中枢对订立中俄文字密约已无兴趣。而此时俄国外交部的态度亦发生变化。22日，拉德仁告知罗丰禄，俄国不同意专以第二条日后"不愿取朝鲜土地"为内容签署中俄文字密约。[⑥] 24日，拉德仁与李鸿章举行第五次会谈，拉德仁拒绝对照会进行再修改。

这表明，中俄双方签署文字密约已不可能，因此，在第五次会谈结束时，中俄双方均退而求其次，达成了一个口头"君子协定"，内容有二：

其一，中俄双方均承诺不占朝鲜土地；[⑦]

---

①　顾廷龙、戴逸主编《李鸿章全集》（34），第95、97、96页。

②　Пак Б. Д. Россия и Корея. М. 2004г. с. 164.

③　顾廷龙、戴逸主编《李鸿章全集》（22），第120页。

④　顾廷龙、戴逸主编《李鸿章全集》（34），第97页。

⑤　《清实录·德宗景皇帝实录》卷232第55册，中华书局，1987年影印版，第137页。

⑥　顾廷龙、戴逸主编《李鸿章全集》（34），第100页。

⑦　故宫博物院编《清光绪朝中日交涉史料》卷10，第18页；Пак Б. Д. Россия и Корея. М. 2004 г. с. 167.

其二，中国承诺"朝鲜不干名犯义，中国即不改变向来办法"；① 即有条件地认同了俄国照会中有关中俄共同承诺不改变朝鲜现状的内容。

"君子协定"由于是李鸿章与拉德仁之间的口头协定，所以没有经历两国政府的批准过程。② "君子协定"达成后，31 日，总理衙门正式照会英国，中国担保俄国永远不占朝鲜土地，请英国守诺退出巨文岛；1887 年 3 月 1 日，英领事照会朝鲜，英军已退出巨文岛。③

中俄"君子协定"虽然不符合李鸿章最初的想法，但有胜于无，终为李鸿章所接受，而且也基本上符合俄国外交部的心意。④ 作为口头协议的"君子协定"虽然有欠圆满，却标志着中俄围绕朝鲜问题建立了一种松散的外交密盟。中俄两国不但通过"君子协定"协调了当下双方的朝鲜政策，而且为未来甲午战争时期的中俄交涉奠定了法理基础。

首先，"君子协定"标志着李鸿章在东北亚初步确立了"联俄制日"的外交策略。⑤

大约 19 世纪 80 年代后，李鸿章防日甚于防俄的战略思想开始慢慢占据优势。⑥ 李鸿章比较完整地表述自己"联俄制日"的策略是在 1886 年 9 月 15 日，他说："韩虽可虑，有俄在旁，日断不遽生心。我当一意联络俄人，使不侵占韩地，则日必缩手。"李鸿章之所以能如此明白地表述自己"联俄制日"的策略，是因为三天之前已经与拉德仁在天津进行了第一轮会谈，双方都表述了合作抑制日本的意向。虽然最后双方未能达成文字密约，但达成了一个具有外交实效的口头"君子协定"，以致李鸿章在光绪十四年（1888）曾放言，"中俄两大国有此一举，既有不可侵犯之势""而中俄两大同心，谅彼不敢公

---

① 顾廷龙、戴逸主编《李鸿章全集》（34），第 101 页。

② Пак Б. Д. Россия и Корея. М. 2004г. с. 167.

③ 郭廷以、李毓澍主编《清季中日韩关系史料》，第 2171 – 2172、2255 页。

④ 10 月 22 日，格尔斯命令拉德仁："努力说服李鸿章在我们完全赞同的同样内容的照会上签字。如果不成功，那就满足于口头协议算了。"АВПРИ，Ф. Японский стол，оп.493，д. 115，л.41 – 42. Пак Б. Новые материалы об устном соглашении Ладыженского-Ли Хунчжана 1886 г. Проблемы Дальнего Востока，№5，1999. с. 119.

⑤ 对于晚清"联俄制日"外交策略的形成时间，学界一般都认为是甲午中日战争之后，是基于俄国运作"三国还辽"而形成的。但也不乏异议，台湾学者林明德先生就认为李鸿章在"天津会谈"时就已经提出"联俄制日"的策略（参见林明德《论第二次〈韩俄密约〉》，台北，中研院近代史研究所，1972，第 538~539 页），但林先生未能详述。

⑥ 顾廷龙、戴逸主编《李鸿章全集》（9），第 199 页。

然侵犯"。① 由此可见，"天津会谈"及"君子协定"是李氏"联俄制日"外交策略初步确立的契机和标志。

其次，"君子协定"标志着俄国的朝鲜政策获得了中国的外交谅解。

19世纪80年代，西伯利亚大铁路刚开始构筑，因此，俄国无力单独掌控远东局势，②在日本大陆外交暂时消歇的前提下，俄国不得不与中国在朝鲜政策问题上取得谅解。当时俄国的朝鲜政策最主要的内容就是谁都"不占朝鲜土地"，即保持朝鲜的领土完整。会谈之前，中俄彼此狐疑，都传闻对方有占领朝鲜领土的企图。③ 因此，会谈伊始，拉德仁就很明确告诉李鸿章，俄国断无占领朝鲜领土的意愿。④ 1886年12月，俄国政府就朝鲜问题召开御前会议，决定不在朝鲜谋求"军港"。⑤ 1888年4月26日，俄国特别委员会认为："朝鲜之占领，不仅会破坏我国同中国的关系，还会破坏我国与英国的关系。"⑥ 1891年11月20日，新任俄国驻华公使喀西尼（А. П. Кассини）在给俄罗斯外交部亚洲司司长卡佩涅斯特（Д. А. Капнист）的秘密报告中写道："正如您阁下所知道的，这个协议虽然只是口头的，但在朝鲜发生任何偶然性事件时，中国方面都会给我们提供保证，并且同时我们也给予中国类似的担保。五年来，我们对朝鲜的政策都建立在这个口头协议上。"⑦ 不独如此，直到甲午战前，俄国朝鲜政策都未超出该"君子协定"的范围。

二　甲午战前围绕消弭中日冲突的中俄交涉

自1886年中俄达成"君子协定"直到1894年中日甲午战争爆发的八年间，东北亚国际局势尽管暗地里波涛汹涌，但表面上还算风平浪静，中俄日之

---

① 顾廷龙、戴逸主编《李鸿章全集》（34），第80、421页。

② "根据阿穆尔军区军官们的计算，从俄国腹地调兵至滨海边区，需要十八个月的旅次行军时间。"〔美〕安德鲁·马洛泽莫夫：《俄国的远东政策（1881～1904）》，商务印书馆，1977，第28页。

③ 〔美〕安德鲁·马洛泽莫夫：《俄国的远东政策（1881～1904）》，第27页。

④ 顾廷龙、戴逸主编《李鸿章全集》（34），第78页。

⑤ РГА ВМФ, ф. 417, оп. 1, ед. хр. 136, л. 443. Пак Б. Д. Россия и Корея. М. 2004 г. с. 169.

⑥ Первые шаги русского империализма на Дальнем Востоке. Красный архив. 1932. Т. 3（52），с. 55.

⑦ АВПРИ, Ф. Японский стол, оп. 493, д. 115, л. 69. Пак Б. Новые материалы об устном соглашении Ладыженского-Ли Хунчжана 1886 г. Проблемы Дальнего Востока, №5, 1999. с. 122.

间没有发生什么重大的外交事故。然而，1894年，朝鲜南部大米产地全罗、庆尚、忠清等道的农民在全琫准等东学党人的领导下，举行农民起义，反抗封建暴政和日本侵略，多次打败官军，声势大振。为了维护自己的统治，掌握政权的闵妃集团准备借清兵助剿，然唯"恐倭人生事"，[①] 举棋不定。针对朝鲜的犹豫态度，袁世凯表示，只要朝鲜正式"行文"求助，中国"自为上国体面，未便固却"，根本没有考虑来自日本的危险。而日本则早已决定要抓住这个千载难逢的机会，启动其侵略朝鲜的计划。6月1日，日使馆翻译官郑永邦拜见袁世凯，怂恿中国政府出兵助剿，并故意放风日"政府绝无他意"；3日，日本驻朝鲜代理公使杉村亲自出马，说服袁世凯答应朝鲜政府的求助；3日夜，朝鲜政府正式行文，请华兵助剿。[②] 4日，李鸿章派叶志超、聂士成率清兵1500名赴朝。[③] 根据中日《天津会议专条》，6日，清政府通过驻日公使汪凤藻就出兵事宜照会日本政府。[④] 8日，日本先遣大队亦动身赴朝。10日，日本驻朝公使大鸟圭介率420名海军陆战队闯入汉城（今译"首尔"，下同）。随后，日军不断增兵，朝鲜遂成为火药桶。正是基于这种复杂而危险的背景，中俄开始了频繁交涉。

甲午战前，中俄交涉主要在天津、汉城和东京等地展开。在天津，是俄国驻华公使喀西尼［或临时代办韦贝（К. И. Bебер）］与李鸿章（或总理衙门、津海关道）之间交涉；在汉城，主要是俄国驻朝鲜公使韦贝［或临时代办克露培（П. Г. Керберг）］与袁世凯之间交涉。不过，中俄双方又时与日本驻朝公使（杉村或大鸟圭介等）交涉；在东京则主要是俄国驻日公使希特罗沃（М. А. Хитрово）与日本外交大臣陆奥宗光之间交涉。在这一阶段交涉中，中国的驻外使节没有发挥应有的作用。

此时，中俄交涉的首要问题是有关中日两国派兵入朝的问题。

俄国历来十分关注中日两国有关朝鲜的外交、军事举措。所以，当俄国得知中国向朝鲜派兵的消息时，十分不满，随即与中国展开交涉。6月6日，克露培造访袁世凯，当面质问：（1）"华兵来由韩请，抑自派"？袁世凯"答以韩请"。（2）"韩民无罪，皆由官苟"，中国军队不应该前往镇压；袁世凯"答以始由官办理不得法，然杀王遣招抚之宣传官三人，焚掠毁城，又焚毁王祖

---

① 骆宝善、刘路生主编《袁世凯全集》第3卷，第345页。
② 骆宝善、刘路生主编《袁世凯全集》第3卷，第344、346、347页。
③ 顾廷龙、戴逸主编《李鸿章全集》（24），第44页。
④ 〔日〕陆奥宗光：《蹇蹇录》，伊舍石译，商务印书馆，1963，第16页。

庙，罪甚大"。接着，朝鲜外置督办来告，俄置使第二天再次约见，交涉中国军队入朝之事。① 7 日，韦贝赶到天津，对李鸿章说：（1）造成朝鲜动乱的主要原因是朝鲜封建政府的吏治腐败，恢复朝鲜秩序的唯一方法不是镇压，而是政治改革，他否定中国派兵入朝的政治合理性；（2）中国政府没有权力派兵入朝，更没必要，因为朝鲜政府本身拥有 1.5 万名士兵，战斗力不亚于清军，朝鲜政府之所以邀华兵入朝，定是袁世凯威逼的结果；（3）中国军队入朝会给某些别有用心的邻邦（暗指日本）提供干涉的借口。② 不幸的是，韦贝所言很快就应验了，日本亦随即派兵入朝。12 日，克露培质问大鸟圭介，起义军已停止抵抗，朝鲜政治局势趋于平稳，使馆护卫根本无须动用这么大数量的陆军，要求日本合理解释。③ 可见，此时俄国的朝鲜政策中的关键仍然是"君子协定"中所规定的不改变朝鲜现状。现在，中日两国派兵入朝，不改变朝鲜现状就难说了。当时汉城亦曾传言俄国也在考虑派兵入朝。根据大鸟圭介 12 日给陆奥宗光的报告，克露培曾致书朝鲜军务拘管申正熙："贵国兵乱，闻甚危急，清兵来助。敝邦亦有邻谊，不得不相助。"④ 俄国的这种态度使中日朝三国均十分震惊。12～13 日，袁世凯和大鸟圭介曾为此事紧急会晤。他们综合分析了来自各个渠道的情报，认为有两点较为确实：（1）俄使也在动员朝鲜政府邀请俄国出兵；（2）俄兵一千名从海参崴乘船出发，将于五日内抵达仁川。⑤ 逻辑上，如果当时俄国真的派兵入朝，形成中日俄三国鼎立的形势，那么，朝鲜问题无疑会是另一种局面，至少中日战争的风险将有所降低。俄兵入朝虽然理论上会损害中朝宗藩体制，但主要防范的还是日本的侵略阴谋。但这层意思，当时的李鸿章、袁世凯，还有总理衙门，都无法看透，中国的政治家们都沉浸在中朝传统宗藩体制的余晖中，不到万不得已绝对不会与俄日分享"属国"。实际上，俄国派兵入朝的风声只是克露培的外交阴谋，很可能是俄国对中日态度的试探，因为所有史料都表明，俄国政府在中日战争前期实际上一直奉行不干涉政策。

很明显，中国政府在派兵之初，并没有估计到其危险性和复杂性。等到日军不停地登陆朝鲜，中日军事冲突若隐若现时，方知失策。按照清廷的外交惯

① 骆宝善、刘路生主编《袁世凯全集》第 3 卷，第 349 页。
② Пак Б. Б. Российский дипломатК. И. Вебер и Корея. М. 2013г. c134.
③ 《日本外交文书选译》，戚其章主编《中日战争》第 9 册，中华书局，1994，第 228 页。
④ 《日本外交文书选译》，戚其章主编《中日战争》第 9 册，第 212 页。
⑤ 骆宝善、刘路生主编《袁世凯全集》第 3 卷，第 360～363 页。

例，李鸿章急忙请求列强居间调停。于是，中俄开始了有关"调停"问题的交涉。

首先，中俄有关邀请俄国出面调停的交涉。

据 6 月 20 日"寄译署"电，李鸿章先邀英国出面调停，后邀俄国出面调停："顷俄喀使过晤，鸿又与提前使拉德仁会议，彼此不侵高丽地界。此次日本派兵太多，似有别意，俄切近紧邻，岂能漠视。属其速电外部，转电驻日俄使，切劝日与我约期同时撤兵，以免后患。喀深谓然，日内即电致，想外部亦同此意云。素稔日忌英不如畏俄，有此夹攻，或易就范。"① 由此可知，李鸿章之所以邀请俄国出面调停，所依据的法理基础就是 1886 年与拉德仁达成的口头"君子协定"。在中国看来，中朝为宗藩关系，俄朝为邻邦关系，在中国的允许下，俄国理应遵守"君子协定"来调解朝鲜问题。所以，这次中日在朝鲜对峙，中国有邀请俄国出面调停的法理基础。关于这点，俄国外交官是认可的。② 但当时李鸿章确定的调停策略并非以俄为主，而是以英俄为主，多国并举。这种策略理论上虽没什么问题，但因牵扯到欧洲列强的实力组合以及英俄的远东争霸，实际操作起来十分困难。于是，在此后的调停行动中，始终存在着两条线索：一是俄国的单独调停行动。由喀西尼、韦贝、希特罗沃分别于天津、汉城、东京同时进行，形成了策划（天津，李鸿章与喀西尼、韦贝密谈——日本人称之为"天津密谋"③）、决策（圣彼得堡，俄国外交部）、调停（汉城，韦贝与大鸟圭介；东京，希特罗沃与陆奥宗光）的运作体系。大约在 7 月 23 日日军占领朝鲜王宫后，俄国单独主导的调停行动遂告失败。二是以英国主导的多国调停行动。李鸿章请英国调停实际上隐含着将来"制约俄国"的考虑。④ 大约到 7 月初，以英国为主导的多国调停行动才开始产生实际效应。英国虽然不反对邀请俄国参与调停，⑤ 但排斥俄国在朝鲜事务中的主导作用。⑥ 而奥匈帝国则明确反对俄国参与调停，甚至建议中国"联日防俄"。⑦ 因为在欧洲，俄、奥分属不同的利益集团。以英国为主导的多国调停行动在 7 月

① 顾廷龙、戴逸主编《李鸿章全集》（24），第 71 页。
② 《红档杂志有关中国交涉史料选译》，张蓉初译，国家清史编纂委员会编译组刊印，2005，第 19 页。
③ 《日本外交文书选译》，戚其章主编《中日战争》第 9 册，第 305 页。
④ 顾廷龙、戴逸主编《李鸿章全集》（24），第 96 页。
⑤ 《红档杂志有关中国交涉史料选译》，张蓉初译，第 48～49 页。
⑥ 《红档杂志有关中国交涉史料选译》，张蓉初译，第 26 页。
⑦ 顾廷龙、戴逸主编《李鸿章全集》（24），第 109 页。

下旬达到高潮。24 日，虽然俄国持保留意见，[①] 但表面上仍准备参与以英国为主导的多国调停行动；25 日，英国公使欧格纳（N. O'Conor）告知总理衙门，英国已联络俄、法、德、意四国共同调停。[②] 谁知当天，中日即开战，于是，以英国为主导的多国调停行动亦宣告失败。不过，根据喀西尼的报告，相对而言，李鸿章个人更重视俄国的单独调停行动。[③] 基于李鸿章的游移态度，这两条线索同时运行，互相影响，以致列强的欧洲分合矛盾、远东的英俄争霸矛盾都成为影响调停效果的因素，并最终导致调停的全面失败。

其次，中俄就有关调停方式问题的交涉。

按照近代西方国际法，"调停"是指国际争端当事国以调停人（指第三国）所提出的建议为基础，直接进行谈判解决国际争端的行为。由此可见，调停人本身不能参与争端；调停的唯一方式是"建议"即其性质是"和平"的，[④] 理论上不存在"武力调停"一说。然总理衙门、李鸿章，特别是袁世凯对近代西方国际法中的"调停"概念均缺乏正确的认识，以致中俄在有关调停问题的交涉中，出现了一个伪命题，即调停方式问题。李鸿章、袁世凯都认为"调停"有两种方式："和平调停"即文档资料中所谓"友谊劝告"方式和"武力调停"即"武力压服"方式。李鸿章就曾怂恿英国派海军（十余铁快舰）直达横滨，以武力压迫日本从朝鲜退兵。[⑤] 袁世凯亦曾多次谈道："俄英以力勒令，或可听。如只调处，恐无益。徒误我军机。"[⑥] 此处的"以力勒令"与"调处"对举，其含义自然是"武力压迫"。李鸿章也提到喀西尼曾答应"压服"，但喀氏的"压服"并非中国外交家所理解的"武力调停"，它指的是俄国直接军事干涉朝鲜问题。6 月底，由于日本拒绝与中国同时撤兵，俄国调停无力，所以，李鸿章就建议俄国也出兵朝鲜，举行中日俄三国会议。[⑦] 7 月 22 日，李鸿章又建议喀西尼电请俄国政府将海参崴的俄国舰队（十艘）派到仁川与中

---

① 喀西尼主张由俄驻日公使希特罗沃掌握多国调停的主导权。《红档杂志有关中国交涉史料选译》，张蓉初译，第 51 页。
② 顾廷龙、戴逸主编《李鸿章全集》（24），第 162、165 页。
③ 《红档杂志有关中国交涉史料选译》，张蓉初译，第 18 页。
④ 〔英〕劳特派特修订《奥本海国际法》下卷第一分册，王铁崖、陈体强译，商务印书馆，1981，第 5~6 页。
⑤ 顾廷龙、戴逸主编《李鸿章全集》（24），第 96 页。
⑥ 骆宝善、刘路生主编《袁世凯全集》第 3 卷，第 385 页。
⑦ Всеподданнейшая записка военного министра Ванновского от 15（27）июля 1894г. РГВИА фонд 447，Единица хранения 26，лист 163. Пак Б. Д. Россия и Корея. М. 2004г. с. 207.

国海军会合，一块行动，喀西尼表示同意。① 这说明喀西尼一直主张俄国直接军事干涉朝鲜问题，但非认定"武力调停"之说。可见，中俄两国外交家们不仅对调停概念的理解不一，且俄国一线的外交家与千里之外的俄国政府对朝鲜政策的看法也并非完全一致。中国外交家对"调停"概念理解上的误识不但对调停本身产生了一定影响，且在一定程度上确曾"徒误军机"。

当然，甲午战前中俄调停交涉最主要的问题还是中日撤兵问题。

日使大鸟圭介带兵赶到汉城后，朝鲜局势已风平浪静，因而遭到俄国公使的质问，尤其袁世凯咄咄逼人，直接与之谈判中日共同撤兵问题。为了应付列强和中国的外交压力，日本政府经过精心策划，遂提出"撤兵"三条件，即6月16日通过驻日公使汪凤藻转达的照会"三条"②：鉴于朝鲜吏治腐败，官逼民反，建议中日两国各派委员若干组成联合委员会改革朝鲜政治，"一、查核度之；二、淘汰京官并地方官吏；三、使朝鲜政府设置兵备，以保国安"。③日本人提出的这三个撤兵条件，其本质是要改革朝鲜内政。然而，日本人参与或主持朝鲜内政改革，中国政府绝对不会同意，因为这种干涉别国内政的行为既不符合国际法，也不符合中朝传统宗藩体制。更何况，朝鲜内政改革何时达到日本设定的标准，这几乎永远是一个未知数。照此而论，日本撤兵将永无期日。日本撤兵条件里所隐含的这些政治内涵，中俄均十分清楚。因此，21日，李鸿章以"四条"答复日本的"三条"："一、日认韩为中属；二、华允日会剿；三、乱定照约撤兵；四、中日皆不干涉韩政，惟劝韩自行清厘。"④ 李鸿章的答复基本上拒绝了日本的"三条件"。恰在此时，喀西尼路过天津，十分认同李鸿章的答复，极愿中日两国无条件撤兵。并说："昨已电俄京七百字，请饬驻日使力劝，如不听，则俄必从事于后。"⑤ 23日，俄国外交大臣上奏沙皇：（1）同意喀西尼的意见，俄国出面调停，既能增加俄国在远东的势力影响，又可以防止英国干预此事；（2）应该命驻日使希特罗沃"竭力劝告日本

---

① 顾廷龙、戴逸主编《李鸿章全集》（24），第155页。
② 顾廷龙、戴逸主编《李鸿章全集》（24），第71页。
③ 王芸生编著《六十年来中国与日本》第2卷，第36页。
④ 但在致日本政府的照会中，仍然简化为三条："一、韩乱告平，已不烦中国兵代剿，两国会剿之说，自毋庸议；二、善后办法用意虽美，止可由朝鲜自行厘革，中国尚不干预其内政，日本素认朝鲜自主，尤无干涉其内政之权；三、乱定撤兵，乙酉年两国所定条约具在，此时无可更议。"《日本外交文书译选》，戚其章主编《中日战争》第9册，第256页。
⑤ 顾廷龙、戴逸主编《李鸿章全集》（24），第73页。

政府，就同时撤退军队一事与中国政府达成协议"。① 24 日，俄外交部电命喀西尼取消假期，暂留天津，以便与李鸿章商量办理朝鲜事务。② 25 日，喀西尼收到俄国政府的电文，旋即命巴参赞（巴福禄，Павлов А. И.）转告：（1）已经电令驻日公使告知日本政府"勒令与中国商同撤兵，俟撤后再会议善后办法"；（2）"如倭不遵办，电报俄廷，恐须用压服之法"；（3）朝鲜政治确实需要改革，但只能自改，别国不能用兵强迫；（4）如果日本撤兵，中国应同时撤兵。该电文的中心内容似与李鸿章的举措完全一致，这说明中俄通过交涉，在对待中日共同撤兵问题上达成了共识。并且，如此处转述的电文内容真实不虚，那么，其中的"压服"二字当可充分说明当时俄国的调停政策一直处在演变之中。与此同时，希特罗沃亦奉命造访日本外交大臣陆奥宗光，正式向日本表达了俄国调停的意愿。但日本的态度很冷淡，只表示在清兵撤退的前提下，如果能满足如下两个条件，日本即撤兵：（1）中国同意与日本协同完成改革朝鲜内政；（2）中国如果拒绝合作，那么，日本将独立改革朝鲜内政，但中国不能直接或间接干涉，改革结束即撤兵。希特罗沃则表示：俄国为朝鲜邻邦，应该参与协商。陆奥宗光明确拒绝了俄国的要求，但向俄国承诺了两点：（1）日本维护朝鲜独立；（2）日本不主动挑起战争。③ 前一条符合俄国一贯的朝鲜政策，日本正是想借此获得俄国的外交谅解。至于最终究竟是谁主动挑起战争，实际上是说不清楚的事情。可以说，俄国这次主动出击，没有获得什么实质性的结果，日本撤兵仍然永无期日。但李鸿章似乎对俄国的调停充满信心。其间，丁汝昌请战，遭到李鸿章的拒绝，他电告丁汝昌："现俄国出为调处，或渐就范。"④ 俄国政府获悉日本态度后，认为日本的回答虽维护朝鲜的独立，但所提出的退兵条件隐含中日两国联合占领朝鲜的可能性，因此，表示反对。⑤ 29 日，俄国即通告日本驻俄公使：（1）认同日本维护朝鲜独立的主旨；（2）仍坚持中日两国同时无条件撤兵，以外交手段解决问题。⑥ 但俄日接触的情况，李鸿章一无所知。30 日中午，李鸿章派盛宣怀、罗丰禄二人往见俄使，询问日本的答复，但喀西尼尚未收到任何来自日本的信息，答应

---

① 《红档杂志有关中国交涉史料选译》，张蓉初译，第 17 页。
② 顾廷龙、戴逸主编《李鸿章全集》（24），第 78 页。
③ 《日本外交文书选译》，戚其章主编《中日战争》第 9 册，第 256、291 页。
④ 顾廷龙、戴逸主编《李鸿章全集》（24），第 84 页。
⑤ 《红档杂志有关中国交涉史料选译》，张蓉初译，第 24 页。
⑥ 《日本外交文书选译》，戚其章主编《中日战争》第 9 册，第 296 页。

"拟再电俄廷并驻倭使，令告倭必须共保东方和局，或请倭派大员来津，会议韩善后事宜"。傍晚，喀西尼收到希特罗沃的电报，立派巴参赞相告。日本的答复很令人失望，"不肯撤兵"，只保证"倭兵不先开仗云"。① 同日，希特罗沃再电陆奥宗光，"忠告日本对与清政府同时撤回在韩之兵所设障碍 事，负有重大责任"，但日本毫无退让之意。② 日本的顽固态度，以及无视俄国调停的傲慢，多少使俄国第一线的外交家们有些恼怒。7 月 1 日，喀西尼致电俄国外交部：（1）"日本谋取朝鲜内政统治权的企图已很明显""显然中国希望避免战争，而日本却似有以寻求战争，深以为胜利非己莫属。危险正来自日本方面，而不是中国方面"；（2）李鸿章同意中日俄三国会议改革朝鲜内政是对俄国的让步，而日本在排斥俄国。同日，希特罗沃亦致电俄国外交部：（1）感觉用言辞很难说服日本人，只有让他们从中国人那里获得教训，战争最后胜利将属于中国；（2）和平解决的希望在汉城，建议由朝鲜政府出面邀请中日俄三国共同监督其内政改革。③ 然而，正当俄国外交官在情感上都偏向中国的时候，李鸿章却因俄国调停没有结果而转请英国调停。

7 月 4 日，汪凤藻电告李鸿章，俄使东京调停没有结果，日本仍坚持"须善后粗定始可撤兵"。④ 这与中方所坚持的先撤兵后改革针锋相对，不可调和。5 日，总理衙门电询李鸿章有关三国会议的消息。由李鸿章的答复可知，"三国会议"之说不过是李鸿章与俄国人之间的一厢情愿，并没有通过外交途径获得日本的认同。日使小村主张将朝鲜问题局限于中日之间，不让第三国插手。⑤ 由于他者的调停均无实际功效，以致一直热衷调停的李鸿章亦失去信心，承认："日蓄谋已久，志甚奢。倘俄英以力勒令或可听，如只调处，恐无益，徒误军机。"⑥ 如前所述，调停只能"和劝"，"力劝"在法理上已经超乎调停的范围。可见，并非调停"徒误军机"，而是李鸿章的误识"徒误军机"。而此时，日本变本加厉，直接撇开中国，独自改革朝政。5 日，日使经袁世凯转达："现按原议，独向韩劝，拟纲五条：一、改制度；二、整财政；三、整

---

① 顾廷龙、戴逸主编《李鸿章全集》（24），第 94 页。
② 《日本外交文书选译》，戚其章主编《中日战争》第 9 册，第 298～299 页。
③ 《红档杂志有关中国交涉史料选译》，张蓉初译，第 25～27 页。
④ 顾廷龙、戴逸主编《李鸿章全集》（24），第 106 页。
⑤ 顾廷龙、戴逸主编《李鸿章全集》（24），第 107 页；《日本外交文书选译》，戚其章主编《中日战争》第 9 册，第 277～278 页。
⑥ 顾廷龙、戴逸主编《李鸿章全集》（24），第 108 页。

律法；四、理兵备；五、施学政。"① 实际上，日本"独向韩劝"的行为本身就意味着列强的调停已宣告失败。6 日，回到汉城的韦贝在与大鸟圭介会晤后，也感觉"和平调停已经失败"。② 但大家似乎对这种失败熟视无睹，继续做着无用功。同日，李鸿章电告总理衙门，谈及喀西尼个人很同情中国："喀今午电俄京，甚切实，大意谓中国自始至今均照公法条约办事，无一错处，俄应不准东洋一国在韩作主……务要外部定见，或办或不办，以免失信中国。"③ 俄文档案显示，李鸿章所获悉的这些消息基本属实，但喀西尼个人的同情显然毫无用处。此后数日，喀西尼甚至与俄国外交部就此展开了一场内部争论。最终，俄国外交部占上风，认为，既然日本同意撤兵（哪怕是有条件的），那么，俄国就只能坚持原定策略：（1）只能以和平方式调停中日冲突；（2）俄国要保护自己的利益，但目前不能直接卷入中日朝鲜纠纷；（3）俄国对中国始终持友谊态度。④ 9 日，喀西尼派巴参赞将俄国政府的意见告知李鸿章："倭韩事明系倭无理，俄职能以友谊力劝倭撤兵，再与华会商善后，但未便用兵力强勒倭人。"⑤ 至此，李鸿章始明白，俄国政府只能和平调停，而不会实行中国所希望和理解的"武力压服"。与此同时，俄国政府还致电希特罗沃，要他将俄国的态度转告日本，肯定日本对朝鲜没有"侵略目的"及朝鲜安宁混乱消弭即撤兵的承诺。并告知日本，俄国作为朝鲜邻邦，对朝鲜事件不会"熟视无睹"。10 日，俄国外交部再电希特罗沃，俄国可能随时要保卫自己的利益，但不愿意跟随中国直接参与朝鲜事件；俄国只能"友好地"但"很坚决地劝告日本"与中国达成撤兵的协议。⑥ 说来说去，俄国只能居中调停，不想直接干涉。俄国之所以采取这种态度，最关键在于俄国没有左右远东局势的力量；同时，从维护其国家利益出发，俄国实际上既不愿意日本占领朝鲜，也不愿意中国占领朝鲜。俄国需要的是保持朝鲜现状。

然而，朝鲜局势由于日本的蓄意侵略而日趋恶化。7 月 8 日，大鸟圭介给朝鲜政府连发两份照会：一是命朝鲜政府立即要求中国撤兵；二是要求朝鲜废

---

① "五条"实际上于 7 月 3 日即由大鸟圭介告袁世凯。骆宝善、刘路生主编《袁世凯全集》第 3 卷，第 392 页。

② Телеграмма Вебера министру иностранных дел. Сеул, 6 июля 1894г. АВПРИ, ф. миссии в сеуле, оп. 768. д. 45. л. 138. Пак Б. Б. Российский дипломат К. И. Вебер и Корея. М. 2013г. с140.

③ 顾廷龙、戴逸主编《李鸿章全集》（24），第 113 页。

④ 《红档杂志有关中国交涉史料选译》，张蓉初译，第 37~40 页。

⑤ 顾廷龙、戴逸主编《李鸿章全集》（24），第 106 页。

⑥ 《红档杂志有关中国交涉史料选译》，张蓉初译，第 41 页。

除与中国的一切条约，废除中朝宗藩体制。① 14 日，俄参赞密述：（1）日本非常委婉地拒绝了俄国及其他列强的调停，"自与韩会议，不与别国相干，别国无需过问"；（2）"俄廷电喀"，解释为何俄国此时不能直接干涉朝鲜，以武力帮助中国的三个原因："一、因武备水帅未能速备齐；一、俄不要催中国到开仗地步，若俄立允相助，恐中国办事太骤，应先试探能否讲和；一、俄欲使天下皆知，不因此机会在韩插手，仍有意约同别国催劝东洋退兵。"② 很显然，俄国军事准备不足是其不干涉政策的关键因素之一。有资料表明，当时俄国对日本挑起战争的行为很恼火，因为它妨碍了俄国的远东利益。随之，俄国在远东采取了一系列的军事举措：16 日，俄国在海参崴和俄朝边境地区操练陆海军以防中日冲突；③ 19 日，俄国外交部亚洲司司长在备忘录中记述，俄方考虑采取必要的保卫措施，即派一支小部队进驻汉城以保卫俄国使馆，俄国海军暂时占领永兴湾，待局势稳定后撤退。④ 但这些保卫措施似乎均为纸上谈兵，并未付诸实践。

7 月 19 日，大鸟圭介向朝鲜政府提出最后通牒，要求朝鲜政府驱逐清兵，限 22 日前答复。有鉴于此，俄国政府致电希特罗沃，令其转告日本："任何让与，如果违背独立的朝鲜政府所签署的条约，均为无效。"⑤ 21 日，大鸟圭介询问韦贝：如果日本主持韩政"囚王，俄意如何？韦未答"。可见，日本的态度越来越猖狂。有鉴于此，韦贝只好电请俄国政府派兵入朝保卫使馆安全；喀西尼则建议俄国海军与中国海军联合行动。然而，俄国即将动兵的小道消息竟引起总理衙门的猜疑，均以为俄国"欲收渔利"，故"不可依以为助，致事后别生枝节"。⑥ 可见，中国政府既希望俄国动兵，又害怕俄国动兵。23 日，日军占领汉城王宫，虏朝王，战争一触即发。俄国政府当即电令韦贝向日方声明，俄国虽不直接干预中日战事，但要求：（1）必须尊重俄国的利益；（2）避免损害俄朝边境秩序。⑦ 并且命喀西尼响应英国策动的"五国调处"，

---

① АВПРИ. Ф. Миссия в Сеуле. Оп. 768，Д. 45，Л. 8 – 9. Пак Б. Б. Российский дипломатК. И. Вебер и Корея. . М. 2013г. с140.

② 顾廷龙、戴逸主编《李鸿章全集》（24），第 127 ~ 128 页。

③ 谢俊美编《翁同龢集》（下），中华书局，2005，第 1076 页；顾廷龙、戴逸主编《李鸿章全集》（24），第 140 页。

④ 《红档杂志有关中国交涉史料选译》，张蓉初译，第 55 页。

⑤ 《红档杂志有关中国交涉史料选译》，张蓉初译，第 54 页。

⑥ 顾廷龙、戴逸主编《李鸿章全集》（24），第 151、155、160 页。

⑦ Инструкция Веберу от 26 июля（6 августа）1894г. АВПРИ. Ф. миссия в Сеуле. Оп. 768，1894 – 1895гг. Д. 51，Л. 29. Пак Б. Д. Россия и Корея. М. 2004г. с. 208.

"令倭退兵再议"。① 俄国本来对以英国为主导的多国调处不感兴趣，但现在情势危急，故不得不从权参与"五国调处"。英国主导调处的关键点在于：（1）日方军队撤出京城；（2）中国在牙山之军调到平壤；（3）双方撤兵应成比例。② 但日本人此时已不可能接受这种调处方案。25 日，日军不宣而战，在丰岛海面袭击中国舰队，甲午战争终于爆发。然而，26 日，喀西尼还在与李鸿章商量"五国调处"的事，李鸿章还在梦想中日两国在"五国调处"下同时退兵，做着"宜令日兵退釜山，华兵退平壤，各离汉城五百里"的美梦。③ 8 月 1 日，中日双方正式宣战，中俄有关中日撤兵的调停亦正式宣告失败。

三 甲午战争期间围绕停战议和条件的中俄交涉

自 1894 年 8 月 1 日中日正式宣战至 1895 年 4 月 3 日，俄国在外交上一直采取"不干涉政策"。8 月 7 日，俄国外交大臣致电希特罗沃，表示俄国"不干涉中日战争"，但日本应尊重俄国的利益，且不能骚扰朝俄边境。8 日，外交大臣又致电喀西尼，表示在中日战争中，俄国不偏袒任何一方，尤其不能听信李鸿章的建议直接卷入中日争端。俄国的对策主要有两条：一是缓和中日两国的争端；二是保护俄国自己的利益。21 日，俄国召开御前特别委员会会议，基本上接受了外交大臣的意见，最终形成了"不干涉政策"：（1）认为积极干涉中日战争不符合俄国利益，俄国应与其他列强一块行动，努力使交战双方停止军事行动而以外交方式解决朝鲜问题；（2）俄国不必另作"中立声明"，但望交战双方尊重俄国利益，不骚扰朝俄边境；（3）中日战争的结果不能损害朝鲜的现状；（4）增加朝俄边境的俄国军事力量。④ 只要对这份决议的主要内容稍加分析，就可以看出，俄国所谓的"不干涉政策"，其实不是静态的无条件的不干涉，而是动态的有条件的不干涉，本质上与当时西方列强普遍所持的"局外中立政策"有所不同：（1）俄国的"不干涉政策"主要是指不派军队直接参战。一方面，它与李鸿章要求俄国派军队直接参战密切相关，因为李鸿章的要求被俄国外交部解读为外交"阴谋"；另一方面，关键还在此时俄国缺乏掌控远东局势的军事力量和法理基础。中俄交涉虽然都承认以"君子协定"

---

① 顾廷龙、戴逸主编《李鸿章全集》（24），第 162 页。
② 《日本外交文书选译》，戚其章主编《中日战争》第 9 册，第 329 页。
③ 顾廷龙、戴逸主编《李鸿章全集》（24），第 165 页。
④ 《红档杂志有关中国交涉史料选译》，张蓉初译，第 78、80、159~160 页。

为法理基础，但正如李鸿章自己当初所感觉的那样，这个"君子协定""联俄"很明显，"制日"却只是一种隐含："彼意第三节为防范日后他国或有侵夺韩境之事，欲隐指日本，又不肯说明，恐有窒碍。"① 尤其该协定未能明确中俄双方究竟以政治还是以军事手段来保证"协定"的贯彻，以致格尔斯在 8 月 10 日致喀西尼的电文中就说："依照 1886 年口头协议，我方在朝鲜问题上采取了完全公正无私的态度。"② 法理基础的局限性，终于影响到了甲午战争时期中俄交涉的深度和广度。（2）俄国的"不干涉政策"是有前提的：交战双方要尊重俄国利益，不能骚扰朝俄边境。同时，无论谁在战争中胜出，都必须保持朝鲜的现状。如果中国胜出，俄国会要求中国遵守"君子协定"，从朝鲜撤兵；反之，如果日本获胜，俄国同样会采取行动迫使日本从朝鲜撤兵。③ 所以，中日战争期间，俄国一直努力加强自己在远东的陆海军实力，以便根据局势的发展趋势保持行动的自由，这也是俄国不声明中立的基本原因。

与此同时，中国政府内部依旧在争论究竟请谁主导调停的问题。如前所述，早在中日开战前夕，清政府已将调停的重心放在英国身上。中日开战之后，清政府对外交涉的中心开始慢慢由天津移到北京，宫廷里相当多的大臣仍热衷于英国调停。10 月 4 日，庆亲王奕劻就与赫德会晤，请英国出面调停。④ 同时，文廷式等三十八人联衔上奏，申说"连英伐日"。⑤ 6 日，礼部侍郎志锐甚至提出将赔日之款献给英国，在西藏问题上让步，以联英拒日。⑥ 然而，慈禧、李鸿章等人却仍主张让俄国来主导调停。9 月 27 日，基于平壤战役和黄海战役的失败，慈禧着急主和，命翁同龢赴天津通知李鸿章，请喀西尼让俄国遵守"君子协定"，出面调停。30 日，李鸿章对赶到天津的翁同龢谈了三点看法：（1）俄国深恶日本，中国若守"君子协定"，俄国亦必守，据称俄国知道中国内部不协，所以，无心遵守协定；中国应派专使与俄国商谈调停。（2）喀西尼与俄国外交部有矛盾，喀西尼的看法受到压制。（3）保证俄国绝对不占中国的东三省。⑦ 由此可见李鸿章的亲俄态度。

---

① 顾廷龙、戴逸主编《李鸿章全集》（34），第 97 页。

② 《红档杂志有关中国交涉史料选译》，张蓉初译，第 84 页。

③ Записка Гирса от 27 июля（8 августа）1894г. АВПРИ. ф. Секретный архив министра иностранных дел. О. 467，Д. 174/181，Л. 7 – 11. Пак Б. Д. Россия и Корея. М. 2004г. с. 210.

④ 《帝国主义与中国海关》（七），《中国海关与中日战争》，中华书局，1983，第 60 页。

⑤ 谢俊美编《翁同龢集》（下），第 1096 页。

⑥ 《礼部侍郎志锐奏为联英拒日可转败为胜褶》，戚其章主编《中日战争》第 1 册，第 320 页。

⑦ 陈义杰编《翁同龢日记》（五），中华书局，1997，第 2733 ~ 2734 页。

因此，虽然此时中俄交涉存在很多不利因素，如俄国采取"不干涉政策"，此时俄国皇帝、外交大臣、驻华公使均得疾病等，① 实无力从外交上对远东不断变化的局势采取得力的举措；清政府内部也冒出许多贬俄防俄的声音；等等，但由于慈禧、李鸿章等人求和心切和亲俄心态，中俄有关调停的交涉仍时断时续。

首先，李鸿章等人依旧希望俄国能出面调停中日冲突。8月1日，中日宣战，中国驻伦敦公使龚照瑷致电李鸿章："北和俄，南拒倭，不急功，不示弱。"② 龚的联俄拒日，正中李鸿章下怀。虽然此时俄国采取"不干涉政策"，态度比较冷淡，但李鸿章仍不停地主动与俄国交涉。10月12日，俄使喀西尼、巴参赞与李鸿章会晤。李鸿章不失时机，努力动员俄国居间调停，但此时俄国不愿意独立主导调停。李鸿章问："即如停战一节，喀大人现拟如何商办？"喀西尼答：我作为各国公使首领，到京后与英、法、德、意等使商明，电知各国政府电令其驻东京各使，与日本外交部商办。李鸿章说："如即由喀大人电请贵国政府，电令东京俄使与日本外部商办更为直接。"喀西尼答，"与各国有约在先，仍应会同商办，不便独办"。李鸿章答："既与各使会商，即请喀大人迅速进京，往谒恭邸时请即畅谈，与我谈无异。"喀西尼答应13日晚进京。③ 然而，喀西尼进京后，似乎没有如约主动去见恭亲王，也未见他以各国驻京公使的领袖号召大家调停。25日，恭亲王拜会各国使臣，"喀使托病不谈"。④ 喀西尼之所以此时不热衷独立主导调停，主要是俄国政府认为未到干预时机。⑤

其次，除了争取俄国"和平调停"外，李鸿章依然企望争取俄国的"武力调停"。但俄国也似乎并未意识到"武力调停"只是李鸿章对国际法的误识，而认为这是李鸿章欲将俄国拖入战争泥潭的外交阴谋。但无论是"误识"，还是"阴谋"，俄国都没有跟李鸿章说明。所以，中日对峙时期，蒙在鼓里的李鸿章尚一直努力说服俄国"武力调停"。当中日开战后，尽管俄国退

① "9、10月间，亚历山大三世快要死了"，"11月1日，这位沙皇死于利瓦吉亚"；"吉（格）尔斯也快要死了"，"他从1892年就患重病"，"他死于1895年1月26日"。（〔美〕安德鲁·马洛泽莫夫：《俄国的远东政策（1881～1904）》，第66页）此时，"喀使亦赴烟台养病"〔顾廷龙、戴逸主编《李鸿章全集》（24），第247页〕。
② 顾廷龙、戴逸主编《李鸿章全集》（24），第188页。
③ 顾廷龙、戴逸主编《李鸿章全集》（36），第52页。
④ 谢俊美编《翁同龢集》（下），第1101页。
⑤ 《日本外交文书选译》，戚其章主编《中日战争》第9册，第448页。

避三舍，但李鸿章仍寄希望于俄国军事干预。为此，李鸿章特别关注俄国的军事动向。8 月 9 日，李鸿章分析俄国新闻，断定日本占领朝鲜后"俄断不能允"。以此为前提，李鸿章一方面十分注意收集俄国远东海陆军的调动信息：9 月 6 日，俄国调海军舰队克日向朝鲜进发，其中有大铁舰两艘；24 日，"闻俄已在海参崴预备海舰、陆兵颇多，未知所向"；① 11 月 11 日，"探知俄已调集铁舰、快船并运船多只来海参崴，蓄势不小"；② 等等。对俄军频繁调动的这些情报，李鸿章基本上都有意无意地解读为俄国"武力调停"的迹象。③ 8 月 13 日，俄国巴参赞密告李鸿章，俄国将遵照"君子协定"办理朝鲜事务。事后，李鸿章推测："看来俄似有动兵逐倭之意。"④ 很显然，李鸿章对俄军调动的解读存在误差。同样，此时俄国调动海陆军以加强自己在远东的军事实力，亦曾引起日本的关注。8 月 12 日，日本驻俄公使西德二郎就曾特意将俄军在远东的动向报告陆奥宗光，并认为这是俄国维护其远东利益的军事准备。⑤ 另外，李鸿章确实经常不失时机地挑拨俄国，企图引导俄国军事干预中日战事，似乎坐实了"外交阴谋"一说。10 月 12 日，李鸿章在与喀西尼的谈话中就主动提到："闻日派兵四千，由温贵湾至图们江一带附近地方，将侵俄界，俄岂能坐视耶。"喀西尼答：此为传闻，尚无确报，料想日本人此时不敢轻易侵犯俄国。⑥ 15 日，李家鳌从海参崴电告李鸿章："倭寇在元山毁俄公司船局，俄派'而令达'铁舰赴彼察看。"李鸿章立即将此消息电告总理衙门，说："窃谓此时只有借倭兵越界事，俄廷可与启衅，我能就机激动俄心，稍示恫吓，可制倭寇云。"⑦ 挑拨之意，溢于言表。尤其出格的是 1895 年 2 月 14 日，清政府居然密谕许景澄："闻俄廷与倭有宿嫌，可请其由海参崴调船，要倭停战，以尽数百年芗好之谊。"⑧

　　大约自 1895 年 10 月初，中日之间就开始酝酿谈判停战条件问题。于是，干预日本停战条件尤其是"割地"就成为中俄交涉的主题。10 月 8 日，中国

---

① 顾廷龙、戴逸主编《李鸿章全集》（24），第 214、303、368 页。
② 顾廷龙、戴逸主编《李鸿章全集》（25），第 140 页。
③ 当时清政府内部对俄军的调动也有人解读为趁火打劫，危害中国。戚其章主编《中日战争》第 1 册，第 316 页。
④ 顾廷龙、戴逸主编《李鸿章全集》（24），第 231 页。
⑤ 《日本外交文书选译》，戚其章主编《中日战争》第 9 册，第 424～425 页。
⑥ 顾廷龙、戴逸主编《李鸿章全集》（36），第 52 页。
⑦ 顾廷龙、戴逸主编《李鸿章全集》（25），第 47 页。
⑧ 谢俊美编《翁同龢集》（下），第 1129 页。

委托英国向日本传递讲和条件：朝鲜独立、赔款。但遭到日本拒绝。9 日，青木周藏也就议和条件表述了自己的看法：（1）割台湾；（2）赔款一亿英镑，金、银各半；（3）中国放弃朝鲜宗主权。① 11 月 4 日，李鸿章的顾问美国人毕德格来华路过东京，他从日本外务司员那里得到了日本停战条件的初步构想：以占领旅顺口为前提："一、赔费；二、朝鲜自主；三、割地；四、江宁、杭州所杀倭人，应令赔偿；五、按照各国一体均沾之例，以后所有在华倭人应享权利与欧洲各国之人无异。"至于"割地"尚无具体所指。② 日本人此时之所以吐露停战的条件，主要是考虑到当时列强的态度：英国不愿意日本打到北京；俄国则担心日占朝地。由于俄国是中朝的邻国，所以，日本更在乎俄国的态度。12 月 22 日，希特罗沃晤陆奥宗光，就未来中日和约尤其是"割地"问题谈了三点看法：（1）不损害朝鲜的独立；（2）英国不能插手日清条约的谈判；（3）俄国不反对日本占台湾。③ 1895 年 2 月 14 日，陆奥宗光再次与希特罗沃会晤，进一步探听俄国对"割地"问题的态度。希特罗沃强调了两点：（1）不能损害朝鲜独立；（2）日本占据中国大陆土地并非"上策"。④ 19 日，西德二郎暗示俄国外交部亚洲司司长卡佩涅斯特：日本将占有旅顺和威海卫。⑤ 西德二郎的这层意思，当时外交部副大臣施什金（Шишкин Н. П.，又译基斯敬）立即报告了尼古拉二世，但俄国政府当时对此没有明确表示态度。这一系列试探使日本人产生了一个错觉，即俄国并不坚决反对日本占领辽东半岛。

2 月 13 日，清廷被迫听从日本的建议，任命李鸿章为全权和谈使臣。⑥ 李鸿章满心希望在和谈之前，能够获得英俄等列强的明确支持，因而饬各驻外使节加紧与列强联络。26 日，伦敦龚使来电称：俄使持俄主电密告庆常，俄英法有保大局杜侵占之约，等日本和约条款公布，即刻使力。同日，驻俄许使会晤俄国外交部副大臣基斯敬，"切告中国不能允地情形，托其约合英、法劝

① 《日本外交文书选译》，戚其章主编《中日战争》第 9 册，第 434、435 页。
② 顾廷龙、戴逸主编《李鸿章全集》（25），第 200 页。
③ 《日本外交文书选译》，戚其章主编《中日战争》第 9 册，第 450、464 页。
④ 《日本外交文书选译》，戚其章主编《中日战争》第 10 册，第 60 页。
⑤ Всепадданнейшая записка Шишкина от 21（9）февраля 1895 г. АВПР МИД кит. стол，Всеподд айнейшие доклады，1895 г. №3053，лл. 40–41 и яп. стол，1895 г. №179，л. 26. Нарочницкий А. Л. Колониальная политика капиталистических держав на Дальнем Востоке. 1860–1895. М.，1956 г. с. 676.
⑥ 顾廷龙、戴逸主编《李鸿章全集》（26），第 52 页。

解"。随后，李鸿章又以政府名义致"国电"于俄皇、德皇，请求列强压制日本占据大陆土地的要求。3月12日，俄皇面复："俄国必极力劝成两国和议。"① 由于列强均在等待日本公布和约草案，所以，尽管李鸿章着急，列强还无法给予切实的支持。19日，李鸿章只好怀着灰暗的心情前往日本。

4月3日，日本正式向希特罗沃通告中日和约草案。当得知日本欲割辽东半岛时，希特罗沃大为不满。② 自此，俄国一反过去"不干涉政策"，一边加紧与英、法、德等列强联系，一边加速确立自己的新远东政策。8日，德国为了加强自己在远东的政治影响，同时也为了将俄国的视线转移到远东，表示愿意与俄国协调行动。③ 11日，俄国政府专门为此召开御前特别委员会会议，商讨的结果是：（1）以友谊方式劝告日本放弃辽东半岛，如日本拒绝，俄国保有自由行动的权力；（2）立即通告列强及中国，坚决不允许日本占领辽东半岛。④ 16日，俄国外交部电告希特罗沃，请他转告日本政府必须放弃占领中国的辽东半岛。⑤ 17日，俄国外交大臣洛巴诺夫（Лобанов-Ростовский А. Б.）公爵约见德国驻俄大使，希望德、法与俄国合作，他明确表示，如日本不接受友谊劝告，三国将采取军事行动。⑥ 同日，李鸿章签署《马关条约》。其中明确规定：日本占据辽东半岛及台湾、澎湖列岛。

4月18日，喀西尼受命劝告中国推迟批准换约。⑦ 俄国的态度正合中国的心意：既然三国正要改约，那就不如改约之后再批准换约。23日，俄、法、德三国驻日公使联合照会日本，劝日本放弃辽东半岛。⑧ 26日，总理衙门电驻俄许使：（1）对俄廷表示感谢；（2）与俄廷协商，"展缓停战互换之期"；（3）详细探听俄国"倭果坚拒，只好用力"，究竟是什么意思。但许景澄似乎并未按照总理衙门的意思与俄廷交涉。在27日的两封回电中，许景澄汇报说：三国"不便勒展限期"，旬内必有回复。而总理衙门的意思是希望三国能与日本商量，延长批准换约之期。至于第三个问题，许景澄只字未提。28日，总

① 顾廷龙、戴逸主编《李鸿章全集》（26），第70、71、79页。

② 《日本外交文书选译》，戚其章主编《中日战争》第10册，第81页。

③ 《德国外交文件有关中国交涉史料选译》第1卷，孙瑞芹译，商务印书馆，1960，第25、27页。

④ 《红档杂志有关中国交涉史料选译》，张蓉初译，第175页。

⑤ Пак Б. Д. Россия и Корея. М. 2004г. с. 218.

⑥ 《德国外交文件有关中国交涉史料选译》第1卷，孙瑞芹译，第29页。

⑦ 〔美〕安德鲁·马洛泽莫夫：《俄国的远东政策（1881~1904）》，第74页。

⑧ 《德国外交文件有关中国交涉史料选译》第1卷，孙瑞芹译，第34~36页。

理衙门再电许使：（1）告知俄国外交部，既然三国已经照会日本，那么，中国就直告日本延长缓批换约之期；（2）既然此前俄国有"倭果坚拒，只好用力"的说法，那么，就请"问俄廷能否先以兵舰来泊辽东海面，为我臂助。倘真用兵力，中国愿与俄立定密约，以酬其劳"。5月1日，许景澄连续两次致电总理衙门，汇报交涉结果：（1）俄国不愿中国以三国干涉为由拖延缓批换约的期限，并认为中国最好换约，互换之后的条约仍然可以修改，且换约不等于划界；（2）所谓"倭果坚拒，只好用力"乃基斯敬私下所说，不代表国家。俄国不到万不得已，不用武力。可见，俄国在对待换约问题上的政策尚在不停演变，这正反映交涉过程对其外交政策的修正作用。2日，李鸿章致电总理衙门：（1）中国应该按时批准换约，否则，日本视为"反约"，战争再起，问题更麻烦；（2）换约不影响三国联合商改。6日，许景澄回电：俄国对前述中国双方缔结"密约"的建议表示感谢，"俄国需商事颇多，俟再详议"。① 这大概就是后来《中俄密约》的端绪了。8日，由于未能得到俄国等列强的明确支持，清政府只好与日本如期换约。

5月1日，日本通告三国，部分同意三国提出的改约意见：（1）日本可以放弃除金州（半岛南端及旅顺港）以外的辽东半岛，但须索取赔款；（2）在中国完全履行条约义务之前，日本继续占领辽东。② 日本的态度，引起尼古拉二世的恼怒。他致电希特罗沃：日本要占据大陆土地，想都别想！"这是我最后的答复"。③ 面对俄国的强硬态度，日本政府玩弄阴谋，企图与俄国签署"密约"：（1）日俄共同瓜分朝鲜；（2）日本退辽，但保留威海卫及周围堡垒。④ 但俄国处于维护自己的利益，没有理睬。4日，俄、德、法三国继续逼日本退辽。6日，日本终于屈服，向三国声明：同意退还整个辽东半岛，但须增加赔款。⑤

但赔款究竟增加多少为宜？赔款支付到何种程度，日本退出辽东？《马关条约》规定中国政府向日本赔款两亿两白银，如今另需增加赔款，清政府已经不堪重负，因此，试图借助俄国干预，杜绝日本增加赔款。5月7日，总理

---

①　顾廷龙、戴逸主编《李鸿章全集》（26），第 112、118、119、122、123、129 页。

②　《德国外交文件有关中国交涉史料选译》第 1 卷，孙瑞芹译，第 41 页。

③　Нарочницкий А. Л. Колониальная политика капиталистических держав на Дальнем Востоке. 1860－1895. М. , 1956г. с. 700.

④　Пак Б. Д. Россия и Корея. М. 2004г. с. 218.

⑤　《德国外交文件有关中国交涉史料选译》第 1 卷，孙瑞芹译，第 44 页。

衙门致电许景澄，命他即告俄国："兵费不能再增。"① 因此，9 日，洛巴诺夫会晤德国驻俄公使，表示：（1）提议中、俄、德、法、日五国共同商讨增加赔款的问题；（2）日本增加的赔款不宜过高；（3）日本必须在中国支付第一期赔款后即还辽东半岛。② 11 日，许景澄又晤洛巴诺夫，商讨"添款"问题。洛巴诺夫指引他去找财政大臣维特商量，并表示俄国将与德、法一块商办；14日，总理衙门致电许景澄，命其致谢俄廷，并希望俄国联合德、法阻止"添款"。③ 23 日，俄、德、法三国大致形成一致意见，照会日本：（1）日本退还辽东，法理上没有权利要求增加赔款，如果定要增加，数目应尽量低；（2）中国支付第一期赔款后，日本退出辽东半岛；（3）台湾海峡自由通航。④ 25 日，许景澄将三国之间的这些共识电达清廷。31 日，许景澄再晤洛巴诺夫，请俄国"用劲驳阻"日本"添费"。⑤ 7 月 9 日，日本政府以备忘录的形式通告三国：（1）日本退辽，增加赔款 5000 万两。（2）中国支付第一期赔款，日本撤至金州；支付第二期赔款及交换修订通商航行条约后，日本退还全辽。（3）日本承认台湾海峡自由通航。洛巴诺夫认为，让中国的经济彻底垮掉不符合列强的利益，增加赔款 5000 万两太多，必须减少到 2500 万两，并立即与德、法两国商议，最后于 9 月 11 日议定：（1）增加赔款 3000 万两；（2）赔款支付后，日本立即还辽。10 月 7 日，日本答复：（1）同意将增加赔款降至3000 万两；（2）中国支付 3000 万两赔款后，日本 3 月内还辽。⑥

在交涉还辽的同时，中俄还一直进行借款交涉。《马关条约》规定的中国赔款和赎辽费加起来一共白银两亿三千万两，如此数目庞大的债务，以中国当时捉襟见肘的国库，毫无还债能力，只能向列强借款。俄国由于帮助还辽，理所当然把借款完全揽到自己身上。早在 5 月 7 日前，俄国就已经向总理衙门要求"代办借款"。然李鸿章主观以为，帮助还辽三国中，只有德国无私意，因此，只要满足"银行利息四厘或四厘五，无折扣"，应向德国借款。⑦ 但俄国咄咄逼人。11 日，许景澄电总理衙门，俄国财政大臣维特已经筹备巨款一亿两，利息"在五厘以内无折扣"，只请中国回答三个问题："一偿款分期付法

① 顾廷龙、戴逸主编《李鸿章全集》（26），第 129 页。
② 《德国外交文件有关中国交涉史料选译》第 1 卷，孙瑞芹译，第 46 页。
③ 顾廷龙、戴逸主编《李鸿章全集》（26），第 142、144 页。
④ 《德国外交文件有关中国交涉史料选译》第 1 卷，孙瑞芹译，第 53 - 59 页。
⑤ 顾廷龙、戴逸主编《李鸿章全集》（26），第 161、168 页。
⑥ 《德国外交文件有关中国交涉史料选译》第 1 卷，孙瑞芹译，第 65、82 - 86 页。
⑦ 顾廷龙、戴逸主编《李鸿章全集》（26），第 130、133 页。

细情；一实在需用若干；一何项担保。"没办法，清政府只好同意向俄国借款，并于 18 日逐一答复俄国的三项问题。22 日，许景澄汇报交涉结果，"俄借款须一万万，五厘息，无折扣，三十五年还清，若少借，须加折扣"；许景澄说德、法均欲借款，故须减借，"彼云此六个月定借，方可借他款"。当时，清政府只打算向俄国借款五千万两。① 25 日，许景澄再次与洛巴诺夫交涉。洛巴诺夫说："户部借款，他国银行万办不到，仍请中国按一万万两数全借"。许"当以德、法为答"，"彼云俄、法一气，毋庸留地。德国一边另想法，请速达国家定办"。许景澄建议：为了安抚德国，修筑榆关、珲春铁路就向德国借款，"似于邦交、边防两便"。6 月 11 日，许景澄致电总理衙门：俄国财政部通知，"准借法银四万万佛郎，照四厘息，应每年还本息二千四百十七万。现为售票方便，改九三扣，连用费，实交三万七千二百万"。但德国有些不甘心，10 日，德使跟总理衙门说：俄国担保向法国借"官款"，"中国允借，无异俄属"。对此，李鸿章表态：俄国借款，利息低，"于公法，国体无妨碍"。13 日，许景澄连续两次致电总理衙门，认为：（1）德国拿"担保"说事，不过出于妒忌；（2）再跟洛巴诺夫商量，将"代保"改为"代募"。② 7 月 6 日，中俄终于签署了借款合同。

至此，甲午战争时期的中俄交涉缓缓落幕。

小　结

甲午战争时期的中俄交涉，立足于比较特殊的法理基础，其表现形式并非一般条约体系下的文本条约，而是具有外交实效的口头"君子协定"。根据协定，中俄有责任共同维护朝鲜的独立。然而，该协定虽具外交实效，却未经正式签署过程，其所针对的"第三方"也只是一种隐含，且未明确规定实施协定的政治或军事办法。协定的缺陷严重局限了甲午战争时期中俄交涉的深度和广度，甚至影响未来东亚国际关系格局的形成。"交涉"是外交实践中一个动

---

① 谢俊美编《翁同龢集》（下），第 1158、1160－1161、1164 页。
② 顾廷龙、戴逸主编《李鸿章全集》（26），第 161、179、182 页。《李鸿章全集》中所列乙未中国借俄款的数量实交"三万七千二百万"应为"三万万七千二百万"法金。然徐义生先生统计数字为 3.765 亿法金。徐义生编《中国近代外债史统计资料（1853～1927）》，中华书局，1962，第 28～29 页；另：此处之"代募"实为《翁同龢集》中的用法〔谢俊美编《翁同龢集》（下），第 1172 页〕，《李鸿章全集》中为"代荐"。余意此处"代募"似比"代荐"合适。

态概念，中俄外交家们在双边"交涉"中互动、沟通、理解，中俄两国的最高利益都在动态的交涉中得到体现和协调。交涉中，中国的驻外使节基于体制、素质等局限未能起到应有的作用，而俄国的驻外使节却能与俄国政府良性互动，由此反映中俄外交官在近代外交职业素质上的差异。由交涉过程还可以看出，俄国等西方列强，完全以国家利益作为外交行为的准则，并不在意交涉过程本身的成败。甲午战前俄国的调停虽然失败，但并未损害俄国的国家利益；甲午战争期间尤其是战争后期，在中俄积极交涉的背景下，俄国纠合德法迫使日本还辽，这无疑是列强东亚外交合作的一个成功案例。俄、德、法均因此获得丰厚的回报，也多少减轻了《马关条约》对中国的危害性。不过，前驱狼，后入虎，日本受到了抑制，但俄国势力随后即进入东北。这即是弱国外交的悲剧所在。同时，交涉过程还清楚地表明：直到 19 世纪末，中国的政治家仍然未能正确理解某些近代西方国际法体系中的关键概念，他们带着许多国际法的误识来进行中俄交涉，自然免不了要承受失望之重。尤其这种误识被俄国外交家适时解读为"外交阴谋"，多少影响了中俄交涉的实际效果。此外，中国的政治家们抱残守缺，不能与时俱进，把事实上已无力维持的封建宗藩体制看作中国最高国家利益，这是缺乏近代外交战略眼光的表现。但中国的政治家利用中国传统政治文化中有限的战术层面的外交智慧，比较准确而顽强地抓住因时而异的交涉主题，积极主动，功劳苦劳并存。甲午战争时期中俄交涉的过程，用生动的历史事实证明了弱国也有外交的命题。

"以威海租英"：清政府"联英之议"的实践

刘本森[*]

摘要： 在 1897～1898 年远东危机中，面对德俄的索取，清政府内部在猜测英人意图的基础上提出"联英之议"。随着日本和德国欲占威海卫的消息散布，"以威海租英，藉以牵制俄德"，满足英人在此次危机中"必有所图"之欲，并使日本撤离威海卫，成为清政府的选择之一。不排除在这一思维下，赫德由此成为中间人，将"中国政府愿意提供威海卫"的消息告知窦纳乐，由他转达英政府。史实证明，中英关于威海卫的谈判非常平静和顺利，似乎是"合则两利"的合作。然而，清政府只是一厢情愿，中英未能达成同盟。

关键词： 威海卫　联英　赫德　窦纳乐

关于 1898 年英国租占威海卫的来龙去脉，中外学界早已有所关注，但其真相仍不清楚。在已有研究成果中，中外学者各执一词，莫衷一是。其争执焦点在于威海卫是英国"强租"的还是中国主动"让与（offer）"的。引发这种争执的是 1898 年 2 月 25 日英国驻华公使窦纳乐（Claude M. MacDonald）给英首相索尔兹伯里侯爵（Lord Salisbury）的一份密电。电文内容如下：

> 赫德爵士告诉我，如果中国政府认为他们的要求将会得到友善的回应，他们愿意将威海卫租让给英国政府。绝密。（原文为：Sir Robert Hart

---

* 刘本森，华东师范大学历史学系博士，现供职于山东师范大学历史与社会发展学院。

tells me that if the Chinese Government thought their request would meet with a favourable response they would offer lease of Weihaiwei to British Government. Above is very secret.)①

无论中外学者，凡对英租威海卫有深入研究者，都引用过这一史料。但这一史料真伪如何，赫德从哪里得到的消息，中国政府为何如此，都不得而知。

一　已有研究的介绍和分析

在绝大多数相关中文研究成果中，论者大多泛泛而谈，将租占威海卫视为英国在俄占旅大之后，不甘落后，强租威海卫以制衡俄国的举措。其中比较重要的成果有二。

其一为台湾学者李恩涵于 1992 年发表的专论《中英交收威海卫租借地的交涉（1921～1930）》。文中有如下论述：

> 1898 年英国之强迫租借威海卫，其主要动机是对抗俄国之强租旅顺、大连。……当俄国军舰于 1897 年 12 月 15 日强行驶入，侵占旅顺、大连之后，英驻华公使窦纳乐（Sir Claude M. MacDonald）即迅速警告总理衙门，如中国允以租借该港权让予他国，则英国亦将有所要求。英外务次官（undersecretary）寇松勋爵（Lord Curzon）则要求在中国强占一地，英首相沙力斯堡勋爵（Lord Salisbury）也赞成支持之。1898 年 1 月 29 日，英外务部已与中国驻英公使罗丰禄谈判租占威海卫之事。中国海关总税务司赫德（Robert Hart）认为中国当乐予同意英国租占威海卫，以抵制俄国的压力；窦纳乐也确认此点。……最后，外相兼代首相包思福（Lord A. D. Balfour）乃于 1898 年 3 月 7 日训令窦纳乐租借威海卫，3 月 25 日，英舰受命前往该港（当时威海卫尚在日军占领之下）。窦纳乐并威胁中国，如中国不允租借威海卫，他当交由英海军以武力处理。②

---

① Tel. Sir C. MacDonald to the Marquess of Salisbury（separate and secret），25 Feb. 1898, China, No. 1（1898），*Correspondence Respecting the Affairs of China*, London：Harrison and Sons, 1898, p. 41.

② 李恩涵：《中英交收威海卫租借地的交涉（1921～1930）》，台北，中研院近代史研究所，1992，第 181～182 页。

由此可知李恩涵先生认为，双方就威海卫展开交涉始于 1898 年 1 月 29 日英外务部与罗丰禄谈判租威海卫之事。据注释可知，该说出自郭廷以《近代中国史事日志》。查郭廷以该书，其第 986 页载有："1.29（一，八）出使英国大臣罗丰禄电总署报告与英谈威海卫租借事。"①

经查，该条来源似为《使英罗丰禄致总署英外部云威海租界专归英管募兵在所不禁电》，原文为："敬支两电悉，外部云威海租界说明专归英管，募华民为兵固所不禁，告以英如作俑，他国效尤，华固大碍，英亦不利。沙云熟商再复（正月初八）。"②《清季外交史料》将该电归入"卷一二九（光绪二十四年正月至二月上）"，③ 但根据该电关于在威海募华兵的内容可知，该电的发送日期应为光绪二十五年正月初八，即 1899 年 2 月 17 日。由此可以推断，在《清季外交史料》的辑录者犯错之后，郭廷以与李恩涵受其误导，相继犯了错误。当然，也不排除郭廷以先生有其他资料来源，但笔者遍寻中英资料，未见相关记载。就目前资料来看，1898 年 3 月之前，英国政府从未主动与中方（包括驻英公使罗丰禄）谈起过租占威海卫。

其二为王绍坊先生 1988 年的《中国外交史（1840～1911）》，书中有如下相关论述：

> 1897 年 12 月 28 日，当德国和清政府交涉租借胶州湾的时候，英国外交副大臣寇松即上书首相索士伯里，主张夺取威海卫。英国侵略者的这种意图后来为清政府所知悉，所以在 1898 年 2 月，当沙俄侵占旅顺的野心已很明显的时候，清政府对沙俄感到失望，又产生了以英制俄的幻想，于是竟通过赫德无耻地主动向英国表示，愿将威海卫租给英国……
>
> ……清政府本即有意出卖威海卫，亲英派官僚趁机又极力怂恿，如督办铁路大臣盛宣怀即公然主张"莫若以威海租英，借以牵制俄德"，而两江总督刘坤一、湖广总督张之洞、直隶总督王文韶，也都作着"联英"的梦。所以，4 月 2 日总理衙门即迅速地接受了英国的要求，但提出三项条件……④

---

① 郭廷以：《近代中国史事日志》，中华书局，1987，第 986 页；总署，即总理衙门。
② 王彦威辑，王亮编《清季外交史料》卷 129（6），书目文献出版社，1963，第 2157 页。
③ 王彦威辑，王亮编《清季外交史料》卷 129（6），第 2153 页。
④ 王绍坊：《中国外交史（1840～1911）》，河南人民出版社，1988，第 275～276 页。

王绍坊先生的研究值得尊敬，若忽略行文中的感情色彩，他的论述基本符合事实。然，在最为重要的"英国外交副大臣寇松即上书首相索士伯里，主张夺取威海卫"上，笔者据原注追查到《英国远东政策》一书，发现该书有如下叙述：

> 1897 年 12 月 28 日，他（寇松）致信索尔兹伯里侯爵，建议占领威海卫，并表达了英国应该"在他国有所举动时立刻行动"的观点。（原文为：On December 28, 1897, he wrote to Lord Salisbury suggesting that Weihai-wei be taken, and expressing the opinion that England should pounce the moment anyone pounces. ）①

此处，书中有注释"*Ibid.*, p. 279"，前揭书指的是《寇松勋爵传》（*The Life of Lord Curzon*），查《寇松勋爵传》一书，有如下记载：

> "（在 1897 年的最后几周），德国一队海军陆战兵在胶州登陆，支持其提出的赔偿两位德国传教士被杀的要求；俄国也随后派遣一支舰队去旅顺港过冬。"（原文为："During the closing weeks of 1897, when Germany landed a force of marines at Kiao-Chau in support of certain demands which she had made as compensation for the murder of two German missionaries, and Russia followed suit by despatching a squadron to spend the winter at Port Arthur."）②
>
> ……
>
> 回到这一紧急问题上，他（寇松）坦率地陈述了我们应该采取什么态度。我们处于优势的中国舰队应该马上派往威海卫，作为对俄国派遣舰队到旅顺过冬的示威，同时作为我们不准备默认其任何侵略性行动的象征。（原文为：Returning to the immediate situation, he stated plainly his view of what our attitude ought to be. Our China squadron might with advantage be sent to Wei-hai-wei as a counter-demonstration to the action of Russia in dispatching her ships to winter at Port Arthur, and as an indication that we were not

① R. Stanley McCordock, *British Far Eastern Policy, 1894 - 1900*, New York: Columbia University Press, 1931, p. 241.

② Ronaldshay, *The Life of Lord Curzon*, London: Ernest Benn Ltd. , 1928, p. 277.

prepared to view with acquiescence any act of a definitely aggressive nature on her part.)①

以上两段分别为寇松 1897 年 12 月 29 日致索尔兹伯里信件的原话和《寇松勋爵传》作者的转述。原信藏于何处，笔者没有找到。

若将这番话放到当时情境中理解则可知，寇松的意思是军舰到威海卫，向俄国施压，阻止其占领旅顺（最终两艘战舰直接在旅顺停靠并进行示威）。②《英国远东政策》作者理解有误，这番话的意思并不是占领威海卫。需要注意的是，这一时期，远东形势发展变化非常快，加之涉及国家过多，消息不确定性强，各国频繁调整政策。威海卫直到 1898 年 3 月 7 日前，从未成为英内阁的讨论的话题。寇松对索尔兹伯里的提议，似乎很快就被遗忘了。由此可知，王绍坊先生是受了《英国远东政策》一书的误导。

虽王绍坊、李恩涵两位先生的研究存在个别瑕疵，但仍不可抹杀其贡献。他们是中文研究者中较早看到清政府向赫德表示让与威海卫的学者。

国外学者对英租威海卫问题的关注更多，也更深。据目前笔者所见，外文研究中至少有 5 篇非常有价值的英租威海卫研究论著。下面笔者按照论著发表时间顺序逐一介绍。

（1）1950 年，孙任以都发表了《租占威海卫》一文。在文中，作者追查威海卫何以成为英国租占的目标，其缘起在哪里。她敏锐地捕捉到威海卫是中国政府主动让与英国的，并将其与张之洞、盛宣怀等人的联英之议联系起来。她所关心的是谁向赫德透露了让与威海的消息。她认为盛宣怀的可能性最大。③ 在文中她引用了盛宣怀于 1898 年 4 月 1 日（即窦纳乐第二次赴总理衙门提出租占威海卫的次日）给张之洞的电报，内有"鄙见莫如以威海租英，藉以牵制俄德。已预下密著，未知应否"之语。④ 她发问"预下密著"是一天前，两周前，还是一月前？当然，她未能给出答案。

（2）1968 年，尼什的《皇家海军与租占威海卫（1898～1905）》一文。该文将英国租占威海卫放在 20 世纪初英国海军部在远东战略和政策的角度进

---

① Ronaldshay, *The Life of Lord Curzon*, London: Ernest Benn Ltd., 1928, pp. 278 – 279.
② I. H. Nish, "The Royal Navy and the Taking of Weihaiwei, 1898 – 1905," *Mariner's Mirror*, 54 (1968), p. 43.
③ E-Tu. Zen. Sun, "The Lease of Wei-hai-Wei," *Pacific Historical Review*, 19 (1950), pp. 277 – 283.
④ 盛宣怀：《愚斋存稿》卷 31，电报八，页二十三，台北，文海出版社，1963，第 756 页。

行研究，他的目的是"讨论海军部在租占威海卫问题中的角色"。其结论是"占领威海卫的决定是一个政治决定，而不是海军圈的决定"。① 他注意到了英国各部门间在这一问题上的分歧。

（3）1985 年，帕梅拉·艾特威尔的专著《英治下的中国官员和中国改革者：英国治埋下的威海卫及其归还（1898～1930）》一书。该书是学界第一本关于英租威海卫的学术专著，作者首次利用了英国国家档案馆馆藏的大量英国威海卫行政公署档案，将威海卫作为英国殖民统治的一个案例进行考察。作者关注英国的殖民管理以及威海卫的经济和社会近代化，② 对租占威海卫的来龙去脉关注较少。

（4）2000 年，克拉伦斯·B. 戴维斯与罗伯特·J. 高尔的论文《英国人在威海卫：帝国非理性之例研究》。该文将威海卫作为维多利亚时代后期大英帝国非理性政策的个案进行讨论，认为 1898 年英国决策者无明确理由占领威海卫，其后 30 年拒绝归也是一种非理性举动，以此为例表明帝国非理性现象在20 世纪早期的英国政府内部非常流行，这种非理性动机成为大多数帝国确立其政治经济政策的刺激力量。③

（5）2005 年，奥托的论文《"Wee-ah-wee"：英国人在威海卫（1898～1930）》一文，将威海卫作为研究英国的区域政治势力以及英国政策运作与列强关系的对象。作者指出："占领威海卫证明了地方危机和作为帝国扩张机制之一的大国外交之间的相互作用"，"威海卫突出了英国的无能，尽管它能在全球范围内同时处理与俄国和德日这种新兴强国的所有威胁"。英国在威海卫30 多年的发展，表明了"英国在远东的战略上和体系上的限制"。④ 作为研究国际关系的学者，奥托的著作《中国问题：列强竞争与英国孤立》一书对此体现得更为明显。该书中，他详细论述了英租威海卫作为英国远东"地图慰藉"这一政策出台的始末。⑤

---

① I. H. Nish, "The Royal Navy and the Taking of Weihaiwei, 1898 - 1905," *Mariner's Mirror*, 54 (1968), pp. 39 - 54.

② Pamela Attwell, *British Mandarins and Chinese Reformers: The British Administration of Weihaiwei (1898 - 1930) and the Territory's Return to Chinese Rule*, Hong Kong: Oxford University Press, 1985.

③ C. B. Davis and R. J. Gowen, "The British at Weihaiwei: A Case Study in the Irrationality of Empire," *The Historian*, 113 (2000), pp. 87 - 104.

④ T. G. Otte, "'Wee-ah-wee': Britain at Weihaiwei, 1898 - 1930," *British Naval Strategy East of Suez, 1900 - 2000*, ed. G. Kennedy (London, 2005), pp. 4 - 34.

⑤ T. G. Otte, *The China Question: Great Power Rivalry and British Isolation, 1894 - 1905*, Oxford University Press, 2007, p. 104.

综上所述，国外学者在英国租占威海卫问题上的研究已经具有非常丰硕的成果，他们从大英帝国的政策、殖民统治、远东战略、国际关系等各个角度完成了令人信服的著论，也关注到清政府让与威海卫的动机。

令人略感遗憾的是，在这所有研究成果中，中英交涉威海卫的细节还很不清楚，将英租威海卫放在 1897～1898 年的清政府对外政策上进行研究也不够深入。实际上，中英交涉威海卫的缘起和经过为研究清政府外交政策的出炉过程，当时的中英关系，以及当时清政府对外政策的转变，提供了极好的视角。

二 "联英之议"从地方走进中央

英国租占威海卫之事，始于德占胶州湾和俄据旅大，而德俄之事又源于三国干涉还辽，还辽又源于甲午战争。张之洞等地方大员对此有正确认识，张之洞认为，"中国受害之深，实缘日本。近以德事，各国环伺，机局危迫，东方太平之局，几不可保"。① 而德俄两国在割占之初已达成共识，盛宣怀"深虑俄、德暗合，则武侯复生亦无法"，② 说明他已经认识到不可依靠俄国解决胶州之事。德俄两国的行动损害了英国在华利益，尤其是商务利益，因此，在华的英国中国通们有人提出了联盟中国的主张。③

关于 1897～1898 年的"联英之议"，学界已有论述，其中孙昉的博士论文《从联俄拒日到联盟日英——甲午战后中国外交（1895～1898）》之第五章《地方督抚与联盟日英的启动》对张之洞、刘坤一等人发起联英之议有较为详细的梳理。④ 他认为刘坤一、张之洞先后在 1897 年 12 月 29 日（光绪二十三年十二月初六）、1898 年 1 月 21 日（十二月二十九日）对联英采取"消极态度""放弃了联英主张"，总署也"未采纳联合日英之议"。⑤ 笔者也认可这一判断。不过，笔者认为，张之洞、刘坤一、盛宣怀的联英之议对清中央政府产生了一

---

① 《总署来电》（光绪二十三年十二月二十九日到），赵德馨主编《张之洞全集》第 4 册，武汉出版社，2008，第 465 页。
② 《盛宣怀上王文韶电》（光绪二十三年十一月二十九日），吴伦霓霞、王尔敏编《清季外交因应函电资料》，香港中文大学中国文化研究所，1993，第 315 页。
③ 〔英〕伯尔考维茨：《中国通与英国外交部》，江载华、陈衍译，商务印书馆，1959，第259 页。
④ 孙昉：《从联俄拒日到联盟日英——甲午战后中国外交（1895～1898）》，华东师范大学博士论文，2008。
⑤ 孙昉：《从联俄拒日到联盟日英——甲午战后中国外交（1895～1898）》，第 134～137 页。

定影响，这影响了英国租占威海卫。

1897 年 12 月 14 日（十一月二十一日），张之洞电告总理衙门，称蔡钧来电曰，日本政府参谋部副将神尾光臣将到湖北与其商议要事，① "闻英、倭有合保东南商务之说"。张认为，"所谓保商务者，恐是英、倭合谋借口欲以兵力踞长江险要耳"。② 显然，对于联盟之说，张之洞的第一反应是，这是英日欲借口以兵力占据长江险要的一个阴谋。此后不久，12 月 19 日，刘坤一首倡借英国调停德占胶州事，"近阅新闻等报，胶澳之事，各国多抱不平……为今计，惟有迅速集商各国公使，示以断难将胶与德之意，并告以德人此举，实违公法，与各国联以情，动之以义。推诚相告，浼为调停。在中国既免失地之虞，在各国仍可获通商之益……"③ 从事后刘坤一给张之洞的电报可知，就在当天或稍前，刘还致电总理衙门称，"英将与沈敦和言……英恃商为国，今见南北商权顿失，岂能隐忍，倘中、英、日亦联盟，中、日保疆土，英保东方商务。惜华计不出此，英惟有力保长江商务，断不扰乱如海寇"。④ 结合两电可知，刘坤一联英之意明显，其实质在于以夷制夷。翁同龢看过该电后，便在日记中写道："南洋论各国情形，意在联英。"⑤ 同日，总理衙门给刘坤一、张之洞和王文韶三人转来谕旨称：

> 刘坤一电悉。英将之言虽未可尽信，然联盟分占之说，朝廷亦早有所闻。此时机括全在胶澳，胶澳不退，则各国蜂起，现在只可稳住各国，虚与委蛇，俟海靖回电到后再与商办。若能将胶澳开作通商口岸，而令给澳中租界为德国屯煤泊船之所，或可暂息纷争。若仅联一二国，此轻彼重，

① 关于神尾访鄂与张之洞联日的缘起，研究已有很多，可参看〔日〕伊原泽周《张之洞的联日制俄政策与日本》（冯天瑜、陈锋主编《张之洞与近代中国》，社会科学文献出版社，2010）及李廷江《戊戌维新前后的中日关系——日本军事顾问与清末军事改革》、陶德民《戊戌变法前夜日本参谋本部的张之洞工作》（两文均收入王晓秋主编《戊戌维新与近代中国的改革——戊戌维新一百周年国际学术讨论会论文集》，社会科学文献出版社，2000）。

② 《致总署》（光绪二十三年十一月二十一日亥刻发），赵德馨主编《张之洞全集》第 4 册，第 459 页。

③ 《寄总署》（光绪二十三年十一月二十七日），《刘坤一遗集》第 2 册，中华书局，1959，第 1408～1409 页。注：该日期标注有误，应为二十六日。

④ 《刘制台来电》（光绪二十三年十一月三十日亥刻到），赵德馨主编《张之洞全集》第 9 册，第 274 页。

⑤ 陈义杰整理《翁同龢日记》第 6 册，中华书局，1998，第 3070 页。

适启争局，恐非长策。著该督等从长计较，各抒所见，切实电奏，以备采择。①

由此可见，总理衙门对于联英之议持谨慎态度，认为"仅联一二国，此轻彼重，适启争局，恐非长策"。数月后，翁同龢对英使窦纳乐所建议的"吾联数大国立约为大和会，三事为纲，一不占中国之地，一不坏各国商务，一不侵中国政权"代表了总理衙门的看法。② 总理衙门似乎更愿意接受一种"门户开放"式的列强"共保东方大局"③ 之策，这与英国的政策相符。

刘坤一所称"英将"究竟是何人，目前笔者无法做出回答。查此时英国政府档案，也并无任何联盟日本或中国的讨论。前文已提，这一说法来自在华的中国通。在 1897 年 12 月 29 日召开的中国协会政策讨论会上，协会会长"洛奇勋爵再一次劝告和日本联盟，他说'我们的利益和日本的相类似，我们不应失去和日本合作的任何机会'。他提出的另一办法是英中同盟，以期保卫扬子江流域"。④ 由此可见，在上海非常活跃的中国通们，确有联盟中国或日本的考虑，"英将之言"并非空穴来风。

12 月 21 日（十一月二十八日），也就是电旨到达后的第二天，张之洞查勘堤工回来，看到电旨。次日，他立刻给刘坤一发电，告知："倭将神尾来鄂，弟适出省，关道接见。伊谆谆以派员往倭观操及派学生往学武备为请，以为此联交入手处。余无他语。"⑤ 并询问"英将之言"的相关情况，在接下来的四天内，他与刘坤一、沈敦和、蔡钧电文来往，详细了解该事经过，并交换意见。⑥

12 月 27 日（十二月初四），了解英日态度之后的张之洞，迅速开展了联盟英日的操作。他先是致电上海道蔡钧，内附致神尾光臣的电报，希望神尾能再次赴鄂，"亟愿面商一切切实详细办法"，⑦ 随后又致电刘坤一，称"昨由盛

---

① 《总署来电并致天津王制台、江宁刘制台》（光绪二十三年十一月二十六日酉刻到），赵德馨主编《张之洞全集》第 4 册，第 461 页。
② 陈义杰整理《翁同龢日记》第 6 册，第 3108 页。
③ 陈义杰整理《翁同龢日记》第 6 册，第 3105 页。
④ 〔英〕伯尔考维茨：《中国通与英国外交部》，江载华、陈衍译，第 259 页。
⑤ 《致江宁刘制台》（光绪二十三年十一月二十九日戊刻发），赵德馨主编《张之洞全集》第 9 册，第 273~274 页。
⑥ 赵德馨主编《张之洞全集》第 9 册，第 274 页。
⑦ 《致上海道蔡钧》（光绪二十三年十二月初四日巳刻发）《致日本参谋大佐神尾君光臣》（光绪二十三年十二月初四日巳刻发），赵德馨主编《张之洞全集》第 9 册，第 276 页。

京卿转示尊电，嘱弟助联英、倭之说……惟尊意拟如何联法，外国联盟必有实际，断非空言所能联络也"。① 很显然张之洞意识到，依中国现在的地位，与外国联盟仅有"空言"是不足为据的，必须给予列强以实际利益。次日张之洞致电总理衙门，称：

> 英深忌俄，如中国予俄以权，英必力保长江商务，或云踞吴淞口，或云英拟在吴淞自建炮台，或云踞舟山及吴淞口外各岛，或云入江直至重庆一带。说虽异，意则同。据上海蔡道电称，英领事告该道，请准其兵船人等每日往游炮台，已婉却之等语。是各传说却非无因。……若俄有明利，英必不甘，大局无从维持矣。俄、德系通谋，英、俄系仇敌，而其为效尤图我则一。②

从英国的资料来看，当时确以"力保长江商务"为宗旨，各说也都有所流布。张之洞的判断是正确的。然而，张之洞对"俄、德系通谋""英、俄系仇敌"的判断略显简单。外交中并无固定的通谋或仇敌。在远东危机中，德俄在胶州问题上有嫌隙，英俄也谋求过合作，不过这些，张之洞不可能知道。

然而此时，刘坤一已经对联英之策不再热心，他回电称：

> 联交之说，因利害兼权，又证以英、倭将领之言，较合情势，甘将鄙见电署，冀仗鼎言，俾坚内意。英、倭将领亦只纵论大势，及彼国愿联之意，未能道其实在办法。我宜如何联法，权操于内，枢纽又在使述之相机斟事，非外间所能悬拟，公谓何如？③

他认为如何联法"权操于内"，"非外间所能悬拟"。他的态度转变原因在于清廷对于该策的不热心。在这封电报中，他提出了自己之所以提出联英之议的原因，"因利害兼权"。

---

① 《致江宁刘制台》（光绪二十三年十二月初五日午刻发），赵德馨主编《张之洞全集》第 9 册，第 276 页。

② 《致总署》（光绪二十三年十二月初五日午刻发），赵德馨主编《张之洞全集》第 4 册，第 461 页。

③ 《刘制台来电》（光绪二十三年十二月初六日戌刻到），赵德馨主编《张之洞全集》第 9 册，第 276 页。

不过，盛宣怀对联英之议较为积极，并且提出了具体做法。12月30日（十二月初七日），他致电刘坤一："今若联日，空言则彼不信，实做则先失俄欢，英亦不肯为我得罪于德。盖利可同沾，地可分割，则牵制之法不行。"他更看重联英，认为应该"就商务结英，抵借国债，造路开矿，并求其加税"。①

1898年1月2日（十二月初十日），张之洞连发三电，陈述其对联盟英日的看法。兹节录如下：

> 窃揆今日情事，必须将英国安顿妥帖，善为羁縻，不然必有急祸。英久擅东方海面利商，此时深忌俄德法而联倭。英东方兵船最多，彼一面逞忿于俄，一面将肆毒于我。英水师将向自强军总办沈道言"欲入长江，自吴淞至重庆，以护商"。势恐不免，川楚或未必，吴淞、镇江危矣。……我若联英，尚可与商和缓办法，我不联英，彼自用兵力强占矣。英船入江，将沿江炮台占踞，于口岸处所陆兵登岸屯扎，腹心已溃。……今日急著，约有四端，首在迅速兼联英、倭，英既联则倭附之。至联英之法……似可切询总税司赫德，英国意拟如何联法，即可与英公使密商，告以专使前往太迟，恐来不及，即电驻罗使，令速商外部，仍恳发国电径致英主切商。②

该电中，张之洞因为担心英国会"肆毒于我"，所以态度明确地表示要"将英国安顿妥帖，善为羁縻"，意即联英，"不然必有急祸"。在他看来，联英的目的是在英国提出要求时，"与商和缓办法"。他已经深信英国愿意联华，因此，将联英的办法分两步走：第一步，通过赫德知晓英国"意拟如何联法"；第二步，与英国公使密商。通过电报还可明显看出，张之洞不愿英国占领长江流域，要保全"腹心"，其所谓"和缓办法"的言下之意是英国不占长江流域，其他地方可以商量。随后的两电中，张之洞汇报了日本派员到鄂相商联盟之事，称：

> 大抵倭见俄日强，德日横，法将踵起，英亦效尤，海口尽占，中国固

---

① 《盛宣怀上刘坤一电》（光绪二十三年十二月初七日），吴伦霓霞、王尔敏合编《清季外交因应函电资料》，第315~316页。
② 《致总署》（光绪二十三年十二月初十日辰刻发），赵德馨主编《张之洞全集》第4册，第461~462页。

危，倭四面皆受强邻之逼，彼亦危矣。故今日急欲联英联中以抗俄德，而
图自保。彼既愿助，我落得用之。盖倭不能抗俄德，英水师则能之。联倭
者，所以联英之枢纽也。倭恳出力劝英与我联，则英不能非理要求，而我
可藉英之援助矣。我不与倭联，则彼将附英以窥长江矣。倭人此举，厉害
甚明，于我似甚有益。①

第三封电报中，张之洞又说，日本参谋"劝我联英。力谏联英之利，不联英
之害，颇有办法"。②

通观以上三电，可知张之洞已经深信英国欲联日联华，因此采取积极态
度，意欲收到以夷制夷之效。然而，从此时英国官方档案来看，英政府并无联
盟日本或中国之议。张之洞轻信了联盟之说，其想法似乎有些简单。

对于张之洞这三份电报，总理衙门两日后复电如下：

奉旨：张之洞三电均悉。中日修好之后，本无不洽，若遽联连横，恐
北方之患必起，倭将所请断勿轻允，是为至要。钦此。文。③

其所持态度比较谨慎，实际上是一种否定。

1 月 16 日，张之洞再次连发三电，主题分别为"英欲借款与我必居奇要
挟请勿允""英警频闻筹策抵制""藉联倭以联英者，乃可托倭居间婉商减英
贪焰"。④ 在第一份电报中，张之洞解释了他联英之说的目的："洞前请联英
者，欲预防而羁縻之，免其硬占横行，非以英为可恃也。伏望从长计议，勿受
彼乘危之挟，大局幸甚。"⑤ 结合前文中刘坤一"因利害兼权"而倡联英之说，
可知东南督抚之所以联英，有"羁縻"英国、"以夷制夷"的两层意思。

21 日，总理衙门奉旨后，复电张之洞。该电可洞悉清廷之考量：

---

① 《致总署》（光绪二十三年十二月初十日巳刻发），赵德馨主编《张之洞全集》第 4 册，第
462 页。
② 《致总署》（光绪二十三年十二月初十日亥刻发），赵德馨主编《张之洞全集》第 4 册，第
462 页。
③ 《总署来电》（光绪二十三年十二月十二日戌刻到），赵德馨主编《张之洞全集》第 4 册，第
462 ~ 463 页。
④ 赵德馨主编《张之洞全集》第 4 册，第 463 ~ 465 页。
⑤ 《致总署》（光绪二十三年十二月二十四日未刻发），赵德馨主编《张之洞全集》第 4 册，第
463 页。

……查敬电，英忌俄、德占地，我不联英，英必自图占，诚确论。日、英自联已久，欧洲人论东方局势，俄、法为一局，英、日为一局，信不谬。德本势孤，近与俄联甚固。胶澳之役，日本谓德为俄前驱，情词毕见。俄焰日炽，各国畏忌，日、英尤切，其欲联我，无非藉我为屏蔽，无资于我也。既与联，则必有密约，日、英政出于议院，断难久秘，一经传播，中俄之交绝，德、法乘之，其祸不可思议。俄地接壤，且有归辽之助，今又联日、英而拒之，前后三年，矛盾若此，恐环球各国皆不直也。忆壬辰、癸巳之间，英以帕米尔事密议相联拒俄，我如其意，不遗余力。拒英自规利益，潜与俄盟，割什克、南罗善两部落畀俄而订条约，曾不告我一言，约成而悉其诈，此联英之前车也。……日、英求联，皆游士兵官之言，该使从不稍露端倪。联之一事，甚不易言。各国风俗通，政教同，相联甚便。中外事事隔阂，难为密谋，只可遣使各国商保东方太平之局，则不联之联，不致激成东方战局。统俟筹定，请旨遵行。①

显然，清政府认识到，如果不联英，英国会仿效各国占地，但是英国联华，目的并不在帮助中国，而在于"藉我为屏蔽"。清政府强调了联英的困难：一是不能保密，怕中俄绝交，德法趁机为祸；二是英国性狡诈，有联英的前车之鉴；三是公使等从未露出联合的端倪。因此，希望维持"不联之联"的局面。由此可见，总理衙门对于张之洞的联英之议所持态度非常慎重。

此后的一个月，清政府与各国致力于德占胶州与第三次借款事。在资料中，笔者没有发现对联英之策的讨论。但是，从已发现资料中的蛛丝马迹可知，清政府就此事已做出举动试探英国态度。

首先是 2 月 25 日窦纳乐给首相索尔兹伯里密电：

赫德爵士告诉我，如果中国政府认为他们的要求会得到友善的回应，他们愿意将威海卫租让给英国政府。绝密。②

不过，在密电到达两天前，英国内阁开会讨论，接受俄国强索旅大的事实，决

---

① 《总署来电》（光绪二十三年十二月二十九日到），赵德馨主编《张之洞全集》第 4 册，第 465 页。

② Tel. MacDonald to Salisbury (separate and secret), 25 Feb. 1898, China, No. 1 (1898), *Correspondence Respecting the Affairs of China*, p. 41.

定"尝试英美协议'阻止其他列强割占中国沿海'的可能性，或者这一协议失败的话，保护现有的商业权利"。① 因此，索尔兹伯里拒绝了中国政府这一提议，称"目前讨论租占威海卫时机不成熟"。② 查赫德日记，2 月 24 日日记中有"询问窦纳乐先生，如果提供威海卫，他是否会租占"之记载，③ 25 日有"访窦纳乐谈威海卫"之记载。④ 赫德日记这两条记载的价值在于：第一，证实窦纳乐所言属实；第二，可知赫德在此事中扮演中间人角色；第三，这与张之洞奏电中提出的联英渠道相同。不过，赫德在日记中并未透露他的消息来源。

不久后，军机处便私下询问窦纳乐对中英联盟之事的看法。3 月 15 日，窦纳乐致电索尔兹伯里，称："军机处间接且秘密询问我，英国如何看待中英日联盟？我说我不便贸然回答这一问题。"⑤ 军机处的这一举动，表明清政府中枢受到刘坤一、张之洞等人联英之议的影响，因此做出了试探。3 月 16 日，索尔兹伯里致电驻日公使称："中国政府已经暗示在日本撤离之后，我们应该租占威海卫。我们应该马上知道日本是否同意，如果从一般来看，这将对英国有利。据称，我们如果放弃的话，德国将会非常愿意跟进。"⑥ 不知"暗示"之说源于 2 月 25 日窦纳乐的电报，还是另有来源。

须指出的是，清政府在 2 月底至 3 月中多次提威海卫问题，与当时的一大背景有关。进入 1898 年春，清政府即将向日本交付第四笔也是最后一笔战争赔款。根据《马关条约》规定，最后一笔赔款交清后，日军应撤离威海卫（撤离的其他条件清政府都已履行）。然而，当时坊间传闻日本不欲归还威海卫。如《申报》称，"迩日本以传言，日本人见他国欲割据我华土宇，遂不免有所觊觎，拟租住威海卫，以九十九年为期"。⑦《时务报》称，"日人索威海卫"，"日昨传言日本已向中国具文，需索威海卫地方，大约亦系以租赁九十

① T. G. Otte, *The China Question*: *Great Power Rivalry and British Isolation*, *1894 – 1905*, p. 110.

② Tel. Salisbury to MacDonald（separate and secret），25 Feb. 1898，China，No. 1（1898），*Correspondence Respecting the Affairs of China*，p. 41.

③ Robert Hart's Dairy, 24 Feb.，1898. 按：赫德日记字迹非常潦草，在辨认过程中，笔者得到中国社会科学院张志勇研究员、英国东伦敦大学 Otte 教授、剑桥大学图书馆中文部主任艾超世的帮助，该月日记蒙张志勇先生惠赠，特致谢忱。

④ Robert Hart's Dairy, 25 Feb.，1898.

⑤ Sir MacDonald to the Marquess of Salisbury,（Mar. 15，1898），FO 881/7112，p. 159.

⑥ Marquess of Salisbury to Sir E. Satow,（Mar. 15，1898），FO 881/7112，p. 160.

⑦《申报》，1898 年 3 月 11 日，第 2 版。

九年为词"。① 而据驻日公使裕庚电称：日本也"朝野纷传，将藉此久据威海"。② 在给裕庚的电报中，清政府已经在考虑"设（在威日军）竟不退，另筹办法"。③ 在这种背景下，笔者推测赫德之说属实的可能性更大些。

中文资料中，也有隐讳记载。3月25日，翁同龢日记中载："梁震东（梁诚）来见，嘱告英使暗助"。④ 须指出的是，梁诚与赫德以及英国关系匪浅。1897年夏，梁随张荫桓出使英国，在赫德的斡旋下，他与张荫桓都被授予勋章。对于一个无功名的随员，这令人惊讶。英方当时为此费了不少劲。⑤ 翁同龢所指似为列强"共保东方大局"之事。⑥ "共保东方大局"符合当时英国政府的政策，远东危机发生后，英国政府采取的策略是可以同意德国、俄国占领胶州和旅大，认可他们将其作为势力范围，但是不能作为封闭军港，而是要依照《烟台条约》，维持其开放和列强权利平等。⑦

由以上论述可知，张之洞、刘坤一、盛宣怀等人提出联英之议的时候，对英方对华政策的细节几乎一无所知，他们在猜测对方的意图，更多的表现某种一厢情愿。对清中央政府而言，在日本可能继续占领威海卫的恐慌中，采取让威海给英的策略，似乎是一种被迫的主动让与，也是两害相权取其轻之策。此外，我们似乎可以看到一条运转有效的中英非正常外交渠道：地方督抚形成想法之后，上奏朝廷，内外讨论之后，在不了解英国态度的情况下，借助与赫德的私交，通过驻华公使，试探英方态度，然后再开展正式外交活动。赫德，显然成了中间人。

---

① 曾广铨译《西文译编·中外杂志·日人索威海卫》，《时务报》1898年第55期，第14页。

② 《出使大臣裕庚来电》（光绪二十四年二月二十七日），《清光绪朝中日交涉史料》卷51，故宫博物院，1932，第19页。

③ 《发出使大臣裕庚电》（光绪二十四年三月初一日），《清光绪朝中日交涉史料》卷51，第21页。

④ 陈义杰整理《翁同龢日记》第6册，第3105页。

⑤ 陈霞飞：《中国海关密档：赫德、金登干函电汇编（1874-1907）》，中华书局，1995。第6卷内有如下记载：1897年7月24日赫德给金登干写信，希望英国给张荫桓和梁诚授勋。金登干委托朱利安·庞斯福德爵士去外交部办理，爵士回复说"你的来信我将秘密送往外交部，并尽我所能促进赫德爵士的愿望实现"，不过"他对于张荫桓授予勋章一事抱有希望，但是对于梁诚授勋事抱有怀疑，虽然他已尽可能讲了一切对梁氏有利的话"（第709页）。1897年8月6日金给赫德的信："如今您可以向张氏指出他用一个您的亲信作随员的好处，如果不是我们，不论是他还是梁，谁也不可能获得授勋的。"（第716页）

⑥ 当日翁记："未初赴总署，庆邸来，诸公皆集，余发先开数口，先许各国屯船处所，然后定一大和会之约，务使不占中国之地，不侵中国之权，共保东方大局，庶几开心见诚，一洗各国之疑。"陈义杰整理《翁同龢日记》第6册，第3105页。

⑦ The Marquess of Salisbury to Sir O'Coner, no. 69,（11 Mar. 1898），FO 17/1338.

三　威海卫交涉的经过

3 月 25 日，英国内阁全体会议，通过租占威海卫的要求。当天，英国首相致电驻华公使窦纳乐：

> 由于总理衙门接受了俄国租借旅顺口的要求，渤海湾内的均势已经发生重大的变化。因此，必须用你认为最有效和最迅速的办法，取得在日军撤退后占领威海卫的优先权。占领条件必须和俄国占领旅顺口的条件相同。英国舰队已经从香港出发，开往渤海湾。①

英国终于开始了租占威海卫的行动。然而，当天是星期五，加上时差问题，当窦纳乐看到这份电报的时候，已经是两天之后的 3 月 27 日。

3 月 28 日，窦纳乐到总理衙门，第一次向清政府提出了英国租借威海卫的要求。根据窦纳乐次日向索尔兹伯里的报告，此次会谈"持续了三个小时"。② 然而，关于此次会谈，中方文献几乎没有记载。参加此次会谈的总理衙门大臣张荫桓当天日记如下：

> 初七日庚寅（3 月 28 日）晴。昨蒙恩兼署吏右。丑初起，诣颐和园谢恩。溥六兄亦到，盖署户右也。无起，各散。返寓少憩。未正赴署晤英使、义署使，论山西铁路事。③

张荫桓仅仅提及"晤英使"，对会谈内容，只字未提。而另一位总理衙门大臣翁同龢当日日记如下：

> 初七日（3 月 28 日）晴。晚有风。寅正二刻直房，电一，依。赫德《旁观末论》。日前都统等名单发下，昨日面请懿旨也。昨遗署副都统缺，

---

① The Marquess of Salisbury to Sir C. MacDonald, China. No. 1（1898）, *Correspondence Respecting the Affairs of China*, p. 54.

② Sir C. MacDonald to the Marquess of Salisbury, March 28, 1898, *British Documents on the Original of the War*, Vol. 1, p. 29.

③ 任青、马忠文：《张荫桓日记》，上海书店出版社，2004，第 521 页。

今日补之，辰正散。是日汉侍讲题本上。退后摩挲字画，甚暇而甚倦，疑触新寒。晚与刚、廖二公检密考，只一武员。又检武职名单，删十件，以太旧，不知其人在否也。督办处笔政多寿来回事，素礼亭之子也。①

可知翁同龢因在军机处值日，并未参加会谈，似乎也没有人向他提及这件事。

后来研究者提及这次会谈时，多引用《租威海卫专条》签订后总理衙门的奏折中的一句话"非租借山东之威海卫停泊兵轮，不足以资抵制"作为此次谈话的内容。② 对具体的谈判过程，不甚明了。虽然并无详细中文材料，但根据窦纳乐给索尔兹伯里的报告，我们能清楚地还原当时会谈的具体情况，并可根据其记载推测清政府的态度。

窦纳乐在提出英国租占威海卫之前，首先做了一番陈述。他介绍了英国在俄占旅顺问题上的努力，表明"英国已经不遗余力引导列强放弃威胁中英双方商业利益的任何政策"，他同时表示，对于俄国"要求延伸西伯利亚铁路至一处不冻港并租借该不冻港的要求，没有人反对，但是，获得一个加固的海军基地则是完全不同的事情"。③ 随后他提出租占威海卫的要求，并阐明这是"因为俄国租占旅顺作为海军基地，北直隶湾的均势已经遭到严重破坏，所以英国必须租占威海卫，期限与旅顺相同"。他说英国的这一要求是"迫不得已"，此前，"英国已经表明了其真诚"，"英国保证，如果俄国放弃索取旅顺港，英国将不在该海湾内谋求任何港口"。④

对这一要求，从窦纳乐的叙述来看，在场的总理衙门大臣并未表示惊讶、愤怒等任何激动情绪，他们表现得比较沉稳，相继提出了四个问题。

首先，总理衙门大臣"询问威海卫对英国的战略价值"。窦纳乐答复称，舰队从遥远的海军基地驶到渤海湾是很大的劣势。关于这一话题，大臣们讨论了一段时间，"显然倾向于对我（窦纳乐）的要求不予正面回复"。当窦纳乐询问时，他们说"等日本真正归还威海卫时再说"，并且说据中国的情报，即便偿款完全赔付，日本也企图继续留在威海卫，因此他们担心把一块不在自己

---

① 陈义杰整理《翁同龢日记》第 6 册，第 3106 页。

② 王彦威辑，王亮编《清季外交史料》卷 132 （7），书目文献出版社，1987，第 2196 页。

③ Sir C. MacDonald to the Marquess of Salisbury, 6 April 1898, China, No. 1 (1899), *Correspondence Respecting the Affairs of China*, p. 107.

④ Sir C. MacDonald to the Marquess of Salisbury, 6 April 1898, China, No. 1 (1899), *Correspondence Respecting the Affairs of China*, pp. 106 – 107.

手中的土地许诺给英国，将会很"尴尬"。对此，窦纳乐表示，这是英国的事情，英国"只是要求在日本撤离后占领，无论他们何时撤离"。①

其次，总理衙门大臣询问英国在占领威海卫问题上"是否已经与日本达成谅解"。窦纳乐对此答复称，日本已经根据《马关条约》向中国声明他们撤离的意向，所以英国不必和日本达成谅解。② 窦纳乐并未透露实情，实际上，早在 2 月 3 日和 18 日，日本曾两次向英国表示其"致力于在朝鲜恢复势力"，"在得到战争赔款后将不再希望占领威海卫"，③"收到剩余赔偿后将会撤离威海卫"。④ 且英国已于 3 月 17 日得到日本外相的保证："如果中国无法自己保住威海卫的话，日本绝不反对某一致力于维持中国独立的列强占领威海卫。"⑤

再次，总理衙门大臣们说，如果英国占领了威海卫，"中国在北方就没有自己的海军基地了"。窦纳乐以"中国海军可以自由进出威海卫"作答。大臣们建议"在朝鲜沿岸获得一个岛屿"，但窦纳乐拒绝讨论任何替代地，坚持选择威海卫。总理衙门然后托词说中国必须有一个自己的海军基地。对此，窦纳乐答称："如果能说服俄国放弃旅顺的话，他们能拥有两个，因为这样也能保住威海卫。"⑥

最后，大臣们询问："能否将威海卫开作商埠，并为英国船只提供特别便利？"窦纳乐答复称，英国"不是想要一个商港，而是想要一个军港，和旅顺抗衡"。同时他说："中国政府必须意识到这样的抗衡是基于中国的利益，而非英国的利益"。窦纳乐称，"从中英间的长期关系"中中国应该意识到英国对中国并无领土诉求，"并不想获得中国的租借地"，租占威海卫"这种为抵制俄国的自我牺牲式提议"作为一个"直率的要求，旨在恢复列强在北直隶湾的均势。这将向列强表明，我们不允许任一列强在北方取得优势，也将是确定中国自身安全和保护的最大希望"。总理衙门大臣很认可他的这番话，"有

---

① Sir C. MacDonald to the Marquess of Salisbury, 6 April 1898, China, No. 1 (1899), *Correspondence Respecting the Affairs of China*, 1899, p. 107.

② Sir C. MacDonald to the Marquess of Salisbury, 6 April 1898, China, No. 1 (1899), *Correspondence Respecting the Affairs of China*, p. 107.

③ Sir N. O'Conor to the Marquess of Salisbury (Feb. 2, 1898), FO 881/7112, p. 77.

④ Sir E. Satow to the Marquess of Salisbury, (Feb. 18, 1898), FO 881/7112, p. 106.

⑤ Sir E. Satow to the Marquess of Salisbury, (Mar. 17, 1898), FO 881/7112, p. 164.

⑥ Sir C. MacDonald to the Marquess of Salisbury, 6 April 1898, China, No. 1 (1899), *Correspondence Respecting the Affairs of China*, p. 107.

些人表现欢迎抵制俄国优势政策的倾向"。①

关于这次会谈的结局，窦纳乐有如下记载：

> 他们和平常一样，不愿意给出明确的表态，仍然在重复他们的话。当我说我必须给英国政府一个明确答复时，他们再次表示无法承诺任何事，但日本撤离后将会慎重考虑这件事。我不愿给您这样一个回复，于是再说，我必须知道中国是接受还是拒绝这一要求。他们说他们既不接受也不拒绝，他们希望推迟这一问题。我说，这最多也就是几天的时间，对此他们说，恭亲王病了，庆亲王去了颐和园，无法立即给出答复。我最好致电建议在威海卫归还之后再讨论这一问题。我再一次拒绝，并说，我将在三天之内再回来，听取他们的决定。②

大臣们最终没有给出明确答复，他们既没有答应，也没有拒绝。

通过第一次会谈，我们可以得出如下印象：第一，面对窦纳乐提出的租借要求，总理衙门似乎已有预料，并未表现激动情绪，这与议胶州、旅大事不同；第二，总理衙门虽然没有同意，但也从未拒绝；第三，总理衙门表现得很友好，不愿和英国决裂。当事人窦纳乐强烈感受到了这种"友好"，他在会谈后第一时间给索尔兹伯里发去的电报中，提到了这种"友好"：

> 目前我在这里明显地感觉到，总理衙门对英国的友谊和支持对抗俄国表现极大的希望，如果我们能够提供一点鼓励，这将会防止如果我们因不得不使用武力达到目标而引发的感情的变化。③

3月31日，第二次会见。首先，会谈经历了一次冗长的重复，"上次不在场的一两位大臣，重复了之前的所有讨论，我也给出了同样的答复"，这种重复"耗时两个小时或更久"。④ 此后，又回到谈判的原点。总理衙门大臣们说

---

① Sir C. MacDonald to the Marquess of Salisbury, 6 April 1898, China, No. 1 (1899), *Correspondence Respecting the Affairs of China*, p. 107.

② Sir C. MacDonald to the Marquess of Salisbury, 6 April 1898, China, No. 1 (1899), *Correspondence Respecting the Affairs of China*, pp. 107 ~ 108.

③ Sir C. MacDonald to the Marquess of Salisbury, March 28, 1898, BDOW, 1, p. 29.

④ Sir C. MacDonald to the Marquess of Salisbury, 6 April 1898, China, No. 1 (1899), *Correspondence Respecting the Affairs of China*, p. 108.

"并非拒绝租借"，"只是要求暂时推迟"。对此，窦纳乐坚称，"形势以及英国民众的强烈情绪不容推迟"，他必须在当天下午或两天之内得到明确的答复。大臣们则"非常气愤地"抗议这一说法，声称"无法忍受在一两天内决定这样一个严肃的问题"。窦纳乐"好话说尽"，但是总理衙门大臣坚称让他们"在如此短的时间做这样的决定是不友好的"，并指责窦纳乐说，"这样的做法让人感觉英国不比俄国体谅，将会影响中国对英国的好感"。①

就窦纳乐本人而言，他"不愿使用威胁"的方式，而是希望"耐心"说服清政府"从现实的角度看问题"，迅速同意英租威海。但他也不希望他的"耐心"给清政府造成错觉，即"拒绝不会使他们有极大的危险"。于是，窦纳乐的态度开始强硬。他说，如果中国"同意将旅大租给俄国，而拒绝同样将威海卫租给英国"，这将是一种"敌对"态度，会产生"恶果"，他坚持最晚可以等到后天；总理衙门大臣称，后天"无论如何都没法给出答复"，窦纳乐说，"这一答复等同于拒绝"。听到此言后，大臣们询问："那接下来会发生什么？"窦纳乐答："我无可奉告。我应该如实电告首相和海军司令，舰队将很快到达舟山（chusan），接下来的事情就不归我管了。"② 窦纳乐提出了武力威胁。对此，大臣们"大声抗议"，并给出一个理由说，"皇帝明天将去颐和园"，他们中很多人都要随驾，所以后天不行。窦纳乐回复说："为了中国考虑，告诉皇上，城里还有比颐和园庆典更重要的事情等着他和大臣关注。"③

随后，窦纳乐离开，第二次会谈结束。

关于这次会谈，翁同龢在日记中有如下记载：

> 三月初十日 …… 申初英使窦偕戈、甘二人来，李、廖在坐，崇、敬后来，余独与窦论情理形势，彼连称是，亦允电本国。卒之要挟，谓十二若不定，水师提督带兵到烟台，事且不测。余力斥其不应如此，彼无词，推诸政府，诿诸议院，千万语不变，所要者威海租地与俄抗衡耳。④

① Sir C. MacDonald to the Marquess of Salisbury, 6 April 1898, China, No. 1 (1899), *Correspondence Respecting the Affairs of China*, p. 108.

② Sir C. MacDonald to the Marquess of Salisbury, 6 April 1898, China, No. 1 (1899), *Correspondence Respecting the Affairs of China*, p. 108.

③ Sir C. MacDonald to the Marquess of Salisbury, 6 April 1898, China, No. 1 (1899), *Correspondence Respecting the Affairs of China*, p. 108.

④ 陈义杰整理《翁同龢日记》第 6 册，第 3107 页。

据日记可知，初次会谈不在场的翁同龢与窦纳乐谈了很久，其记载也与窦纳乐的报告基本相符，唯"水师提督带兵到烟台"和窦纳乐所说的到舟山有出入。然而需要注意的是，翁同龢日记中的"余力斥其不应如此"，有论者将其作为翁同龢乃至清政府反对租让威海卫的证据，然此语语境是"卒之要挟，谓十二若不定，水师提督带兵到烟台，事且不测"，翁同龢力斥"不应如此"的是窦纳乐的要挟，而不是租占威海卫的要求。

同日，尚不知英国有租威海卫之请的张之洞致电盛宣怀，希望他能设法使英国不占长江口的吴淞而占舟山，以保长江流域。该电如下：

> 胶旅既失，英觊吴淞，法索广湾，自在目前。……思欲留一线生机，则乘日内先以孤悬海中早有成约之舟山许英，而留吴淞为出路，或尚可为中国留根基。台端能切实一言以救中国否。吴淞一屯英兵，沿江各省商务必大扰乱减色。中国断不敢将长江许他国，英何必明占吴淞。英既得舟山，其利与占吴淞同，获义名而不扰商务，在英尤利，以此动之，或得允许。①

次日（4 月 1 日）盛宣怀复电：

> 寄香帅　读蒸电，声泪俱下，德占胶州而意在齐鲁，俄占旅大而意在满洲，法索广湾而意在全粤。吴淞为长江咽喉，焉得不觊。联英之议，至此已空。鄙见莫如以威海租英，藉以牵制俄德。已预下密著，未知应否。吴淞事，岘帅看得甚轻，乞速密致一电，勿提鄙言。俾宁沪路不致掣肘，方可议借款速办。②

电报中，盛宣怀因为英觊吴淞而提出"以威海租英，藉以牵制俄德"，然而他也不愿看到英国占据长江流域。关于运作"以威海租英"之事，从盛宣怀的语气来看，此前他并未向张之洞提及。他称自己"已预下密著，未知应否"，但不知通报赫德之事，是否由其推动。但综合盛宣怀在此事中的所有举动来看，他"以威海租英"之心非常明显，很可能是一个很重要的推动者。

---

① 《致上海盛京堂》（光绪二十四年三月初十日午刻发），赵德馨主编《张之洞全集》第 9 册，第303 页。

② 盛宣怀：《愚斋存稿》卷 31，电报八，页二十三，第 756 页。

同日（4月1日）一早，入朝时翁同龢等总理衙门大臣与庆亲王商量英租之事，据其日记载："入时庆邸至小屋谈威海事及德王进见事，同署皆欲见邸商量，邸亦约诸公在板房晤谈。"① 谈出什么结果，翁同龢并未记载，但根据次日事态发展，可知他们商定了此事。

4月2日，双方展开第三次也是最后一次会谈。这一次，几乎所有总理衙门大臣都在场，并且庆亲王也在。此次会谈，诸位大臣退居幕后，谈话由庆亲王主导。根据窦纳乐的说法，谈话气氛很好，"在整个漫长的谈话中，没有人提到上次我曾使用的威胁"。窦纳乐再次重申了英国要求租占威海卫的原因，也遇到了同样的反驳，但是不像前两次有那么多细节。②

然后"庆亲王温和地总结了会谈，说，现在英国已经提出了要求，中国也同意了，等到日本归还威海卫之后就可以商量细节了。我说，细节可以等，但是租借的一般条款必须现在同意"。③ 这里需要注意的是，庆亲王一开口就同意了英国的要求，但窦纳乐好像没有意识到。随后，庆亲王提出"有三个问题必须一并解决"，关于清政府这三项条件，兹录于下：

第一，威海卫租期需与俄租旅顺相同，若俄国归还，英国必须归还。

对此，我回答说，我们的租期与俄国占据辽东的期限相同。

第二，必须允许中国海军使用威海卫。中国政府希望在重建海军时得到英国海军军官的帮助，否则中国军舰将无处可泊。

我答复称，我将推荐给英国政府考虑，我预计这将会得到乐观的答复。

第三，英国需要宣称满足于威海卫，在中国可能给予法国或其他列强租借地时，不再索取其他港口。

对此，亲王说得很详细，使用了一些修辞，加重了语气，邀请英国帮助打破这种无休止地对华索取。

我说，我将会让您知道他的观点，但这需要在得到租占威海卫的许诺之后。

① 陈义杰整理《翁同龢日记》第6册，第3108页。

② Sir C. MacDonald to the Marquess of Salisbury, 6 April 1898, China, No. 1 (1899), *Correspondence Respecting the Affairs of China*, p. 108.

③ Sir C. MacDonald to the Marquess of Salisbury, 6 April 1898, China, No. 1 (1899), *Correspondence Respecting the Affairs of China*, p. 109.

亲王说他已经暗示他们愿意让与，但是英国必须不再索取其他地方。如果我们倾向于其他地方，我们可以获得，但必须做出选择，并承诺不再提出进一步要求。

我说，我真诚地意识到中国希望看到列强停止对其要求的愿望很自然，但是他们不能希望在南方拥有和北方同样巨大利益的英国，因为要保护北方便放弃南方。相反，我们必须尽一切可能同时保护南方和北方，但是我可以保证，不到必要时刻我们不会提出要求。

庆亲王说，他希望我能把刚才的话致电英国政府，并将答复告知总理衙门。

我说我将会这样做，但是我希望等他们许诺威海卫。

亲王表现得很惊讶，说他们已经给出了许诺，但必须同时报告不再进一步索取更多要求。①

这段略显冗长的对答，生动还原了会谈场景。在庆亲王看来，他早已暗示和许诺让与威海卫，如果英国需要其他地方，也可以选择，但必须放弃威海卫，同时中国做好了法国索取租借地的心理准备。亲王的谈话基调很明显是在向英国示好，并希望得到英国的帮助。而窦纳乐的答复，都是典型的外交辞令。

谈话至此，事情已经明朗。最后，窦纳乐起草了一份备忘录，列明哪些已经接受，王大臣过目后，同意窦纳乐"可以将准确表达关于威海卫协议的备忘录发电"。②

关于此次会谈，翁同龢的日记中有如下记载：

十二日（4月2日）……未正二窦使来，戈颂、甘伯乐从，先说云南勘界，责我官吏迟延。遂言威海事，庆邸允之，而要以此约不得更索利益。伊则谓威海抵俄专为北方，若法占南海口岸，我亦须别索一处抵之。辩论良久，仅允打电问政府，仍坚以今日所允为定局。余曰吾联数大国立约为大和会，三事为纲，一不占中国之地，一不坏各国商务，一不侵中国

① Sir C. MacDonald to the Marquess of Salisbury, 6 April 1898, China, No. 1 (1899), *Correspondence Respecting the Affairs of China*, p. 109.
② Sir C. MacDonald to the Marquess of Salisbury, 6 April 1898, China, No. 1 (1899), *Correspondence Respecting the Affairs of China*, p. 109.

政权，窦颇首肯，云英国甚愿，未知别国何如。①

翁同龢最后"吾联数大国立约为大和会，三事为纲"一句，实为试探英国对联华的态度，他认为"窦颇首肯，云英国甚愿"。会谈中关于这些话也很多。然而，在窦纳乐给索尔兹伯里的长信中，仅在信末淡淡地说了一句："就密切与英国的关系，他们谈了很多，但时间已经不允许我写下他们的话了。"②

结　论

在 1897 ~ 1898 年远东危机中，面对德俄的索取，张之洞、刘坤一、盛宣怀等人在猜测英人意图的基础上提出"联英之议"，而英政府并无此意，因此这可以说是一厢情愿。无论是张之洞的为避免英人"肆毒于我"而"羁縻之"，刘坤一的"利害兼权"，还是盛宣怀的"商务结英"以"行牵制之法"，其思维均未摆脱"以夷制夷"的思路。他们认为联与不联的区别在于英国索地时可"与商和缓办法"，希望在英国索地时，留住吴淞和长江口岸，保全长江流域这一"腹心"的完整。在其奏折中，保全"腹心"之意已明言，背后的隐意是将其引向他处。

清中央政府对此议持谨慎态度，原因在于恐事情泄露后与俄德法反目以及对"狡诈"英人的不信任，总理衙门更希望与列强采取"共保东方大局"之策，以成"不联之联"。然而，随着事态的发展，清政府也曾就中英联盟之事试探窦纳乐。1898 年春，最后一笔甲午战争赔款即将偿还，日本应按约撤离威海卫，但日本欲久占、德国欲占，甚至美国欲占威海卫的消息散布。③ 在这种情况下，两害相权取其轻，"以威海租英，藉以牵制俄德"，同时满足英人在此次危机中"必有所图"之欲并使日本撤离威海卫，似乎是一石三鸟之计。不排除在这种思维下，清政府中有人向赫德提出让与威海卫之说，以换取英人在其他方面的让步，这是一种被迫让与。赫德因此成为中间人，将"中国政府愿意提供威海卫"告知窦纳乐，然后由窦告知英政府。

赫德之说是否属实，他又从何处得知这一消息，笔者仍然无法做出回答。

---

① 陈义杰整理《翁同龢日记》第 6 册，第 3108 页。

② Sir C. MacDonald to the Marquess of Salisbury, 6 April 1898, China, No. 1 (1899), *Correspondence Respecting the Affairs of China*, p. 110.

③ 《美国欲占领威海卫》，《东亚报》1898 年第 3 期，第 13 页。

但可以肯定的是，赫德的这一消息，给了索尔兹伯里和英国政府一种印象：清政府愿意主动让与威海卫。在租占威海卫一事上，英方已经有了心理准备。某种程度上，这足以决定威海卫的命运。真实与否、源于何处，似乎已无关大局。

而从张之洞等人的"联英之议"中可以看出，清政府早在德占胶州之时就意识到了英国必有所图，在1898年春日军撤离威海卫及相关传言中，也已经有了让威海卫给英的心理准备，甚至是心理预期。因此，在面对窦纳乐的谈判时，清政府官员并未表现激动或惊讶的神态。而这种心理准备，通过事后总理衙门就英租威海卫一事的奏折也能看出。奏折中称英国"以租威为抵制，尚属实情，并非无端图占"，"与中国管辖之权，尚无大损"，并称中国海军可用威海卫、英人帮助训练海军等。① 这似乎是为英国辩解，又似为己开脱，但更像是一种"合则两利"的表态。

---

① 王彦威辑，王亮编《清季外交史料》卷132（7），第2196页。

清朝前期中俄贸易在北京初探[*]

欧阳哲生[**]

摘要：北京是清朝前期中俄贸易的主要地点之一。从以私商为主的"京师互市"到俄国政府派出国家商队，其间经历了一个过程。从 1693 年到 1756 年，俄国向北京派出国家商队 19 支。俄国运往北京出售的商品主要是毛皮。中俄在北京的贸易中止有着政治、经济、安全和来自库伦私商贸易竞争等多方面的原因。

关键词：清朝前期　中俄贸易　北京

从 1689 年中俄签订《尼布楚条约》到 1762 年俄国女皇叶卡捷琳娜二世宣布中止向北京派出商队，这段时间的中俄贸易的中心是北京。其中，从 1698 年到 18 世纪 20 年代，这一期间发生在北京的中俄贸易，在清代史籍中称为"京师互市"。有的论者将这一阶段的"京师互市"分为两个阶段：第一阶段是从《尼布楚条约》签订到 1697 年为止，这一阶段来京的俄国商队均为私商，"他们通常合伙或单独组织大小不一的商队，以驼马、大车为基本运输工具，有时与官方使团同路，有时则独往独来。9 年之中，仅有案可查的就有 7支商队从尼布楚来京"。[①] 第二阶段是从 1698 年到 18 世纪 20 年代初，来京的

---

* 本文为 2011 年度教育部人文社会科学研究一般项目（项目批准号：11YJA770040）和 2012 年度国家社科基金一般项目（项目批准号：12BZS070）的阶段性成果。

** 欧阳哲生，北京大学历史学系教授。

① 参见孟宪章主编《中苏经济贸易史》，黑龙江人民出版社，1992，第 39 页。该书将伊台斯使团的随行商队列入私商，似不妥当。

俄国商队主要是官方筹组的国家商队，这一阶段俄国方面共派出 11 支商队赴京，其中后两支商队因诸种原因未能如愿抵京。① 这一看法似有待商榷，实际上，来京的俄国私商真正遭禁是在 1706 年，而俄罗斯第一次组建商队前往北京是在 1693 年伊台斯使团之后派出的商队。因此，国家商队与私商有一个共存期。

俄对私商的限制乃至禁止经历了一个过程。1693 年，俄政府"认为有必要通过法规的形式限制私人贸易的权利。法规规定，私人商队需与官家商队同行，私人商队只能在官家商品销售完毕之后才能卖自己的商品。继该限制性法规颁布之后，1706 年，政府又颁布了另外一个等于完全消灭私人竞争的条例：禁止私商在中国买卖主要的、也可以说是唯一的贸易商品——皮货。于是，俄国和中国的私商不再在北京做生意，而是改去卡尔梅克的库伦"。② 政府限制私商的举措，激励了官商贸易的迅速增长。据统计，"1693 年前往中国的第一支国家商队，共输出官货 41900 卢布、私商货物 113620 卢布；而到 1710 年时，商队所携带的货物（只有官方一家）已达 20 万卢布"。③ 1728 年中俄签订《恰克图条约》后，国家商队才真正垄断了前往北京的贸易。俄罗斯方面做出派遣国家商队前往北京是在伊台斯使团赴京的 1693 年。④ 1693 年 8 月 30 日俄国政府颁布谕旨："对运往中国的、在西伯利亚诸城市已被缴纳关税的西伯利亚商品，按 1 卢布收取 6 兼加税并逐一登记。""只准许将价格为 40 卢布和 40 卢布以下的紫貂皮运往中国，40 卢布以上的紫貂皮和黑色、黑褐色的狐皮一律不准出境。""没有大君主的谕旨，没有国书，不得放任何人进入中国国境。"⑤ 1697 年政府再颁谕旨："今后紫貂的征收和销售的权利仅由大君主一人掌管"，"商人可以买卖除紫貂皮和黑狐皮之外的贸易"。这一法规实际保证

① 参见孟宪章主编《中苏经济贸易史》，第 46 页。
② 〔俄〕特鲁谢维奇：《十九世纪前的俄中外交及贸易关系》，徐东辉、谭萍译，岳麓书社，2010，第 74 页。
③ 〔苏〕米·斯拉德科夫斯基：《俄国各民族与中国贸易经济关系史（1917 年以前）》，宿丰林译，社会科学文献出版社，2008，第 129 页。
④ 关于俄罗斯国家商队前往北京的时间有三说：第一说是 1693 年，参见〔苏〕米·斯拉德科夫斯基《俄国各民族与中国贸易经济关系史（1917 年以前）》（宿丰林译，第 136 页）、〔俄〕特鲁谢维奇《十九世纪前的俄中外交及贸易关系》（徐东辉、谭萍译，第 86 页）。第二说是 1699 年，参见〔俄〕阿·科尔萨克《俄中商贸关系史述》（米镇波译，社会科学文献出版社，2010，第 12 页）。第三说是 1698 年，参见孟宪章主编《中苏经济贸易史》（第 46、48 页）。
⑤ 转引自〔俄〕特鲁谢维奇《十九世纪前的俄中外交及贸易关系》，徐东辉、谭萍译，第 81～82 页。

了官商在对华贸易中掌握了所有商品中销路最好、获利最丰的商品——紫貂皮和狐皮的经营特权，私商从此失去了自由贸易权。①

现将 1690～1698 年进京私商情形制表概述如表 1。

来京的俄罗斯官家商队可以 1728 年《恰克图条约》签订为界分前后两个阶段，前一阶段派出 13 支，后一阶段派出 6 支；详见表 2。

表 1 1690～1698 年进京私商情况

在京时间	商队总管	商队人数	交易商品价值	备 注
1690 年 5 月至 1691 年	菲拉季耶夫、卢津、乌沙科夫、尼基京四大巨商的代理人	80～90 人（随戈罗文的信使隆沙科夫来京）；另有军役人员 40 名	带来 60 大车兽皮，带回总价约 14473 卢布的中国丝绸等货物	—
1691 年 10 月至 1692 年	卡札里罗夫	商队人员 77 人，护送军役人员 19 人	带来总价约 7563 卢布的货物，带回总价约 23952 卢布的货物	—
1693 年	随伊台斯使团的商队	不详	带来的货物中属于国库的总价约为 4.2 万卢布，属于私人的总价为 1.2 万卢布；运回总价为 37941 卢布的货物，其中约 1.2 万卢布的货物属于国库	—
1693～1694 年	莫洛多伊、乌瓦罗夫	商队人数（含军役人员）53 人	带来总价约为 5592.95 卢布的俄国货物，带回总价约为 12745 卢布的中国货物	—
1693～1694 年	不详	约 200 人（随伊台斯使团而来）	带来属于俄国国库的总价约为 4400 卢布和属于私人的总价约为 1.4 万卢布的货物，带回总价约为 33941 卢布的中国货物	—
1695 年	舍斯塔科夫	150 余人	带来 1.6 万卢布的俄国货物，带回约 5.7 万卢布的中国货物	—
1696 年	索弗隆科夫	240 余人	运来约 4.93 万卢布的俄国货物，带回约 24 万卢布的中国货物	—
1697～1698 年	舍尔辛	141 人	带来总价为 25574 卢布的俄国皮货	—

资料来源：孟宪章主编《中苏经济贸易史》，第 39～43 页。

中俄《恰克图条约》第四条规定：

---

① 参见〔俄〕特鲁谢维奇《十九世纪前的俄中外交及贸易关系》，徐东辉、谭萍译，第 82 页。

今两国定界，不得容留逃人。既已新定和好之道，即照萨瓦所议，允准两国通商，既已通商，其人数仍按原定，不得过二百人，每隔三年，通商一次。既然伊等均系商人，则其食物盘费等项，照旧停止供给。商贾人员，均不征税，商人抵达边界，预先呈明来意，而后委派官员接入贸易。沿途应用之驼马人夫，自行雇备。责成管理商队官员，严管属下人等。倘有争端，秉公处理。其随同商队前来之官员，如为较大官员，则照大员礼节优加款待。凡准贸易物品，均不禁止。两国违禁之物，不准贸易。如欲私自留居者，若未经其头人准许，即不收留。其病故者，将所有财物各交本国人员。上述各节均照萨瓦所议办理。

除两国通商外，两国边境地区之零星贸易，应于尼布楚、色楞格两处，选择妥地，建盖房屋，以准自愿前往贸易者贸易。其周围房屋、墙垣、木栅亦准酌量修建，亦不征税。商人均照指定大道行走，如有绕道或往别处贸易者，将其货物入官。所有两国五体酌派官兵，令其同心照看办事之处，均照萨瓦所请施行。①

《恰克图条约》对俄中贸易每次的规模、间隔、路线和有关规章都做了明确规定，这为以后的俄中贸易提供了制度性保障。

表 2　来京俄罗斯国家商队一览

次	出发时间	返回时间	商队总管	商队从俄国输出的商品价值	备注
1	1693 年	1696 年	不详	4.19 万卢布	—
2	1698 年	1700 年	良古索夫、萨瓦捷耶夫	2.6 万卢布	—
3	1700 年	1701 年	博科夫、奥斯科尔科夫	4.7 万卢布	—
4	1702 年	1704 年	萨瓦捷耶夫	29879 卢布	取道蒙古返国
5	1706 年	1707 年	沙林	18.4 万卢布	取道蒙古返国
6	1707 年	1708 年	胡佳科夫	14.2 万卢布	—
7	1710 年	1711 年	萨瓦捷耶夫	20 万卢布（？）	—

① 《策凌等奏与俄使议定恰克图条约折》，中国第一历史档案馆编《清代中俄关系档案史料选编》第一编下册，中华书局，1981，第 518 页。此文本系译自满文俄罗斯档。汉文本文字稍有出入，参见《恰克图界约》，王铁崖编《中外旧约章汇编》第 1 册，三联书店，1982，第 11 页。

续表

次	出发时间	返回时间	商队总管	商队从俄国输出的商品价值	备注
8	1713 年	1715 年	胡佳科夫（商务专员）	20 万卢布（？）	—
9	1716 年	1717 年	奥斯科尔科夫	20 万卢布（？）	—
10	1716 年	1717 年	古夏特尼科夫	20 万卢布（？）	—
11	1720 年	1722 年	尤林斯基	没被放行	—
12	1722 年	—	伊斯托普尼科夫、特列季亚科夫	285403 卢布	—
13	1724 年	1728 年	—	—	—
14	1728 年	1729 年	莫洛科夫	10 万卢布	—
15	1731 年	1733 年	莫洛科夫	10.439 万卢布	—
16	1735 年	1736 年	菲尔索夫	175919 卢布	—
17	1740 年	1742 年	菲尔索夫	10 万卢布	—
18	1745 年	1746 年	卡尔塔舍夫	10 万卢布	—
19	1754 年	1753 年	弗拉德金	10 万卢布	—

　　资料来源：〔俄〕特鲁谢维奇《十九世纪前的俄中外交及贸易关系》，徐东辉、谭萍译，第 86 页。有关俄罗斯商队的具体数目说法不一，据张维华、孙西著《清前期中俄关系》（山东教育出版社，1997，第 145 ~ 167、267 ~ 292 页），俄罗斯派出商队从 1698 ~ 1718 年，共 10 支；从 1728 ~ 1755 年，共 6 支。又据〔俄〕阿·科尔萨克《俄中商贸关系史述》（米镇波译，第 12 页），俄罗斯在 1699、1705、1711、1713、1728、1732、1736、1741、1746、1755 年共派出 10 支商队。

　　1755 年俄罗斯政府派出最后一支商队，由于长年的贸易亏损，加上在北京的俄罗斯商人与中方人员之间的摩擦不断，在叶卡捷琳娜二世即位后不久，即 1762 年 7 月 31 日，俄罗斯政府就宣布停止向北京派遣官商队伍。1763 年 4 月 28 日俄罗斯政府派遣的克罗波托夫使团抵达北京，该使团意在向清政府传达俄国有意向中国派遣一个以宫廷高级侍从伊万·格里戈里耶维奇·切尔内绍夫伯爵为首的使团赴京访问，以便商讨包括恢复恰克图贸易等问题的信息，同时向在北京的俄罗斯东正教传道团提供资金，这笔资金是通过在北京销售俄国货物来换得的，为此，克罗波托夫奉命在色楞格斯克组织一支私商商队，但因商人拒绝参加，此事未能办成。① 克罗波托夫不得不违反沙皇刚刚颁布的谕旨，组织一支国家商队，这支商队由 50 头骆驼和 30 匹马组成，携带 8923 卢

---

① 参见〔俄〕尼古拉·班蒂什-卡缅斯基编著《俄中两国外交文献汇编（1619 - 1792）》，中国人民大学俄语教研室译，商务印书馆，1982，第 348 ~ 349 页。

布的官方毛皮，在北京售得 1.472 万卢布。这支商队史称"最后的俄国商队"。使团直到 8 月 12 日离京。清朝方面对俄国使节态度倨傲，乾隆皇帝在回复俄国女皇的函件中实际拒绝了俄方派遣使团的要求。①

俄国国家商队运往北京的主要货物是毛皮，"其中，长期占据首要位置的是紫貂皮"。其次是狐皮，"特别是火红色的狐皮，和紫貂皮一样在中国享有广泛的销路"。此外，还有海狸皮、水獭皮、兔皮和灰鼠皮。"商队输出的其他俄国货（软革、金刚石、镜子、钟表、珊瑚等）不是很多。"② 西伯利亚的皮货"中国人出的价钱比所有其他民族出的价钱都要高些。这种商品很容易坏，必须尽快脱手。在欧洲，除土耳其外，皮货没有什么销路"。③ 从中国运回的货物，开始主要是各种丝织品，彼得大帝末期棉织品大量增加，其他货物则主要是大黄和烟草，"俄国政府对这两种商品的买卖宣布实行国家专营"。此外，还有各种宝石、瓷器、银器、漆器、茶叶。④

俄国商队在北京进行贸易的情形，从 1728 年 1 月 6 日朗喀率领商队到京后的经历中可见一斑：

> 中国皇帝于商队到达的次日发布了一道谕旨，允许商队开始贸易，但是派了七百五十人的卫队，日夜守着俄国人所居住的"四夷馆"。一个办公室设在"四夷馆"的大门口，对每一个买主严加盘问，然后发给入馆证。因此中国人只是来馆出售他们的丝绸，而且数量少得可怜。商队的款项将尽了，不得不求助于一个中间人，他要求任何交易都给他百分之五的佣金，最后总算接受了百分之三。这个中间人名叫哲费姆·顾索夫，生于北京，父母是俄国人。……另一个中间人是一个居住在北京的俄国人雅各伯·撒文，也替商队接洽了几笔生意，佣金也是百分之三。但是总的说来，商队的业务情况是很惨淡的。中国的大臣和中国皇帝本人把商队失败

---

① 参见〔苏〕米·斯拉德科夫斯基《俄国各民族与中国贸易经济关系史（1917 年以前）》，宿丰林译，第 174 页。

② 参见〔苏〕米·斯拉德科夫斯基《俄国各民族与中国贸易经济关系史（1917 年以前）》，宿丰林译，第 156～157 页。

③ 〔俄〕尼古拉·班蒂什－卡缅斯基编著《俄中两国外交文献汇编（1619－1792）》，中国人民大学俄语教研室译，第 420 页。

④ 参见〔苏〕米·斯拉德科夫斯基《俄国各民族与中国贸易经济关系史（1917 年以前）》，宿丰林译，第 158～160 页。

的原因归于当时市场的一般情况，以及俄国货物充斥于北京市场。①

国内有的学者认为，"清代东南沿海对外贸易以广州为中心，由行商包揽一切事宜，与在北方的陆路北京贸易相比，北京贸易的自由特色就显得十分明显"。② 这一说法值得商榷。至少俄罗斯方面并不认同北京出现"自由"贸易这一说。③ 事实上，双方围绕贸易的摩擦和纠纷不断，在商品价格、商品出售、商人活动诸环节，中俄双方常常发生争执，有时甚至产生冲突。

从 17 世纪 90 年代初俄罗斯商队来京，到 1763 年终止，前后持续 70 年。18 世纪 60 年代，中俄贸易主要转移至恰克图。有关中俄北京贸易停止的原因，中国学者比较强调政治的、军事的、安全的因素，张维华先生分析认为，"一方面与中俄两国在边界上的争执有关；另一方面也由于恰克图贸易的兴起，北京贸易被冷落。"同时还与当时两国的形势紧密相关，即"一、中国担心俄商窥探中国情报，有强制其放弃北京贸易的意思：北京是清王朝的政治、经济、文化中心，自然不能容许外国人杂处其地，窥伺隐秘"，"二、俄国私商自 18 世纪以来日增，边地贸易转盛，皮货通过各种途径大量倾销北京，致使毛皮价格降低，北京贸易无利可图，故渐归停止"。④

俄罗斯学者则更倾向从经贸方面做出解释，将之主要归咎于来自库伦的私商贸易竞争和派往北京的国家商队亏损过重。阿·科尔萨克认为，"由于情况的复杂，派驻北京的官方商队实际上已经无利可图。其中最主要的原因就是来自前往库伦贸易的私商的竞争，他们年复一年地把大量的皮毛运到中国。相对于官方商队来说，私商在当时具有很大的优势：那些为了采办卖给中国人商品的私商们可以亲自到那些价格更便宜的地方去买，而商队的商务专员则是根据西伯利亚衙门的指令从经常负责定价的那些人的手中得到这些商品的"。"当时商务专员起码要用三个月花去大量的费用才能抵达北京，抵达之后，他还要住上约 7 周无事可干，一直等着贸易的开始。然而常常会在官家商队抵达北京之前，在库伦等地贸易的中国商人已经从库伦等地把大量的俄罗斯商品运抵北

① 〔法〕加斯东·加恩：《彼得大帝时期的俄中关系史》，江载华、郑永泰译，商务印书馆，1980，第 243～244 页。
② 参见苏全有《中俄北京贸易初探》，《清史研究》1996 年第 2 期。
③ 参见〔俄〕特鲁谢维奇《十九世纪前的俄中外交及贸易关系》，徐东辉、谭萍译，第 46～49 页。
④ 参见张维华、孙西《清前期中俄关系》，山东教育出版社，1997，第 281～283 页。

京。由于商务专员不得不在北京再多住上几个月以使货物出手。由于中国政府拒绝负担商队的北京费用，而使官方商队贸易更加无利可图"。① "在北京的贸易也不顺利，中俄两国商人之间的纠纷不断，商人们蒙受着各种压迫，中国人视俄国驼队的首领为间谍，驼队丧失了尊严。监视的卫队紧跟着我们，借口保护我们的安全，而实际上是为了监督我们，提防我们和中国商人的所有往来。事情最终发展到了这样，即如果不先给看守的长官送厚礼，则任何一个中国商人都不可能接近俄罗斯人。中国商人希望用廉价的俄罗斯商品来补偿这种额外支出"。②

俄罗斯商队在北京销售的商品主要是皮货，这对北京的消费和时尚有一定影响。京城是王公贵族、朝臣高官云集之地，衣着皮裘是高贵身份的体现，自然在京城有大量的需求。《听雨丛谈》记载："清代亲王、郡王外不准服用黑狐皮。文职一、二、三品，许服毳外貂镶朝衣。文四品、武三品，准服貂鼠、猞猁狲。五品至七品笔帖式、护军校，准用貂皮领袖帽沿。……其往口外寒冷地区出差之满洲、蒙古、汉军官员，均准照常穿用貂鼠、猞猁狲，不拘品级也。"③ 可见清廷对毛皮的需求甚大，内务府特设皮库以为贮存毛皮为皇室所用，并雇用大批工匠加工、制作皮衣。"俄罗斯将上好的毛皮输往欧洲，卖给中国的狐腿、狐肷等，造就一批工匠具备'针脚细若蚊睫'的手艺。"④ 一般贵族人家对俄罗斯皮货也颇为喜好，曹雪芹的《红楼梦》第五十二回《俏平儿情掩虾须镯 勇晴雯病补雀金裘》就有一段提及一件俄罗斯雀金裘，这说明俄罗斯时装作为时尚已进入了当时贵族的生活世界。⑤

① 〔俄〕阿·科尔萨克：《俄中商贸关系史述》，米镇波译，第19~20页。

② 〔俄〕阿·科尔萨克：《俄中商贸关系史述》，米镇波译，第24页。

③ （清）福格：《听雨丛谈》，中华书局，1997，第46页。

④ 赖惠敏、王士铭：《清中叶迄民初的毛皮贸易与京城消费》，《故宫学术季刊》第31卷第2期，1913，第157页。

⑤ 参见康无为《帝王品味：乾隆朝的宏伟气象与异国奇珍》，《读史三得：学术演讲三篇》，台北，中研院近代史研究所，1993，第57~72页；赖惠敏《清乾隆朝内务府皮货买卖与京城时尚》，胡晓真、王鸿泰主编《日常生活的论述与实践》，台北，允晨文化出版社，2011，第103~144页；赖惠敏、王士铭《清中叶迄民初的毛皮贸易与京城消费》，《故宫学术季刊》第31卷第2期，1913，第139~178页；赖惠敏《乾嘉时代北京的洋货与旗人日常生活》，巫仁恕、康豹、林美莉主编《从城市看中国的现代性》，台北，中研院近代史研究所，2000，第1~36页。

试论晚清驻外使臣的出使国别与职责

戴东阳*

摘要： 自光绪元年至宣统三年清朝终结，清政府曾向 19 个缔约国派遣常驻的出使大臣。以《马关条约》和《辛丑条约》的签订为界标，晚清驻外使臣的出使国别大致可分三个时期。第一个时期是出使国别基本定局时期，后两个时期为不同的变化发展时期。专使和兼使的设立是晚清驻使制度的一大特点，它充分体现了清政府与各国之间的关系存在明显的轻重缓急，而出使大臣的职责也始终表现鲜明的国别差异。

关键词： 晚清驻外使臣　出使国别　专使　兼使　出使职责

自光绪元年（1875）至宣统三年（1911）清朝终结，清政府曾向十几个缔约国派遣常驻的出使大臣。

清政府派驻使臣国数量，目前各大史料记载有出入。《清史稿》列表显示为 18 国，分别为英国、俄国、法国、美国、德国、日本、奥地利（奥国）、荷兰、比利时、意大利（义国）、西班牙（日斯巴尼亚）、秘鲁、墨西哥、古巴、朝鲜、瑞典、丹麦、那威（挪威），未列引文中提到葡萄牙。引文称："有约之国，惟葡萄牙、瑞典、那威、丹马诸国无驻使，有事则以就近驻使任

---

* 戴东阳，中国社会科学院近代史研究所研究员。

之。"如此，19 个有约国中，驻使国应为 15 国。① 钱实甫所编三种出使年表所记出使国与《清史稿》有差别。钱氏所编《出使各国大臣年表》显示，实际出使国也为 15 国，即英国、美国、日本、德国、俄国、法国、西班牙、秘鲁、意大利、奥地利、荷兰、比利时、朝鲜、墨西哥、古巴，与《清史稿》所记完全一致。但其所编《驻外使臣设置、撤销及兼任变化表》和《驻外使臣设置、撤销及兼任表》均增列葡萄牙、巴西、瑞典、丹麦四国，称宣统三年八月二十日（1911 年 10 月 11 日），清政府定出使驻西班牙兼驻葡萄牙大臣一人，驻法国兼驻巴西大臣一人，驻俄国大臣兼辖瑞典一人，驻荷兰国大臣兼辖丹麦一人，只是均未实行。如此，清帝谕旨派遣国实应为 19 国。这一数量虽与《清史稿》提及的有约国数量相同，但《清史稿》提到的那威（挪威），钱氏表缺，钱氏表提到的巴西，却是《清史稿》所未提及者。②

另《清季使领年表》据清代档案和各国外交年鉴记载，称出使国为 16 国，分别是英国、俄国、法国、德国、奥国（奥地利）、荷兰、比利时、意大利、葡萄牙、日斯巴尼亚（西班牙）、美国、秘鲁、墨西哥、古巴、日本和朝鲜，③ 与上述两种史料均有不同。④ 最主要的区别在于葡萄牙。《清史稿》称"无驻使"，钱氏表则指出，宣统三年八月虽定由西班牙兼驻，但"未实行"。其实，光绪三十一年八月（1905 年 9 月）就奉旨派驻葡萄牙，由出使法、日国（西班牙）大臣兼使。此外，《清季使领年表》不列巴西、瑞典、丹麦三国，这很可能如钱氏表所述，因三国谕令兼使不久，清朝覆亡，未实行之故。至于《清史稿》所记挪威，不见其他各种史料。如此看来，《清季使领年表》的记载更接近实际。

设立专使和兼使，是清政府驻使制度的一大特点，为近代各国所罕见。晚清三十余年间，内外局势纷繁变幻，清政府不断调整出使国别及兼使关系，加

---

① 《交聘年表一　中国遣驻使》，《清史稿》卷 212，表 52，中华书局，1976，第 8781～8833 页。

② 钱实甫编《清代职官年表》第 4 册，中华书局，1980，第 3028～3049 页。

③ 光绪三十一年（1905）《日韩保护条约》签订，日本剥夺韩国外交权，在韩国设立统监作为日本政府的代表。此后，清政府在韩国改设韩国总领事、仁川领事、釜山领事、甑南浦领事和元山领事，与日本本土的横滨领事、神户领事、长崎领事一道，统归中国驻日使馆管辖。《变通出使设立员缺及薪俸章程》，光绪三十二年十二月十二日，王克敏、杨毓辉编《光绪丙午年交涉要览》（中上篇）卷一，第 7 页，沈云龙主编《近代中国史料丛刊续编》30 辑，台北，文海出版社，1976，第 1060 页。

④ 故宫博物院明清档案部、福建师范大学历史系合编《清季中外使领年表》，中华书局，1985，第 3～30 页。

上清政府与各国交涉重点各不相同，因此晚清出使大臣的出使国别与职责呈现复杂的面相。梳理晚清出使国别与职责的发展脉络，从一个侧面可以揭示晚清对外关系发展变化的轨迹，以及与各国关系之轻重缓急。

一 确定出使国别的基本格局

晚清驻外使臣的出使国别，以《马关条约》和《辛丑条约》签订为界标，大致可分三个时期。自光绪元年（1875）至光绪二十年（1894 年）《马关条约》签订前夕为第一时期，是出使国别基本定局时期。

清朝沿袭元明之制，"视海内外莫与为对"。凡是俄、英来聘者，国史中皆书曰"来贡"。与各国互派常驻使节，意味着承认与各国具有对等关系，这无疑是对传统体制的一大挑战。的确，清政府接受这一新的外交体制，经历了一个漫长而痛苦的过程。

道光二十二年（1842）《南京条约》订立，清朝开始有了与列国对等的关系。但这一条约是清政府战败后在坚船利炮的威逼之下被迫订立的，清政府并不愿意轻易接受包括各国公使驻京在内的欧美式外交体制，各国公使驻京，也成为第二次鸦片战争的一大肇端。史称："咸丰庚申之役（即第二次鸦片战争），肇衅非一，而遣使驻京未允实行者，亦一大端。自是而后，有约各国率遣使驻京。"① 第二次鸦片战争后，约咸丰十年九月（1860 年 11 月）后，英国、法国、俄国和美国先后派遣驻华公使来华，开始常驻北京，清政府遣使驻外使臣随之亦逐步提上议事日程。自咸丰十年（1860）至光绪元年（1874）正式派出首位驻外使臣，十余年间清政府内部曾就遣使问题展开两次大规模的讨论，海关总税务司赫德（Robert Hart）和英国驻华公使威妥玛（Thomas F. Wade）也参与其中。清政府并先后尝试派遣游历使团随赫德和美国驻华公使蒲安臣（Anson Burlingame）出使欧美，派遣崇厚为首的谢罪使团前往法国为"天津教案"道歉，成为遣使常驻各国前的预演。其时，清政府重臣、洋务派代表人物曾国藩、左宗棠、李鸿章等已充分认识到遣使驻外使臣之重要。② 边疆危机，尤其台湾事件接踵而来，遣使常驻问题显得更为急迫。同治

---

① 《交聘年表一 中国遣驻使》，《清史稿》卷 212，表 52，第 8781 页。
② 如左宗棠指出："驻京公使恣意横行，而我不能加以诘责，正赖遣使一节，以洞各国之情伪，而戢公使之专横。"《左文襄公书牍节要》卷 9，清光绪二十八年刻本，第 19 页。

十年（1871）日本开始与中国商议条约，曾国藩和李鸿章分别奏请，与日本立约后，应派员驻扎日本，除管束商民，也"藉探彼族动静，冀可联络牵制，消弭后患"。同治十三年（1874）春，日本挑起台湾事件，李鸿章进而奏称："今春兴兵来台，若先有使臣驻彼，当能预为辨阻，密速商办。否则亦可于发兵之后，与该国君臣面折廷争，较在京议办更为得劲。今台事粗定，此举未可再缓。"① 促使清政府最终开始向外派驻常驻使臣的，是马嘉理事件。

威妥玛在天津就滇案与李鸿章会晤时，就提出要中国派钦差大臣赴英道歉。总署经商酌，认为不应该"过为峻拒"，致使英方"藉词启衅"。遣使原应等待结案之后，但李鸿章认为遣使不妨先期允办，这样，待使臣出京时，滇案预计亦已就绪。总署接受了李鸿章的建议，请旨简派出使英国正使一员、副使一员，"以修和好，而固邦交"。光绪元年七月二十八日（1875年8月28日），清政府谕命候补侍郎郭嵩焘为出使英国正使，候补道许钤身为副使，赏二品顶戴。② 许钤身后未行，改派刑部员外郎、三品衔候补五品京堂刘锡鸿为副使。③ 次年七月二十六日（1876年9月13日），滇案议结，李鸿章与威妥玛签订《烟台条约》。条约第一端最后一款明确规定："俟此案结时，奉有中国朝廷惋惜滇案玺书，应即由钦派出使大臣尅期起程，前往英国。"④ 光绪二年九月十五日（1876年10月31日），已于上一年被谕命为出使英国正使的郭嵩焘陛辞，十月十七日（12月2日）与副使刘锡鸿一行自上海乘英轮赴任，十二月初八日（1877年1月21日）抵达伦敦。是为中国遣使之始。

当时，李鸿章建议遣使的国家不仅限于英国。《烟台条约》签订之后，李鸿章向总理衙门极力建议在法、俄、德、美、日等国也设常驻使馆。⑤ 总理衙门考虑到"英、法、俄、美、德等国为换约最久之国，日斯巴尼亚（西班牙）及秘鲁国皆有查办华工之案，日本迩在东洋，均应先行通使，庶能洞悉彼中情形，于办理交涉事件较易得力"，因此，继英国之后，清政府先后于光绪元年十一月十四日（1875年12月11日）谕命太常寺卿陈兰彬为正使，容闳由三

---

① 《筹办铁甲兼请遣使片》，同治十三年十一月初二日，《李文忠公全集·奏稿》卷24，商务印书馆据金陵刻本影印本，1921，第27页；以下各稿均出于此版，省。
② 《总署奏请派驻英国公使片附上谕》，光绪元年七月二十八日，王彦威辑，王亮编《清季外交史料》卷3，书目文献出版社，1987，第14～15页。
③ 《清史稿》作"刑部员外郎，以四五品京堂候补，为英国副使"。
④ 王铁崖编《中外旧约章汇编》第1册，三联书店，1957，第347页。
⑤ 《议偿款遣使二事》，光绪二年八月初三日，《李文忠公全集·译署函稿》卷6，第27页。

品同知，赏二品顶戴，以道员用，为副使，出使美国；光绪二年十二月二日（1876 年 1 月 15 日）谕授翰林院编修何如璋以侍讲升用，为出使日本国正使，张斯桂以即选知府赏加三品顶戴，充出使日本国副使；光绪三年三月十七日（1877 年 4 月 30 日）调任驻英副使刘锡鸿为出使德国大臣；光绪四年五月二十二日（1878 年 6 月 22 日）谕命吏部左侍郎崇厚为出使俄国大臣。这样，清政府陆续向美国、日本、德国、法国、俄国、日斯巴尼亚（西班牙）及秘鲁派遣了常驻使臣。[①] 其中，法国由驻英使臣兼任，日斯巴尼亚（西班牙）和秘鲁则由驻美使臣兼使。

光绪七年（1881），意大利驻华公使卢嘉德（Ferdinando de Luca）和荷兰驻华公使费果荪（Jan Helenus Ferguson）向总理衙门请派使臣。总理衙门考虑到两国与中国均有条约关系，为表示"一视同仁之意"，[②] 决定向意大利和荷兰遣使。奥地利虽未明确向总理衙门请派，但总理衙门考虑到奥地利也与中国签有条约，又是"泰西近日强盛之国"，也应派遣使臣。[③] 光绪七年三月初七日（1881 年 4 月 5 日），清政府同时向意大利、荷兰、奥地利三国遣使，均由当时驻德使臣兼使。德国后来一度改为兼使国，三国的兼使情况因此有变动。光绪十一年六月初三日（1885 年 7 月 14 日），清政府增设驻比利时出使大臣，也由驻德使臣兼使。

遣使伊始，总理衙门就分设专使与兼使，其一个原因是出于经费的考虑。总理衙门认为，"换约之国日多，势难遍遣专使，致增糜费"。[④] 加上像日斯巴尼亚（西班牙）、秘鲁、意大利、荷兰、奥地利、比利时等国"商务稀简，而素鲜交涉"，"彼国虽常有使臣来华，并不在京久住"，[⑤] 所以以上各国设为兼使，历数十年不变。如果说有变动，也只是在由哪一国专任使臣兼任上有变动。如意大利、荷兰、奥地利、比利时最初均由驻德使臣兼充。光绪十三年

---

① 总理衙门：《请派员兼充出使义和奥三国大臣以资联络而归简易折》，光绪七年三月初七日，《出使章程》，第 40 页。

② 总理衙门：《请派员兼充出使义和奥三国大臣以资联络而归简易折》，光绪七年三月初七日，《出使章程》，第 40 页。

③ 总理衙门：《请派员兼充出使义和奥三国大臣以资联络而归简易折》，光绪七年三月初七日，《出使章程》，第 40 页。

④ 总理衙门：《奏为出使大臣兼驻之国宜令附近分隶并酌复旧式以便往来而期周妥折》，光绪十三年四月二十六日，《出使章程》，第 51 页。

⑤ 总理衙门：《请派员兼充出事义和奥三国大臣以资联络而归简易折》，光绪七年三月初七日，《出使章程》，第 40 页。

（1887）德国由专使改为兼使，意大利和比利时改归驻英使臣兼任，直到两国改为专使。荷兰和奥地利则归驻俄使臣兼任。光绪二十三年（1897年6月）德国改回专使，荷兰改回归德国使臣兼充，奥地利则仍归俄国使臣兼辖，直到两国均改为专使。

设立专使、兼使的另一原因是出于外交上的权变。如俄国和德国这两个专使国家曾一度改为兼使，法国的兼使情形也一度有变化。

俄国自光绪六年正月初三日（1880年2月12日）至光绪十三年四月二十六日（1887年5月18日）一度改为兼使，由驻英使臣兼任。这一变动，是因当时的驻英使臣曾纪泽奉旨赴俄国办理交收伊犁案，为方便起见，曾纪泽兼充驻俄国使臣。曾纪泽卸任，刘瑞芬继任不久后，总理衙门考虑到"俄国边界绵长"，驻扎"甚关紧要"，加上"英、俄相距遥远，设有缓急使臣分身两地，常恐贻误事机"，俄国改回专使。①

德国起初为专使，办理订购船炮事宜，"使臣驻阅时多"。② 中法战起，德国使臣开始兼使法国。法国设使之初即为兼使，本由英国使臣兼充，中法战争时，法国反对由当时的驻英使臣兼为驻法使臣处理对法事务。于是，自光绪十年四月初四（1884年4月28日）始，法国一度由驻德使臣兼使，但使臣"只能偶到"。③ 清政府考虑到法国和德国"仇憾未消"，难免怀疑中国使臣有亲疏之迹，即相待有厚薄之心，决定"量为变通"。④ 光绪十三年四月二十六日（1887年5月18日），法国改回旧式，再由海峡之隔的驻英使臣兼使，德国则由专使改为兼使，归驻俄大臣兼充。这样，原由德国兼使的意大利、荷兰、奥地利、比利时等国兼使关系也相应发生变动：意大利、比利时划归驻英使臣兼充；奥地利、荷兰两国则随同刚刚改为兼使的德国一起，统由驻俄国使臣兼充。在总理衙门看来，"如此一转移间，既便往来，亦形周妥。于经费并无出入，于公事较有裨益"。⑤ 这一新的兼使状况，一直保持到德法两国设立专使

---

①　总理衙门：《奏为出使大臣兼驻之国宜令附近分隶并酌复旧式以便往来而期周妥折》，光绪十三年四月二十六日，《出使章程》，第51~52页。

②　总理衙门：《奏为出使大臣兼驻之国宜令附近分隶并酌复旧式以便往来而期周妥折》，光绪十三年四月二十六日，《出使章程》，第52页。

③　总理衙门：《奏为出使大臣兼驻之国宜令附近分隶并酌复旧式以便往来而期周妥折》，光绪十三年四月二十六日，《出使章程》，第52页。

④　总理衙门：《奏为出使大臣兼驻之国宜令附近分隶并酌复旧式以便往来而期周妥折》，光绪十三年四月二十六日，《出使章程》，第52页。

⑤　总理衙门：《奏为出使大臣兼驻之国宜令附近分隶并酌复旧式以便往来而期周妥折》，光绪十三年四月二十六日，《出使章程》，第52页。

时止。

这一时期，清政府派驻使臣的国家共计 12 个。其间，专使和兼使的情形虽有调整，但派使国家的格局基本确定。一直为专使的，有英国、美国、日本；一直为兼使的，有法国、意大利、比利时、日斯巴尼亚（西班牙）、秘鲁、荷兰、奥斯马加或奥国（奥地利）、和兰（荷兰）。俄国除光绪六年正月初三日（1880 年 2 月 12 日）至光绪十三年四月二十六日（1887 年 5 月 18 日）有过短暂的兼使时期外，一直为专使。德国最初十年间为专使，此后至三国干涉还辽时期改为兼使。详参"晚清专使与兼使年表"所示。这种出使国的专使与兼使结构，大致保持到晚清终结。其间的变动，主要是专使国家的增加，以及兼使国所属关系转移这种结构内部的变动。

二　出使国别的变化与发展

光绪二十一年（1895）《马关条约》签订，东亚国际格局发生重大变化，自此至光绪二十七年（1901）《辛丑条约》签订，为晚清出使国别变化发展的第二时期。

三国干涉还辽以后，法国、德国与俄国一道对清政府影响增大。法国向清政府提出请派专使，德国接踵其后。清政府于光绪二十一年六月初八日（1895 年 7 月 29 日）改法国为专使，不再由出使英国使臣兼使。次年十一月二十六日（1896 年 12 月 30 日）改德国为专使，不再由出使俄国使臣兼使。这一情形至晚清终时不变。此外，鉴于《马关条约》第一款规定，"中国认明朝鲜国确为完全无缺之独立自主"，① 光绪二十四年六月二十四日（1898 年 8 月 11日），清政府把原于光绪八年（1882）设立的驻朝鲜商务委员，改为驻朝鲜使臣，朝鲜成为这一时期继法国、德国之后新增加的第三个专使国家。

这一时期，兼使的变化只涉及荷兰一国。荷兰与德国原同由俄国使臣兼使，德国设立专使以后，鉴于地理上的近便，荷兰开始划归新设立的德国专使兼使，直到光绪三十一年（1905）增设驻荷兰专使。

总之，这一时期增设了三个新的专使国家法国、德国和朝鲜，一个兼使国家荷兰的归属有所变化。而就派驻国总数而言，实只增加朝鲜一国。

自《辛丑条约》签订至清朝覆亡，为出使国别变化的第三时期。这一时

---

① 王铁崖编《中外旧约章汇编》第 1 册，第 614 页。

期是出使国别大变动的时期。

首先，清政府增设了意大利、比利时、奥斯马加（奥地利）和和兰（荷兰）4 个专使国家。奥地利原以驻俄使臣兼充，意大利和比利时则以驻英使臣兼充。《辛丑条约》刚刚签订，意大利驻华公使嘎喱纳（Count Giovanni Gallina）和比利时驻华代理公使贾尔牒（E. de Cartier de Marchienne）便要求清政府向两国派驻专使。随后，奥国驻华公使齐干（Moritz Freiherr von Czikann）也提出相同要求。光绪二十八年四月十二日，外务部上呈《奏请旨简派义比奥三国使臣折》，内称，"泰西通例，以遣使往来为重。奥国本欧洲强国，迭与会盟。义为罗马旧邦，夙称文物。比亦以制造精良讲求商务，近来芦汉铁路即归承办"，"恳派专使驻其国都"。[①] 光绪二十八年四月十二日（1902 年 5 月 19 日），清政府同时谕命向三国增派专使：江苏候补道吴德章赏四品卿衔任出使奥国大臣；候补道许珏赏四品卿衔任出使意大利大臣；江苏候补道杨兆鋆赏四品卿衔任出使比利时大臣。从外务部奏请派使理由看，三个新增专使国家中，关系最紧的，其实只有比利时。因此可以说，在出使经费捉襟见肘之下，清政府此次增遣三名专使，事出被动，实与三国的恃强要求有很大关系。

这一时期由兼使改为专使的还有荷兰。荷兰原由驻德使臣兼使，光绪十三年（1887）德国由专使改为兼使后，一度改由驻俄使臣兼使，光绪二十二年（1896 年 12 月）德国改回专使，荷兰再归德国使臣兼充。增设荷兰专使的缘由有两个：一是援引奥地利、意大利和比利时三国之例；二是荷兰首都海牙举行万国保和公会，清政府先是派遣驻俄使臣入会，但"该会推广扩充，条目纷烦，时须辩论，非有专驻使臣就近考订，难期尽善"，[②] 因此，继奥地利、意大利和比利时三国之后，清政府于光绪三十一年十月二十日（1905 年 11 月 16 日）向荷兰派驻专使，候选知府陆征祥赏四品卿衔，被谕命为出使荷兰大臣。这是晚清派驻的最后一个专使国家。增设专使的缘由主要是参加万国公会，所以首任驻荷兰专使陆征祥兼任保和会事宜。

这一时期专使国家的变动须提及的尚有朝鲜。光绪三十一年（1905）签订的《日韩保护条约》剥夺了韩国的外交权，日本在韩国设立统监作为日本政府代表，撤除了韩国外部。光绪三十一年十一月初六日（1905 年 12 月 2 日），继英、美、法等国驻韩公使相继撤离之后，清政府最后一任驻韩使臣曾广铨被迫回

---

① 《大清光绪新法令》，商务印书馆，宣统元年（1909），第 50 页。

② 刘锦藻：《清朝续文献通考》卷 339，外交三，王云五主编"万有文库"第二集，商务印书馆，1936，第 10809 页。

国。由于"中韩接壤，交涉极繁，中国商民在该国各埠居留贸易者，尤不可胜数"，次年，经外务部奏准，清政府改派时充日本国参赞、二品顶戴分省前先补用马廷亮，任驻韩国总领事，遇中韩交涉事务，向日本统监府商办，随时禀商外务部及出使日本大臣。① 这样，中韩关系由原先的主权国家间的外交关系，转而成为由总领事领衔管理、以商务为主的次一级双边关系。

这一时期兼使关系的明显变革有西班牙、古巴和墨西哥三国。当古巴处于西班牙殖民地时期，清政府在古巴设有总领事，由美国使臣就近兼使。古巴独立后，古巴外务部备文声明，中国原设总领事即应废止。古巴华侨人数多达数万，交涉事繁，须派使保护。光绪二十八年七月二十六日（1902 年 8 月 29 日），经外务部奏请，清政府谕命出使美国大臣伍廷芳兼充出使古巴大臣，"并照日国、秘国之例，以总领事即兼参赞常川驻扎，遇事禀商该使臣核办"。② 光绪二十九年九月（1903 年 11 月），外务部根据新任出使美、西、秘、古大臣梁诚奏请，为处理《中墨条约》签订后日益繁复的商务交涉事件，加上墨西哥华侨聚居，拟在墨西哥设立分馆。次年，清政府依议设立墨西哥分馆，由驻美使臣兼充。

随着古巴墨西哥由驻美使臣兼使，驻美使臣事务过繁。光绪二十九年九月（1903 年 11 月），外务部奏复出使美、西、秘、古大臣梁诚请派员驻墨保护华侨的同时，提议将日斯巴尼亚（西班牙）分馆归驻法使臣兼理，认为"日国地处欧洲，距法甚近，与美国中隔大西洋，程途绝远"，加上"遣使之初，因古巴属日，是以驻日分馆由驻美使臣兼理"。古巴既已自主，且设兼使，"情形迥非昔比，自当因地制宜"。光绪三十年（1904），经外务部奏准，"驻日使馆改归驻法使署就近兼理"。③

在日斯巴尼亚（西班牙）划归驻法使臣兼使后不久，葡萄牙政府也向中国提出派使要求。光绪三十一年（1905）八月，葡萄牙驻华代理公使阿梅达（Gabriel D'Almeida Sanctos）以日斯巴尼亚（西班牙）兼使为辞，提出"中国驻法使臣既兼使日，亦可使葡，由日至葡道路甚近"，要求"驻法使臣兼使

---

① 《大清光绪新法令》，第 53 页；《外务部奏撤回驻韩使臣改派总领事驻扎折》，光绪三十二年正月，王克敏、杨毓辉编《光绪丙午年交涉要览》下篇（一）卷一，第 6～7 页，沈云龙主编《近代中国史料丛刊续编》30 辑，第 1368～1369 页。

② 《大清光绪新法令》，第 50 页。按：《清史稿》称"光绪三十三年，丁未，是年，增兼出使古巴"，似有误（《交聘年表一　中国遣驻使》，《清史稿》卷 212，表 52，第 8825～8826 页）。

③ 《大清光绪新法令》，第 51 页；刘锦藻：《清朝续文献通考》卷 339，外交三，王云五主编"万有文库"第二集，第 10808 页。

葡国"。① 清政府考虑到"葡萄牙国通好立约已历年",光绪三十年(1904)订立《澳门专约》后,"通商筑路,交涉渐繁",加上地理近便,于次年八月十六日(1905年9月14日)奉旨,拟请由出使法、西国大臣刘式训兼使葡国,依照"日国之例,酌派参赞常驻,遇事禀商驻法使臣"。② 刘式训接奉清政府寄送的葡萄牙国书后非常重视,上奏称,葡萄牙"滨临大西洋,航业商务夙甚讲求",澳门又"与粤接壤,所有交犯、缉私、通商、筑路诸端,均关重要",同时推举首批驻葡萄牙分馆参赞、随员和翻译人员获准。三位驻葡分馆人员于光绪三十二年(1906)五月间陆续到达驻法使馆报到,随即赴葡萄牙按约办事。当时,刘式训鉴于法国交涉事务繁忙,尚未前往葡萄牙呈递国书。③ 可见,在葡萄牙增设分馆,实为时势所需,势在必行。

　　这样,光绪三十一年(1905)以后,清政府所设驻外使馆,专使国共计英、美、日、俄、法、德、意大利、比利时、奥地利、荷兰10个,兼使国为日斯巴尼亚(西班牙)、秘鲁、古巴、墨西哥、葡萄牙5个,韩国已改为总领事馆。宣统三年(1911)清朝完结前夕,清政府增设瑞典、丹麦和巴西三个兼使国家,瑞典由驻俄使臣兼使,丹麦由驻荷兰使臣兼使,巴西驻法使臣兼使,但均未实行。④

　　终晚清三十余年,专使与兼使国的变化,如下表所示。

晚清专使与兼使年表

专使国	兼使国
英国 (1875.8.28 ~ 1911)	法国 (1878.2.22 ~ 1884.4.28)
	俄国 (1880.2.12 ~ 1887.5.18)
	法国 (1887.5.18 ~ 1895.7.29)
	意大利 (1887.6.23 ~ 1902.5.19)
	比利时 (1887.6.23 ~ 1902.5.19)

① 《大清光绪新法令》,第52页。
② 《大清光绪新法令》,第52页;《驻法大臣刘奏开办葡萄牙分馆派员驻扎折》,光绪三十二年五月,王克敏、杨毓辉编《光绪丙午年交涉要览》下篇(一)卷一,第4页,沈云龙主编《近代中国史料丛刊续编》30辑,第1363页。
③ 《驻法大臣刘奏开办葡萄牙分馆派员驻扎折》,光绪三十二年五月,王克敏、杨毓辉编《光绪丙午年交涉要览》下篇(一)卷一,第4页,沈云龙主编《近代中国史料丛刊续编》30辑,第1363~1364页。
④ 钱实甫编《清代职官年表》第4册,第3048~3049页。

续表

专使国	兼使国
美国 （1875.12.11～1911）	日斯巴尼亚 （西班牙） （1875.12.11～1903.11.8）
	秘鲁 （1875.12.11～1911）
	古巴 （1902.8.29～1911）
	墨西哥 （1904～1911）
日本 （1876.9.30～1911）	—
德国 （1877.4.30～1887.6.23）	意大利 （1881.4.5～1887.6.23）
	和兰 （荷兰） （1881.4.5～1887.6.23）
	奥斯马加 （奥国） （1881.4.5～1887.6.23）
	法国 （1884.4.28～1887.5.18）
	比利时 （1885.7.14～1887.6.23）
俄国 （1878.6.22～1880.2.12）	
俄国 （1887.5.18～1911）	德国 （1887.5.18～1896.12.30）
	和兰 （荷兰） （1887.6.23～1897.6.23）
	奥斯马加 （奥国） （1887.6.23～1902.5.19）
	瑞典 （1911）
法国 （1895.7.29～1911）	日斯巴尼亚 （西班牙） （1904～1911）
	大西洋国 （葡萄牙） （1905.9.14～1911）
	巴西 （1911）
德国 （1896.12.30～1911）	和兰 （荷兰） （1897.6.23～1905.11.16）
朝鲜 （韩国） （1898.8.11～1905.12.2）	
意大利 （1902.5.19～1911）	
比利时 （1902.5.19～1911）	
奥斯马加 （奥国） （1902.5.19～1911）	
和兰 （荷兰） （1905.11.16～1911）	丹麦 （1911）

　　说明：时间以阳历为准。资料来源：故宫博物院明清档案部、福建师范大学历史系合编《清季中外使领年表》《交聘年表—中国遣驻使》，《清史稿》卷 212，表 52，第 8781～8833 页；钱实甫编《清代职官年表》第 4 册，第 3028～3049 页。①

---

① 按：《清史稿》提到挪威为有约国，总理衙门所设美国股负责与美国、德国、秘鲁、意大利、瑞典、挪威、比利时、丹麦、葡萄牙九国交涉往来事宜（刘锦藻：《清朝续文献通考》卷 118，职官四，王云五主编 "万有文库" 第二集，第 8779 页），也指明挪威为有约国，但所见史料，均未及挪威驻使。

三 出使国别的职责

清政府派遣的常驻出使大臣遍布亚、欧、美各大洲。清政府与各国的关系，在兼使与专使之间，已表现轻重缓急之别。大致而言，兼使国的职责大多随同所属专使国，而各专使国由于各自的政治、经济、文化情形有别，与清政府的关系各有侧重，出使大臣的职责也呈现差异。

欲考察各专使国使臣职责的差异，总理衙门的机构设置是一个较为方便的角度。驻外使臣由皇帝直接遣派，他们并不是总理衙门的下属，遇事可以直接向皇帝上奏，总理衙门对他们不能直接下达命令，但在实际职能运行过程中，使臣与总理衙门之间具有最密切的关系。光绪四年（1878）出使章程规定，"各国出使大臣出洋往来文报以上海为总汇"，"所有出使往来文报均归招商局局员一手经办"，由招商局轮船送到北洋大臣衙署，再转送北京。军机处发还出使大臣的折报，"未能由驿递寄，拟由兵部递交直隶督臣李鸿章收下，由该督设法转寄"，以免贻误。[①] 总理衙门是使臣执行职责的合作兼监督机构，它的机构设置和职能分配，直接反映了使臣的各种职责。

总理衙门设立之初，即按照国别分股。英国股负责与英国、奥地利二国交涉往来事宜，凡各国通商、各关权税诸事皆隶管；法国股负责与法国、荷兰、日斯巴尼亚（西班牙）、巴西四国交涉往来事宜，凡保护民教、华工出国诸事皆隶管；俄国股负责俄国和日本二国交涉往来事宜，凡陆路通商、边防边界等皆隶管；美国股负责与美国、德国、秘鲁、意大利、瑞典、挪威、比利时、丹麦、葡萄牙九国交涉往来事宜，凡设埠、保工诸事皆隶管。[②] 总理衙门机构的国别设置，与清政府分别遣使各国的缘由基本一致，具体到各国驻使的职掌也大致相当。具体而言，驻使英国的一个重要理由是"商务繁多"，[③] 所以驻英使臣的活动主要与商务相关。光绪元年（1875）总理衙门奏请派驻美、日、秘使臣的一个主要原因是保护海外华人，[④] 因此驻美使臣及其兼使国的主要活动无不

---

① 《皇朝政典类纂》卷474，通使，第20、17页。
② 刘锦藻：《清朝续文献通考》卷118，职官四，王云五主编"万有文库"第二集，第8779页。
③ 总理衙门：《为出使大臣兼驻之国宜令附近分隶并酌复旧式以便往来而期周妥折》，光绪十三年四月二十六日，《出使章程》，第51页。
④ 《总署奏请派员出使美日秘国保护华工折附上谕》，光绪元年十一月十四日，王彦威辑，王亮编《清季外交史料》卷4，第17～19页。

与华侨、华工有关。俄国边界绵长，是派驻的最重要的国家之一，[①] 因此界约交涉长期是驻俄使臣的主要任务。向日本派驻使臣的直接原因是台湾事件。早在同治十年（1871）日本开始与中国商议条约时，曾国藩和李鸿章曾分别奏请，与日本立约后，中国应派员驻扎日本，除管束商民，也冀可探查日本动静，"联络牵制，消弭后患"。同治十二年（1873）换约，还来不及筹办遣使事，日本就于同治十三年（1874）春挑起台湾事件，这样，遣使驻日问题显得更加急迫，已如上所述。李鸿章认为，驻使日本，可以"外托邻邦报聘之礼，内答华民望泽之诚。倘彼别有诡谋，无难侦得其情，相机控制"，[②] 因此驻日使臣重要的外交任务便是海疆领土交涉。德国最初遣使的主要原因是订购枪炮，所以购买枪炮在很长时期内成为驻德使臣的主要任务。法国光绪二十一年（1895）之前的数十年间一直是兼使，有与法国的交涉等，主要由驻英等国使臣承担。

光绪二十七年（1901）外务部成立，取代了总理衙门。这一新的外交机构分设和会司、考工司、榷算司和庶务司。规定和会司专司各国使臣觐见会晤，请赏宝星，奏派使臣，更换领事，文武学堂本部员司升调等各项保奖；考工司专司铁路、矿务、电线、机器、制造、军火、船政、聘用洋将洋员、招工、出洋学生等；榷算司专司关税、商务、行船、华洋借款、财币邮政、本部经费、使臣支销经费等；庶务司专司界务、防务、传教、游历保护、偿恤、禁令、警巡、词讼等，此外未尽事宜各以类从。[③] 新的外交机构的门类设置及其职责，打破了原有的国别界限，表明到 20 世纪初，清政府与各国的关系增加了多国间联系共通的内容。不过，早期那种国别职责的差异仍然存在，而那些"交涉日繁"国和"交涉稍简"国之间的轻重缓急之别，也仍然延续。这从光绪三十二年（1906）外务部奏定《变通出使设立员缺及薪俸章程》的相关规定中，可以看得非常清楚。

《变通出使设立员缺及薪俸章程》明确规定了出使各国使臣、总领事、参赞、领事、通译官、商务委员、书记官的等次，各使馆配置人员数及出使经费。章程规定，英、法、德、俄、美、日六国"通商日久，且多交涉"，每馆设二等、三等参赞各一员；二等、三等通译官，一等、二等书记官各一员；商

---

① 《为出使大臣兼驻之国宜令附近分隶并酌复旧式以便往来而期周妥折》，光绪十三年四月二十六日，《出使章程》，第 51 页。

② 《筹办铁甲兼请遣使片》，同治十三年十一月初二日，《李文忠公全集·奏稿》卷 24，第 27 页。

③ 刘锦藻：《清朝续文献通考》卷 118，职官四，王云五主编"万有文库"第二集，第 8781 页。

务委员一员，共计七员。以后如需添设，再行酌办。① 六国中，英、俄、美、日四国辖有多处总领事馆和领事馆，② 为此又规定，总领事馆设通译官一员、书记官二员，每馆计三员。领事馆设二等通译官一员、二等书记官一员，每馆计二人。事繁者，准酌添三等书记官一人。副领事馆设二等通译官一员，二等书记官一员，每馆计二人。奥、义、比、和四国因"交涉稍简"，每馆设二等参赞一员，二等通译官一员，一等、二等书记官二员，共计四员。西班牙、葡萄牙、古巴、墨西哥、秘鲁五国皆由兼使办理，设立分馆。每分馆设二等参赞一员，代办使事；二等通译官一员，二等书记官一员。如设有领事、副领事者，即由外务部酌派通译官、书记官兼理。人员不足时，由外务部临时酌添。③

与各使馆人员员数相对应，章程又分别规定各馆岁支俸薪数目。英、法、德、俄、美五馆各四万一千零四十两；日本馆概因路途较近之故，照章八折，给发三万二千八百三十二两；奥、义、比、荷四馆各三万零四百八十两；秘、古、墨、日、葡五分馆各一万一千二百八十两。④

---

① 按：后只美国使馆援引这一特别条例。光绪三十三年（1907）十一月，外务部应驻美、秘、古大臣伍廷芳之请，上奏相应添设人员获准。其时，驻英使馆曾经的兼使国法国、俄国、意大利、比利时已先后改为专使国，德国曾经的兼使国意大利、荷兰、奥国、比利时也均已改为专使国。俄国和法国的情形相似，至宣统三年（1911）才新添兼使国家瑞典和巴西。只有美国，除原兼使国西班牙改为专使国外，其余秘鲁、古巴和墨西哥三国一直兼辖，加上另管辖五处领事署，"事务繁重，与他馆原有不同"。经外务部奏准，驻美国使馆新添设三等参赞一员、二等记书官一员，作为额外员缺。外务部强调，此为特例，申明"他馆不得援引"。[《外务部奏美馆请添设参赞书记官作为额外员缺折》，光绪三十三年十一月，王克敏、杨毓辉编《光绪丁未年交涉要览》下篇（一）卷一，第 28 ~ 29 页，沈云龙主编《近代中国史料丛刊续编》30 辑，第 2596 ~ 2598 页]。同日，外务部附片进奏变通墨、古两分馆参赞暨嘉里约领事薪俸。清政府鉴于原设秘鲁嘉里约领事馆近因事务较简，认为无须专员驻扎，拟以新设驻秘分馆二等书记官兼办该领事事务，每月适当加给薪银，亦获准 [《外务部附奏变通墨古两分馆参赞暨嘉里约领事薪俸片》，光绪三十三年十一月，王克敏、杨毓辉编《光绪丁未年交涉要览》下篇（一）卷一，第 29 页，沈云龙主编《近代中国史料丛刊续编》30 辑，第 2598 页]。也就是说，清政府在允准驻美使馆添设额外员缺的同时，裁撤了美馆原所辖嘉里约领事馆。

② 俄国设立的是"海参崴交涉商务委员"。该商务委员设立时即按照总领事章程办理，光绪三十二年十二月后议改为总领事名目，品秩与总领事同 [《变通出使设立员缺及薪俸章程》，光绪三十二年十二月十二日，王克敏、杨毓辉编《光绪丙午年交涉要览》（中上篇）卷一，第 8 页，沈云龙主编《近代中国史料丛刊续编》30 辑，第 1062 页]。

③ 《变通出使设立员缺及薪俸章程》，光绪三十二年十二月十二日，王克敏、杨毓辉编《光绪丙午年交涉要览》（中上篇）卷一，第 7 ~ 8 页，沈云龙主编《近代中国史料丛刊续编》30 辑，第 1059 ~ 1061 页。

④ 《酌定出使经费更订章程》，光绪三十三年四月初二日，王克敏、杨毓辉编《光绪丁未年交涉要览》（上编）卷一，第 15 页，沈云龙主编《近代中国史料丛刊续编》30 辑，第 2157 页。

　　由此可见，到外务部成立后，国别的轻重缓急还非常明显。具体而言，清政府所派驻十六国中，英、法、德、俄、美、日六国为一类，奥地利、意大利、比利时、荷兰四国为一类，西班牙、葡萄牙、古巴、墨西哥、秘鲁五国又为一类。其时，韩国已被日本剥夺外交权，改设总领事和领事，总归清政府驻日本使馆辖埋，瑞典、丹麦和巴西尚不及遣使。各国当中，交涉繁重的，数英、法、德、俄、美、日这六个近代史上侵略中国的主角国家，且多处设有总领事馆、领事馆和副领事馆的有英、俄、美、日四国。"交涉稍简"的，为奥地利、意大利、比利时、荷兰四国。西班牙、葡萄牙、古巴、墨西哥、秘鲁五国皆由兼使办理，重要程度更次一等。这一情形与清政府分设立专使与兼使的情况正相一致。英、德、俄、美、日五国至晚清终时主要是专使国，尤其英、美、日三国，从驻使之始就是专使国。奥地利、意大利、比利时、荷兰四国先为兼使国，《辛丑条约》之后改为专使国。西班牙、葡萄牙、古巴、墨西哥、秘鲁五国则始终为兼使国。

结　语

　　综上所述，可以看到，自光绪元年清政府开始派遣常驻使臣，至晚清覆亡，三十余年间，以《马关条约》和《辛丑条约》为界标，清政府的遣使可以分成三个时期。第一个时期是出使国别格局基本定型时期，后两个时期基本是在前一时期确定的大格局之下发展和变化的时期。

　　晚清驻使制度中的特别之处，莫过于设立专使和兼使，由此充分体现了清政府与各国间关系的轻重缓急。其中，交涉繁重的主要有英、俄、美、日、德五国，它们主要是专使国家，也是近代侵略中国的主角。由于外交交涉侧重点不同，驻使这些国家的使臣的职责也呈现区别，大致而言，与英国的交涉主要是商务，与法国的主要是教案，与美国的主要是华侨华工事件，与俄国、日本的则主要是边疆界务。

　　晚清驻使国别与职责的差异，在近代亚洲其他国家如日本也存在。明治政府成立后，采取全面西化政策，与欧洲各国建立了广泛的政治、经济、文化等方面的联系。日本与东北亚各国如俄国、中国和朝鲜之间外交任务主要是边疆交涉；与美洲尤其南美洲各国之间的主要是处理移民问题，日本驻南美各国公使至今尚留存许多诸如此类影响深远的著述。如驻南美公使野田良治的《世界之大宝库南米》（博文馆，1912）、《实查十八年ブラジル人国記》（博文馆，

1926）等；到大正时期，这些著述成为日本人前往南美移民的重要参考书。但是，这种驻使国别与职责的差异，远没有清政府表现得那么泾渭分明。其中一个主要原因是日本政府在不同时期都有一个明确的外交任务。早期主要是与欧美各国修改不平等条约，明治二十七年（1894）与主要国家的修约交涉次第成功以后，日本政府的外交重心转向开战外交。作为职业外交官，日本各驻外公使本是政府外交任务的重要执行者，其职掌也明显区分为前后两个时期。如大隈重信就任外务大臣后，他向各驻外公使发布训令，咨询扩张意见，当时日本驻欧洲各国的公使都支持对外扩张的主张。① 修约外交的对象是迫使日本签订各大不平等条约的欧美诸国，而开战外交针对的主要是包括地处东北亚的俄国在内的亚洲国家，这样，像晚清这种横向分驻使国别与职责的方法，在日本则被纵向的不同时期不同的外交任务所替代。而且，日本的外务机构的建制也没有特别强调国别差异，而主要分大洲。外务省建立初期，即明治4年，明治政府设立外事左右局，按照国别加以分工。外事左局掌管欧洲各国文书，外事右局掌管美洲和亚洲各国的文书，近似于文书机构。明治7年新外务卿上任后，废止外事左右局，驻外公使事务归新设立的公信局下设机构公使课主管，与领事课平行。公信局到井上馨外务卿时代又进行改革。明治13年12月1日，公信局下改设修好课和通商课二课。修好课处理日本驻外公使和外国驻日公使相关事务，通商课则处理日本在外领事相关事务。这一建制，把公使所负责的事务与领事的相区别，其分工原则与明治7年的设置一脉相承。日本政府外交上强调国别的分工，要到明治16年8月10日以后，原因是"在外公使馆和领事馆的事务相互关联，两课分掌，事属不便。而且，向清国、朝鲜事务的性质与欧美各国不同"，因此废除原来的两课制，代以亚洲部、欧美部和翻译部。在国别地区的划分上，将美洲由原来与亚洲共属，改为与欧洲共属，体现日本美洲观念的变化。但是，这种按照国别和地区分设的建制是短暂的。内阁制度确立后，虽然驻外公使与外务省所属关系更加明确，明文规定驻外公使的职务和权限归外务省掌管，但是，外务有的机构不断改革，职务上的国别和地区划分又一次消解了。公使的职掌先是归总务局下的政务课，总务局改为政务局以后，归政务局掌管，与领事的职掌部门已经分归两局。一个明显的区别是，公使的职掌为政治外交，领事的职掌为商业外交。再次按照国家和地区划

---

① 日本外务省百年史编纂委员会编纂《外务省の百年》，东京，原书房，1979，第381～394页。

分则要到大正2年（1913）牧野伸显出任外务大臣时代。① 可见，清政府的按国分股，区分职责的情形，与日本有很大差别。清政府外务部成立后，建制上虽然不再强调国别差异，与日本外务省的建制颇接近，但是，清政府的外交既没有像日本那样有一个明确的统一的中心目标，驻外使臣的职责也就无从超越国别界限而高度统一起来。各驻外使臣的职责始终因国别不同而存在差异。

① 详参日本外务省百年史编纂委员会编纂《外务省の百年》。

新契机与新中国

——欧战爆发后美国亚洲协会的中国评论

吴翎君[*]

摘要： 美国亚洲协会创立于 1898 年，是美国在远东最大的商业利益团体。这一商人团体从创建之初即和美国对华政策的指导原则"门户开放"政策互相推涌，是一个高度政治化的商人团体。第一次世界大战在中美两国交往关系上具有重要意义，但过去学者较为重视政治交往的因素，而较忽略经济方面的因素。本文主要以美国亚洲协会为主体，探讨"一战"时期美国在华商人团体与美国对华政策的关联。据本文的研究，该协会的主张对美国政府和民间开拓中国市场起了积极推进作用。他们对中国的国民精神持正面评价，凝聚中美友好之谊，打造了"新中国"的清新形象。他们既肯定中国对欧战派遣华工的意义，又认可"一战"期间中国向协约国家输出大麦、大豆、冷冻食品、干货和火腿等食品，为深陷战火和物资匮乏的协约国家人民的生活和物资供给做出的具体贡献。

关键词： 美国亚洲协会　中美关系　中美经济关系　"一战"

前　言

美国亚洲协会（American Asiatic Association）创立于 1898 年 6 月 9 日，是

---

* 吴翎君，台湾东华大学历史系教授。

美国在远东最大的商业利益团体，总部设于纽约，于日本和中国上海、香港有分会（后扩及马尼拉和新加坡）。同年 7 月 25 日，开始发行机关报《美国亚洲协会期刊》（*Journal of the American Asiatic Association*），[①] 载有美国进出口概况、会务记录及远东各国的商情、贸易政策的评论和主张，而中国问题尤为其所重视。这一商人团体的机关报，从创刊之初即和美国对华政策互相推涌，是一个高度政治化的商业期刊。美国亚洲协会创建后的 1899 年和 1900 年，美国政府两度发表"门户开放"政策，要求列强在中国特殊领域和地区享有相等的权利和平等开放原则，由此形成 19 世纪末至 20 世纪初美国对华政策的指导政策。虽然在第一次世界大战以前美国对华贸易所占比重不大，但作为重要的商人压力团体，其动向反映美商在华利益、经济扩张与美国政府对华政策之间的互动关联。

　　第一次世界大战在中美经贸关系上具有枢纽性的转折意义。据中国海关报告："欧洲战争三年以来，举凡秩序，失其作用，……夫全球之扰攘既如此，而国内又有流血之政争，每见繁荣之都，变为蹂躏之地，疮痍满目。"[②] 欧战时期，中外贸易俱受其害，而此时中美贸易却大有增长。1914 年，美货输华或华货输美的价值刚刚突破 4000 万海关两，到了 1919 年则已突破一亿海关两，这说明大战时期中美贸易往来获得重大进展。[③] 此一现象固然有大战时期中美两国经济交往的各种内外因素，[④] 作为美国在远东的最大商人团体，从纽约总部到上海分部的美国亚洲协会，无疑是最直接的参与者，而其机关报刊的立论，往往是美国决策者、外交官、商人援以支持其对华政策的依据，这些立论对他们拓展中国的商务有何影响，并以怎样的内容、观点来呈现？他们如何塑造中国市场的宏大想象以吸引美商投资？本文将以第一次世界大战爆发后美国亚洲协会的中国评论为中心，探论此一商人团体对中美经济和外交关系的作

---

① 《美国亚洲协会期刊》（*Journal of the American Asiatic Association*）哈佛大学收藏全套。据笔者逐一整理该刊物的主要历史演变如下：1898 年 7 月 25 日创刊，创刊开本 B5；1917 年 3 月改版 A4 大小，刊名为 *Asia: American Asiatic Association*；1919 年 12 月，刊名改为 *Asia: The American Magazine of Orient*；1942 年 11 月，该刊又改名为 *Asia and the Americas*，封面上大字为"Asia"，小字为 and the Americas。

② 《中华民国海关华洋贸易总册》，台北，"国史馆"，1982 年重刊，第 19 页。

③ 1914 年美货输华价值为 41231654 海关两（当时 1 海关两等于 1.193 美元），华货输美为 40213065 海关两。1919 年分别为 110236706 和 101118677 海关两。杨端六、侯厚培等：《六十五年来中国国际贸易统计》，国立中央研究院社会科学研究所，1931，第 118 页。

④ 详见吴翎君《欧战爆发后中美经济交往的关系网》，已通过《国立政治大学历史学报》审查，预计于 2015 年刊于第 45 期。

用和意义。

《美国亚洲协会期刊》发行近 50 年，于 1946 年国共内战之际停刊。报刊的性质历经演变，由早期的商人团体机关报，到"一次"战后演变成一份以文化事业自许的报刊，它是理解近代中美政治、文化与经济关系的重要材料。1919 年 11 月，编辑部声明美国亚洲协会正式退出此一刊物的管理和运作，其编务方向更加独立，不受该协会掌控。改版后，此刊物主要对中国风俗习惯文化、美国人的中国印象及中国政治事务进行观察；原具有的美国商人在华商务信息传播、发声及意见反映的功能，以及美国在华商业利益的意义，不再明显。抗日战争时期，该刊对战时美国远东政策、国际关系、国民政府的战时动员和国共关系等信息亦相当留意。宋美龄、林语堂曾在该刊发表文章，向国际宣传国民政府的抗战决心。关于美国亚洲协会的研究，过去虽有 James John Lorence 的博士论文，但该文为 1970 年之作，有关大战部分涉猎不多，且其观点以美国为中心，[①] 与笔者长期关注中美关系之交互作用的视野大有不同。

一　商人团体与美国对华政策：
美国亚洲协会的成立

19 世纪末以前，美国对华贸易量占其外贸总量的比重极其微小。虽然在华利益不大，但中国广大市场的潜力让美国人产生丰富的想象，从而跨海前来投资。据中国海关统计资料，1890 年美国在华行号约 32 家，侨民约 1153 人；1895 年行号为 31 家，侨民增加到 1325 人；1898 年行号约 43 家，侨民突破 2000 人，达 2056 人；1899 年第一次宣告在华"门户开放"政策时，行号达 70 家，侨民为 2335 人。1900 年前后尽管发生义和团排外事件，美国在华行号增为 81 间，侨民略减为 1908 人。1901 年，八国联军侵华之后签订《辛丑条约》的这一年，美国在华行号有 99 家，侨民达 2292 人。[②]

1890 年代以后，由于通商贸易的快速增加，一个以促进美国在华利益的商业团体"美国在华利益委员会"（Committee on American Interest in China）

---

①　James John Lorence, "The American Asiatic Association, 1898 – 1925: Organized Business and the Myth of the China Market," Ph. D. Dissertation, University of Wisconsin, 1970.

②　杨端六、侯厚培等：《六十五年来中国国际贸易统计》，第 143 页。

于 1898 年 1 月 6 日成立，意在促使美国政府对在华商业利益采取更积极的政策。6 月 9 日，扩大改组为美国亚洲协会。此一组织的设置，简述其脉络如下。

1897 年年底德国占领胶州后，美国在华的投资大财团华美合兴公司（American China Development Company）的法律顾问凯瑞（Clarence Cary）投书纽约《晚邮报》（*Evening Post*），表示对美国在华贸易和条约权利的担忧，希望美国不分党派应努力保护美国在华的权益。凯瑞的主张和纽约《商业时报》（*Journal of Commerce*）特约编辑富尔德（John Foord）的想法不谋而合。富尔德长期关注美国在远东的商业利益，他和凯瑞呼吁美国各个商会应联合起来成立专门针对远东贸易的一个商人团体。由于时值美国与西班牙因古巴问题关系紧张（1898 年 4 月美西战争开打）之际，许多商会对美西战争态势持观望态度，以免影响直接贸易最重要的拉丁美洲市场。最初，波士顿、巴尔的摩、旧金山、费城等地商会均反应冷淡，只有克里夫兰协会表示支持。但也有人认为，美西战争不仅能使美国获得政治与商业的庞大利益，而且能获得一次通往大清帝国之路的难得机会，例如，*Frazar& Company* 的创办人埃弗雷特（Everett Frazar），就这么认为。1898 年 1 月到 6 月间，列强在中国变本加厉的势力范围瓜分行动，引起美国对华贸易商人的强烈不安。1898 年 1 月，在美国在华最具代表性的企业——美孚公司主席麦克吉（James McGee）的主持下，富尔德、凯瑞、埃弗雷特、布鲁斯特（Samual D. Brewster, Derring, Milliken &Company）和查令斯基（E. L. Zalinski, Bethlehem Iron Company）聚在华尔街凯瑞的办公室，成立五人小组，策划成立一个以中国市场为扩张重心的远东商会组织。6 月 9 日该组织正式成立。首任主席为埃弗雷特，副主席为布鲁斯特。初期约有 68 家企业，成员多为以纽约为基地的出口商；至 1900 年快速扩大至 100 家企业。总部设于纽约，并于上海、香港和日本横滨、神户等地设立分会，后扩及马尼拉和新加坡等地。[1]

前述提到的华美合兴公司，曾于 1898 年获得粤汉铁路的修筑权，其后该公司将大部分股权让给比利时资本家，唯此举违约，清政府遂于 1905 年将该铁路的修筑权收回，而该公司早在 1896 年就向俄国提出合作投资东北铁路，

---

[1]　James John Lorence, "The American Asiatic Association, 1898 – 1925: Organized Business and the Myth of the China Market," Ph. D. Dissertation, pp. 34 – 38.

但遭拒绝。① 华美合兴公司在华事业的受挫，让美国资本家认为是由于美国在中国没有势力范围，以致美国资本在中国的竞争中处于不利的地位。美国亚洲协会既然是以一些对华贸易的出口商和投资企业为主组成的组织，其吁请中国市场对列强的平等开放以满足美商在华投资利益，进而支持美国政府于 1899 年提出"门户开放"政策，自是理所当然的。华美合兴公司的大资本家即是美国亚洲协会的活跃分子，大企业主和该协会彼此串联，且因他们在华投资遭遇困境，要求各国在中国享有同等的贸易投资权利，遂成为美国对华提出"门户开放"政策的主要推手。

1898 年 7 月 25 日，美国亚洲协会发行机关报《美国亚洲协会期刊》，由富尔德本人出任首任秘书和刊务主编。美国亚洲协会的成立时间系在美国 1899 年对华提出"门户开放"政策之前，从其成立的过程可知，其成立因素中不仅有美商进军中国市场的企图，也有美国对列强在华势力范围的担忧，还有美国以美西战争为跳板进攻中国市场的策略。而中国市场的利益，则为该协会成立的最主要目标。创刊号即刊有美国亚洲协会上海分会名誉秘书、上海公共租界工部局助理秘书英国人布兰德（J. O. P. Bland）的文章，该文章陈述拓展中国市场的重要性，认为美国必须推进中美贸易。②

1903 年清廷在与外人签署的第一份纯粹商务协约中，美国亚洲协会就扮演了重要角色。早在 1901 年《辛丑和约》谈判之际，美国驻上海领事即致电美国亚洲协会上海分会，希望该会就关税税则问题递交意见书，以转呈美国国

---

① 华美合兴公司成立于 1895 年 12 月，由前俄亥俄州（Ohio）参议员布赖士（Calvin S. Brice）号召美国工商界人士，以获取在中国建造铁路、开矿和其他工业投资为目标所创立。该公司股东包括了铁路大王哈里曼（Edward H. Harriman）、花旗银行和大通银行的行长、美国前副总统莫顿（Levi Morton）、摩根企业（J. P. Morgan & Company）的一个合伙人及卡内基钢铁公司（Carnegie Steel Corporation）等。李恩涵：《中美收回粤汉路权交涉》，台北，中研院近史研究所，1969，第 149～215 页。William R. Braisted, "The United States and the American China Development Company," *Far Eastern Quarterly*, Vol. 11, No. 2（Feb. 1952）, pp. 147–165.

② *Journal of the American Asiatic Association*, July 25 1898, NO. 1; J. O. P.（John Otway Percy）Bland 为英国作家和记者，于 1883～1910 旅居中国。1883 年抵华任职海关，从汉口、广州到北京总海关，1894～1896 担任赫德私人秘书。1896 年起任上海公共租界工部局助理秘书，同时担任《泰晤士报》通讯员。1906 年任职于中英公司（British and Chinese Corporation, BCC）北京办事处代表。1910 年因其反德言论与该公司政策不符而遭解雇。据说他到北京后，因其通晓汉语，而著名记者莫里循因不通中文，视其为竞争对手，最后使得 Bland 又被《泰晤士报》解雇而返回英国。Bland 有关中国的著作有：*Houseboat Days in China*（1909–1919），*Verse and Worse*（1902）等，其中最有名的两本畅销书应属 *China under the Empress Dowager*（1910）和 *Annals and Memoirs of the Court of Peking*（1914）.

务院参考。在中英商约捷足先登，比中美商约更早签订，美国亚洲协会上海分会拒绝以中英商约为中美商约的蓝本，要求提出美商自己的主张。在中国的厘金制度、商标、货币、汇率和矿务开采等有利于拓展中国市场的条件中，他们向美国政府提出，如何通过更具规范的商约来保护美商在华的利益。[①] 美国亚洲协会曾就裁厘问题邀宴清政府驻美大臣梁诚。梁诚评价该协会时说："该会实为东方商务一大中点，外部遇有事件恒向取决，诚当与其在事诸人婉切商磋，得其一言相助，则事机可得八九分。"[②] 由上可知，美国亚洲协会代表美国商人在亚洲的利益，是一个典型的压力团体，对美国国会以及国务院的远东事务具有相当的影响力，在美国对华外交事务上，美国亚洲协会可谓"无役不与"。

就在美国资本家推动"门户开放"政策之际，美国本土从 1880 年代以来的排华运动却愈演愈烈，随后美国国会通过"排华法案"，美国亚洲协会在其间则起到了抵制和反对过激"排华法案"的作用，因为此一法案不仅和美国在"门户开放"政策中所显示对华友善的原则相违背，而且使美商在华利益受到威胁。美国亚洲协会和美国在华外交官联手向西奥多·罗斯福（Theodore Roosevelt, 1858 ~ 1919）总统施加压力，他们不希望激起中国人民对美国的敌意，从而危及美商在中国的权益。他们希望美国政府修改某些限制中国技术工人的移民法，虽然最终并没有改变美国国会通过一系列的"排华法案"，但从中可看出美国亚洲协会支持"门户开放"政策和反对"排华法案"的立场。1906 年因反对美国通过"排华法案"，中国民间人士自发发动反美风潮，值此之际，富尔德曾于 3 月亲赴华府国会听证，要求美国重新和清政府就有关移民条约进行修正。[③]

美西战争后，美国获得菲律宾和关岛，势力伸入太平洋地区，美日两国的关系逐渐尖锐。此一紧张关系又因美国西岸兴起的排斥日本侨民和移民问题而

[①] 吴翎君：《美国大企业与近代中国国际化》，台北，联经出版公司，2012，第 83 ~ 84 页。简体版由社会科学文献出版社于 2014 年出版。

[②] 《外务部收驻美大使梁诚函》（光绪二十九年五月初十），中研院近代史研究所编《中美关系史料·光绪朝五》，台北，中研院近代史研究所，1968，第 3542 页。

[③] 关于美国排华运动中美国商人、外交官和传教士对于排华法案的抵制和辩论，可参见 Hunt, Michael H., *The Making of a Special Relationship: the United States and China to 1914* (New York: Columbia University Press, 1983), Ch. 3, pp. 227 – 258. 中国方面的抵制美货运动背景、经过和成效，可参见张存武《光绪 31 年中美工约风潮》，台北，中研院近代史研究所，1966；Guanhua Wang, *In Search of Justice, the 1905 – 1906 Chinese Anti-American Boycott*, Harvard University Asia Center, 2001。

进一步加剧。① 富尔德反对排华，对于加州兴起的排日风潮也颇为不满，认为排斥亚洲移民法案对于美国在中国推行"门户开放"政策和维护远东整体利益都是不利的，但他的主张并未获美国政府青睐。对于日本在满洲的扩张，富尔德最初并未意识到日本在太平洋地区的崛起，他甚至认为日本会信守在华"门户开放"政策中的平等原则，不致影响美国在东北的利益，因此对日本在中国东北的企图不以为然。他在《美国亚洲协会期刊》上提出美日关系缓解将有助于远东秩序的和平论调。② 虽然美国内部有不少人对新兴崛起的日本感到不安，不少美商对日本大力推进满洲市场的独占亦发出警告和愤怒声，但他们同时认为中国发动这一波抵制美货运动之后，美国不能再丢掉与日本贸易的机会，巩固稳定的日本市场对美国进口商来说更具说服力。③ 1907 年 1 月《美国亚洲协会期刊》刊出《日本商业发展》（"Japanese Commercial Development"）长文，该文回顾日本古代与海外各国的交往历史，重论 1853 年美国舰长佩理（Berry）打开日本门户后日本开始面向西方的改革历程，认为日本可望成为商业发达的文明国家。④

---

① 1906 旧金山发生大地震后，反日人士策动排日法案愈演愈烈。在旧金山，加州教育委员会通过一项条例，要求日籍儿童就学种族隔离学校，如同排华法案，不欢迎日人移民。1907 年，为舒缓两个太平洋国家间的紧张关系，签订《日美绅士协约》（"The Gentlemen's Agreement"）非正式协定。在协议中，日方同意停止发放护照给有意愿前往美国工作的公民，有效逐渐减少日裔美国移民数量；而美方的交换条件为，认同现居美日裔移民其家属身份，并避免日裔学童在加州学校中受到法律上的歧视。但签约之后，美国西岸的排日运动并未减缓，他们希望对已入境的日本劳工采取限制的措施。其结果加深日本对美国和东西方世界的不安感，促进日本内部"泛亚主义者"（Pan-Asianist）的形成。Akira Iriye, *Across the Pacific*, New York: Harcourt, Brace & World, Inc., 1987, pp. 115 – 116.

② *Journal of the American Asiatic Association*, Feb. 1907, pp. 1, 3. "Annual Report of the Secretary," Oct. 17 1907, *Journal of the American Asiatic Association*, Nov. 1907, p. 298.

③ 由于美日两国政府内部对彼此在太平洋区域的紧张关系都有所警觉，1908 年 11 月 30 日，美日双方经过一段时间的拉锯式的讨价还价后，日本驻美大使高平小五郎（Takahira Kogorō）与美国国务卿鲁特（Elihu Root）达成协定，即《鲁特—高平协定》（亦称《罗脱—高平协定》）（"Root Takahira"）。这是日美两国历史上第一次就太平洋地区达成的一个安全协议。《鲁特—高平协定》内容有双方政府承认（official recognition）领土现状（the territorial status quo），包括中国主权独立和领土的完整（重申"门户开放"政策），美日双方互允维持自由贸易和平等商业交往，日本承认夏威夷王国和菲律宾群岛附属美国，美国则承认日本在中国东北的地位。这项协议并隐含有美国认可（acknowledgment）日本对附属朝鲜和南满的统治（dominance），而日本则默许（acquiescence）美国对日本移民加州的一些限令。这一协议由于牵涉外交辞令，在国际法的效力问题上，美日方面都有不同的解读。Akira Iriye, *Across the Pacific*, pp. 115, 120 – 121.

④ Osborne Howes, "Japanese Commercial Development," *Journal of the American Asiatic Association*, Jan. 1907, No. 12, pp. 368 – 374. 该文为在波士顿商会（Commercial Club of Boston）的演讲。

　　富尔德所领导的美国亚洲协会代表劝说美国政府推动"门户开放"政策，但就他对远东事务的温和主张，特别是对日关系的和平立场，在该协会内部有不同的声音，一些年轻人视他为老派政客已跟不上瞬息万变的中国情势。1911～1912 年间，该协会的发展遇到困境，内部有股势力，特别是棉织品输出协会（Cotton Goods Export Association）的年轻成员，愈来愈倾向采取激进态度，主张美国需要反对其他列强的侵略行动以保护其在华经济利益。美国棉织品输出协会在领军人物霍华德（Howard Ayer）的影响下愈来愈激进，而中国辛亥革命后的政局动荡和帝国主义国家与国际银团对中国铁路的强势作为，也使他们主张，为了保护美国在中国的商业利益，美国政府应采取各种可能方式甚至是武力干涉。① 为因应中国情势的演变和该协会所应扮演的角色，到了1912 年美国亚洲协会内部要求改组的呼声愈来愈大，并希望号召更多的会员加入，年轻成员尤为他们所重视。美国亚洲协会的执行委员会认为，有必要扩大该协会的宗旨，除了原来的商业利益之外，该协会还应从教育、文化与经济议题出发，促进东西方世界的相互了解，成为东西文明的桥梁。② 在此一背景之下，一位兼具外交官和银行家资历的年轻人司戴德（Willard D. Straight，1880～1918）为众望所归，于 1913 年出任美国亚洲协会主席。在其出任主席不久后，第一次世界大战爆发。如前所述，美国亚洲协会从创建之初始终对于中国问题高度关注，而且影响该协会的发展动向。这个商人利益集团的机关报，在大战时期不仅反映美国资本家对中国市场的旺盛的企图，而且对中国的参战问题所牵动的国际关系和远东利益高度关注。

二　欧战时期的中国评论

　　"一战"期间原本占有中国进出口贸易大宗的英、法、德等国家卷入战争，欧洲国家对华贸易锐减（特别是 1917 年中德断交、中国对德宣战后，德国在华行号撤退，1918 年尚有 75 家，1919 年仅剩 2 家），而战争初期处于中立的美国，其对华贸易则有所增长，在华行号和人数亦随之快速增加。从1913 年到 1918 年，美国在华行号增加 1.7 倍之多，海关登记的居华商人至少

---

① James John Lorence, "The American Asiatic Association, 1898 – 1925: Organized Business and the Myth of the China Market," ph. D. Dissertation, pp. 286, 304.

② "A Large Field for the Association," *Journal of the American Asiatic Association*, April 1912, p. 69.

在 4300 人以上。① 个别的美国在华跨国大企业更是大有起色，在中国市场呼风唤雨，例如，美孚公司、慎昌洋行、英美烟公司都在大战时期迅速扩张其在华分公司和业务。为确保战时中立国家的对外贸易和航海自由，并避免与卷入欧战的相关国家在华商人组织之利益有所纠葛，1915 年 6 月 19 日，美国在华商人在上海成立美华商会（American Chamber of Commerce of China，简称 Am-Cham）。这些在华商人组织和美国对华贸易商在大战时期的关系愈为紧密，《美国亚洲协会期刊》成为他们的发声喉舌，其主要议题分述如下。

（一）中国市场的新契机

"一战"爆发初期，美国亚洲协会主席为司戴德。司戴德由于有丰富的远东资历，他被美国企业界视为开发远东市场的推手，不久又被广益投资公司延揽为顾问和谈判专家。② 广益投资公司（American International Corporation，简称 A. I. C.）成立于第一次世界大战爆发之初，由于欧洲政局不稳，许多资本家撤走在欧洲的资金，因美国最初未参加大战，美国资本家酝酿拓展美国在海外市场的影响力，而中国市场正是他们有意将部分欧洲资金转投的地区之一。③ 大战初期，美国陷入备战（Preparedness Movement）论辩中，司戴德也深深卷入这场论辩，撰有《外交与海外贸易》一文，认为美国资本家更有责任通过财政和贸易

---

① 杨端六、侯厚培等：《六十五年来中国国际贸易统计》，第 143～148 页。大战时期美国在华行号、人数如下：1914 年分别为 136 家、4365 人，1915 年分别为 157 家、4716 人，1916 年分别为 187 家、5580 人，1917 年分别为 216 家、4618 人，1918 年分别为 234 家、4766 人。

② 司戴德的个人经历相当特别，他出生于美国，童年在日本度过，康乃尔大学（Cornell University）建筑系毕业后来华，任职于海关。司戴德曾在日俄战争之时跟随日军阵营担任通讯记者，原本是同情日本的，但在日俄战后出任美国驻汉城（今译"首尔"）副总领事、驻奉天总领事，眼见到朝鲜亡国和日本在满洲扩张，对日本在东亚的霸权愈来愈反感。1908 年他弃政从商，投靠摩根企业。1908～1912 年，代表美国银行团摩根企业（J. P. Morgan & Company）接洽清政府锦瑷铁路贷款与币制实业贷款的谈判。第一次世界大战爆发后不久，离开摩根企业，担任美国专为拓展战时海外利益而成立的广益投资公司（American International Corporation，简称 A. I. C.）的副总裁。1917 年 4 月美国参战后，司戴德加入美国陆军赴法担任联络官。次年 12 月因感染西班牙流感，不幸于巴黎去世，死时犹未满 40 岁。《美国亚洲协会期刊》从 1920 年 9 月号起连载 Louis Graves 所著《一个美国人在亚洲》（An American in Asia），共 9 期。后辑录成书，更名为《司戴德在东方》（Willard Straight in Orient: with Illustrations from His Sketch Books），于 1922 年由纽约亚洲出版公司（New York: Asia Publishing Company）出版。详见吴翎君《司戴德与清末民初中国》，《辛亥革命暨南临时政府成立国际学术讨论会会议论文》上册，南京大学，2011 年，第 142～155 页。

③ Harry N. Scheiber, "World War I as Entrepreneurial Opportunity: Willard Straight and the American International Corporation," pp. 486–511.

的管道参与领导国际事务。①

就司戴德出任该协会主席之际，威尔逊总统（Thomas Woodrow Wilson，1856～1924，第 28 任总统，1913～1921 年）上台。他有别于塔夫脱（William Howard Taft）总统在任内所采取的金元外交攻势，即积极参与国际银行团在中国的活动和铁路投资。富有宗教家精神和标榜道德主义的威尔逊总统，在上台不久即宣布美国退出国际银行团，威尔逊对商人团体美国亚洲协会似乎并非太在意。因此，出掌该协会主席的司戴德的首要任务便是争取威尔逊总统对此一以拓展远东市场为宗旨之组织的重视，而大战的爆发正好提供了此一机会。

为争取威尔逊政府的支持，在 1914 年 5 月 27 日美国对外贸易协会大会（National Foreign Convention）上，司戴德号召美国制造业输出协会和工商企业界大佬向出席的国务卿布莱恩（William Jennings Bryan，1860～1925 年）反映对华投资与贸易的主张，次日美国总统于白宫接待了一批企业界代表。前美国亚洲协会的灵魂人物富尔德则在纽约《商业时报》披露消息，引导公众舆论的瞩目，暗示威尔逊团队对该协会的大力支持。② 10 月美国亚洲协会年会上，司戴德在主席致辞时提道：由于欧洲主要国家卷入大战，以致日本握有主导中国情势的机会，许多人都在观望美国对华政策的动向。尽管当时美国已退出国际银行团，司戴德认为美国银行团仍可以通过各项实业借款参与中国事务。他提到大战对中国铁路事业直接的影响：由于比、法、英等国卷入大战，使得铁路工程势必延缓，其结果可能导致战后"铁路势力范围"的重新分配，此一情势对美国显然有利。③

大战之初，司戴德于《美国亚洲协会期刊》发表《欧战与我们对外贸易的机会》（"The European War and our Opportunity in Foreign Trade"）一文，认为欧战是美国向外拓展市场的大好时机，美国银行家应趁此机会将资金转向南美洲及远东市场，促进美国的对外贸易。④ 1915 年 6 月，司戴德以摩根企业副总裁兼美国亚洲协会主席的身份在纽约接待一批访美上海实业家，他发表演说，强调中美

---

① Willard Straight, "Foreign Relations and overseas Trade," The Southern Commercial Congress, Muskogee, Oklahoma, April 30 1915, pp. 12, 16－17.

② James John Lorence, "The American Asiatic Association, 1898－1925: Organized Business and the Myth of the China Market", Ph. D. Dissertation, pp. 313～316.

③ *Journal of the American Asiatic Association*, Nov. 1914, p. 292.

④ "The European War and Our Opportunity in Foreign Trade"，为司戴德于 1914 年 10 月 27 日受芝加哥伊利诺伊制造协会（Chicago, Illinois Manufacture Association）的邀请所发表的演讲文，刊于 *Journal of the American Asiatic Association*, Nov. 1914, pp. 296－299.

应当发展银行业，以促进两国的投资贸易。这批中国实业家是应航运公司多莱（Robert Dollar）之邀而进行访美的，共有华商 17 人，以张振勋为团长、上海总商会副会长聂云台为副团长，多莱乘轮同行，这批访问团经日本、檀香山、美国西岸与东岸等地，和美国各地商会热络交流，并达成组织中美银行团之计划。这是"一战"初期中美商人团体的一次相当成功的交流。①

1914 年 11 月，《美国亚洲协会期刊》刊出《美国对华商业》（"American Business in Asia"）一文，对 1784 年美船"中国女皇号"（China Empress）首航中国后中美经济关系的发展进行了回顾。文中谈及美国巴尔的摩飞剪船与英国商船在亚洲的竞争、美国对日本的贸易，并讨论美国在亚洲市场的最大获利——输出粗棉换取精致的丝品，以及美孚公司如何掌控中国石油市场的优势。该文最后论述东方市场带给美国人的异国想象，主张美国应以贸易开发亚洲，扮演拯救"贫穷东方"的重要角色。② 1914 年 12 月，又刊出持相似论调的一篇名文章《中国商业的未来》（"The Commercial Future in China"）。③

1916 年 11 月和 12 月，《美国亚洲协会期刊》一连刊出两篇关于中国棉业与棉纺工业的专题文章。其中，11 月份的文章指出，许多人都忽略中国是世界第三大棉花生产国，美国产量占世界首位，年产 1300 万至 1400 万包［bales，1 包约等于 4 担（picul）］，其次为印度，年产量约 700 万包，而中国居第三，约 200 万包。作者特别指出，中国粗棉的产量系在未有政府注入经费于实验农场、种子改良和专家协助等背景下，就达到约美国的 1/7。虽然有一批赴美研读农业的留学生在返华后从事棉业改革，但人数不多。作者认为，从近年上海一地棉纺工业的欣欣向荣来看，中国如能引进现代科技，延聘更多技术专家，上海可望成为"远东的曼彻斯特"（Manchester of the Far East）。④ 12月号的专文则从棉花田实验、工人的专业培训和改良种子的技术层面，条分缕析地论述未来中国棉纺工业的发展方向。⑤

---

① 《东方杂志》曾刊出游美实业团在美之合影；《中国游美实业团在美时之纪念摄影》，《东方杂志》12 卷 8 期，1915，第 28957 页；《游美实业团之行踪》，《申报》，1915 年 5 月 18 日，第 2张；《发起中美银行之宣言》，《申报》，1915 年 7 月 11 日，第 2 张。

② "American Business in Asia," *Journal of the American Asiatic Association*, Nov. 1914, pp. 310 – 313.

③ "The Commercial Future in China," *Journal of the American Asiatic Association*, Dec. 1914, pp. 335 – 338.

④ "China's Cotton Industry" from the *N. C. Daily News*, *Journal of the American Asiatic Association*, Nov. 1916, pp. 304 – 306.

⑤ "The Manufacture of Cotton in China," *Journal of the American Asiatic Association*, Dec. 1916, pp. 335 – 340.

此一时期美国驻华和驻日商务帮办（American Commercial Attach for China and Japan）阿诺德（Julean Arnold，1875～1946）是大力倡导东方和中国贸易重要性的一个重要人物，他不仅在各种场合一再呼吁美国政府应端出更积极的对华商业政策，而且在《美国亚洲协会期刊》上撰文或接受该刊访谈，阐释其见解。他呼吁美中商会、美国驻华领事和华府的国内外贸易发展局（The Bureau of Foreign and Domestic Commerce）应密切合作，协助美国制造业和商人在中国创造发展商业的便宜条件，而此事不必等到大战结束，应把握当前的大战时机。① 为说服美国各大商会前来中国投资，阿诺德在美国旧金山等太平洋口岸和美东部纽约、波士顿等地到处演讲。1917 年 3 月，《美国亚洲协会期刊》刊出附有阿诺德照片的专题报道，并再度援引前述专文的主要内容，强调目前美国对华贸易仅占中国所有贸易的 8%～10%，虽已是自美国内战以来对华贸易的最高点，但仍有很大的提升空间。编辑也以显著的标题指出中国的土地是日本的 50 倍，人口是日本的 9 倍，并拥有丰富天然资源，其发展潜力可以期待。② 阿诺德在美国商务部（Department of Commerce）的授意下开始着手主编一本教导美商如何洞悉中国市场现况，分析投资坏境，以及各项商情搜集和理想愿景的商业手册，该书于大战后由美国政府出版，分为上下两大册，上册厚达 629 页，下册有 467 页。编撰者中除有中美两国民间人士之外，还有美领事馆人员。美国商务部自诩这套书对中国商务概况介绍之详尽为"空前未有"，该书随文附有许多照片和地图。③ 由此可见，"一战"时期美国驻华商务代表和美国商人团体相互携手，展现了对中国市场的宏大企图。

（二）打造"新中国"形象

为游说美国商人把握欧战契机，美国亚洲协会对中国远景进行了规划，并且宣扬中国人民的善良、奋进的国民性。1916 年 11 月，阿诺德所撰《美国在中国的贸易机会》（"American Trade Opportunities in China"）发表于《美国亚洲协会期刊》，鼓吹美国大企业将大笔资金转向中国，且大力褒扬中国的国民

---

① Julean Arnold，"American Trade Opportunities in China," *Journal of the American Asiatic Association*，Dec. 1916，pp. 333 – 335. 阿诺德于 1914～1917 任美国驻华和驻日商务帮办。

② Frank F. Davis，"Broadening Our Chinese Trade," *Asia：American Asiatic Association*，March 1917，pp. 41 – 43.

③ "Julean Arnold and Various American Consular Officers," *Commercial Handbook of China*，Department of Commerce，Washington：Government Printing Office，1919.

性。他提道，自从大战爆发以来，多数美国制造业关注的仍是南美市场，将其视同于美国对外贸易的全部，但大家不知道中国市场更为巨大，更有潜力。阿诺德指出，中国人口比起南美多 10 倍，中国人又比拉丁美洲人更加勤劳，工资更便宜，而且国内物矿丰饶；当前亟待发展面粉、棉纺织、榨油、火柴、玻璃等新式工厂的中国，更需要外国的投资和技术，而美国银行家和企业家适可扮演此一角色。他同时认为，中国正萌发一种"国族精神"（national spirit）——富有理想、爱好和平、勤快积极，相信数年之间中国可望成立有组织的政府。①

1917 年 1 月，《美国亚洲协会期刊》刊出《中国——美国沉默的伙伴》（"China，American Silent Partners"）一文，文章分析了中国人所谓"中国人尊敬英国，爱好美国，畏惧日本"一说的历史渊源。作者詹克斯（Jeremiah W. Jenks）分析自清末驻华公使蒲安臣（Anson Burlingame）以来的中美传统友谊，认为美国更应帮助中国走向现代国家，而日本自 1860 年代以来的改革与进步，则印证了东方民族是可以改变的。他首先揭示美国人仍持的"睡狮中国"看法有误；恰好相反，一股中国民族主义的新精神正弥漫全中国，这股士气远超乎美国人的想象。他指出，中国人追求富强和发展实业的雄心非常旺盛。他甚至以"极度务实的中国人"（the intensely practical Chinese）来形容此一动向。这篇文章用词激昂，以美国总统杰弗逊（Thomas Jefferson）果断买下路易斯安那地区（Louisiana Purchase）因而为美国开拓大西部奠定基础的壮举为例，提出此时中国的情况，正可让美国挟着庞大的动力穿越太平洋，但美国要的不是领土，而是商业贸易。他同时提到北京政府有不少诚实、爱国且有才干的官员（并特别介绍财政部总长陈锦涛的留美背景），呼吁美国必须把握机会，以财政援助中国，不宜错失大好机会。②

1918 年 11 月，该刊刊登的《中国近代工业的努力》（"China's Effort in Modern Industry"）一文指出，中国民间企业和新式工厂正欣欣向荣，但美国人多关注北京政争的演变，而忽略了中国这股蓬勃发展的民间力量。该文配有一幅照片，上为一群在工厂大门前的中国工人，说明称这些工人工资少、工时长，但勤快认真，这在美国是不可能的事。文中特别提到中国新式工业的振

---

① Julean Arnold ，"American Trade opportunities in China，" *Journal of the American Asiatic Association*，Dec. 1916，pp. 333 – 335.

② Jeremiah W. Jenks，"China，American Silent Partners，" *Journal of the American Asiatic Association*，Jan. 1917，pp. 363 – 367.

兴，上可归功于清末张之洞创办的汉阳钢铁厂，下可归功于张謇继踵其后创办的实业，并提到留美学生引介新式机器的作用，中国棉纺织工业的兴起，以及中国迫切需要外国的投资来发展实业等。① 这篇文章发布于大战行将结束之际，不仅贯彻了"一战"爆发之初该协会鼓吹中国市场的重要性立场，而且肯定了中国振兴工业的不懈努力。

（三）美日合作开发中国的主张

从《美国亚洲协会期刊》所刊的文章看来，"一战"期间在讨论投资中国市场的同时，美国企业界并不排斥与日本的合作，甚至也主张与日本合作共同开发中国，他们事实上是将日本、中国与远东的贸易视为整体来考量其利益的。1917 年，美国纽约的美兴公司（Gaston，Williams &Wigmore，《申报》称为"美兴公司"）的副总裁威廉斯（Williams H. Williams）曾亲自访问上海，并接受美国亚洲协会的访问，他针对美国在亚洲的宏大商业计划提出三个主张：（1）美国政府应对美商在海外的投资有所承诺和保障，且让美商感到已有有效力的保障；（2）在美国政府的资助下美商尽速拓展太平洋航线；（3）美国可与日本共同合作，日本应会是诚恳的商业合作伙伴。他认为，美国在中国的商业发展，光靠贸易是不够的，必须有大笔的投资。他表示，上海总商会会长朱葆三就向他提起，美国老是说要投资中国，且夸说美国对中国比其他国家友好，但都是光说不练；美国如果真要发展与中国的关系，光靠商品贸易无法发挥太大作用，美国政府必须强力推进美国大企业到中国来投资。"美国在中国的贸易和投资，如果抽掉美孚公司，就什么也没有了。所以，一定要有美国政府的推动政策和大企业的进驻"。②

1917 年 7 月《美国亚洲协会期刊》特辟"对华贸易"（"The Trade of China"）专题，包含三篇文章《在中国投资的利益》（"Profits on Investment in China"）、《大战与远东商业》（"The War and the Commerce of the Far East"）、《学习汉语的商业政策》（"The Business Policy of Learning Chinese"），后两篇由著名记者鲍威尔执笔。《在中国投资的利益》文中提道：中国的工资低廉，约美国的 1/10，而中国的棉花工厂、开矿和建造铁路三种产业具有庞大的投资

---

① "China's Effort in Modern Industry," *Asia*：*American Asiatic Association*，Nov. 1918，pp. 963 – 967.

② "The Trade of Asia, An American-Asiatic Business Programme," Interview with William H. Williams, Vice-President of Gaston, Williams &Wigmore, Inc. ，*Asia*：*American Asiatic Association*，April 1917，pp. 122 – 124. 《总商会欢宴美国官商》，《申报》，1917 年 1 月 15 日，第 3 张。

利润。《大战与远东商业》一文，则提出大战对东亚商业的影响有三：（1）日本工业的迅速发展；（2）中国相对保守的心态；（3）对亚洲市场兴趣的增加和东亚工业的发展。他认为，这些商业上的影响，其重要性不亚于政治外交领域中的影响。日本受大战的影响对同盟国家的输出也大有增加，1915 年为 1.56 亿美元，1916 年约有 2.2 亿美元。其中有约 7000 万美元来自俄国的订单，出口至英国亦增加不少，美国则约占日本出口的 30%。在国际航运方面，日本亦为"一战"的受惠者，1914 年美国进口货物中，由日本轮船载运的仅占 2.77%，但到 1916 年，已上升到 8.12%。文末强调，东亚的低工资也使先进工业国家的工资平衡受到威胁，为谋求双方的利益，应在东亚培育技术工人，使其得以自制半成品商品，如此将使西方工业国家和东方落后的廉价劳力国家彼此受惠。《学习汉语的商业政策》则强调，美国若要拓展对华投资和扩大商业利益，有必要学习汉语和中国文化，以减少误解。通过语言的相通——不论是上海的洋泾浜英语（Pidgin English）还是翻译的普遍化——中美人士双方的沟通鸿沟已愈来愈小。总之，三篇文章从不同角度切入，试图分析美国在中国的商业利益、日本工业的快速崛起，以及美国在远东的最大商业利益和发展方针。①

至于如何看待对中国事务具有野心的日本，作为美商团体的机关报，《美国亚洲协会期刊》与美国在华外交官和商务帮办往来密切，基本上呼应美国政府的远东政策。以"一战"爆发之后最具争议的"二十一条"为例，该期刊 1915 年 7 月号即以《日本最后通牒》（"Japanese Ultimatum"）一文披露"二十一条"要求的内容，同期另有专文《日本人在中国》（"The Japanese in China"），该文破题即是"一战"爆发后日本占领青岛问题引起的争议，其次陈述日本吞并朝鲜和日俄战争导致的远东秩序问题，最后论述日本对南满铁路沿线以及中国东北的扩张企图。作者明白指出，日本正是趁欧洲等主要国家卷入大战而做出违背"门户开放"政策的举动。② 可能是出刊之前来不及讨论"二十一条"要求，该文并未讨论"二十一条"。同年 10 月号刊出标题醒目的《中国的消逝》（"The Passing of China"）和《日本对华之要求》（"Japanese Demand on China"）两文，对美国长期主张维护中国主权完整的"门户开放"

---

① "Profits on Investment in China", "The War and the Commerce of the Far East", "The Business Policy of Learning Chinese", Asia: American Asiatic Association, July 1917, pp. 378~386.

② William Blane, "The Japanese in China," Journal of the American Asiatic Association, July 1915, pp. 171–176.

政策进行嘲讽；挑明 1908 年的《鲁特－高平协定》可说是美国维护中国立场所发出的最具希望的一项"抗议"（protest），但它未能遏制当前的结果，美国外交正处于一种既尴尬又无奈的状态。"美国应同情中国处境，甚至应向日本抗议，但也不必自欺欺人认为美国可以从实质上改变多大的现状"，"我们什么都没做，也不能做什么，但将来如果有人诚实面对美国外交史，我们将感到羞耻"。该文原刊于美国颇具新锐改革思想的期刊《新共和》（New Republic）。司戴德就是此期刊的创办人之一。① 这些主张和美国驻华公使芮恩施同情中国的主张互为呼应。② 美日关系的微妙也反映在战时美日合作的议题上：从战争初期对美日关系有所疑虑，到美国参战后开始出现与日本合作共同开发中国的主张。上述提到《美国亚洲协会期刊》在 1917 年 4 月以后的言论，呼应了美国外交战略下商业现实利益与国家战略目标一致的原则，可举一例。1915 年，被美国人冠以"日本摩根财团"的日本大企业家涩泽荣一（Baron Shibusawa Eiichi, 1840 ~ 1931）③ 提出美日携手合作开发中国的想法，当时美国政府对于日本扩大在中国的影响力有所疑惧，并时而展现与日本竞争的意味。直到1917 年 4 月初美国参战后，因美日同属协约国盟友，美国在对华外交事务上与日本的合作始趋明朗：不仅于 1917 年 11 月初与日本签署《蓝辛—石井协定》，承认日本在中国有特殊利益，而且在中国的投资开发问题上亦倾向合作。④ 美国参战后，1917 年 5 月《美国亚洲协会期刊》刊出文章《我们亚洲的联盟》（"Our Asiatic Allies"），强调美国必须在中日之间扮演协调者的角色，将日本因素纳入远东整体利益中来考量，倾向美日合作的态度。⑤ 但该刊对于中国反日民族主义之情结始终抱以同情，特别是在日本提出"二十一条"要求后中国反日情绪持续高亢的状况下，该刊曾于 1917 年 6 月刊出艾奥瓦大学商学院的中国留学生 T. L. Li 投稿，该投稿强烈反对美日合作开发中国，认为以美国在工业技术上的领先优势，根本不需要与对中国虎视眈眈的日本合作来

---

① "The Passing of China," *Journal of the American Asiatic Association*, Oct. 1915, pp. 53 – 54. "; Japanese Demand on China," *Journal of the American Asiatic Association*, Oct. 1915, pp. 54 – 55.

② 〔美〕芮恩施：《一个美国外交官使华记——1913 ~ 1919 年美国驻华公使回忆录》，李抱宏、盛震溯译，商务印书馆，1982，第 102 ~ 118 页。

③ 涩泽荣一于 1902 年访美，被美国媒体称为"日本的摩根"（J. P. Morgan of Japan），当时他名下已有 40 余间公司、银行和铁路事业；*New York Times*, June 14, 1902.

④ 吴翎君：《美国大企业与近代中国的国际化》，第 164 页。

⑤ "Our Asiatic Allies," *Asia*: *American Asiatic Association*, May 1917, p. 163.

开发中国；并指称，如美国和日本合作，就等同于狼狈为奸。[①]

（四）中国参战角色与地位

1917 年 2 月，中国宣布与德断交，美国国会于同年 4 月初宣布参战。此时中国是否能随美国参加"一战"，中国为何参战，为何中国加入日本和协约国一方，以及中国希望得到英国和美国什么样的支持等议题，同样受到美国亚洲协会的关注。在《中国为何参战》（"Why China Enters the War"）一文中，就中国政府对德宣战的理由，作者略有保留，因为日本素来对中国的野心和挑衅绝对胜于德国；此外，如以德国采用潜水艇作战以致中国人遇难作为参战理由，亦不具说服力，因为各国都知道中国政府对中国人民的生命财产保护是不力的。这篇文章对中国为何和德国断交，且可能加入协约国一方的发展，略有质疑，但也分析中国欲借参战机会取得若干利益，包括希望获得英美的支持参与国际事务、获取财政和军事援助，以及战后收回目前被剥夺的权益等多方考量。他提到尽管日本同意中国参战，但已打好如何保护在中国既得权益的盘算。该文图文并茂地介绍中国新式部队的装备，却认为这些部队和装备若由中国军官指挥，将无法发挥作用。[②] 此文大致呼应了美国政府最初对于中国参战态度的疑虑与态度，即并不鼓励中国参战，以免中国成为协约国家的包袱。[③]

1917 年 8 月 14 日中国正式对德奥宣战后，《美国亚洲协会期刊》刊出"今日中国"（"Present Day China"）专栏作家哈汀（Gardner L. Harding）所撰之《战时中国的角色》（"China's Part in the War"）一文。不同于上述中国参战前该刊所持论点的消极态度，作者提到中国从华工派遣、原料、兵工厂和食物供给上，均可在对协约国家的援助上发挥重要的作用，并肯定中国的参战可使远东局势更加稳定，有鼓舞协约国士气的作用。文章强调日本、中国和美国在同一目标下进行合作，将使中国在未来更稳定的远东局势上发挥作用。该文以近两页的篇幅介绍华工在英法华工营的优良表现，就中国人对欧战的贡献予以正面肯定。文中并提到上海新式工厂的发展已略现规模，例如，Nicholsa Tsu（中文名不详）的机械工厂在中国领班的带领下，已可生产电车、铁路、轮船等钢铁零件，上海新兴的棉纺织工厂和汉阳钢铁厂也略有规模，甚至在西

---

①　"The Trade of Asia: An Objection to American Cooperation with Japan in China," *Asia: American Asiatic Association*, June 1917, pp. 299 – 300.

②　"Why China Enters the War," *Asia: American Asiatic Association*, April 1917, p. 163.

③　吴翎君：《美国与中国政治》，台北，东大图书公司，1996，第 13 ~ 25 页。

方技术的支援下，刚萌芽的军火工业，亦可发挥补给物资的作用。该文最后提到近年中国输出大麦、大豆、冷冻食品和干货等的数量快速增加，这些都是中国对协约国家的具体援助。尽管这些物资的输出是一种获利行为，但就其结果而言仍对战时欧洲民生食物的短缺提供了补给来源。①也有资料显示，中国于大战期间的 1918 年输出的火腿有 400 万磅之多，价值 60 万海关两（约值美金 71.6 万元），而英国则是中国火腿产品的最大输入国家。这些火腿的产地包括汉口、上海、杭州和湖南、云南，特别是云南火腿的口碑最佳，其次为浙江和湖南。中国东北为大豆和豆油输出中心，以大连为主要输出口岸，1918 年输出 146186 美吨，价值 24047036 海关两（合 28688114 美元）。②

随着 1917 年 4 月美国参战，8 月中国宣战，以及俄国十月革命的爆发，海内外美国人愈来愈关注战争议题，关于如何发展中美经贸关系的言论已非焦点所在。特别是俄国大革命后的政治动荡，使得《美国亚洲协会期刊》愈来愈关注东方的政治议题。1918 年 4 月，该刊表明自美国参战后他们已是一本"战争杂志"（War Magazine），并认为美国在这次大战的巨大危机中，负有重大责任，宣称"东方的危险即是我们国家（美国）的危险"，"我们已经在战争的中心"。③1918 年 11 月，"一战"结束前夕，该刊为配合战时节约政策，表示为节省刊物印刷经费，仅印行会员纸本，不再于书报摊零售。

大战结束后，《美国亚洲协会期刊》重新审视该刊物的走向和编辑方针，他们意图将其转型为一本文化期刊，以分享东西文化交流的理想自许，并希望成为欧美国家认识亚洲的一个媒介。1919 年 11 月，编辑部宣布代表商人利益的美国亚洲协会正式退出该刊的管理和运作，这份刊物不再是该协会的机关报。1917 年 3 月，该刊曾由《美国亚洲协会期刊》改名为《亚洲：美国亚洲协会》（Asia：American Asiatic Association），1919 年 12 月，再改为《亚洲：东方议题的美国杂志》（Asia：The American Magazine of Orient）。改版后的杂志，封面已不再出现美国亚洲协会的名称，其报道内容虽包括远东和中东消息，但中国议题始终占有最多的篇幅。

---

① "China's Part in the War," *Asia：American Asiatic Association*, Oct. 1917, pp. 644 – 646.

② Julean Arnold, "Chinese Products of Interest to American," in Julean Arnold ed., *Commercial Handbook of China*, Vol. II, p. 274.

③ "The Worst Disaster of the War," *Asia：American Asiatic Association*, April 1918, p. 273.

结　论

美国亚洲协会的创办正值美国酝酿"门户开放"政策的时段。从该协会的成立，到创办初期，再到大战阶段，"门户开放"政策始终是该协会标举的旗帜。作为一个美国商人团体，他们对于"门户开放"政策和保全中国主权完整的关心，实出于经济扩张的愿望和理由。"一战"爆发以前，中国市场对美国确实并不重要，但商人团体对中国市场的想象和诉求，激发了"门户开放"政策，而深植于美国决策者心中。特别是在大战爆发以后，由于欧洲大国卷入战事无暇顾及远东，而使中立的美国得以调整其海外市场及远东市场的布局。在美国亚洲协会主席司戴德、美国驻华商务帮办阿诺德和美国商界等重要人物的全力推动之下，《美国亚洲协会期刊》所刊出的一篇篇文章，展现了商人团体对于中国市场的强烈企图和各种诉求。此一时期的中美商人也自觉地将经济与外交联系起来。1917 年上海《申报》刊出上海总商会宴请威廉斯的消息，这份报道提到宾客中尚有美驻上海领事等 30 余人，由朱葆三致欢迎词，美总领事致答词，威廉斯发表演说。上海总商会会长朱葆三期许"东西两大共和国永联为兄弟之邦，商务益臻发达"。威廉斯则鼓励中国商人出外游历，以结识美国商人，"苟敝国人民得能如余多识贵国商人，则将如余之放开眼界，而成热忱赞助贵国之人矣"。威廉斯畅言商人对国际友谊的责任不亚于外交家："外交家之光阴，其能专注外交者不过四分之一，而商家之光阴，其能从事于国际发生商务上更友好交谊之外交者则占四分之三。"[①] 从这些言论中都可以看出商人组织在经济与外交关系上的作用。

美国亚洲协会的言论和主张，推进了"一战"时期美国政府和民间开拓中国市场的积极作为，而其关注的议题，则涵盖中国社会接纳以美国所代表的西方科学和技术的条件和适应性，期许美国资本家应扮演文明与进步的传播者，引领中国走向工业化的进程。为吸引资本家把握契机到中国投资，该刊除强调中国广大市场的潜力、廉价的劳工和勤勉的个性之外，还塑造清新有活力的中国"新国民"的良好形象，主张美国人应发挥中美友好的传统来协助中国。在中美合作方面，该刊表示中国人急需美国的技术援助和投资，留美归国学人已发挥此一作用，但仍然不足。同时该刊还呼吁美国人应学习汉语，加强

---

① 《总商会欢宴美国官商》，《申报》，1917 年 1 月 15 日，第 3 张。

对中国的理解，从文化方面深入推动中美两国的相互了解。

由《美国亚洲协会期刊》的报道，可看出"一战"时期该协会对"新中国"和新市场的期待，不论是大战爆发初期，还是战争后期，始终一致。该协会认为，一股中国民族主义的新精神正弥漫全中国，这股振奋的国民精神在中国参战后更显出一股指日可待的锐气，中国人民勤奋积极，"新中国"正在崛起。中国参战后，该刊大力肯定华工对欧战的贡献，更重要的是，该刊认为"一战"时期中国向欧洲国家输出大麦、大豆、冷冻食品、干货和火腿等食品，虽从中获利，但此举为深陷战火和物资匮乏的协约国家人民的生活和物资供给，做出了具体贡献。美国亚洲协会不仅从政治层面对中国表示友善，且从中国所提供的经济物资数据上说明中国对欧战的贡献。

就美日关系而言，美国参战前，美国亚洲协会对日本政府较有戒心，在美国政府参战后，为谋求与同为协约国家的日本在远东的合作关系，虽然他们对中国遭受"二十一条"的处境表示同情，继续标举"门户开放"政策，但在开发中国的议题上，他们将亚洲视为一个整体，主张美国可与日本合作，共同开发中国。在对日的主张上，该刊反映了商人群体的务实投机并呼应战时美国对远东关系的粉饰暧昧的两手策略，即既意图将日本纳入商业伙伴关系中，又对日本的政治军事扩张充满疑惧的复杂心态。

"由无后援而进于有后援"：欧战问题上政府外交与国民外交的纠葛

曾　荣[*]

摘要： 欧战问题事关国家主权，各政党通过向国民外交团体渗透，旗帜鲜明地提出"由无后援而进于有后援"的口号，借此表达政治诉求，谋求政治利益。而国民外交团体之间的对抗与较量背后，是各政治派别乃至北京政府权力中枢中复杂的矛盾与冲突。政府外交与国民外交相互交织与纠葛，则进一步加剧了政治纷争与派系冲突，反映民初政治、外交乱象丛生背后，各派势力相互渗透、互相影响的历史面相。这在某种意义上成为巴黎和会外交的历史动因，开启近代中国外交的新模式。

关键词： 欧战问题　政府外交　国民外交

民初北京政府政治纷争与外交风潮不断，在此背景下，新成立的政党难免分化瓦解。围绕欧战问题（包括对德抗议、对德绝交和对德宣战问题），各政党从其政治利益出发，以国民外交为口号，通过发起成立国民外交后援会、国民外交研究会、外交商榷会、外交后盾会等国民外交团体，在外交舞台上展开激烈的争论与角逐。诚然，这场关于欧战问题的争论与角逐，表面上是各类国民外交团体的对抗与较量，其背后却是各政治派别乃至北京政府权力中枢中复杂的矛盾与冲突。

---

* 曾荣，中共中央党校党史教学部博士后研究人员。

以往研究主要强调各党派之间的政争、权争及派系争斗，[①] 缺乏对其通过向民众团体渗透来影响时局的考量。本文考察欧战问题前后国民外交团体的政治诉求、外交主张及人员状况等，意在说明：一方面，欧战问题牵涉国家主权，国民外交一改清末政府外交对立面的姿态，使政府外交"由无后援而进于有后援"；另一方面，政府外交与国民外交相互交织与纠葛，进一步加剧了政治纷争与派系冲突，反映民初政治、外交乱象丛生背后，各派势力相互渗透、互相影响的历史面相。政府外交与国民外交的纠葛，在某种意义上成为巴黎和会外交的历史动因，开启近代中国外交的新模式。

一

民国初年，国家根基尚不稳固，政治与外交纷争风起云涌。在此背景下，新成立的政党难免很快分化瓦解。其中，国民党于 1914 年 7 月改组为中华革命党，至 1916 年分为三派：以孙中山为首的民友社、以唐绍仪为首的益友社和以岑春煊为首的政学会。进步党亦在 1916 年 8 月以后分裂成三个政治团体：以梁启超为首的宪法研究同志会、以汤化龙为首的宪法研究会，以及以孙洪伊为首的韬园。而梁、汤两派基于共同政治考量，不久合并为宪法研究会，即后来的研究系。毋庸置疑，民国政党的频繁重组反映各派政治势力的此消彼长，影响所及，包括国教维持会、宪法讨论会、尚友会、友仁社、静庐、平社等在内的各类政治团体纷纷涌现，政团势力逐渐成为民初政局的重要掌控者。

欧战爆发后，北京政府虽宣告中立，但由于欧战双方在中国均有特殊利益，尤其是德国，在山东青岛拥有租借地及大量驻军，这使得中国不可避免地在欧战问题上发生纠葛。1914 年年底，日本军队向山东青岛的德国驻军发起攻击，随即逐出德国军队并且拒不撤兵。伴随着中日"二十一条"交涉的开始，以及北京政府被迫接受日本提出的最后通牒，各国列强在中国的利益格局发生重大的变化：各国在华均势格局被打破。

应当指出的是，北京政府在欧战问题上的立场，与日美两国对中国加入欧战的态度有着重要联系。日本虽然一开始坚决反对中国加入欧战，但由于德国实施潜水艇战争，仅 1916 年 12 月上旬就击沉日、美、英、法等国的船只共 79

---

① 参见张玉法《民国初年的政党》，岳麓书社，2004；鹿锡俊《国民政府对欧战及结盟问题的应对》，《历史研究》2008 年第 5 期；唐启华《被"废除不平等条约"遮蔽的北洋修约史》，社会科学文献出版社，2010。

艘，对各国海上安全造成巨大威胁。① 随后，美国政府于 1917 年 2 月 1 日正式宣布对德绝交，美德关系全面恶化。在此情形下，日本政府态度亦发生转变，决定与美国一道，支持中国加入欧战。②

在美国政府宣布对德绝交的当天，美驻华公使芮恩施约见北京政府总统黎元洪以及国务总理段祺瑞，称"美国已经采取行动，并邀请中国采取同样的步骤"。③ 虽然章太炎与谭人凤联名致电大总统黎元洪，斥责其"欲借参战之名，向外借款"，认为中国若加入欧战则"有百害而无一利"，④ 但北京政府最终仍接受美方劝告，决定在对德问题上持强硬立场。1917 年 2 月 9 日，北京政府外交部就德国潜艇政策向德驻华公使提出严重抗议，当天，外交部还照会美驻华公使，表示愿与美国政府采取一致行动。⑤ 而在北京政府对德国提出抗议后，协约国方面的英、法、俄、美等国积极推动中国对德国绝交。⑥ 日本政府也在这一问题上持赞成态度，从而使中德绝交问题正式提上议事日程。⑦

当时，欧战风云已弥漫全国，然而关于对德绝交问题，包括北京政府在内的中国各界人士的反应却并不一致：以北京政府国务总理段祺瑞为首的北洋军阀实力派主张对德绝交，隶属段内阁成员的司法总长张耀曾、农商总长谷钟秀等人支持这一主张；由进步党分裂出来的研究系在梁启超、汤化龙等人的带领下也力主对德绝交；大总统黎元洪在这一问题上暂时持中立态度，并不明确反对绝交；国民党方面，孙中山、马君武等人坚决反对绝交，而由国民党分化后形成的政学会，在李根源、周善培、杨永泰等人的主张下，也支持对德绝交。此外，学界、报界、商界等在对德绝交问题上意见不一。

可见，在对德国抗议案提出后，中国政界、军界、外交界人士围绕对德绝

---

① 《驻德使馆星期报告》（1917 年 1 月 6 日），《驻外各使馆星期报告（附驻外文牍）》第 1 册，全国图书馆文献缩微复制中心，2004，第 43~52 页。

② 《德国外交部就无限制潜艇战争致中国驻德公使照会》（1917 年 1 月 31 日），程道德等编《中华民国外交史资料选编》（一），北京大学出版社，1988，第 275 页。

③ 〔美〕保罗·S. 芮恩施：《一个美国外交官使华记——1913~1919 年美国驻华公使回忆录》，李抱宏、盛震溯译，游燮庭校，商务印书馆，1982，第 189 页。

④ 汤志钧：《章太炎年谱长编》，中华书局，1979，第 552 页。

⑤ 《外交总长致驻京德国公使照会》《外交总长致驻京美国公使照会》（1917 年 2 月 9 日），《外交文牍》第 1 册，第 188、189 页。

⑥ "The Ambassador in Great Britain to the Secretary of State," *Paper Relating to the Foreign Relations of the United States*, February 11, 1917, pp. 41; Sir C. Greene to Mr. Balfour, February 9, 1917, *Confidential British Foreign Office Political Correspondence China Series*, *1906 - 1919*, Reel 73, p. 163.

⑦ 《日本赞助中国加入协商国》，张黎辉等编《北洋军阀史料·黎元洪卷》第 13 辑，天津古籍出版社，1996，第 85 页。

交问题各持己见，尽管各方意见纷呈、莫衷一是，但随着时间的推移，逐渐形成了赞成与反对的两个对立阵营。而各界人士在对德绝交问题上立场和态度的分歧，则直接表现为各类国民外交团体的对立与冲突。

二

1917 年 2 月 11 日，即北京政府提出对德抗议案两天之后，国内就有各政团联合组织国民外交团体的传闻。① 其中，政学会更是宣扬中国外交失败之因是政府外交"无后援"，为了"使政府外交上由无后援而进于有后援"，该会倡议并组织国民外交后援会。② 12 日，政学会、宪法研究会、宪法讨论会、国教维持会、丙辰俱乐部等团体在北京众议院宪法起草委员会会所开会，与会人员包括陈铭鉴、彭允彝、蓝公武、朱念祖、黄赞元、李肇甫、邹鲁等，会议推举李述膺为临时主席，与会者纷纷赞成在对德绝交问题上"为政府外交之后援"，一致同意发起成立国民外交后援会。③

2 月 13 日，国民外交后援会召开第二次会议。大会推举陈铭鉴为临时主席，并且决定该会"以讨论外交、为政府后援为宗旨"。④ 国民外交后援会的发起筹备引起中国舆论界人士的广泛关注。2 月 11 日，朱剑锋在《晨钟报》发表署名"秋水"的时评，呼吁国人在政府向德国提出抗议后，全体国民应"举国一致的表示，以为政府之后援，而博与国之同情"。⑤《新闻报》总编辑李浩然认为，国民外交后援会的发起筹备表明，中国各政团能够彼此"消除党见，尽泯猜嫌，以期拥护政府，同心对外"，故对其"期望既厚"。⑥《益世报》的时评亦称，对该会的成立"深有望焉"，尤其是政府提出对德抗议案后，国民外交后援会此种举动"诚为在野政治家应尽之责任"。⑦《时报》主笔戈公振则直接以《外交后援会》为题，撰文表示：当前中国军事实力有限，外交事宜有赖于国民支持，为此呼吁广大国民组织和参与国民外交团体，彼此

---

① 《对德抗议后之各方面》，《晨钟报》1917 年 2 月 11 日。
② 《外交后援会》，《中华新报》1917 年 2 月 11 日。
③ 《各政团与外交问题》，《时报》1917 年 2 月 14 日。
④ 《国民外交后援会之进行》，《晨钟报》1917 年 2 月 14 日。
⑤ 《举国一致》，《晨钟报》1917 年 2 月 11 日。
⑥ 《外交后援会》，《新闻报》1917 年 2 月 13 日。
⑦ 《时评二》，《益世报》1917 年 2 月 16 日。

"屏除私见，以共助政府之进行而致国家于苞桑之固也"。①

由此可见，各政团通过发起筹备国民外交后援会，表现支持政府外交，共同为政府外交后援的倾向。同时，舆论界也大力号召各政治派别加强团结，一致对外。然而，正当国民外交后援会紧张筹备之时，一些国会议员又发起成立外交商榷会。对于该会的成立，舆论界视其为国民外交后援会的对立者，《晨钟报》的社论甚至揣测其目的在于"利用中德问题推翻内阁"，深恐外交商榷会与国民外交后援会相互对抗，并由此引发新的"党争"。② 而随着外交后盾会和外交研究会等团体纷纷成立，上海《民国日报》亦刊发时评，称国民外交后援会、外交商榷会、外交后盾会以及外交研究会等团体，均由国会议员发起或领导，应该"赞助政府，策进外交"，彼此团结起来，"一致对外"。③

不可否认的是，外交商榷会等团体的出现确实引起人们的惶恐情绪，尤其是正在发起筹备国民外交后援会的各政团，尽管对外交商榷会的宗旨不甚了解，但已经对其予以高度关注。在 2 月 15 日召开的国民外交后援会筹备会上，与会各政团推举宪法讨论会的孙润宇为临时主席，重点就如何处理同外交商榷会的关系问题进行热烈的讨论。在邹鲁的提议下，大会决定推举丙辰俱乐部的张知竞、民彝社的郑江灏、平社的向乃祺三人前往外交商榷会进行"接洽"和初步协商。④

事实上，外交商榷会并非专为反对政府抑或对抗国民外交后援会而成立。2 月 16 日，在外交商榷会成立大会上，马君武首先发言并予以澄清，说"外间误会，以为商榷会系反对政府，其实不然"。本会所强调的是，关于对德绝交以及加入欧战问题，"议院对于政府举动应有详细之讨论，不能任意盲从"。⑤ 而在外交商榷会的《发起词》中，更是明确提出该会以"匡助政府，指导国民"为宗旨。⑥ 然而，不可否认的是，外交商榷会的马君武、黄攻素、唐宝锷、叶夏声、温世霖、刘成禺等人并不主张对德绝交及加入欧战。黄攻素更是认为中国为中立国，将来"可以中立国领袖资格出任调停，以此资格加入讲和会议"，故无须在对德问题上持强硬态度。⑦ 基于这一认识，在外交商

---

① 《外交后援会》，《时报》1917 年 2 月 19 日。
② 《竟有外交商榷会出现》，《晨钟报》1917 年 2 月 15 日。
③ 《一致对外》，（上海）《民国日报》1917 年 2 月 18 日。
④ 《筹备中之国民外交后援会》，《晨钟报》1917 年 2 月 16 日。
⑤ 《外交商榷会成立会纪略》，黄攻素著《外交危言》，泰东图书局，1918，第 28 页。
⑥ 《外交商榷会发起之文章》，《中华新报》1917 年 2 月 17 日。
⑦ 《外交商榷会成立会纪略》，黄攻素著《外交危言》，第 29 页。

权会成立会上，当前来与该会进行接洽的国民外交后援会成员张知竞等人，提出国民外交后援会与外交商榷会两团体相互合作、共同对外的建议时，该会以两会意见不一，"不能与后援会一致"为由，予以拒绝。① 随后，马君武、唐宝锷等人还以外交商榷会名义，访问大总统黎元洪以及国务总理段祺瑞，不仅向两人"力陈利害"，声泪俱下，而且还一面向北京政府提交"万言书"，一面向全国发出通电，以"唤起国人"，阻止北京政府的对德绝交案。② 应当指出的是，国民外交后援会与外交商榷会的无法联合，不仅反映了社会各界对外交问题的不同看法，而且折射出当时国内各政治派别之间复杂的关系。

当对德绝交问题日益向纵深发展之际，部分知识界人士则从维护国家主权和利益的角度出发，力促国民外交团体为政府外交的后援，大家齐心协力，一致对外。2 月 17 日，李大钊撰文指出，"吾国民今日所当尽力以为政府助者，即在研究外交之情实，以为政府之辅导"。为此他呼吁国民外交后援会、外交商榷会等团体，"多思所以自贡，而为政府之后援"。③ 19 日，《时报》主笔陈冷以"景寒"为名，发表题为《主权》的时评，声称"主权之可贵"，呼吁各国"尊重中国主权"，并且要求北京政府，关于对德问题，"自今以往，无论此事发展至何地步，而主权之当重，实主持国政诸公之责任也"。④ 包天笑鉴于各政团"以各党政见之不同，于是有种种之结社"的状况，遂以《敬告外交各团体》为题，力劝国民外交后援会、外交商榷会等团体"不宜过于分歧"，而应当联结起来，"合一大群"，共同为政府外交的后援。⑤ 20 日，《盛京时报》更是直接刊载题为《告外交商榷会》的社论，指责外交商榷会的目的"非以对外，乃以对内，盖欲藉外交为名，攻击段（祺瑞）总理"，极力要求该会在国家外交危机之时，"以国家为前提，俾外交有后盾"。⑥

在国民外交后援会与外交商榷会接洽"终无成效"后，组成国民外交后援会的各政团又于 15 日召开筹备会议。会议推举蓝公武为主席，向乃祺报告"与外交商榷会接洽情形"，在确定"外交""商榷"两会联合无望后，众人当

---

① 《外交后援商榷两会合并不成》，《晨钟报》1917 年 2 月 20 日。

② 史华：《张勋藏札》，《近代史资料》总 35 号，中华书局，1965，第 24、25 页。

③ 李大钊：《外交研究会》（1917 年 2 月 17 日），《李大钊全集》第 1 卷，河北教育出版社，1999，第 491 页。

④ 《主权》，《时报》1917 年 2 月 19 日。

⑤ 《敬告外交各团体》，《时报》1917 年 2 月 19 日。

⑥ 《告外交商榷会》，《盛京时报》1917 年 2 月 20 日。

场决定于 2 月 25 日召开国民外交后援会成立大会。① 诚然，各政团虽然放弃了与外交商榷会联合的努力，但仍然通过舆论宣传等手段，呼吁各国民外交团体援助政府，一致对外。而作为国民外交后援会主要发起者的政学会，还借助其机关报《中华新报》，刊发题为《国民外交》的社论，勉励国人"今因抗议而发生对外之种种团体，吾以为国民外交发达之途径也"，大力号召国民外交后援会、外交商榷会等团体，当此"中德国交决裂，或加入战团，含有若干之危险"之时，彼此消除"政争"，共同为政府外交的后援，一致对外。②

　　如果说在这之前各政团尚未就对德问题表达明确态度的话，那么在 25 日国民外交后援会成立大会召开后，各政团以国民外交后援会为依托，通过演说、宣言和函电等方式，详细阐述对这一问题的见解和看法。2 月 25 日，参加国民外交后援会成立大会的政学会、益友社、尚友会等政治团体一致同意，将该会宗旨确定为"研究外交、匡助政府"，并且写入国民外交后援会《简章》草案。③ 固然，在北京政府对德提出抗议后，中德关系正一步步走向决裂，加之美、日等协约国的支持，北京政府在对德绝交问题上的态度更为坚定。在此情形下，国民外交后援会大力宣扬支持政府、为政府外交后援的宗旨，实际上是表明各政团支持对德绝交的态度和立场。

　　在外交日迫的时局下，国民外交后援会支持政府外交，抗议德国无视中立国主权，坚决维护中国主权与利益，其正义言行赢得社会各界的广泛赞誉。对此，上海商团首先起来响应，不但宣称对德绝交问题关系到国家主权和利益，而且于 2 月下旬发起成立上海外交后援会筹备处。在筹备处会议上，顾霖周号召众人以北京的国民外交后援会为先例，在对德绝交问题上，"国民应先筹善策，作政府之后盾"。④ 25 日，武汉各民众团体亦在汉口商务总会召开各团体联合会，"决定仿照上海办法，组织外交后援会"。⑤

　　与此同时，以梁启超、汤化龙为首的研究系，也在对德绝交问题上支持国民外交后援会的立场。2 月 20 日，研究系机关报《晨钟报》刊发一篇题为

①　《外交后援会筹备员会》，季啸风、沈友益编《中华民国史史料外编——前日本末次研究所情报资料》第 1 册，广西师范大学出版社，1997，第 127 页。

②　《国民外交》，《中华新报》1917 年 2 月 20 日。

③　《国民外交后援会之进行观》，《晨钟报》1917 年 2 月 26 日。

④　《组织外交后援会之提议》，《时报》1917 年 2 月 19 日。

⑤　《汉上亦有外交后援会》，《盛京时报》1917 年 2 月 28 日。

《自主的外交》的社论，宣称中国作为主权国家，应当实行"自主的外交"，即在对德外交上第一步为"向德抗议"，第二步则"与德断绝国交"，第三步当"与德宣告开战"，呼吁全体国民团结一致，共同对外。[①]

不仅如此，在 3 月 3 日举行的国民外交后援会成立大会上，汤化龙亲自担任该会主席。同时，梁启超亲临会议现场并发表演说。在演说中，梁启超首先阐释该会的名称，说"本会命名国民外交后援会，其实（国民外交）与（外交后援会）均可连缀成文，深望顾名思义，进行不怠也"；其次，梁启超认为该会能使国民"唤起责任心"，"对于全国、对于世界，使知国人自觉心之表现"，这在国民外交运动中具有重要的意义。[②] 蔡元培在大会演说中也大力支持对德绝交，称中国不能仅图"中立苟安"，否则"其危险将不可胜言"，从当前国际形势来看，我国"有不得不加入（欧战）之势"。[③] 可以说，3 月 3 日召开的国民外交后援会成立大会，是一次各政治团体发起全面支持对德绝交的动员大会。其中，国内政界、军界、学界、报界等社会知名人士纷纷参与或支持该会，这一情况从下表中的国民外交后援会职员名单中，可见一斑。

1917 年 3 月 3 日，国民外交后援会成立大会上推举的职员名单表

政团名称	职员名单
政学会	刘彦
友仁社	刘志詹、韩胪云、马良弼、谢鹏翰
宪法研究会	陈士髦、宋梓、查长华、蒋凤梧、孟昭汉、刘纬、葛庄、张烈、范熙壬
宪法讨论会	孙润宇、黄赞元、于实轩、夏廷寅、张国溶、司徒颖、恩华
平社	王绍鳌、廖希贤、饶应铭、黄序鹓、黄云鹏、钱应清
静庐	陶逊、吴文瀚、萧承弼、君鸿庆
渊庐	林鸿超、傅鸿铨、阮毓崧、叶成玉
国教维持会	陈景南、孙光庭、王谢家、陈焕章
尚友会	刘振生、刘恩格、莫德惠、曾有翼
潜园	仇玉艇、富元、赵连祺、张琴、王泽攽、沈河清

---

① 《自主的外交》，《晨钟报》1917 年 2 月 20 日。
② 《国民外交后援会成立纪事》，《时事新报》1917 年 3 月 6 日。
③ 蔡元培：《在外交后援会的演说》（1917 年 3 月 3 日），《蔡元培全集》第 1 卷，浙江教育出版社，1997，第 46、47 页。

续表

政团名称	职员名单
正社	陈善
学界	王润泽、耿光祖、孙熙泽
政界	张超荣、赵世亿
军界	许资时、赵静轩
报界	邵飘萍、张炽章、孙光圻、程小苏、周绍亚、陈匪石、刘道铿

资料来源：《国民外交后援会成立》，《政法学会杂志》第 2 期，1917 年 4 月 1 日。

应当指出的是，这一时期成立的国民外交团体不仅有国民外交后援会和外交商榷会，而且还有外交后盾会。从外交后盾会所发布的《宣言》内容来看，该会虽然强调国民在国家外交中具有重要作用，声称"政府外交不能离中国人民而自为外交"，但认为在对德绝交问题上，只要北京政府向国会提交对德绝交案，并且"经国会之同意"，则全体国民应当"后盾外交，协助政府，不为过量之举，不为偏激之谈"。①

显然，包括国民外交后援会、外交商榷会、外交后盾会等在内的国民外交团体在对德绝交问题上，希望北京政府尊重和重视国民的意愿，将对德绝交案提交国会表决。与此同时，以陈独秀等人为代表的中国知识界人士亦认为，"此次对德外交问题乃国家存亡问题"，呼吁国民群起参与和讨论，"以促进政府积极之进行"。② 此外，上海外交后援会亦发表声明，称该会宣言中"所谓后援政府者，盖恐政府对外能力薄弱，故于外交政策未定之先，征求多数人之意见，以为之援助，并非俟对外政策已定为始，为此虚张声势之集合也"。故该会决定将其名称改为国民外交研究会，以示区别。③

在各界人士的大力推动下，北京政府不得不顺应民情，将对德绝交案提交国会。3 月 10、11 日，北京政府参众两院先后表决通过对德绝交案。④ 14 日，大总统黎元洪发出通告，宣称"自今日始与德国断绝现有之外交关系"，从而

---

① 《中华民国外交后盾会第一次宣言》，《益世报》1917 年 2 月 27 日。
② 陈独秀：《对德外交》，《新青年》第 3 卷第 1 号，1917 年 3 月 1 日。
③ 《改组外交研究会之声明》，《时报》1917 年 3 月 8 日。
④ 关于对德绝交案，1917 年 3 月 10、11 日，参议院以 158 票赞成 27 票反对通过表决，众议院以 331 票赞成 87 票反对获得通过。值得一提的是，在促使对德绝交案表决通过的诸多原因中，由进步党脱胎而出的研究系起到了一定的推动作用，对此当时有媒体甚至认为，"促使绝交决定的是梁启超"。《颜惠庆日记》第 1 卷，上海市档案馆译，中国档案出版社，1996，第 524、525 页。

正式宣告中德外交关系的断绝。①

　　北京政府提交的对德绝交案得到国会的表决通过后，各界舆论纷纷呼吁国民外交团体支持政府，为政府外交之后援。11 日，即国会表决通过对德绝交案的当天，《晨钟报》发表题为《一致》的社论，称赞北京政府提交对德绝交案之举是"尊重国会，树立宪政治之佳模，符国民外交之原则"，呼吁全体国民齐心协力，"举国一致"，共同为政府外交的后援。②《时报》主笔包天笑亦刊发时论，称关于对德绝交问题，国人无论赞成与反对，"既授权于国会"，在对德绝交案得到表决通过后，则国民必须"与政府一致"，执行对德绝交方案。③ 此外，吴颂皋也于 13 日发表题为《国民与外交》的社论，大力呼吁国民支持政府外交，"举国一致，对于政府督促匡赞"。④ 14 日，《盛京时报》亦刊发《为断交案通过后告国民》，要求"今后之国民，务须全体一致，以政府之外交方针为标的，共同翼赞"，为其后援。⑤

　　由此可见，对于国会表决通过的对德绝交案，包括国内舆论界在内的广大民众表示认可和支持，同时舆论界的大力呼吁还对民众团体产生重要影响。16日，外交商榷会发出通告称："对德绝交案"既经国会表决通过，此案即具有合法性，则各界民众应当"全国一致"，支持政府外交政策，为政府外交后援，故决定将外交商榷会"即日取消"。⑥ 外交商榷会自行取消的消息传出后，包括《时报》《大公报》《盛京时报》《晨钟报》在内的各大报纸均对其进行报道，引起社会各界的广泛关注。

　　与此同时，北京政府宣布对德绝交后，知识阶层纷纷提出支持政府外交政策的口号。4 月 15 日，谢乃壬在《新国民》发表社论，大力倡导"爱国论"，称"爱国家即所以爱我，欲爱我不可不爱国家"，全体国民应当有爱国的"自觉"，在内外政策上为政府后援，共同维护国家主权和利益。⑦ 15 日当天，《南洋华侨杂志》一篇署名"粤匄"的社论，呼吁海外华侨作为"国民一份子"，当人人具有"爱国心"，故在对德外交问题上，应当支持北京政府，为

---

① 《黎元洪发表对德绝交布告》（1917 年 3 月 14 日），中国第二历史档案馆编《中华民国史档案资料汇编》第 3 辑，政治（二），江苏古籍出版社，1991，第 1163、1164 页。
② 《一致》，《晨钟报》1917 年 3 月 11 日。
③ 《今后之国民》，《时报》1917 年 3 月 12 日。
④ 《国民与外交》，（天津）《大公报》1917 年 3 月 13 日。
⑤ 《为断交案通过后告国民》，《盛京时报》1917 年 3 月 14 日。
⑥ 《外交商榷会之取消》，《时报》1917 年 3 月 17 日。
⑦ 谢乃壬：《新国民之自觉》，《新国民》第 1 卷第 2 号，1917 年 4 月 15 日。

政府外交的后援。诚然，国人宣扬爱国以及支持政府的呼声，与之前各界人士在对德绝交问题上莫衷一是的态度形成较大的反差，而这从一个侧面反映国民在外交中"后援"地位的增强。

值得注意的是，上述署名"粤刍"的社论在提及北京政府对德绝交案时，还推断中国不久"或将一卷而入于交战旋涡"。① 显然时人已经注意到：在中德外交关系断绝后，对德宣战问题即将成为社会各界关注和议论的焦点。而随着国际外交格局的风云突变，中国国民外交与政府外交的相互联系必将因此产生新的复杂变化。

三

在国会就对德绝交案进行表决的前后，国内各派政治势力曾陷入有关对德宣战问题的争论。以国务总理段祺瑞为首的国务院势力主张立即向德国宣战，而社会各界反对宣战者亦不乏其人。1917 年 3 月 9 日，孙中山致电北京政府参众两院，详细阐述中国不能向德国宣战的理由，认为宣战会造成两大危险，"其一为排外之盲动也，一为回教徒之离叛"。② 康有为在致函国务总理段祺瑞时，逐一列出中国不可对德宣战的八项理由，说当前"无论若何，必无加入战团之理"，而应当"严守中立，恢复德交"。③ 虽然孙中山的理由并不具太多的现实意义，而康有为列举的理由也没有很强的说服力，但是随着参众两院反对宣战趋势的增强，国内逐渐形成了赞成和反对宣战的两股尖锐对峙的力量。④

在国民外交团体方面，上海外交后援会改名为国民外交研究会后，于 3 月 11 日召开全体大会，大会推举周震勋为主席，共同商讨对德宣战事宜。经众商议，一致认为中国在"财政上、军事上绝无此种实力"，故对于加入协约国一事，大家"一致皆不主张加入"。同时，为阻止政府和国会向德国宣战，当天会议还制定三项决议：（1）通电政府和国会，反对加入协约国；（2）致函

---

① 粤刍：《华侨爱国心薄弱之面面观》，《南洋华侨杂志》第 1 年第 2 期，1917 年 4 月 15 日。
② 《致北京参议院众议院电》（1917 年 3 月 9 日），《孙中山全集》第 4 卷，中华书局，1985，第 18 页。
③ 《覆段祺瑞书》，姜义华、张荣华编校《康有为全集》第 10 集，中国人民大学出版社，2007，第 377、378 页。
④ "Minister Reinsch to the Secretary of State," *Paper Relating to the Foreign Relations of the United States*, March 26, 1917, p. 46.

各团体，请一致反对宣战；（3）分别派员向国会及政府请愿，坚决反对加入欧战。①

　　与此同时，北京的国民外交后援会也积极行动起来。鉴于各派政治势力因对德宣战问题而形成相互对抗的局面，16 日国民外交后援会以黄云鹏、朱念祖、曹玉德、黄赞元四人为代表，就当前外交形势以及政府对德外交方针等问题，赴北京政府国务院，访问国务总理段祺瑞。针对上述问题，段氏答称其对德宣战决心已定，并且"各省督军及各方面于政府前定方针刻已渐趋一致，不久当即有一种决定"。②

　　事实上，各省督军虽在名义上隶属段祺瑞的北洋军阀集团，但因担心赴欧参战，于自身实力有损，故并不主张政府对德宣战。与此同时，大总统黎元洪因担心段祺瑞的国务院势力参战后不断坐大，于是在美国的支持下，也反对向德国宣战。③ 不仅如此，黎元洪为了争取更多的支持，还于 4 月中旬约见时称"民党领袖"的吴景濂，表现一种"注重国民外交"的姿态。④ 然而，拥有强大军事实力的段祺瑞并不甘示弱，他于 4 月 19 日通电各省督军来京会议，在其协商和劝说下，各省督军最终"一致决定拥护段氏的参战政策"。⑤ 随着时局的发展，支持段祺瑞向德国宣战的力量不断增强。

　　应当指出的是，在黎元洪与段祺瑞之间的裂痕不断扩大的背后，是总统府势力与国务院势力的激烈对抗与较量。在此情形下，国民外交后援会为慎重起见，再次派出黄云鹏等人，走访北京政府外交部。外交总长伍廷芳接见国民外交后援会代表时，表示不主张加入协约国。颇令人惊讶的是，当黄云鹏一行访询外交次长高而谦时，高氏却答称"绝对主张加入协约（国）"。⑥ 在对德外交问题上，同在北京政府外交部任职的外交总长与次长的观点截然相反，这一情

① 《外交研究会之成立》，《时报》1917 年 3 月 14 日。

② 《外交后援会代表访询段总理》，（天津）《大公报》1917 年 3 月 29 日。

③ "Minister Reinsch to the Secretary of State," *Paper Relating to the Foreign Relations of the United States*, March 26, 1917, p. 46.

④ 《大总统注重国民外交之训谕》，《益世报》1917 年 4 月 14 日。

⑤ 〔美〕芮恩施：《一个美国外交官使华记——1913～1919 年美国驻华公使回忆录》，第 201 页。据曾任北京政府陆军部处长的曾毓隽回忆，虽然曾任陆军部次长的徐树铮认为德国"科学进步，无战败之理，屡次上书段祺瑞主张不可参战"，并且暗中与安徽督军倪嗣冲、湖北督军王占元联络，"嘱其电请中央维持中立"，但在各省督军来京会商后，倪、王二人均支持段祺瑞参战的意见。曾毓隽：《黎段矛盾与府院冲突》，杜春和等编《北洋军阀史料选辑》上册，中国社会科学出版社，1981，第 264 页。

⑥ 《专电》，《新闻报》1917 年 4 月 17 日。

况在某种意义上表明：面对复杂的外交形势，北京政府外交部甚至整个北京政府权力中枢已经处于分裂和对立的状态，由此折射出国内各派政治势力之间存在的尖锐矛盾与冲突。

如果说在国会通过对德绝交案时，全国上下曾一度表现一致对外的态势，那么在对德宣战问题提出后，国内各派政治势力之间又重新陷入相互争执、互相对抗的境地。在此前提下，国民外交后援会作为当时中国最具影响力的国民外交团体，必须加强内部团结，提出明确的外交方略，详细规划好人员分工。为此，4月19日，国民外交后援会召开第二次职员大会。会议重点研究当时的外交形势，制定支持政府加入协约国以及对德宣战的外交方略。为使国民外交后援会的各项工作落实到人，会议推举议员黄赞元为主席，分别成立文牍科、会计科、庶务科，并专门设立临时特别调查科，以探察和掌握北京政府的外交动向。

然而，就在国民外交后援会制定支持对德宣战方针之时，国内各界人士却纷纷提出反对向德国宣战的建议。时在日本帝国大学研习法科的陈启修，以《对德外交之公平批评》为题，撰文指出中德外交关系到国家主权和利益。为此，文章深入分析中国对德宣战的利弊，通过详细对比后认为，中国参战"利少而不确实，害多而洞若观火"。[1] 4月30日，在英国爱丁堡大学攻读政法的周鲠生，从法理学的角度撰文称，中国政府在对德绝交之后"非必宣战"，"绝交为一事，宣战又别为一事，只于对德绝交而不宣战，并不得谓为无意义也"。[2]

与此同时，湖北外交研究社陈杰、汪震东、傅岱云等人还向北京政府总统府、国务院、参众两院，以及全国总商会、外交商侨会等发出通电，表示坚决反对向德国宣战。[3] 该研究社的通电斥责政府加入欧战之举，是"以国家为孤注徇他人之欲壑为不忠，不知力争上流事事落人后尘为不智，送死绝粮残民以逞为不仁，明知不能交战而宣战为不勇，无故助众欺寡乘人之危为不义，拂逆舆情秘密武断为不法"。[4] 尽管湖北外交研究社上述对国内主战势力不忠、不智、不仁、不勇、不义、不法的批评，未免过于苛责，但随着对德宣战问题逐渐向纵深发展，全国商会联合会、北京国际协会等团体纷纷"反对加入"，国

---

① 陈启修：《对德外交之公正批评》，《学艺》第1号，1917年4月。
② 周鲠生：《法理上之中德绝交观》，《太平洋》第1卷第5号，1917年7月15日。
③ 《对德问题之各方面》，《政法学会杂志》第3期，1917年5月1日。
④ 《湖北外交研究社反对加入战团电》，《益世报》1917年4月27日。

内反战呼声由此日益高涨。①

　　鉴于国内不断高涨的反战声浪，国民外交后援会虽仍支持对德宣战，但不得不对其宗旨做了新的调整和解释。5 月 4 日，国民外交后援会向各省议会、商会广致函电，详述中国必须加入欧战的理由，"以求同意而收全国一致之效"。② 6 日，该后援会在北京中央公园召开大会，与会者达 6000 余人。会议推举中华大学校长孙熙泽为临时主席，国会议员朱念祖在大会报告中称，"本会宗旨第一条之匡助二字，即含有监督政府之意，决非一意盲从"。随后，国际政务评议员张嘉森、福建督军李厚基、众议院议长汤化龙以及国会议员黄云鹏、刘彦、孙润宇等人相继演说。其中，众议院议长汤化龙在演说时，详述"主张宣战"的各项理由，其"措词沉痛，引证确凿，极能激起国民外交之观感"。③

　　值得注意的是，此次大会发言者大多为国会议员，唯独福建督军李厚基身份较为特殊，作为受国务总理段祺瑞邀请来京的军界人士，他的发言无疑引起与会者的高度关注。而李氏在演说中，也坦言自己之前并不主张参战，到京后方知"非从速宣战不可"。虽然李氏宣称其支持宣战的前提是"外交上情形瞭然于胸"，④ 但不可否认的是，他的参战念头在一定程度上受到段祺瑞的影响，而这也从一个侧面反映段氏对军界的拉拢，使得支持对德宣战的力量进一步增强。

　　随着黎段两方在参战问题上的矛盾日益激化，5 月间，北京政府发生"府院之争"。在这场总统府与国务院的斗争中，各政治势力的矛盾与冲突已经完全激化。为迫使国会通过对德宣战案，在 5 月 8 日众议院讨论对德宣战案时，段祺瑞指使所谓的"公民团"，向国会"请愿宣战，并散传单。遇议员之反对者，即群殴辱，以致众议院不能开会"，在此情形下，国会停止开会，内阁成员相继辞职。⑤ 5 月 19 日众议院恢复会议。但在当时，"朝野上下已经形成极其强烈的反对对德宣战的舆论"，国会议员陈黻宸等人"首劾段祺瑞"，并将对德宣战案"目为病国病民，反对甚力"。⑥ 23 日，黎元洪在美国的支持下宣

---

① 《全国商会联合会关于加入问题之通告》，《北京日报》1917 年 4 月 11 日。
② 《外交后援会通电加入之理由》，《盛京时报》1917 年 5 月 8 日。
③ 《昨日中央公园之外交后援会》，《晨钟报》1917 年 5 月 7 日。
④ 《外交后援会演说会之真相》，（长沙）《大公报》1917 年 5 月 12 日。
⑤ 《雷震春、张镇芳函》（1917 年 5 月 11 日），史华编《张勋藏札》，《近代史资料》总 35 号，第 49、50 页。
⑥ 陈德溥编《陈黻宸集》下册，中华书局，1995，第 1217 页。

布免去段祺瑞国务总理的职务。① 28 日，众议院议长汤化龙辞职，改选吴景濂为议长。当天，黎元洪向吴景濂道贺时说，"彼此可望合作"，吴氏答称"今与总统约，总统抱尽总统应尽之责任，予抱尽议长应尽之责任"。② 一时间，黎元洪的总统府势力似乎取得了优势地位。

然而，段祺瑞以各省督军为后盾，拒不辞职。在其策动下，从 27 日起北京八省都督相继宣告独立，随后张勋上演清廷复辟一幕，黎元洪被迫下野，总统府势力退出北京政坛，段祺瑞在打倒张勋的辫子军后，重新回任国务总理，执掌北京政坛，"府院之争"从而以国务院势力的全面胜出而告终。在此前提下，对德宣战案再度被提上议事日程。8 月 14 日，北京政府正式宣布对德宣战，称："自中华民国六年八月十四日上午十时起，对德国、奥国宣告立于战争地位。"③ 随后，北京政府外交部向各协约国发出照会，并且得到美、英、日等国的支持和欢迎。至此，一场席卷全国上下的对德宣战之争落下帷幕。

四

纵观此次对德交涉案的全过程，在历时近一年的时间里，各派政治势力主要围绕对德抗议、对德绝交以及对德宣战三大问题，进行了激烈的争论与角逐。在对德抗议案提出的前后，尽管总统府与国务院之间的矛盾尚未激化，但各政派的对立和冲突已现端倪。随着国际形势的急剧变化，在美日等国支持中国加入协约国后，包括政学会、研究系等在内的各大政派就对德绝交问题，以组织国民外交团体的方式，形成尖锐对立的两股力量：北京的国民外交后援会以及不久后成立的上海外交后援会，两者均以支持对德绝交的姿态出现；与其针锋相对的是外交商榷会，在马君武、黄攻素等人的发动和倡议下，国内反对与德国绝交的呼声日益高涨。

诚然，在这场关于对德外交的激烈较量中，各政派通过成立国民外交团体，高举为政府外交后援的旗号，形成针锋相对的两个对立阵营，表现特定时局下中国国民外交的复杂历史面相：一方面，从这一时期成立的国民外交团体

① "Minister Reinsch to the Secretary of State," *Paper Relating to the Foreign Relations of the United States*, May 23, 1917, p. 47.
② 吴叔班笔记，张树勇整理《吴景濂口述自传辑要》，《天津文史资料选辑》第 42 辑，政协天津文史资料研究委员会，1988，第 70 页。
③ 《大总统布告》(1917 年 8 月 14 日)，《政府公报》第 567 号，1917 年 8 月 14 日。

的成员情况来看，其主要负责人均隶属府院两支政治势力中的一方，且大都具有国会议员身份，在他们的操控和运作下，各类国民外交团体的此消彼长所反映的是北京政府权力中枢中的总统府与国务院的相互对抗和激烈冲突；另一方面，从表现形式来看，各类国民外交团体的互相较量背后还蕴藏了政学会、研究系等各大政治派别，以及进步党、国民党等政党力量之间的复杂矛盾与冲突。

就国民外交口号而言，无论是国民外交后援会还是外交商榷会，两者均以支持政府、为政府外交后援的姿态出现。尤其是在国会通过对德绝交案后，外交商榷会自动退出论争舞台，上海外交后援会亦改组为国民外交研究会，社会各界一度表现团结一致、共同对外的态势。而为了表达国民一致为政府"后援"的意愿和决心，时人甚至喊出"只有国民外交，不许政党外交"的口号。① 然而，随着对德外交问题逐渐向纵深发展，特别是对德宣战案提出后，国内外形势发生重大变化：在国内，反战和要求参战两股势力的较量，主要表现为以黎元洪为首的总统府和以国务总理段祺瑞为首的国务院之间的矛盾和冲突，伴随着双方矛盾的日益激化，最终演化成一场影响北京政府权力中枢的"府院之争"。在这场激烈的交锋中，北京国民外交后援会仍然以支持政府外交、为政府外交后援的面貌出现。尽管在各界反战声中，该后援会对其宗旨重新做了解释和说明，但其支持对德宣战的立场，使其难免沦为国务院段祺瑞主战派的附庸。② 民初政治、外交乱象丛生背后，各派势力相互渗透、互相影响，这不仅加剧北京政府内部派系间的矛盾、冲突，而且在某种意义上成为决定巴黎和会外交成败的主要原因，开启近代外交的新模式。

---

① 《一致》，《晨钟报》1917 年 3 月 11 日。

② 以国民外交后援会重要成员之一的研究系为例，李书源先生据研究称：研究系由进步党递嬗而来，它"在国会上拥段"，在政治上比进步党更为堕落，包括研究系在内的资产阶级右翼及其政党日益成为北洋军阀的"附庸"。参见李书源《研究系述略》，《吉林大学社会科学学报》1991 年第 3 期。

1943 年中美、中英新约谈判与航行权问题[*]

刘利民[**]

摘要： 日本全面侵华战争使英美在华条约权益受到挑战。出于战略考虑，英美开始考虑放弃在华条约特权，与中国磋商新的条约。1942 年，英美明确提出，准备就放弃在华治外法权与中国进行磋商。当时重庆国民政府希望乘机废除外人在华所有条约特权，包括取消外人在华沿岸贸易、内河航行及军舰驻泊中国水域的特权。在这个问题上，中、美、英态度各异。由于中国一再提出此等问题，美国不得不加以考虑，唯顾及英国的立场，美国决定征求其意见，希望在新约谈判中保持一致。但就在华内水航行和沿岸贸易问题而言，英美两国立场存在一定分歧。由于美国的压力，加之这种特权在事实上已经大部分不能享受，英国政府最终答应放弃特权。1943 年 1 月 11 日同时签订的中美、中英新约均明确表示放弃在华航行特权。中美、中英新约的签订对于中国航权恢复具有重要意义。

关键词： 抗日战争　新约　外轮　航行权

　　狭义上的"航权"是指航行权，包括沿海贸易（或称沿岸贸易）和内河

* 本文系国家社科基金青年项目"中国恢复领水主权史研究"（10CZS028）、2012 年湖南师范大学青年优秀人才培养计划项目"民国时期恢复领水主权史研究"部分成果，根据中国社科院近代史研究所博士后出站报告部分内容修改而成。
** 刘利民，湖南师范大学历史文化学院教授。

航行两种权利。按照国际惯例，这两种权利大多保留给本国人民。但是，列强通过不平等条约（甚至逾越条约规定）攫夺了这两种权利，外国船舰片面享有在华沿海贸易和内河航行的特权。外轮享有航行特权对中国危害很大。随着民族意识和主权意识的觉醒，近代中国政府和民众逐渐了解了航权的意义，呼吁收回航权，甚至一度掀起收回航权运动。收回航权意识产生于清末，但形成一种社会运动，实自五四以后始，而高潮则在南京国民政府成立初期，最终完成则在 20 世纪 40 年代。本文拟聚焦于航行特权最终取消的阶段。[①]

一　日本全面侵华与英美在华航行特权的动摇

在日本全面侵华期间，英美在华条约权益受到挑战，正如有学者指出："英、美在华的领事裁判权以及其他种种条约特权，实际上已名存实亡；它们一贯标榜尊重中国主权冠冕堂皇的论调，面临着严峻的考验；它们在中国所享有的远远高于日本的声誉，亦受到日本的严重挑战；以它们为主导的国际秩序，在日本的冲击下已摇摇欲坠。"[②]

就英美在华航行特权而言，日本的行动逐渐使英美等国在华航运势力遭到打击。日本全面侵华后，即于 1937 年 8 月 25 日发表所谓"遮断航行"通告，宣布封锁中国东南沿海港口，从北纬 23 度到 32 度，即封锁江苏、浙江、福建、广东四省沿海。同年 9 月，又宣布封锁中国全部领海，北自秦皇岛，南迄北海所有沿岸各口岸。日本的锁海行动主要是针对中国船只，当时对于英美等

---

① 有关收回航权问题的研究成果颇多，如"中国水运史丛书"（人民交通出版社在 1985 年至 1998 年间陆续出版），王洸编著《中华水运史》（台湾商务印书馆，1982），张泽咸《中国航运史》（台北，文津出版社，1997），中国航海学会主编《中国航海史：近代航海史》（人民交通出版社，1989），张仲礼《太古集团在旧中国》（上海人民出版社，1991），黄振亚《王洸传：一位水运专家的传奇人生（1906 ~ 1979）》（中国文史出版社，2001）等均有一定涉及。中美、中英新约的研究成果也非常丰富，如吴士存《1943 年中英缔结新约的国际背景》（《史学月刊》1998 年第 3 期），郭卫东《不平等条约与近代中国》（高等教育出版社，1993），陶文钊、杨奎松、王建朗《抗日战争时期中国对外关系》（中共党史出版社，1995），王建朗《中国废除不平等条约的历程》（江西人民出版社，2000），李育民《中国废约史》（中华书局，2005）等著作均有探讨；论文数量更多，代表性的有：王淇《一九四三年〈中美平等新约〉签订的历史背景及其意义评析》（《中共党史研究》1989 年第 4 期），任东来《美国在华治外法权的放弃》（《美国研究》1991 年第 1 期），李世安《1943 年中英废除不平等条约的谈判和香港问题》（《历史研究》1993 年第 5 期），吴景平《中美平等新约谈判述评》（《抗日战争研究》1994 年第 2 期）等。但目前学界对于新约谈判中的航权问题缺乏专题探讨。

② 李育民：《中国废约史》，第 898 页。

国船只的影响不是很明显。"由于中国和日本并未正式宣战，日军无权阻止中立国船只进入中国领海和港口，而且英、美、法和其他西方国家在上海等地有租界和内河航行权，以及西方人控制的海关管理着航道和港口，可以自由进出上海等沿海港口，继续从事沿海运输活动。同时，日本在'八·一三'以后的一二年中对英美等国表面上保持'友好'关系，只得容忍外国轮船在我沿海继续航行。"[①]

但是，随着战争的进行，英美在华航行权逐步受到了限制。1938 年 1 月，日本驻上海军事当局曾通告英国在沪官员，以"扬子江中有中国水雷甚多，沿江均有战事，殊为危险"，因此，日本军队要求"嗣后禁止日本以外的各国商船航行于长江内"。这显然对注重长江内河航行权的英国来说，是一个不能接受的决定。"英官方发言人今日宣称，英国政府决不允日军对于英国在长江航业横加干涉，英政府业已通告日方，英国将继续维持其在长江的航行权，日方无权干涉。日方称，无法保护安全，只准其在长江下游航行。英政府对此不能承认。在沪各国领事会议结果，对敌要求不予答复"。[②] 但是，日军并不因英美的抗议而放弃封锁。此后英美等国船只在华航行权利不断受到日军干涉，外轮进入沿海港口和长江实际上变得越来越困难。

为了应对日军的侵略，阻止敌军前进，中国军事当局亦采取了禁航政策。如开始时在长江中下游塞港，随着战争进行，又宣布长江上游禁航。对中国航权而言，这种禁航具有两重意义：一是直接阻止日轮的航行，九一八事变后，日轮停搁过半，七七事变后，长江日轮几乎全部停运。[③] 二是长江禁航亦等于将其他国家轮船的行驶空间压缩。1938 年 10 月 25 日，英国驻华大使馆就因此致函中国外交部，表示抗议。但中方表示，中国历次将长江各段予以封闭，"系属国家对于武力侵略自卫权之行使，任何外国均无权反对，因此外交部对于英国大使馆所提抗议认为不能接受"。[④]

除封锁长江外，中国亦对沿海港口、西江等予以封锁。1939 年 2 月 15 日，意大利军舰拟沿中国海岸游弋，在上海、福州间各重要口岸，如宁波、海宁、渔山岛、台州、温州等处停泊。国民政府军事委员会（简称"军委会"）军令

---

① 中国航海学会主编《中国航海史：近代航海史》，第 318 页。
② 《敌禁航行长江》，《新华日报》1938 年 1 月 14 日，第 2 版。
③ 江天凤：《长江航运史（近代部分）》，人民交通出版社，1992，第 601 页。
④ 《关于封锁长江上游事》（1938 年 10 月 26 日），台北，"国史馆"藏，外交部全宗，抗战时期封锁内河及港口，入藏登记号：020000039720A，第 281 页。

部表示，"这些港口均已实施封锁"。外交部因此奉令要求意大利军舰勿得驶入该封锁线以内。① 宁波、温州等港口实施封锁时，军委会向外发布通告，禁止中外船舰出入。对于中方的封锁令，英国大使馆亦提出抗议，称此种封锁限制了英国军舰、商船航行该口岸的条约权利。② 封锁西江时，英国、法国都提出抗议。③ 这些事实说明，英美等国船只在华航行因中日战争的影响而受到限制。④

随着战争的进行，英美出于战略考虑，亦在考虑调整与中国关系，而这必然涉及条约特权问题。1939 年 1 月 9 日，英国正式向中国表示愿意放弃领事裁判权、租界等，并与中国谈判订立平等互惠的条约。随后丘吉尔又于 1940 年 7 月 18 日重申了这一立场。⑤ 美国亦于 7 月 19 日表达了类似主张。这得到了国民政府的热烈反应。1941 年 4 月 10 日，驻英公使郭泰祺被任命为外交部部长，受命回国之前先到美国，向其提请缔结平等新约。⑥ 美国国务卿于 5 月 31 日致函郭泰祺，表示愿意在和平恢复时与中国谈判，"迅速地做到取消一切有特殊性质的权利"。⑦ 英方随后亦做了类似表述。不过，这些承诺对于中国来说仍是"画饼"。

真正加快中美、中英新约谈判进程的转折性事件是 1941 年 12 月 8 日日本偷袭珍珠港，太平洋战争爆发，日本公然与美国为敌。随着美国对日宣战，中

---

① 《为义军舰拟在上海福州间游弋停泊事》（1939 年 2 月 13 日），台北，"国史馆"藏，外交部全宗，抗战时期封锁内河及港口，入藏登录号：020000039720A，第 321 页。

② 《宁波实施封锁事节略》（1939 年 5 月 17 日），台北，"国史馆"藏，外交部全宗，抗战时期封锁内河及港口，入藏登录号：020000039720A，第 339 页。

③ 《关于封锁西江事》（1939 年 5 月 29 日），台北，"国史馆"藏，外交部全宗，抗战时期封锁内河及港口，入藏登录号：020000039720A，第 369 页。

④ 当然，亦应注意的是，封锁期间，外轮航行受到限制，但并未退出，国民政府甚至还开放了一些非通商口岸供外轮出入。战事发生后，敌人封锁沿海口岸，我国轮船不敢在沿海航行，外轮亦无法出入，货物阻滞。于是，国民政府宣布将非通商口岸暂时开放，允许外轮驶入。"一面制定沿海港口限制航运办法，及核发外国轮船通行证书办法，以便监督，而资限制。"抗战期间，开放了 36 处，其中浙江有石浦等 6 处，福建有沙埕等 17 处，广东有神泉等 12 处。王洸编《中华水运史》，第 258 页。

⑤ Wesley R. Fishel, *The End of Extraterritoriality in China*, Berkeley& Los Angeles：University of California Press，1952，p. 207；转引李育民《中国废约史》，第 899 页。

⑥ 《郭泰祺致胡适电》（1941 年 4 月 20 日），中国社会科学院近代史研究所中华民国史组编《胡适任驻美大使期间往来电稿》，《中华民国史资料丛稿》第 3 辑，中华书局，1978，第 102 页。

⑦ 《赫尔国务卿致中国外交部长（郭泰祺）》（1941 年 5 月 31 日），美国国务院根据档案编辑《美国与中国之关系：特别着重 1944 年至 1949 年之一时期》，中华民国外交部译印，1949，第 449 页。

国亦于 12 月 9 日对日、德、意三国宣战。第二年元旦，中、美、英、苏等 24 国签订《联合国家宣言》，组成反法西斯同盟。这一系列事件对于中国废除不平等条约，收回航权等来说，具有重要意义。

其一是中国正式对日宣战，从法理上废止了中日之间一切条约。以前因日方多次拖延、阻挠而多年未能解决的取消日本在华不平等条约特权问题因此次宣战而解决，日轮在华航行特权当然亦因此而取消。这种局面其实是日本不愿意见到的。日本虽在 1937 年发动全面侵华战争，但一直未正式对华宣战，其中原因之一就是考虑到条约特权问题。如该年 11 月 6 日，日本外务省通商局在《宣战布告对日本经济之影响》一文中认为，对华宣战弊大于利，其中包括由于宣战丧失在华条约权益："根据现行日华通商条约及其他所谓不平等条约，日本在华权利，如治外法权、租界开放地、内河航行权及在沿海贸易课税、禁止专卖等方面的权利均将丧失。"[1] 鉴于宣战的影响不利，日本遂采取战而不宣的政策。中国正式对日宣战，当然打破了日本的这种如意算盘。此后，随着战争的发展，反法西斯同盟的组成，日本战败不可避免，日本再希望通过战后谈判重享航行特权等就不可能了。

其二是中国成了反法西斯同盟中重要组成部分，成为英美在亚洲最重要的盟国，国际地位的提高促使英美加速废除在华不平等条约特权。此前，英美均只答应在恢复和平后进行谈判。此时随着形势的根本改变，英美不得不调整政策，加速废除在华条约特权进程。1942 年初，英美国内就在讨论是否立即废除在华条约特权问题。这对于中国航权收回来说，当然亦是重大转折。

二　中美、中英新约谈判中有关取消航行特权的交涉

1942 年 4 月 25 日，英国驻美大使哈里发克斯（Halifax）向美国国务卿提交了一份备忘录，就放弃在华治外法权一事与美国进行磋商，希望采取一致行动。[2] 此后，英美双方就此事进行了多轮磋商，逐步达成一致意见，即愿意

---

[1]　《宣战布告对日本经济之影响》（1937 年 11 月 6 日），章伯锋、庄建平主编《抗日战争：抗战时期中国外交》第 4 卷（上），四川大学出版社，1997，第 130 页。

[2]　"Memorandum by the Secretary of State of a Conversation With the British Ambassador（Halifax），April 25，1942，Negotiations for Relinquishment by the United States of Extraterriorial Rights in China," *U. S. Department of State Foreign Relations of the United States*：*Diplomatic Papers*（以下简称 *F. R. U. S.*），Washington，D. C.：Government Printing Office.，p. 275.

与中国进行谈判。与此同时，中国政府亦在为此做准备。重庆国民政府不仅要取消外人在华治外法权，而且希望废除外人在华所有条约特权。7 月 26 日，国民政府外交部拟定了《取消其他特权及特种制度办法》，其中包括军事、势力范围、通商、交通、财政及其他诸多方面的特权。关于通商方面第一条规定："外国根据条约或不根据条约在华沿岸贸易及内河航行之特权，一律取消。"①

1942 年 9 月 2 日，国民政府派魏道明接替胡适担任驻美大使。美国政府认为，新大使到任以后，中国政府随时可能提出废约要求，为争取中国好感，遂决定赶在中国提出之前，向中国宣布废除基于不平等条约所享有之治外法权等项特权，并彼此约定于当年中国国庆日在《晨报》上发布这个消息。为使中国政府亦能于同日发布消息，并约定先由英美两国政府于 10 月 9 日分头通知中国驻英及驻美大使馆。②

从 9 月下旬开始，国民政府主动向美国政府提出废约问题，希望美国率先声明放弃不平等条约特权。外交部部长宋子文在访美期间，口头提出希望美国取消在华沿岸贸易、内河航行及军舰驻泊中国水域的特权。蒋介石亦明确表示希望美国自动表示放弃不平等条约特权。蒋指出："中国受不平等条约之束缚者已一百年，偏颇的限制，既阻碍了国家建设的发展，而屈辱的情感，尤使四万万五千万人伤心饮恨。去年英、美两国与我郭大使交换放弃特权的文书，对中国自不失为一种安慰，但那个诺言是以战争结束以后为实行的时限，在一般人看来，似乎还是实现有待，感受到遥远而不可即。……我们并主张由中国单方面废弃这个不平等条约，但我们实在希望盟邦尤其是美国对这个问题考虑一下……美国何妨单独自动的将对华条约中所包含的不平等条约，就在这个时候率先声明放弃……"③ 美方原则上同意了上述建议。

10 月 9 日，美国国务院代理国务卿魏勒斯（Welles）向驻美大使魏道明声明，美国政府准备就该问题立刻与中国政府谈判，但是美国的建议是缔结一份简约，而综合性条约则"在彼此方便的时候"进行谈判。魏勒斯同时向魏道

---

① 《外交部拟定取消其他特权及特种制度办法》（1942 年 7 月 26 日），中国第二历史档案馆编《中华民国史档案资料汇编》第 5 辑第 2 编，外交，江苏古籍出版社，1997，第 147 页。

② 中美新约交涉过程，见杜泉编《抗战期间废除不平等条约史料》，台北，正中书局，1983，第 593 ~ 595 页。

③ 《蒋委员长提示敦促美国率先自动表示放弃对华不平等条约要旨》，杜泉编《抗战期间废除不平等条约史料》，第 523 页。

明表示，美方将在一个星期内把条约草案呈交给中国政府。① 对于美方的态度，蒋介石电告宋子文和魏道明："美国表示自动取消不平等条约，愿与我订立新约，殊为欣慰，并望为我政府与人民致谢罗总统。又领事裁判权以外，尚有其他同样之特权，如租界及驻兵权与内河航行权关税协定等权，应务望同时取消，方得名实相符也。"② 可见，蒋介石对于内河航行权等亦有明确要求。

在向中国声明愿意废约的同时，美国亦在征求英国的意见。10 月 3 日，美国代理国务卿魏勒斯将拟定的中美草约发给驻英大使怀南特（Winant），要求递交给英国外交大臣艾登（Eden）。该草案共 8 条，第一条是废除领事裁判权；第二条是 1901 年在北京缔结的条约（《辛丑条约》）终止；第三条是将上海与厦门公共租界归还中国，终止美国在那些区域内享有的权利；第四条是保障美国在华法人现有合法不动产权利不变；第五条是中国允许美国公民在其领土内享有旅行、居住和贸易权利；第六条是按照现代国际惯例给予领事应该享有的权利；第七条是对日战争结束后六个月内缔结友好、通商、领事方面的综合性条约而进行谈判；第八条是互换生效。③ 艾登表示需要两个星期来考虑这个问题。10 月 15 日，艾登正式回信，表示英国还需要征求自治领和印度政府的意见，希望美国推迟一到两周递交草约，并初步表明英方态度，对条款二、三、四、五、七均提出修改意见，其中如第七条要求在"友好、通商"与"领事"之间插入"航海"一词，此外对于条款一、二、六等条提出一些"次要的提议"。在这些修改建议中，英方对于条约保障英方在华权益非常注重，甚至要求在综合性条约缔结前，只要不与正在缔结的新约相违背，所有双方现存的条约、协定均应有效。④ 但是，美国除了对增加"航海"建议表示赞同外，对于英方的提议大部分不予赞同，如关于日本占领期间没收或征用财产恢复问题，美国政府就认为，"这些问题对于这份条约中的有关事项来说完全是

---

① "Memorandum of Conversation, by the Chief of the Division of Far Eastern Affairs (Hamilton), October 9, 1942, Negotiations for Relinquishment by the United States of Extraterriorial Rights in China," *F. R. U. S*, pp. 307、308.

② 《蒋委员长致宋子文、魏道明嘱为美国表示自动取消不平等条约事向罗斯福致谢蒸电》，杜泉编《抗战期间废除不平等条约史料》，第 527 页。

③ "The Acting Secretary of State to the Ambassador in the United Kingdom (Winant), October 3, 1942, Negotiations for Relinquishment by the United States of Extraterriorial Rights in China," *F. R. U. S*, pp. 298 – 300.

④ 具体修改内容见 "The Ambassador in the United Kingdom (Winant) to the Secretary of State, October 15, 1942, Negotiations for Relinquishment by the United States of Extraterriorial Rights in China," *F. R. U. S*, pp. 314 – 317.

一些不同类型的问题"；对于现存条约继续有效亦表示不赞同，美国要求英国采用美方草案中的措辞，尽量"避免突出现存条约、惯例或协议的条款"，等等。① 此后双方又不断进行磋商，到10月23日英国基本接受美方建议，但仍坚持要求在条约中规定"国民待遇"。② 由于英美在草案内容上存在分歧，直到10月24日美方才向中国提出草案。

10月24日，美国国务卿赫尔（Hull）向魏道明提出美方条约草案，草案共计8条，涉及领事裁判权、《辛丑条约》、上海厦门公共租界、内地杂居及通商等，但没有涉及航行权问题，唯表示愿意在战事结束后六个月内谈判签署新的友好通商航海设领条约。③ 10月29日，英国外交部亦向中国驻英大使馆提交条约草案。第二天，英国驻华大使薛穆（Horace James Seymour）亦向重庆国民政府外交部次长傅秉常提交了草案，内容与美方草案基本相同，但亦有差异。"惟中英新约草案多一条，即第一条规定新约所适用的领土，人民及公司加以解释。又英方草案第四条中，除交还上海及厦门公共租界外，更规定交还天津及广州的英租界。"④

英美的条约草案与国民政府要求收回所有特权的愿望有一定差距。中方一开始的期望就是在条约中废除包括内河航行权和沿岸贸易权等在内一切特权，而不是局部解决这些特权。接到美方草案后，魏道明派遣使馆公使衔参赞刘锴于26日拜访美国国务院远东事务司司长汉密尔顿（Maxwell M. Hamilton），就草案一些问题进行说明。关于内河航行权及沿岸贸易权问题，刘锴希望美方解释"是否包括在这份条约中"，或者美方是否希望在以后进行谈判。美方的答复是，缔结简约应该抓住主要问题，即领事裁判权及其相关事项，而内河航行权及沿岸贸易权问题是"细节性及特殊性的问题"，适合在以后通商条约中解决。当然，美方也表示，"在国务院并未考虑要将任何特殊问题或与其类似的问题放在以后谈判"。汉密尔顿继续说，"这些问题并未在条约草案中提到，我们也未去探究"。在美方看来，这个问题可以划分为三部分：在内河航行问

---

① 具体修改内容见 "The Acting Secretary of State to the Ambassador in the United Kingdom（Winant），October 17, 1942, Negotiations for Relinquishment by the United States of Extraterriorial Rights in China," *F. R. U. S*, pp. 317－321.

② "The Ambassador in the United Kingdom（Winant）to the Secretary of State, October 23, 1942, Negotiations for Relinquishment by the United States of Extraterriorial Rights in China," *F. R. U. S*, p. 330.

③ 陈志奇编《中华民国外交史料汇编》第11辑，台北，渤海堂文化事业有限公司，1996，第5450～5453页。

④ 张道行：《中外条约综论》，台北，五洲出版社，1969，第173页。

题；外国船只进入开放港口问题，这些港口现在可能不包括一些上游的条约港口，如汉口和九江；外国的公用船只使用内水问题。"如果对于这种特殊事项，中国政府能够提一些建议，我们会非常欢迎的"。美方另一与会人员远东司助理司长乔治·艾奇逊（George Atcheson）向中方保证："对于这里的任何一项，没有一个人考虑要从中国寻求保留、维持或者获得任何特权，因为这在现代国际关系中是不正常的。"①

对于美英两国提出的条约草案，国民政府进行了仔细研究。11 月 1 日，外交部提出初步审查意见，随后宋子文于 7 日提出第二次审查意见。中方提出的修改意见，主要的两点是：（1）中方不同意美方草案第五条所要求的经营商业的国民待遇；（2）要求把废止沿海贸易与内河航行权包括在内。关于第二点，《外交部对于中美关系条约草案意见》附加意见三则中提道："查中美关系条约草案内关于（1）口岸制度，（2）沿岸贸易、内河航行、外人引水，（3）外国军舰游弋、驻泊等权，尚无明文放弃，拟以换文方式声明作废。"②对于中英新约上述问题"拟照致美方答案以换文方式声明作废"。③

此时，国民政府已将收回航权作为新约谈判的重要内容，并为此做了充分准备。当中美、中英 10 月初宣布准备与中国进行谈判时，国民政府就指令交通部提出《全面收回航权》节略，送请外交部汇办。交通部部长张嘉璈指令交通部川湘陕水陆联运总管理处处长薛光前和船舶总队队长王洸负责制定。④王洸等代表交通部提出的节略内容如下："（一）收回沿岸贸易权。所有中国沿岸贸易船只，完全限于中国籍船舶，英美商船得在指定之沿海通商港口停泊，经营国际贸易。其通商港口由中国政府指定公布，沿海租借地如九龙、广州湾等，一律视为中国之通商港口。（二）收回内河航行权。所有与海相通之河流，如长江、珠江、闽江、瓯江、沽河、辽河等之航行船只，完全限于中国籍船舶。至各通海河流沿线已开辟之通商港口，一律关闭，不作为国际贸易港

---

① "Memorandum of Conversation, by the Assistant Chief of the Division of Far Eastern Affairs（Atcheson），October 26, 1942, Negotiations for Relinquishment by the United States of Extraterrirorial Rights in China," *F. R. U. S*, p. 338.

② 《宋子文致蒋介石：附外交部对于中美关系条约草案意见》（1942 年 10 月 30 日），章伯锋、庄建平主编《抗日战争：抗战时期中国外交》第 4 卷（下），第 1273、1274 页。

③ 《外交部对于中、英新约草案意见书》（1942 年 11 月 7 日），章伯锋、庄建平主编《抗日战争：抗战时期中国外交》第 4 卷（下），第 1299 页。

④ 王洸：《我的公教写作生活》，黄振亚《王洸传：一位水运专家的传奇人生（1906～1979）》，第 134 页。亦见王洸编《中华水运史》，第 249～250 页。

口。（三）收购英美在华船舶栈埠。所有英美在华之轮船、趸船、码头、仓库及其他航行设备，均由中国政府备价收购，其详细办法由交通、外交两部会同议定。（四）收回引水权。英美人民充当中国境内引水人之特种制度，应即废止。以后所有沿海、沿江之引水人，一律限于中国人民。其考试管理机构，由中国政府自定之。但中国引水人如不敷应用时，得就英美人民在华领有执业凭证之引水人，临时雇用之，并以三年为限。”“至于收回航权之方略，以前有主张互惠主义者，即两缔约国彼此准许互有内河航行或沿海贸易之权，表面似属平等，惟我国航业落后，一时决无能力向他人境内角逐。如采此主义者，则我国仍将负担片面之义务，甚不智也。又有主张特许主义者，即在一定年限内，仍准外轮继续营业，惟由政府征求税款，以为特许之报酬。此项办法，虽较互惠稍胜一筹，然与我国民党政纲抵触，而不彻底。笔者供职航政，历来主张整个收回航权为唯一善策，并由本国航政官署管理之，以一事权，而专责成。”① 上述节略是国民政府在中美、中英新约谈判航权问题的基础，新约“大部分接纳了交通部所提意见”。②

　　国民政府确立了收回航权的方针后，就坚持要求英美在新约中明确放弃沿岸贸易和内水航行特权。11 月 10 日，中国驻美大使魏道明就美方草案向美国国务卿提出修改意见，其中第六点要求对于一些未包括在目前条约中的事项，建议在备忘录中加以阐述，中方并草拟了一份中美两国之间交换的备忘录，就上海、厦门公共租界的特殊法庭及条约中被迫开放的口岸体系，外国侨民在内河航行和沿岸贸易，引水人雇用，外舰不经中华民国政府同意而擅自驶入中国口岸的权利等事项，要求美方确认“都在现在之条约的废除范围之中”。③ 11 月 13 日，艾奇逊与刘锴进行会谈，就中方提出的修正案进行讨论。刘锴又提出航行权问题。艾奇逊指出，“对于沿岸贸易和内水航行、外舰巡查等问题，我评论说，这些问题完全与治外法权问题不相关，如以亚马孙河为例，它是向对外贸易开放的。”不过，艾奇逊仍然重申 10 月 26 日汉密尔顿的立场，“如果中国政府希望如此的话，那么国务院将对这些问题进行研究”。他并表示，美

---

① 王洸：《航权收回之前后》，《交通建设》第 1 卷第 1 期，1943，第 17 页。
② 王洸：《我的公教写作生活》，黄振亚《王洸传：一位水运专家的传奇人生（1906～1979）》，第 135 页。
③ "The Chinese Ambassador to the Secretary of State, Negotiations for Relinquishment by the United States of Extraterriorial Rights in China," *F. R. U. S*, p. 347.

国不会要求保持、维护或获取那些不合正常国际关系的特权。①

由于中国一再提出取消沿岸贸易及内河航行特权等问题，美国不得不加以考虑。美国在华航运利益并不大，因此对于中方提出的要求决定予以满足。但顾及英国的立场，美国决定征求英方意见。在与中方进行磋商的过程中，美方亦不断与英国政府沟通，希望在新约谈判中保持一致。但是，就在华内水航行和沿岸贸易问题上，英美两国的立场存在一定的分歧。英方以在华利益重大为由，反对在新约中阐述这一问题。

10 月 27 日，美国国务卿赫尔致电驻英大使怀南特，表示美国考虑就航行权问题与中国进行谈判，要求向英方就此说明："对于公私船只在内水航行及沿岸贸易特殊问题，我们已经打算在中美之间的条约中对此进行消除，同时我们认识到这些特殊问题可能牵涉因废除内河航行权而受到影响的码头和其他的航行设备的所有权及其赔偿等具体问题的解决，而且对这些细节的讨论可能会导致缔结简约的时间推迟。这种简约是我们提议递交给中国政府的。因此，我们在这个事项上的大致态度并非很坚决，我们倾向主张在此条约中应包含一些关于此主题的相关条款，尤其是中国也希望如此时更应这样做。英国政府若能够尽早考虑这个事项会更好。"② 10 月 31 日，赫尔进一步向英方阐述在此问题上的态度，建议在相关条约草案中插入沿岸贸易、内河航行及相关问题的条款。美国甚至拟定这种条款征求英方意见，其条款如下："美国政府放弃美国商船享有的沿岸贸易和内河航行特权，以及美国军舰在中华民国领水内享有的航行特权。中美两国政府同意，两国船只可自由航行至各该国对外开放港口、地区和其他可能对外国商船开放的领水，并且在这些区域所受待遇不得低于本国船只和最惠国船只之待遇。缔约国任何一方在沿岸贸易和内河航行方面不得要求享有对方本土待遇之特权，而是要遵守各国与此相关的法律规定。然而，在沿海贸易和内河航行方面，缔约国任何一方在对方国家的领土内应该享有最优待遇。"③

---

① "Memorandum by the Assistant Chief of the Division of Far Eastern Affairs (Atcheson) of a Conversation with the Minister Counselor of the Chinese Embassy (Liu Chieh), November 13, 1942, Negotiations for Relinquishment by the United States of Extraterriorial Rights in China," *F. R. U. S*, p. 354.

② "The Secretary of State to the Ambassador in the United Kingdom (Winant), October 27, 1942, Negotiations for Relinquishment by the United States of Extraterriorial Rights in China," *F. R. U. S*, pp. 339 - 340.

③ "The Secretary of State to the Ambassador in the United Kingdom (Winant), October 31, 1942, Negotiations for Relinquishment by the United States of Extraterriorial Rights in China," *F. R. U. S*, pp. 341 - 342.

但是，这个建议遭到了英方的反对。11 月 12 日，英国外交大臣安东尼·艾登致函美方称："对于沿海和内水航行的棘手问题，我们强烈感到，推迟在此问题上的精确安排，直到我们根据一个互惠的基本原则开始进入谈判，这样做比较可取。如果我们在这一点上有点坚持的话，你将会理解，这主要是因为我们在中国的贸易方面之利益，在正常情况下，比起其他外国的利益来说，占的分量更大，日本例外，因此此事项对我们来说是头等重要的。"按照美国驻英大使转述的意见，英国外交部认为，"在给中国递交的条约草案中并未包含有关沿岸贸易和内水航行问题，在条款二中（即在美国草案中的条款一）也未提到具体地废除一些特权。英国船只至今仍旧被允许在中国沿岸贸易和内水航行。而且英国政府非常不愿意看到目前的条约中包含任何严格限制航行的条款，这种条款严格来说是不必要的。他们希望能在以后的某个时间再对此进行讨论。他们的想法是，在以后缔结一份综合性条约的谈判过程中，可在商务和航海事项方面相互做一些安排，就如在美国草案（我们草案的条款八）条款七中所预见的一样。同时，他们准备告诉中国政府：他们并不希望继续保留他们现在仍在享有的单方面特权，他们希望在即将到来的缔结综合性条约谈判中，中国政府将不会禁止英国船只在内水航行，当这种权利再次变为现实时，对于中国的沿海贸易，大不列颠联合王国及其殖民地都允许中国船只进行这些贸易"。① 显然，英国政府更希望此时不要讨论此项问题，以便继续保留这种特权。

但是，美国政府并不以为然。11 月 17 日，美国国务卿赫尔在致电驻英大使时提道，中国政府先后四次提出航行权问题，已经使美方头脑产生了深刻印象，即"在此方面中国将会坚持己见"，"因为，一方面，我们在中国所享有的沿岸贸易和内水航行权利（包括我们的军舰在内水航行的权利）属于单方面特权；另一方面，那些权利虽然在事实上与治外法权并不相关，但是在中国官方和民众心中都强烈认为其与治外法权相关联"。美国政府的设想是通过缔结简约，全部消除两国之间关系的异常，条约的最初目标是废除治外法权及其他特权，而废除这些特权"需要关注这些额外的事项"，美国政府担心在此问题上的迟延将被中国和美国的公众所感知，以为美国试图保留这些特权，这将遭到公众的批评。因此，美国政府建议英国政府"按照我们大致上的规划，

---

① "The Ambassador in the United Kingdom（Winant）to the Secretary of State, November 13, 1942, Ne-gotiations for Relinquishment by the United States of Extraterriorial Rights in China," *F. R. U. S*, pp. 349 – 350.

在采用此项条款的问题上，做进一步的考虑"。美方并表示，从 11 月 12 日艾登的来信来看，英国政府也并不排斥这种方案，不过是希望按照英国其他条约中的类似条款来拟定约文而已。①

在美国的要求下，英方有所让步，但仍希望坚持保有此项特权。11 月 23 日，英国外交大臣艾登致函美国驻英大使时表示："我们应该在某种程度上满足中国目前的谈判包含沿岸及内水航行内容的愿望。在几个要点上，我们强烈感觉到，我们有充分的理由要求中国给予平等、互惠的待遇，而且我非常希望国务院能够对我们的建议表示接受。"② 英国外交部的态度是"基本上承认并不打算保留任何在国际惯例中不正常的事务"，但是又表示，"另一方面，当其准备消除中国所遭受的所有不平等时，对于由现在的条约所引起不利于英国或任何其他利益的不平等，他们还未想出其替代品"。英国政府实际上仍希望继续保有在华内水航行权。"我们希望尽可能地鼓励中国政府开放中国所有地方，以便外国进行贸易往来、旅行及居住"。关于沿岸贸易和内河航行，英国要求三点：（1）引水员。英国声称"不希望保留任何特权"，但是又提出为了保证驶入上海口岸的大船（包括军舰）的安全，"请求中国政府雇用一批具有充分资格的外国引水员，以备上海再次向盟国船只开放时之用，直到中国训练出一批具有充分资格的中国引水员来接管为止。希望能够从中国得到这样的保证：当引水公会会员的雇佣期结束时，中国能够承诺接管引水公会时也承担其财务上之债务"。（2）外国军舰。"英国政府不希望保留任何英船在中国领水现在享有的特权。外交部会建议在双方互换的文件中应认识到此点，并做以下补充：根据国际惯例，中英政府应扩大相互礼节性的军舰访问的权利。"（3）商船的沿岸和内水航行权。"外交部认为，应极力坚持。至少首先在 11 月 12 日递交给美国外交大使的备忘录中应坚持这种态度。"英国认为，他们这样做"并非考虑试图保留在中国单方面的不平等特权"，理由是英国按照惯例给予中国船只在大不列颠联合王国、殖民地及印度参与这些贸易的权利。英国外交部提议美国国务院注意 1894 年中英关于缅甸协议中的有关条款，即允许

① "The Secretary of State to the Ambassador in the United Kingdom (Winant), November 17, 1942, Negotiations for Relinquishment by the United States of Extraterriorial Rights in China," *F. R. U. S*, pp. 357 – 358.

② "The Ambassador in the United Kingdom (Winant) to the Secretary of State, November 24, 1942, Negotiations for Relinquishment by the United States of Extraterriorial Rights in China," *F. R. U. S*, p. 365.

中国船只往返伊洛瓦底江，与英国船只享受同等待遇。英国外交部提议，向中国政府指出按照上述条款精神解决航行权问题。"然而，如果在所提议的双方互换文件中，中国政府坚持在沿岸贸易及内水航行方面的要求，英国政府将准备遵循以下原则：英国政府将声明他们不愿保留其在沿岸贸易及内水航行方面所享有的任何单方面条约特权，作为回应，中国政府应声明，在保留这些权利仅限于中国船只的时候，他们将允许现存的条款在进一步安排之前继续有效。"①

由于英国的反对，美国又改变了态度。11 月 25 日，美国国务卿在致电驻英大使的电报中表示，对于英方的建议，美国政府考虑接受部分意见，关于引水员，并不反对英方建议；对于外国军舰，接受英方建议，在条约中添加相应条款；关于沿岸贸易和内水航行，美国政府意识到两国存在分歧，这是"由两国政府在实践中的必然差别所引起的"，因为美国"不能给中国以互惠的权利"，美国"不能继续寻求保留或维持这些特权"，但是，美国政府也"考虑到英国政府将沿岸贸易和内水航行问题看得如此重要，我们准备放弃我们的提议，即通过添加一项明确的条款以包含这些问题"。美国的新提议是："在中华民国领水内进行沿岸贸易和内水航行特权相关的问题，与治外法权之管辖无关，这个问题适合以后两国政府就涉及商务、航海等方面的综合性条约谈判中解决。彼此可以理解，美国政府放弃其在中华民国领水内所享沿岸贸易和内水航行特权，而中华民国政府虽保留其权利使境内的沿岸贸易和内水航行限于悬挂中国国旗船只，唯在两国政府未进一步之协定时，中华民国政府并未考虑要实施一些限制，这些限制可能会引起对现存惯例做实质性的改动。进一步的理解是，中华民国政府和美国政府的观念和打算是，关于沿岸贸易和内水航行问题，将会依据友好国家之间缔结的现代国际条约中应有的正常原则来进行安排。"②

11 月 26 日，美国国务卿致电驻华大使高斯（Gauss），要求其于第二天正式答复中国政府，"我们在尽最大的努力来满足中国的愿望"，美国政府对于

---

① "The Ambassador in the United Kingdom（Winant）to the Secretary of State, November 24, 1942, Negotiations for Relinquishment by the United States of Extraterriorial Rights in China," *F. R. U. S*, pp. 366 – 368.

② "The Secretary of State to the Ambassador in the United Kingdom（Winant）, November 25, 1942, Negotiations for Relinquishment by the United States of Extraterriorial Rights in China," *F. R. U. S*, pp. 372 – 373.

中国的修正案大部分只就措辞进行修改，"但关于沿岸贸易和内水航行问题除外"。美国政府要求中方接受美方建议，将沿岸贸易和内水航行问题放到缔结综合性条约时再行解决。[①] 11 月 27 日，美国国务院远东事务司官员艾奇逊亦在约谈刘锴时告之上述内容。但同日，美国国务院将答复中方修正案建议交给中国驻美使馆时又提到关于内水航行及外国船只入港问题。美国认为，"在事实上并不与治外法权问题相关联，美国政府并不反对在换文中包含与两国利益相关的各种问题"。[②] 可见，美方在这个问题上受英国政府的影响立场并不坚定。其实，英国在此问题上亦有让步的打算。11 月 27 日，艾登训令英国驻华大使薛慕时就做了两种预案："关于沿海贸易和内河航行问题，你首先应按照我 11 月 17 日电报第 3 段的意思向外交部部长说明。在英国、各殖民地以及印度，都允许中国船只从事这些贸易；我们过去在中国的权利不是单方面的。为了进一步加强我方的这一观点，你可以引用 1894 年缅甸条约第 12 款的内容，该款授予中国船只在伊洛瓦底江的航行权。如果中国政府在互换照会中仍然坚持把这个问题列入条约，我们愿照下述步骤行事。我们将声明，我们不保留沿海贸易和内河航行方面拥有的任何单方面的条约权利。作为回报，中国政府应发表声明，宣布虽然中国只把从事这种贸易活动的权利保留给中国国旗下的船只，允许现有的贸易活动在新作出的安排之前继续按原来的方式进行。此外，我们应该准备在别无他法时只接受中国政府关于沿海贸易的意见（此点仅限你知道——原注）。"[③]

中国政府一直坚持在换文中明确解决这个问题。11 月 30 日，外交部部长宋子文约谈美国驻华大使高斯，宋说，"中国可能会坚持其在所建议之换文中关于内水航行和沿岸贸易方面的最初文本"，他说，"在这一点上，中国给予极大重视"。[④] 鉴于中方的强烈愿望，美国政府考虑了三种应对方案，即：（1）在换文之附件中处理；（2）根据与其他国家之间所缔结的现代综合性条约中在那些事项上所订的条款，在此条约中增列一项全面条款；（3）放下这

---

① "The Secretary of State to the Ambassador in China（Gauss）the, November 26, 1942, Negotiations for Relinquishment by the United States of Extraterriorial Rights in China," *F. R. U. S*, p. 374.

② "The Department of State to the Chinese Embassy, Negotiations for Relinquishment by the United States of Extraterriorial Rights in China," *F. R. U. S*, p. 380.

③ 《英国外交部致驻华使馆》（1942 年 11 月 27 日），章伯锋、庄建平主编《抗日战争：抗战时期中国外交》第 4 卷（下），第 1308 页。

④ "The Ambassador in China（Gauss）to the Secretary of State, November 30, 1942, Negotiations for Relinquishment by the United States of Extraterriorial Rights in China," *F. R. U. S*, p. 383.

些事项，且将其保留到战后缔结商约时再讨论。美国政府的倾向是，选择第三种方案。美国国务卿在 12 月 1 日电报中提出，尽管美国没有特殊选择，也希望满足中国的愿望，但根据事实，此项事务与治外法权无联系，且更适合保留至日后缔结综合性条约中进行解决，"我们建议为解决问题，目前应忽略现在条约或附件中所涉及任何关于沿岸贸易和内水航行的内容"。不过，美国政府又表示，"在此事项上要给中国留下选择的余地"。①

按照国务卿的指示，在 12 月 3 日高斯拜会宋子文，将美方观点告之中方。宋子文仍表示希望美方对放弃特权做简单的阐述，"他并不希望将此事项推迟到在以后缔结综合性条约时再解决"。对于美国国务卿原来建议在简约中插入一项条款包含该问题，而不是在换文中阐述，宋子文亦表示不愿意接受。他认为，"在互换文件中，以简单的语言直接说要放弃这些权利会更受中国的欢迎和感激"。在会谈中，宋子文还就中国在对外开放问题阐述了中方立场。"他说，中国是不会允许插着外国旗帜的船只在华沿岸及内水进行贸易"。美国的意思是，当中国允许第三国参与沿岸贸易和内水航行时，美国亦须获得此种权利。宋子文表示，将在互换中阐明这层意思，如果中国在以后扩大给予任何第三国这种权利时，也给予美方船只这种权利。高斯还就汉口以下长江下游是否对于海外船只开放问题征询了宋子文意见，宋子文给予否定答复。但当高斯提出，直航可以减轻运输代价，便利对外贸易时，宋子文"又表示很有兴趣"。②收到高斯的电报后，赫尔于 12 月 6 日回复高斯，鉴于宋子文希望美国在"直接放弃"沿岸贸易和内水航行特权问题上做一个简洁阐述，赫尔怀疑宋子文没有理解 12 月 1 日的电报精神，他指出美国的建议条款第一段就包括了"美国政府放弃美国船只在中华民国领水内享有沿岸贸易和内水航行的特权"，他要求高斯将此段话立即送给宋子文。他并要求高斯尽快拜访宋子文，表明美国的意思是在建议的简约中"有效地废除治外法权及其他相关特权，并且因为废除治外法权与其相关联的事项所产生的其他事项都应引起关注"，美国不希望由于节外生枝及特殊事项而迟延谈判，"这些特殊事项更适合保

---

① "The Secretary of State to the Ambassador in China（Gauss），December 1, 1942, Negotiations for Relinquishment by the United States of Extraterriorial Rights in China," *F. R. U. S*, pp. 384 – 385.

② "The Ambassador in China（Gauss）to the Secretary of State, December 3, 1942, Negotiations for Relinquishment by the United States of Extraterriorial Rights in China," *F. R. U. S*, pp. 385 – 386.

留到以后缔结综合性条约时再做解决"。①

12 月 7 日，宋子文在致蒋介石的电报中提到美方态度的变化及中方的立场。"关于美大使 12 月 4 日送来对于内河航行及沿海贸易条款审查意见：查本月 3 日美大使来访部长时，曾面交美方所拟关于内河航行及沿海贸易之条款（与 4 日备函送来之稿除一、二无关重要之文字外完全相同——原注），嗣美大使又亲笔代拟下列修正条文：'双方并谅解倘日后中国在任何情形下，给予任何第三国之船舶以内河航行或沿海贸易权，应给予美国船舶以同样之权利。'本部对此认为可以接受，业已将上述一段加入换文中，并已致电魏大使令其照送美国国务院。4 日美大使特又备函送来关于内河航行及沿海贸易修正草案美方原拟条款，想系会谈后，与使馆人员或与英大使相商，认为亲笔代拟之条文不妥，故又将原拟条款送来。查美大使 4 日送来所拟条款，关于双方经营海外商运船舶之进口及待遇问题，与美方原提案相同，业经我国同意，至于内河航行及沿海贸易部分，不但与其 3 日亲笔所拟条文大相径庭，即与美国国务院致魏大使节略中所规定者亦大不相同，在节略中，美方已允放弃此项权利，仅在进一步协定尚未成立之前，希望中国对于此项现行权利暂时不加以限制，今美大使所提款，虽承认中国对于航行之管理权，但外人之内河航行及沿海贸易权均已无形保留，似难接受。"②

12 月 8 日，中国驻美使馆向美方提交了备忘录，表示接受美国提议的全部修正案，"但是唯一例外的是关于在中华民国领水内进行沿岸贸易和内水航行的一段除外"。备忘录指出，对此"中国人民给予高度重视"，中方希望对于外舰在中国领水内访问的问题要以一种明确的方式来处理。③ 中方提出：关于外籍引水员权利被放弃，已被接受；对于向美国商船开放的中国口岸，中国政府以指定的各口岸为代替。提议改为如下条款："鉴于废除这些条约口岸，可理解为在中华民国境内所有向美国商船正常开放的沿海口岸，在目前的条约及换文附件生效之后将继续保持向这些船只开放。"关于军舰巡查，接受美方

---

① "The Secretary of State to the Ambassador in China（Gauss），December 6, 1942, Negotiations for Relinquishment by the United States of Extraterriorial Rights in China," *F. R. U. S*, pp. 389 – 390.

② 《宋子文致蒋介石》（1942 年 12 月 7 日），章伯锋、庄建平主编《抗日战争：抗战时期中国外交》第 4 卷（下），第 1275 页。

③ "The Chinese Embassy to the Department of State（Memorandum），Negotiations for Relinquishment by the United States of Extraterriorial Rights in China," *F. R. U. S*, p. 392.

草案。关于沿海贸易和内水航行，提议修改："可取得相互谅解的是，美国政府放弃美国船只在中华民国领水内所享有的可进行沿海贸易和内水航行的特权，而中华民国政府正准备接管美国已经为达到这些目的而承诺转交的任何财产，并为此交付足够的赔偿，然而可进一步理解，中华民国在日后不管以任何方式给予任何第三国的船只参与沿岸贸易或内水航行的权利时，亦应该给予美国船只以同样之权利。"① 同日，艾奇逊在与刘锴会谈时解释，美国愿意放弃在华内水航行和沿岸贸易权，但是，"如果条约或换文中包含的初步声明，与第三国权利相比，这种方式会给美国的商业利益造成歧视，那么我们就会很容易受到大量的批评和攻击"。因此要求中国政府在条约或换文中 "涉及我们放弃现在在华内水航行和沿岸贸易方面的特权，则希望相对于第三国，我们的权利问题也能够得到充分地阐述"。② 这里美国所指第三国主要是针对英国来说的。美国政府担心，虽然中国方面保证日后给予第三国权利时也给予美国船只相应权利，但此时英国不放弃内水航行和沿岸贸易特权的话，那么美国商民就处于不利地位。

　　直至此时，美国与英国在对华新约谈判问题上仍有一定分歧，主要问题就是内水航行和沿岸贸易问题。"显然美国政府一开始就准备同意中国政府关于废止沿海贸易与内河航行权的要求，但英国却强调其对华贸易利益大于除日本外的任何大国，力图把这个问题拖到战后订立范围广泛的商约时再解决。"③ 对于战后解决方案，中国强烈反对，美国亦并不坚持。英国只好退而求其次，希望通过所谓 "互惠" 原则尽量确保原有权利。但是，美国法律不允许在此问题上与他国 "互惠"，而且 "因为中国坚持在现有条约中处理沿岸贸易及内水航行问题"，美国政府表示，"我们除了在我们的政策框架之内来做决策并保持这些举措而不寻求特权之外，我们不知道还能怎么做"。宋子文声明，不允许外籍船只参与沿岸贸易及内水航行活动。美国政府认为，"对我们来说，我们认为除了对中国享有平等及主权地位给予认可，并承认中国将完全保留在

① "The Chinese Embassy to the Department of State （Memorandum）, Negotiations for Relinquishment by the United States of Extraterriorial Rights in China," *F. R. U. S*, pp. 393 ~ 394.

② "Memorandum of Conversation, by the Assistant Chief of the Division of Far Eastern Affairs （Atcheson）, December 8, 1942, Negotiations for Relinquishment by the United States of Extraterriorial Rights in China," *F. R. U. S*, pp. 394 – 395.

③ 《关于沿海贸易与内河航行权（编者说明）》，章伯锋、庄建平主编《抗日战争：抗战时期中国外交》第 4 卷（下），第 1302 页。

其国境内关于内水航行及沿岸贸易方面的权利外，我们是什么也不能做"。①鉴于美国的态度，英国政府很不情愿地（指责美方为了节省时间而向中国妥协）做出一定让步，答应可以在换文中解决该问题，但是提出附带条件：（1）作为英国宣布放弃在华沿岸贸易和内水航行特权的回报，中国亦宣布放弃根据1894 年中英缅甸协约有关中国船只航行伊洛瓦底江的权利；（2）中国政府在将沿岸贸易和内水航行权限于本国船只时，但要承诺，在缔结新的综合性通商条约前，"并未考虑要实施将会妨碍英国商船参与在华贸易"的限制办法，换言之，即允许商船继续参与沿岸贸易和内水航行。为了显示"互惠"性质，英国及其在印度的政府亦做同样承诺。② 这两条都是中国所反对的，前者与内水航行不同，中国政府认为伊洛瓦底江是国际河流，不属于内河，性质根本不同。后者则势必使英国继续享有内水航行和沿岸贸易特权。而这一点将使废除特权成为画饼。因此，中国政府审查意见认为，"关于沿海贸易及内河航行之权利，拟照对美提案修正，中国船只虽在英国领水内（指海外殖民地及印度——原注）享有经营沿海贸易与内河航行之权利，但我方应不惜牺牲此种权利，以求达到彻底废除外人在华之内河航行及沿海贸易权利"。③

其实，美国政府亦担心由于英国的"承诺"要求而使美国事实上处于不利地位。因此，美国政府希望对相关换文条款做一定修改，改为："然而可进一步理解，如果任何第三国船只被允许参与沿岸贸易或内水航行活动，则美国船只也应准许享有同样的权利。"④ 这种修改主要是删除了"日后"两字，暗含此时英国继续保留此权的话，美国亦要求同样待遇。

对于美方建议删除"日后"两字，中国外交部有所顾虑，在 12 月 10 日外交部部长宋子文会见美国驻华公使高斯时，宋子文的法律顾问认为，美国的条

---

① "The Secretary of State to the Ambassador in the United Kingdom (Winant), December 9, 1942, Negotiations for Relinquishment by the United States of Extraterriorial Rights in China," *F. R. U. S*, pp. 398 – 399.

② "The Ambassador in the United Kingdom (Winant) to the Secretary of State, December 9, 1942, Negotiations for Relinquishment by the United States of Extraterriorial Rights in China," *F. R. U. S*, p. 396.

③ 《宋子文致蒋介石；附一：审查意见一：对于"英方所拟中英换文草案"之初步审查意见》（1942 年 12 月 7 日），章伯锋、庄建平主编《抗日战争：抗战时期中国外交》第 4 卷（上），第 1299~1300 页。

④ "The Secretary of State to the Ambassador in the United Kingdom (Winant), December 9, 1942, Negotiations for Relinquishment by the United States of Extraterriorial Rights in China," *F. R. U. S*, p. 397.

约草案第一段宣布放弃了美国船只在华的特权，但第二段最后一句的一些内容则"暗示关于沿岸贸易和内水航行的一些权利会继续存在"。宋子文在会谈中反复表示，中方要求的是所有条约国放弃其在华的特权，并称如有必要，"中国将单方谴责这些继续存在的条约款项"。宋子文希望高斯将中方起草的条款传给国务卿，这个条款仍坚持使用"日后"二字，内容如下："美国政府与中华民国政府相互同意，两国商船可准许自由驶入对方对外开放港口、地方及领水内，并且一方在对方的这些口岸、地方及领水内所享有的待遇不能低于对方给予本国船只的待遇，且应与任何第三国的船只享有同等优厚待遇。美国政府放弃美国船只在中华民国领水内进行沿海贸易和内水航行的特权。两国中日后任何一方以内河航行及沿海贸易权给予第三国船舶时，则应给予彼方船舶以同样之待遇。两国在沿海贸易及内水航行方面，此方不得要求彼方之本国待遇，而且此方都要遵守彼方与此相关的法律约束。然而，两国中彼方船只在对方国家领土内给予沿海贸易及内水航行方面的权利都应与任何第三国船只享同等优厚待遇。"① 同日，外交部致电魏道明，要求将此条款转交美国国务院。

美国大致同意了中方条款，但仍坚持删除"日后"二字。外交部对此进行了研究，最终决定接受其建议。王宠惠在致蒋介石电文中提道："关于中美新约，本月 10 日外交部致魏大使电所拟内河航行及沿海贸易条款，尤其'……倘日后任何一方以内河航行及沿海贸易权给予第三国船舶时，则应给予彼方船舶以同样之待遇……'一段完全以平等互惠为原则，甚属妥善。据最近魏大使电告，美政府对于此项条款原则上业已表示同意，惟因恐其他国家一时不肯放弃此项权利，致使美国商业利益独遭歧视，不免有所顾虑，且恐为议会方面所反对，故拟将我外部原电中'日后'二字删除。按照我外部所提条款，美国对于在华之内河航行及沿海贸易权将立予放弃，而不问其他国家是否采取同一步骤，至于将来中国政府再以此种权利给予第三国时，则美国自可要求平等待遇，若将外部电中'日后'二字删去，非但将来中国政府以内河航行及沿海贸易权给予第三国时，美国得要求同样之待遇，即在今日若有任何国家拒绝放弃此种权利，美国亦可要求继续享受其原有之权利。但自美国立场言，亦自有其理由，盖美国一旦放弃此种权利，而其他国家仍继续享受，对于美国利益，实不啻为一种不平等之待遇，故美方仍坚持删去'日后'二字，

---

① "The Ambassador in China（Gauss）to the Secretary of State, December 10, 1942, Negotiations for Relinquishment by the United States of Extraterriorial Rights in China," *F. R. U. S*, pp. 399 – 400.

我方似亦不便拒绝，且在华享受内河航行及沿海贸易权之主要国家为英国，现亦表示放弃此种权利，故事实上当不致有重大流弊。"①

在中方讨论是否删除"日后"二字时，美方亦在商讨对策。驻华大使高斯向国务院建议，为了确保中方不歧视美国船只，应该要求中国政府接受一份换文，其内容是："中国政府声明，将内水航行及沿岸贸易限于悬挂本国旗帜的船只享有是其自己确定的意图，中国政府向美国政府确保：相对于任何第三国来说，决不会使美国的利益受到排挤。"② 12 月 14 日，国务卿赫尔致电高斯，称美国正在通知英国，美方有意接受中国的这份建议，唯美国要求在换文中涉及此类事项。对于高斯建议在换文中要求中国保证美国利益不受排挤，国务院认为并不是"在我们的目标中所要求的"。③ 12 月 15 日，美国国务院将美方立场告之英方。

此时中英谈判也取得一定进展。11 月 12 日，中英谈判在重庆举行，双方代表为外交部部长宋子文与英国驻华大使薛穆。在谈判中，中英双方就废止沿海贸易与内河航行权、经营商业的国民待遇、海外商运待遇、购置不动产权、九龙租借地等问题进行反复谈判，美英之间也不断互通消息。关于内河航行权和沿海贸易问题，"英方要求我方放弃根据一八九四年中英双方在伦敦签订之专约，我方船舶在伊洛瓦底江的航行权"。④ 对此，中国政府的意见是，"中英新约中关于内河航行及沿海贸易问题，似应照中、美办理，未便独持异议。至伊洛瓦底江查系国际河流，依照国际通例华船本有经该江入海之权，与外人在华所享受内河航行之特权，未可相提并论，似不应在新约中规定我方放弃此种通商权利"。⑤ 但是，在英方的坚持下，中国政府最终妥协了。12 月 17 日，艾登在给美国政府的回信时提道，中国政府已经同意插入一段话，表示中国放弃在伊洛瓦底江的航行权利。这样，双方在此问题的分歧消除。"我们已决定接受在第二段两个要点之间插入一个词，以保证我们不会被迫根据最惠国条款给

① 《王宠惠致蒋介石》（1942 年 12 月 16 日），章伯锋、庄建平主编《抗日战争：抗战时期中国外交》第 4 卷（下），第 1276～1277 页。

② "The Ambassador in China（Gauss）to the Secretary of State，December 10，1942，Negotiations for Relinquishment by the United States of Extraterriorial Rights in China," *F. R. U. S*, p. 400.

③ "The Secretary of State to the Ambassador in China（Gauss），December14，1942，Negotiations for Relinquishment by the United States of Extraterriorial Rights in China," *F. R. U. S*, pp. 400 –401.

④ 张道行：《中外条约综论》，第 174 页。

⑤ 《王宠惠致蒋介石》（1942 年 12 月 16 日），章伯锋、庄建平主编《抗日战争：抗战时期中国外交》第 4 卷（下），第 1277 页。

予中国在英国境内进行沿岸贸易和内水航行的权利，除非中国允许英国船只在中国参与沿岸贸易和内水航行活动。"英方拟定的相关条款是："英王陛下及中华民国政府主席彼此赞成缔约国一方的商船可被准许自由驶入另一方对海外开放的港口、地方及领水内，且这些船只所享有的待遇不得低于给予本国船只的待遇，并与任何第三国船只所享有同等优厚待遇。缔约国一方船只即意味着在其国境及领土内任何地方注册之所有船只都适用于现在所签订的条约。英王陛下放弃其船只在中华民国领水内所享有的沿海贸易和内水航行特权。中华民国政府主席放弃根据 1894 年 3 月 1 日在伦敦签订的条约条款十二中中国船只在伊洛瓦底江享有的航行特权。如果缔约国一方给予任何第三国船只在其国境内任何地方都享有沿岸贸易及内水航行权利，则这些也同样给予缔约国另一方船只，只要后一缔约国同意，前者的船只可在其领土内进行沿岸贸易或内水航行。在沿岸贸易和内水航行方面，不得要求本国公民之待遇，并且要遵守两缔约国彼此与之相关的法律，然而缔约国任一方的船只在另一缔约国领土内所享有的沿岸贸易及内水航行权利，要与任何第三国的船只所享有同等优厚待遇，视以上规定之条款而定。"① 但是，这段约文中方仍未正式表态。

中美谈判已经接近尾声。12 月 19 日，中国驻美使馆参赞刘锴应邀与艾奇逊会晤，刘锴刚接到中国外交部电报，他告之美方，将关于内河航行和沿岸贸易方面的换文段落中第二句内"日后"一词删除，显然，中国政府已经接受了美方的提议。同时，中英换文条款中亦删除了"日后"二字。② 至此，中美关于沿岸贸易和内河航行问题谈判基本完成。12 月 24 日，英国外交部在致电驻华使馆时指出："美国人现在已在所有问题上与中国达成一致意见，他们的条约将于 1 月 1 日签署。如果中国政府接受我们关于九龙租借地问题的解决方案和我们在换文中关于内河航行条款的修正案，我们愿在同一天与中国签订条约。"③ 但是，此后中英双方在伊洛瓦底江与九龙问题上意见分歧，签约时间不得不推迟。最后，由于英国的坚持，国民政府被迫做出让步，放弃中方船只

---

① "The Ambassador in the United Kingdom（Winant）to the Secretary of State, December 18, 1942, Negotiations for Relinquishment by the United States of Extraterriorial Rights in China," *F. R. U. S*, pp. 405 – 406.

② "Memorandum of Conversation, by the Assistant Chief of the Division of Far Eastern Affairs（Atcheson）, December 19, 1942, Negotiations for Relinquishment by the United States of Extraterriorial Rights in China," *F. R. U. S*, p. 408.

③ 《英国外交部致驻华使馆》（1942 年 12 月 24 日），章伯锋、庄建平主编《抗日战争：抗战时期中国外交》第 4 卷（下），第 1313 页。

在伊洛瓦底江航行权，换取英方放弃在华航行特权，同时将九龙问题暂时搁置。

1943 年 1 月 11 日，中美、中英新约同时签订。两约均以换文方式表示放弃在华航行特权。

中美换文规定：

美国放弃在中国治外法权及其有关特权，中国政府认为应包括"中国领土内各口岸外籍引水人之雇用"等权利在内一并放弃。

"双方同意，此国之商船，许其自由驶至彼国对于海外商运业已或将来开放之口岸、地方及领水；并同意，在该口岸、地方及领水内，给予此等船舶之待遇，不得低于所给予各该本国船舶之待遇，且应与所给予任何第三国船舶之待遇同样优厚。"

"双方了解，美利坚合众国政府放弃给予美利坚合众国船舶在中华民国领水内关于沿海贸易及内河航行之特权。中华民国政府准备以公平价格收购美方现时用以经营此项事业之一切产业；如任何一方以内河航行或沿海贸易权给予第三国船舶时，则应给予彼方船舶以同样之权利。缔约国任何一方在他方之沿海贸易及内河航行，依照他方有关法律之规定办理，不得要求他方之本国待遇。惟双方同意，一方之船舶在他方境内关于沿海贸易及内河航行所享受之待遇，应与任何第三国船舶之待遇同样优厚。"

"双方了解，美利坚合众国政府放弃给予其军舰在中华民国领水内之特权；并互相了解，中华民国政府与美利坚合众国政府对于彼此军舰之访问，应依照国际惯例及仪式，相互给予优礼。"

中英换文有关规定主要包括以下四条：

"（甲）英王陛下放弃关于在中国通商口岸制度之一切现行条约权利，中华民国国民政府主席与英王陛下相互同意，缔约一方之商船许其自由驶至缔约彼方领土内对于海外商运业已或将来开放之口岸、地方及领水，并同意，在该口岸、地方及领水内，给予此等船舶之待遇不得低于所给予各该本国船舶之待遇，且应与所给予任何第三国船舶之待遇同样优厚。缔约一方之'船舶'字样，指依照本约所适用该方领土内之法律登记者。"

"（丙）英王陛下放弃关于在中华民国领土内各口岸雇用外籍引水人之一切现行权利。"

"（丁）英王陛下放弃关于其军舰驶入中华民国领水之一切现行条约权利。中华民国政府与联合王国政府，关于缔约一方军舰访问彼方口岸，应依照通常国际惯例，相互给予优礼。"

"（庚）英王陛下放弃给予其船舶在中华民国领水内关于沿海贸易及内河航行之特权。英王陛下之人民或公司用以经营此项事业之产业，如业主愿意出卖时，中华民国政府准备以公平价格收购之。中华民国政府放弃一八九四年二月一日在伦敦签订之专约第十二条所给予中国船舶在伊洛瓦底江关于航行之特权。如缔约一方在其任何领土内以沿海贸易或内河航行之权利给予任何第三国之船舶，则此项权利亦应同样给予缔约彼方之船舶，但以缔约彼方准许缔约此方之船舶在彼方领土内经营沿海贸易或内河航行为条件。沿海贸易与内河航行依照彼方有关法律之规定办理，不得要求彼方之本国待遇。惟双方同意，缔约一方之船舶在缔约彼方之领土内，属于沿海贸易及内河航行所享受之待遇，应与任何第三国船舶之待遇同样优厚，惟须遵守上述但书之规定。"①

结　语

中美、中英新约得以顺利解决沿海贸易和内水航行权问题，这与美国政府希望尽快缔结新约有一定关系。美国在这个问题上的利益不大，因此中美谈判阻力较小；而英国在华航运利益很大，英国不太愿意放弃此项权利。在谈判过程中，英国多次企图保留这种特权，因此谈判并不顺利。只是由于美国的压力，英国政府最终亦不得不答应放弃此项特权。对此，英国人颇有抱怨，如1942年12月3日，布雷南备忘录就提道："这份电报的重要部分是说，'为了节省时间'，国务院已经训令驻华大使向宋博士递交美国关于内河航行的条款草稿。该条款的要旨是放弃美国在华的沿海贸易和内河航行权。通过此举，'为了节省时间'的美国政府已明确告诉中国人，如果中国新闻界表示赞扬，美国愿意在这个问题上做出让步。如果美国人做了让步，我们大概也只能这么做。在商业方面的国民待遇、沿海贸易和内河航行以及购置不动产权这三个我们认为至关重要的问题上，美国人都拆我们的台。而且，由于他们的快速战术，我们被剥夺了与中国人进行实际谈判的任何机会。要是我们单独行动，绝不可能比这更糟。中国人从美国得到了他们想要的一切……"②

确实，中英、中美均放弃了在华航行特权，值得赞赏。但是应该看到，这

---

① 王铁崖主编《中外旧约章汇编》第3册，三联书店，1962，第1259～1260、1267～1268页。

② 《治外法权：内河航行和沿海贸易"备忘录"》（1942年12月4日），章伯锋、庄建平主编《抗日战争：抗战时期中国外交》第4卷（下），第1312页。

种特权在事实上已经大部分不能享受。以英国为例，英国在华航运势力主要是怡和、太古两公司，但战争使这两大公司不得不逐步退出中国水域。"七七事变以前，太古、怡和公司之行驶我国沿海内河船舶，达四十余万吨。在八一三以前，长江船舶可称全部集中扬子江口，欧战爆发后，沿海内河船舶，逐渐向香港、新嘉〔加〕坡移动。迨太平洋战事发生，留存香港之海船与夫小型江船以及拖轮，寥若晨星，其中除自动凿沉者外，余皆遁走马来、澳洲、印度、纽西兰一带担任军运。旋新嘉〔加〕坡、槟榔屿、仰光等地相继沦陷后，遂改航于加尔各答、锡兰、孟买、澳洲之间，间有航行地中海非洲澳洲间之航线。……战后究剩几吨，谁能知之。"① 可见，英国在华航运势力在事实上已经基本退出。

　　而且，中美、中英新约关于航行权问题的谈判，中国亦付出了代价。如中美谈判时，中国原设想是无条件取消其在华航行特权。而"美方初仅同意作原则上之放弃；但要求在新商约未缔结前，暂不作变更，几经商讨，美方始同意放弃其特权，我方则允以适当之代价，收购美方经营此项事业之产业，同时并允许如我方以此项权利给予任何第三国之船舶时，则亦当给予美方之船舶"。② 中英谈判时，过程更加曲折，中方付出的代价亦更大。除中美新约规定的外，英方还提出一些特殊要求。如要求中国放弃在国际河流伊洛瓦底江的航行权，同时放弃到英国殖民地、印度等地航行贸易权利。新约关于航行权的"但书"规定，对于战后中国航权彻底恢复产生了不利影响。张仲礼先生在就中英新约要求如果给予第三方权利时也要给予英方船舶的谈判中说："这说明英国政府虽然公开放弃特权，但还是期望中国政府有朝一日会象以往那样开放沿海贸易和内河航行权。"中英新约换文还有关于不动产的规定。"这一规定为英商航运公司在华以其他方式继续活动，留下了充分余地，并提供了法律依据。"因此，这个条约是"不彻底的"。③ 对照同时期《中苏通商条约》有关规定，中美、中英新约关于沿海贸易和内水航行权问题的规定仍有保留。1939年6月16日，孙科与米科扬签订《中苏通商条约》，其中第六条规定，"此缔约国船舶进入彼缔约国领水时，应严禁其悬挂本国以外之任何国国旗，以顶冒国籍。违反此项规定者，彼缔约国政府得将该船及其所载之货物没收之"。第

---

① 黄慕宗：《分析船舶补充办法后方知建造木船的重要性》，中国商船驾驶员总会编纂组编辑《战后中国航业建设问题》，中国商船驾驶员总会发行，出版时间不详，第85页。
② 张道行：《中外条约综论》，第164页。
③ 张仲礼：《太古集团在旧中国》，第175、176页。

七条规定，"此缔约国应给予在其商港及其领水之彼缔约国船舶现在或将来给予任何第三国船舶之待遇。此种待遇应特别实施于关于在其商港或领水内驶入、停泊、驶出，充分利用各种航行之设备及便利之条件；关于船舶、货物、旅客及旅客行李之贸易行为；关于指定在码头装卸货物之地位及各种便利；关于缴纳各种以政府名义，或以其他团体名义所征收之一切费用及税捐"。第九条规定，"此缔约国船舶，在彼缔约国沿海地方，遇有触礁，遭风，搁浅，或其他类似之紧急情事，得自由暂时驶入彼缔约国最近之碇泊所，港口或海湾，以便避护修理，当地官厅应即通知该遇难船舶所属国之附近领事馆，并依照国际惯例，予以必须之助力。此项船舶，应准修理损坏，并购备必需粮食，其后应即时继续航程，得免纳入口税或港口捐。至关于救济费用，则应按照执行救济事务国之法律办理之"。第十条规定，"此缔约国之人民，经济机关及船舶，不得经营彼缔约国之内河及沿海航行。两缔约国人民及经济机关，得照两国政府所同意制定之规章，在两国共有之河流、湖泊暨公水内，有行船及捕鱼之权"。① 《中苏通商条约》签订时并不存在特权放弃问题，故两国订约大体基于国际惯例。中英、中美新约签订是要废止旧约特权，故不能做到彻底禁止沿海贸易和内水航行，而是规定他国获得此种权利时亦须享有此权。

当然，中美、中英新约的签订对于中国航权恢复具有重要意义。时论指出，"三十二年春，中美、中英平等新约之订立，殆为收回航权及废除不平等条约运动之最后硕果。"② 关注航权问题的人们对此非常高兴。王洸认为，"按照收回航权的条文，大概说来，即英美已放弃在华的内河航行、沿海贸易及引水权等权利，且因以往通商口岸制度的废止，与海关洋员的不再要求任用，则我国航权，可谓完全收回。又我国可收购英美航商的产业，对航业的扩展，亦获得帮助，是则多年来所期望之目的，可谓完全达到"。③ 对此，"我举国同胞，莫不欢欣感慰"，大家感到"光明在望"。④

确实，中美、中英新约的签订解开不平等条约对航权束缚的最关键一环。在英美影响下，其他条约国家纷纷采取同样立场。此后，中国政府又与比利时（1943 年 10 月）、挪威（1943 年 11 月）、加拿大（1944 年 4 月）、瑞典（1945

---

① 《国民政府公布中苏通商条约》（1939 年 9 月 16 日），见中国第二历史档案馆编《中华民国史档案资料汇编》第 5 辑第 2 编，第 277～278 页。
② 龚学遂：《中国战时交通史》，商务印书馆，1947，第 234 页。
③ 王洸编《中华水运史》，第 252 页。
④ 王洸：《航权收回之前后》，《交通建设》第 1 卷 1 期，1943，第 13 页。

年 4 月）、荷兰（1945 年 5 月）、法国（1946 年 2 月）、瑞士（1946 年 3 月）、丹麦（1946 年 5 月）、葡萄牙（1947 年 4 月）等国分别签订新约，全部解除了不平等条约束缚。[①]

在领水问题上，这些条约大多与中英、中美新约做了大致相同的表示，放弃在华条约特权。当然，由于各国情况有所差异，具体规定有所差异。如中国与瑞典新约就是如此。1944 年年底，中国与瑞典开始谈判，至 1945 年 4 月 5 日签字。瑞稿换文第三段规定：瑞典放弃在华现有关于沿海贸易及内河航行之特权。第四段规定：双方现已给予第三国之此种权利，彼此不得借口最惠国待遇条款要求享受；将来缔约一方再以条约给予第三国此项权利时，应以同样权利给予缔约他方，但瑞典给予北方国家（指挪威、丹麦、芬兰及冰岛）之特殊优惠，中国不得据以要求。这与中美、中英新约不同，中方建议删除第四段，另补充为："沿海贸易及内河航行，依照缔约双方各该国有关法律之规定办理。"但瑞方因历来与挪威、丹麦、芬兰及冰岛等国关系特殊，瑞典与他国订约均特殊处理，"若与中国订约无此一款，深恐将来其他国家援例，故该段换文仍需保留"。中方遂表示可以理解，唯提出将"北方国家"改为"斯堪的那维亚国家"，且若瑞典此后与其他国订约给予沿海贸易及内河航行权时，我亦应享最惠国待遇。这得到瑞典同意。因此，中瑞关于沿海贸易和内河航行权问题的规定就是："瑞典王国政府放弃给予瑞典船舶在中华民国领水内关于沿海贸易及内河航行之特权，任何用以经营此项事业之瑞典产业，如业主愿意出卖时，中华民国政府准备以公平价格收购之。如任何一方于日后签订之协定中，以任何关于沿海贸易或内河航行之优惠给予任何第三国之船舶，则此项优惠应同样给予彼方之船舶。但中华民国不得要求瑞典给予斯堪的那维亚国家中任何一国或数国之特殊优惠。沿海贸易与内河航行，依照彼方有关法律之规定办理，不得要求彼方之本国待遇。"[②] 中国与瑞士新约也较特殊，没有单独提出领水主权问题，只规定一切条约特权终止。[③] 中葡新约也很笼统。1947 年 4 月 1 日，《中葡关于取消葡萄牙在华领事裁判权及处理其他事项之换文》生效，其中第二款规定：关于北平使馆界及上海、厦门公共租界，关于中国通商口岸制度与中国领土各口岸外籍引水人之雇佣，以及关于葡萄牙共和国船舶在

---

① 王洸编《中华水运史》，第 252 页。
② 杜泉编《抗战期间废除不平等条约史料》，第 694 页。
③ 杜泉编《抗战期间废除不平等条约史料》，第 678～679 页。

中华民国领水内之沿海贸易与内河航行，葡萄牙共和国政府及其国民所享有之一切权利概行放弃。对于此等船舶应在互相原则下，给予与对于任何也以同样放弃上述权利之其他国家之船舶所规定之同样待遇。①

不管怎样规定，上述中外新约均采取了国际法普通原则，取消了列强在中国领水内的特权。中国航权从法理上得以恢复，收回航权运动取得胜利。

---

① 杜泉编《抗战期间废除不平等条约史料》，第 726 页。

从《傅秉常日记》论中苏关系的
变化（1943–1945）

尤淑君[*]

摘要： 傅秉常是国民党粤系的代表人物之一，亦是民国外交界的精英人才，更是国民政府最后一任驻苏联大使。由于《傅秉常日记》的出版，有助于学界重新探讨傅秉常担任驻苏联大使期间的相关问题。因此，本文以1943~1945年《傅秉常日记》为基础史料，辅以《孙科文集》《顾维钧回忆录》《王世杰日记》等史料，探讨国民政府对苏政策的变化，并观察傅秉常担任驻苏联大使期间的外交表现，进而分析1943~1945年中苏关系由亲转疏的原因。

关键词： 四国宣言　外蒙独立　雅尔塔协议　《中苏友好同盟条约》

前　言

傅秉常（1896~1965年），1896年2月16日生于广东佛山，1965年7月29日卒于台北，享年69岁。原籍广东南海，但因在香港求学与成家之故，与香港的关系甚深。早年就读于香港育才书院（Ellis Kadoorie School）和圣士提

---

* 尤淑君，浙江大学历史系讲师。

反男中学（St. Stephen's Church College），后进入香港大学，选读工程，1916
年 12 月毕业，进入圣士提反男中学教书。经好友何永乾（何启长子）的介
绍，认识其妹何燕芳（何启五女），于 1918 年结婚，使寒门之子傅秉常得以
进入在香港颇具声望的何启家族，也使傅秉常能接近外交家伍廷芳（1842 ~
1922 年，伍廷芳是傅秉常妻子何燕芳的大姑丈）与革命领袖孙文（1866 ~
1925 年，何启学生），踏上了入仕之路。1918 年，傅秉常辞职赴上海，寄居于
伍廷芳家，并担任伍廷芳秘书，得其身传言教，使傅秉常终生致力于立法与外
交事业。1919 年作为伍朝枢（1887 ~ 1934 年，伍廷芳之子，是何燕芳的表哥，
亦是何燕芳的妹夫）的随员，担任巴黎和会中国代表处秘书，眼界大开。透过
何启与伍廷芳的关系，傅秉常担任广州大本营大元帅孙文的外交秘书，曾协助孙
文推动"联俄容共"的政策，参与机要，被视为国民党粤系的代表人物之一。①
同时，傅秉常主持对英交涉，要求英国妥善处理"五卅惨案""沙基惨案"及
省港大罢工等外交事件，终得英国退让，被视为民国外交界的精英人才。②

　　由于个人才华和伍朝枢的器重与粤籍前辈们的提携，傅秉常担任过许多职
务，如海关监督、财政部关务署署长、比利时公使、立法委员会委员等职，其
中又以外交部政务次长与中国驻苏联大使最为重要，在政务次长任内确立了国
民政府外交部日常事务的运作机制，而在驻苏大使任内则负责中苏复交的交涉，
1943 年签署了《四国宣言》（"Four Nation Declaration"），并参与了《中苏友好
同盟条约》的谈判，颇受好评。除了外交上的成就之外，傅秉常亦以立法委员
会委员的身份，先后草拟《民法》《海商法》及 1936 年国民政府公布的《中华
民国宪法草案》（简称《五五宪草》）。1949 年，傅秉常被任命为外交部部长，
但傅秉常因国事日非、大厦将倾，竟拒绝到任，并取道香港，定居法国，不愿卷
入国共斗争。直到 1957 年 5 月始赴台湾，担任"总统府""国策"顾问兼国民
党中央评议委员会委员。1958 年 6 月担任"司法院副院长"，曾编纂《最新六法
全书》，并遗有《一九四九年日记》等著作。③

---

① 　金以林：《地域观念与派系冲突——以二三十年代国民党粤籍领袖为中心的考察》，《历史研
　　究》2005 年第 3 期，第 115 ~ 128 页。
② 　罗香林：《傅秉常与近代中国》，台北，传记文学出版社，1975。
③ 　黄美真、郝盛潮主编《中华民国史事件人物录》，上海人民出版社，1987，第 798 ~ 799 页；广
　　东省中山图书馆、广东省珠海市政协编《广东近现代人物词典》，广东科学技术出版社，
　　1992，第 506 页。

　　过去对傅秉常的研究并不多，间有回忆杂文，① 罗香林（1906～1978 年）
《傅秉常与近代中国》为代表之作，系统地整理了傅秉常在外交与立法方面的
成就，但因当时资料取得不易，未能使用傅秉常先生的口述记录及其日记，②
又因乡谊之故，文中或有溢美之词，如左双文便质疑该书的客观性问题。③ 随
着《傅秉常日记》的问世，再加上傅秉常孙女傅锜华以此为题，完成其博士
论文，发表多篇论文，④ 并携夫回乡探亲，引起佛山市政府关注，为其举行欢
迎仪式，多有报道于报端。⑤ 一时之间遂出现不少新近研究，皆有助于本文的
深化研究。⑥ 如傅锜华根据祖父傅秉常留下的第一手史料，重新探讨《雅尔塔
协议》与远东格局的权力纷争，透露许多不为人知的谈判细节，并注意国共
关系与中苏关系的内在联结，补充了梁敬錞（1893～1984 年）等人对雅尔塔

---

① 《马超俊先生言论选集》第 4 册，台北，“中国”劳工福利出版社，1967，第 51、63、100 页；
　　吴述彭：《我所知道的傅秉常》，《广东文史资料存稿选编》第 5 卷，广东人民出版社，2005，
　　第 74～77 页；陆军：《傅秉常致伍朝枢函一组》（1927 年 5 月 20 日～5 月 31 日），《民国档
　　案》2000 年第 3 期，第 4～8 页。

② 罗香林：《傅秉常与近代中国》，第 13 页，注 15 之说明。

③ 左双文：《傅秉常外交活动及外交思想述论》，《华南师范大学学报》（社会科学版），2012 年
　　第 12 期，第 119 页。

④ Y. W. Foo, *Chiang Kaishek's Last Ambassador to Moscow: The Wartime Diaries of Fu Bingchang*, New
　　York: Palgrave Macmillan, 2011. 傅锜华（Foo Yee-Wah）：《民国最后一任驻苏大使傅秉常在苏
　　联的日子》（*Fu Bingchang: Chiang Kai-shek's last Ambassador to Soviet Russia*），郦钰明译，《民国
　　档案》2007 年第 4 期，第 55～61 页；傅铱华著《雅尔塔远东问题协议重探：以傅秉常为中心
　　的讨论》，张帆译，《历史教学》（高校版）2008 年第 6 期，第 55 页；傅铱华：《雅尔塔远东
　　问题协议重探：以傅秉常为中心的讨论》，张帆译，《南京大学学报》（哲学·人文科学·社会
　　科学版）2008 年第 1 期，第 79～88 页。傅铱华与傅锜华为同一人，其英文名为 Foo Yee-Wah。

⑤ 林楚湘：《民国驻苏大使傅秉常》，《羊城晚报》，2013 年 4 月 22 日，B05 版；《民国外交官傅
　　秉常文物展将在穗举行》，《南方日报》，2013 年 7 月 17 日，GC08 版；李晓瑛、黎湛均：《民
　　国末任外长与蒋介石私信曝光——傅秉常的 140 余件遗物首度在穗亮相》，《南方都市报》，
　　2013 年 7 月 23 日，GA16 版；郁兴为：《不负国家不负卿——民国外交家傅秉常日记中的情感
　　世界》，《南方都市报》，2014 年 1 月 14 日，RB16 版；《傅秉常：民国时代的外交巨星》，《佛
　　山日报》，2014 年 3 月 29 日，B01 版；《傅秉常孙女回乡寻根——感谢政府照顾傅氏家庙和秀
　　岩傅公祠》，《佛山日报》，2014 年 5 月 23 日，A09 版。

⑥ 石源华：《傅秉常：执掌蒋介石私章的外交部次长》，《世界知识》2008 年第 12 期，第 58～59
　　页；叶永坚：《傅秉常与美英苏中〈普遍安全宣言〉》，《档案与建设》2010 年第 12 期，第
　　42～44 页；张力：《傅秉常与 1943 年四国宣言的签署》，《中国社会科学论坛文集——政治精
　　英与近代中国》，社会科学出版社，2013，第 485～498 页；蔡馥芳：《傅秉常的外交实践及外
　　交思想》，华南师范大学硕士学位论文，2012；左双文：《傅秉常外交活动及外交思想述论》，
　　《华南师范大学学报》（社会科学版）2012 年第 12 期，第 109～119、160 页。

会议研究的不足之处。① 张力因整理《傅秉常日记》之故，得见傅秉常参与 1943 年莫斯科会议的所闻所感，指出《四国宣言》对中国外交的影响，使中国有望重建国际声誉。② 左双文《傅秉常外交活动及外交思想述论》虽未能使用《傅秉常日记（民国三十四年）》，但瑕不掩瑜，其研究相当扎实。左双文指出，傅秉常主张联英，不赞成孙文的"联俄容共"政策，但因省港罢工风潮，使傅秉常放弃联英，改走革命外交路线。左双文也指出，傅秉常对功名的热切之心，不像傅自述那样超然，亦未符合罗香林给予的高度评价，但傅秉常行事仍有原则，不尽揽权自重。蔡馥芳的《傅秉常的外交实践及外交思想》可说是国内第一本专探傅秉常的硕士论文，但内容未能超越其业师左双文的观点，不再赘述。

　　台湾中研院近代史研究所推动口述历史计划，致力访问民国时期军政学商界的著名人物，如沈云龙访问傅秉常本人，出版了《傅秉常先生访问纪录》。③ 尔后，张力教授积极联系傅秉常孙女傅锜华博士，获得傅锜华博士的支持，取得《傅秉常日记》手稿，并为《傅秉常日记》重新排版打字、校订勘误，甚费心力，终于在 2012、2014 年分别出版 1943～1945 年《傅秉常日记》。④ 正因为有了《傅秉常日记》，让我们能了解 1943～1945 年苏联内部情形，并透过傅秉常对国际情势的观察，分析国民政府对苏政策的变化及其处置。因此，本文以 1943～1945 年《傅秉常日记》为基础史料，参考学界前辈的成果，探讨国民政府对苏政策的变化，观察傅秉常担任驻苏联大使期间的外交表现，进而分析 1943～1945 年中苏关系由亲转疏的原因。

二　傅秉常出使苏联前的国内局势

　　受惠于何启家族的关系网，傅秉常不仅得到伍廷芳、伍朝枢父子的赏识，

---

① 傅铱华：《雅尔塔远东问题协议重探：以傅秉常为中心的讨论》，张帆译，《南京大学学报》（哲学·人文科学·社会科学版）2008 年第 1 期，第 83～87 页。

② 张力：《傅秉常与 1943 年四国宣言的签署》，《中国社会科学论坛文集——政治精英与近代中国》，第 485～496 页。

③ 沈云龙访问，谢文孙记录《傅秉常先生访问纪录》，台北，中研院近代史研究所，1993。

④ 《傅秉常日记（民国三十二年）（1943）》，傅锜华、张力校注，台北，中研院近代史研究所，2012；《傅秉常日记（民国三十三年）（1944）》，傅锜华、张力校注，台北，中研院近代史研究所，2014；《傅秉常日记（民国三十四年）（1945）》，傅锜华、张力校注，台北，中研院近代史研究所，2014。为节省篇幅，以下省去民国年份。

而且很快进入了国民党的权力核心，出任孙文的外文秘书，为广州大本营政府负起对外交涉的任务，并与孙文长子孙科（1891～1973年）交好，[①] 被视为国民党内"太子派"的重要成员。孙文将苏联视为"以平等待我之民族"，推动"联俄容共"政策，使广州政府获得苏联援助，得以进行北伐。孙文逝世后，孙科继续支持"联俄"政策，却反对国共合作，与西山会议派一拍即合，互相拉抬。[②] 作为总理长子，孙科在国民党党内的地位超然，粤系人马无不拥护，成为蒋介石（1887～1975年）的强劲对手之一。蒋、孙两人在政坛的不和，在于"以党治国"观念的歧异。孙科曾反对"容共"政策，不仅支持西山会议派，而且也支持"以党治国"，但随着党治弊端的暴露，孙科转而提出结束训政、实施宪政的主张，抨击蒋介石独裁专制，[③] 使蒋介石相当愤怒，因孙科的特殊身份，蒋介石只能暗生闷气，并将"太子派"的成员们放在冷板凳上，将之边缘化。身为"太子派"骨干的傅秉常，也受到牵连。为了削弱傅秉常在外交部的影响力，外交部部长王正廷（1882～1961年）任命傅秉常为驻比利时大使，想调开傅秉常，但傅秉常坚持不就任，并随孙科回到广州进行反蒋运动。[④]

中苏因1929年"中东路事件"而断交，再加上中共问题，中苏两国基本上停止往来。1931年九一八事变发生后，国民政府不愿扩大中日冲突，想透过外交途径来消弭战争危机，东北军竟采取不抵抗政策，使日军快速占据东北，并在1932年3月建立了"满洲国"傀儡政权，试图分裂中国领土。[⑤] 国民政府自忖实力不足，不愿扩大冲突，遂请求国际联盟调停中日冲突，并向日本直接交涉，动员各地发起武装抗争。国际联盟屡次要求日本撤兵东北，日本却悍然退出国际联盟，极大损害了国际联盟的威信。[⑥] 对于日本占领东北之举，苏联虽深感威胁，谴责日本对中国的侵略行径，暗中保护并接济那些退入

---

① 罗香林：《傅秉常与近代中国》，第47～50页。
② 孙科：《孙哲生先生文集》第4册，台北，中国国民党党史委员会，1990，第260页；陈公博：《苦笑录》，香港大学亚洲研究中心，1979，第106页。
③ 高华：《孙科的宪政理念及其限度》，《革命年代》，广东人民出版社，2012，第110～120页。
④ 吴述彭：《我所知道的傅秉常》，《广东文史资料存稿选编》第5卷，广东人民出版社，2005，第76页。
⑤ 刘维开：《蒋中正的东北经验与九一八事变的应变作为——兼论所谓"铣电"及"蒋张会面说"》，（台北）《政治大学历史学报》第19期，2002，第195～220页。
⑥ 俞辛焞：《九一八事变后国联与中日的外交二重性评析》，《抗日战争研究》1993年第3期，第4～23页；左世元、罗福惠：《九一八事变与国民政府的国联外交》，《南京社会科学》2008年第12期，第55～60页。

苏联境内的中国武装抗日分子，却为了避免东西双线作战，公然宣布对九一八事变保持中立，坚持"不干预政策"，并无视中国主权，竟主动承认"满洲国"的地位，进而与日本洽谈出售中东路，间接默许"满洲国"接管中东路。①

　　九一八事变的危机，使国民党各派系纷纷寻求合作，呼吁共赴国难，于是由粤系领袖孙科担任行政院院长，出组内阁。孙科认为，日本进占东北，损害的不只是中国的权益，苏联同样不愿意将东北拱手相让；而英美等国也会忌惮中苏关系的改善，不敢再偏袒日本，有助于国际联盟的介入调停。因此，孙科力主"联苏制日"，并暂时搁置与苏联在东北特权问题的分歧，积极恢复中苏两国的外交关系，希望苏联在共同反对日本的基础上，与中国携手合作。② 蒋汪联手，孙科被迫辞去行政院院长后，③ 仍以国民党中央委员会委员的身份在1932 年 4 月 24 日发表《抗日救国纲领草案》，提出"以澈底抗日为目前外交之主要方针"，"凡与日本帝国主义利益冲突之国家，均为我之与国。应与之作切实的、互惠的联合"，④ 并要求国民政府应积极推行中苏邦交的恢复，引起国民党内部人士与社会各界的关注。

　　随着国联调停的失败，孙科"联苏制日"的建议也打动了蒋介石，使其决心修改外交路线，重新审视国民政府的对苏政策，加强中苏关系，并试图利用日苏之间的矛盾，牵制日本对华扩张。⑤ 经过中苏代表多次交涉，1932 年12 月 12 日正式宣布恢复中苏邦交，但因苏联将中东路售予"满洲国"，中苏两国再次陷入东北问题的争执中，再加上蒋介石坚持"先安内再攘外"政策，继续"剿共"，使中苏关系很快陷入停滞。但自 1935 年以后，日军开始策动华北各省实行自治，脱离国民政府，日本外相广田弘毅（1878 ～ 1948年）也发表"广田三原则"，防堵中苏结盟的可能性，⑥ 中日矛盾急速升级，国民政府又开始积极联络苏联。为了促成中苏合作，孙科无视苏联损害东北利

---

① 沙青青：《九一八事变前后苏联对日政策再解读》，《历史研究》2010 年第 4 期，第 19 ~ 33 页。

② 李玉贞：《孙科与战时中苏关系》，《内蒙古师范大学学报》（哲学社会科学版）第 31 卷第 4期，2002，第 58 ~ 68 页。

③ 段智峰：《共赴国难下的政治潜流：1932 年孙科政治活动的探讨》，《民国档案》2014 年第 2期，第 96 ~ 105 页。

④ 孙科的《抗日救国纲领草案》，（上海）《时事新报》1932 年 4 月 24 日；该文后收入孙科《中国的前途》，商务印书馆，1943，第 209 页。

⑤ 鹿锡俊：《1932 年中国对苏复交的决策过程》，《近代史研究》2001 年第 1 期，第 27 ~ 62 页。

⑥ 中华民国外交问题研究会编纂《中日外交史料丛编》第 4 册，台北，中华民国外交问题研究会，1966，第 32 ~ 33 页；1935 年 10 月 8 日蒋作宾自东京致外交部 256 号电。

权的事实，再次呼吁中苏合作，并打着孙文的大旗，强调联俄政策的重要性，[1] 使党内外人士认为孙科是国民党内的"亲苏派"代表。蒋介石也秘密派邓文仪（1906～1988年）接触在苏联的中共党人，似有"联俄和共"的准备。[2]

1936年12月12日西安事变发生后，国共两党达成共识，联手抗日，并由孙科代表国民政府与苏联驻华大使鲍格莫洛夫秘密谈判，请求苏联军援，而苏联则要求国民政府先停止"剿共"，才会以军事贷款的形式，向中国提供武器装备。1937年七七事变爆发，全面抗战迫使"联苏和共"的计划成为蒋介石的唯一选择，[3] 也使国民政府更迫切希望与苏联缔结军事互助协定，但苏联不愿得罪日本，只愿意与中国签订互不侵犯条约。[4] 几经波折，斯大林终于相信蒋介石是真心抗日，同意释回滞留苏联12年的蒋经国（1910～1988年），而《中苏互不侵犯条约》也终于在1937年8月21日签订，为期5年，让国民政府能获得苏联大量的军火物资。这对当时处于极度困难的国民政府来说，是一个巨大的帮助。苏联答应供给武器后，蒋介石任命杨杰（1889～1949年）为团长，前往莫斯科商谈购买武器之事。杨杰回传的报告颇为乐观，认为苏联将对日本开战，但驻苏大使蒋廷黻提出反论："除非日本先对苏联下手，苏方不会对日作战。"[5] 蒋廷黻与杨杰对"联苏制日"的不同看法，使外交部感到困惑，也使孙科在国防最高委员会的秘密会议上批评蒋廷黻误解苏联意图，不满其表现，间接导致蒋廷黻去职。

为了推进苏联援华的计划，蒋介石明知苏联有意拉拢孙科，但同意斯大林的要求，任命孙科为中国特使，向苏联争取战争物资与军火武器。孙科顾虑蒋介石猜疑其"挟苏联以自重"，故邀其智囊兼好友傅秉常、吴尚鹰（1892～

---

① 孙科：《国际问题的变化与中国国民的自救》（1933年3月13日），《孙科文集》第3册，台北，台湾商务印书馆，1970，第791页。

② 《中苏外交文件选译》（上），李玉贞译《近代史资料》第79号，中国社会科学出版社，1991，第224～225页，1935年12月14日鲍格莫洛夫给外交人民委员部电报。王正华等编注《蒋中正总统档案（事略稿本）》第34册，台北，"国史馆"，2003，第693页，1935年12月15日。杨奎松：《中共与莫斯科的关系》，台北，东大图书公司，1997，第304～305页。

③ 蒋介石：《对于芦沟桥事件之严正表示》，秦孝仪主编《先总统蒋公思想言论总集》第14卷，台北，中国国民党中央委员会党史委员会，1984，第582～585页，1937年7月17日出席庐山第二次谈话会讲。

④ 蒋廷黻：《蒋廷黻回忆录》，台北，传记文学出版社，1979，第191～193、196页。

⑤ 蒋廷黻：《蒋廷黻回忆录》，第200～201页。

1980 年）、夏晋麟（1894 ~ ?）陪同出访莫斯科。① 从《傅秉常先生访问纪录》来看，孙科第一次访苏之行无疑是备受礼遇的。苏联刻意笼络，破例优待，使孙科等人得以参观苏联各重要工厂，孙科向斯大林当面请求加大对中国的援助，成功募集抗战急需的物资与资金。② 访苏任务完满达成后，孙科本希望由傅秉常担任驻苏大使，但傅秉常考虑蒋介石可能猜疑孙科挟苏自重，遂婉拒其建议，并改荐杨杰担任驻苏大使，蒋介石果然同意。孙科带领的访问团也离俄赴欧，欲游说欧洲诸国支持中国抗日，但英国、德国都不愿得罪日本，对访问团的态度冷淡，法国国内政局混乱，自顾不暇，使访问团没有得到任何军事贷款。幸好，捷克同情中国艰苦抗战的处境，不仅给予 5000 万军事贷款，而且将其陆军现有配备拨出部分赠予中方，甚至还赠送全套机关枪制造设计的蓝图，可见捷克待我之热忱。③ 后来，杨杰向苏联交涉失利，蒋介石再次命令孙科访问团返俄交涉，务求拿下 1.5 亿元的军事贷款。为了拉拢孙科，斯大林很快就批准拨款，而傅秉常仍建议孙科一旦交涉成功，应立即离俄，避免遭人猜忌。④ 由此可见，国民党内的派系问题连带影响了国民政府的对苏政策，尤其是"联俄"之议更容易引人遐想，将之划归为中共同路人或贴上"亲苏派"的标签，孙科、傅秉常等人小心谨慎，深恐引起蒋介石的猜忌，成为政治斗争的牺牲品。

三　签订《四国宣言》之争

蒋介石等人期望的"联苏制日"一直没有实现。国民政府多次请求苏联对日作战，但斯大林皆拒绝其请，只答应援助物资。⑤ 根据黄自进教授的研究可知，苏联的最高战略是避免与日本、德国同时开战，希望由中国拖住日本，苏联可以全力对德作战。⑥ 因此，苏联不顾《中苏互不侵犯条约》第二条规定，竟在 1941 年 4 月 13 日与日本签订了《苏日中立条约》，并公然承认"满洲国"，换取日本承认"蒙古人民共和国"的合法性，侵犯中国的领土主权。

---

① 沈云龙访问，谢文孙记录《傅秉常先生访问纪录》，第 93 页。关于访苏之行，另可参看夏晋麟《我五度参加外交工作的回顾》，台北，传记文学出版社，1978，第 39 ~ 56 页。
② 沈云龙访问，谢文孙记录《傅秉常先生访问纪录》，第 94 ~ 95 页。
③ 沈云龙访问，谢文孙记录《傅秉常先生访问纪录》，第 97 页。
④ 沈云龙访问，谢文孙记录《傅秉常先生访问纪录》，第 96 页。
⑤ 张祖龑：《蒋介石与战时外交研究（1931 ~ 1945）》，浙江大学出版社，第 118 ~ 127 页。
⑥ 黄自进：《蒋介石与日本——一部近代中日关系史的缩影》，台北，中研院近代史研究所，2012，第 258 ~ 277、395 页。

对此，蒋介石虽有不满，但他更关心的是苏日妥协后将如何影响中国战场的军事部署，并认为德、苏必有一战，[①] 中国不能与苏联撕破脸，必须坚持到德苏战争结束后，才能决定抗日之成败。为了调节中苏两国的紧张气氛，蒋介石必须派出中苏双方都能信任的人士，担任中国驻苏联大使，负责协调中苏交涉，避免中苏关系继续恶化。

正因为傅秉常有1938年访问苏联的经验，又是国民党"亲苏派"领袖孙科的亲信，故傅秉常被任命为驻苏大使，负责协调中苏事务，尽可能调和国共之争，达到"联苏和共"的目的。于是1942年12月8日，蒋介石任命傅秉常为驻苏大使。傅秉常不愿离开即将临盆的情人江芳苓，也不愿发妻何燕芳随他一同前往古比雪夫（Kuybyshev），还担心母亲年事已高，恐未能奉侍汤药，[②] 更不愿离开他经营多年的外交部，远赴艰苦的古比雪夫，故很不愿意接受这项任命。但因傅秉常与外交部部长宋子文（1894～1971年）交恶，一山不容二虎，使其不得不离开外交部，再加上蒋介石的劝慰恳请，指出莫斯科须有亲信驻节，有助国事，希望傅秉常能以国家民族为重，接受这项任命，与苏联周旋，使苏联军援能顺利运回中国，这才使傅秉常勉强接受这一任命，[③] 他不免长吁短叹，视为流放，甚至悲观地写下日记："我有强烈预感，因为我无法期待外交部的支持，我在莫斯科将一事无成。"[④] 为了减低外交部可能将其边缘化的风险，傅秉常也借着辞别的机会，拜访孙科、孔祥熙（1880～1967年）、于右任（1879～1964年）、戴传贤（1891～1949年）等人，听取他们对中苏关系的意见，争取他们对自己的支持，解决使馆经费问题。[⑤] 这些人则提醒傅秉常在苏联办外交时，不宜希望太多，亦不必太过失望，尽量保持平常心。[⑥]

1943年2月4日，蒋介石召见即将赴任的傅秉常，要求傅秉常务必保护中国利权，并仔细叮嘱几项中苏纠纷的处理办法，命令傅秉常可以在经济问题上让步，但在主权问题上绝不能有丝毫退让。

① 徐永昌：《徐永昌日记》第4册，1941年4月14日条，1990～1991年，台北，中研院近代史研究所，第128004～128005页。

② 《傅秉常日记（1943）》，1943年1月1日，第23页；1943年1月5日，第25页；1943年1月14日，第30页；1943年11月29日，第198页。

③ 沈云龙访问，谢文孙记录《傅秉常先生访问纪录》，第104页；拾得：《客述蒋先生事迹之三六 调和苏联傅秉常出任大使》，《社会日报》，1945年6月29日，第2版。

④ 《傅秉常日记（1943）》，1943年1月9日，第26页。

⑤ 《傅秉常日记（1943）》，1943年1月16日，第32页；1943年1月21日，第35页。

⑥ 《傅秉常日记（1943）》，1943年1月21日，第35页；1943年1月23日，第36页；1943年1月24日，第37页。孔祥熙、于右任、戴传贤皆有此建议。

（三）对于新疆问题，主权必须收回。至其他经济利便，我可与他……
（七）对于外蒙领土及主权，我方应收回。经济方面，可与苏合作，如在
新疆一样。至我方对于外蒙，绝对取宽大主义，力求助其自主，无派兵往
驻之意。我方对于边疆各民族之政策，可在最近出版之《中国之前途》
[按：笔误，应为《中国之命运》] 见之，绝不采取从前徐树铮对外蒙之
压迫方法……（八）中共问题不必提。①

由此可见，蒋介石虽渴望与苏联签订军事同盟协议，但对新疆、外蒙古及中共
三大问题已有事先规划及其应对的底线，宁可牺牲经济利益，也绝不放弃主
权，并特别强调自撰《中国之命运》的重要性，允给新疆、外蒙古极大的自
治权。② 为了体现国民政府对苏联亲善外交的重视，蒋介石答允傅秉常在其驻
苏期间，能获得充足的经费，将使馆场面做得与英、美大使馆相同，如有其他
地方需要用钱，可径行向其报告领取，借以表达对傅秉常的信任，消除其不安
情绪，使其推动积极主动的对苏政策。③

抵达古比雪夫后，傅秉常发现其环境比重庆还艰苦几倍，必须常想办法节
约，或派人购买黑市物资，否则很难维持生活。④ 再加上傅秉常家中食指浩
繁，往来家书多索费之语，心情难免郁闷。⑤ 幸好斯大林格勒会战大捷，苏联
由危转安，掌握战略主动权，这些外国公使才跟着苏联政府迁回莫斯科。⑥ 傅
秉常等人回到莫斯科后，积极改善使馆人员的办公环境，并加强交际，举办宴
会，招待苏联官员、各国驻苏公使及其夫人们，对各国使馆人员与驻苏外派记
者也相当客气，所以能得到许多小道消息，⑦ 他将这些消息传回中国，供外交
部研判情势。傅秉常也很注意苏联报刊，收听国际广播，注意各国使馆的人事

---

① 《傅秉常日记（1943）》，1943 年 2 月 4 日，第 45~46 页。
② 《中国之命运》为陶希圣起稿，蒋介石视此书为自己政治主张总结，但因此书强调民族主义，
引起英国不满，禁止在印度引进，遂不出版英文版。《傅秉常日记（1943）》，1943 年 9 月 25
日，第 150 页。
③ 《傅秉常日记（1943）》，1943 年 2 月 4 日，第 46 页。
④ 《傅秉常日记（1943）》，1943 年 5 月 19 日，第 97 页；1943 年 6 月 18 日，第 112~113 页；
1943 年 6 月 30 日，第 117 页。
⑤ 《傅秉常日记（1943）》，1943 年 7 月 3 日，第 120 页。
⑥ 《傅秉常日记（1943）》，1943 年 8 月 11 日，1943 年 8 月 12 日，第 133 页。
⑦ 傅锜华：《民国最后一任驻苏大使傅秉常在苏联的日子》，郦钰明译，《民国档案》2007 年第 4
期，第 57~60 页。例如，美、英、苏三国外长在莫斯科会谈时，傅秉常虽被拒之门外，却可
派馆员胡济邦以记者名义参加英、美接见记者会，即时得到重要消息。

调动，并透过这些消息，推论苏联对华态度是否有变，判断《苏日中立条约》是否扩大为互不侵犯条约，从而评估国民政府"联苏制日"政策的可能性。①由于通信设备简陋，翻译电码常常出错，外交邮包也有耗时泄密的危险，使傅秉常只能麻烦美国驻苏大使，请其代传急电。除了情报不易获得与电报传递困难之外，傅秉常最担心的是苏联对美、英两国态度的恶劣和美、英两国对苏联的猜疑，而苏联对华亲善的态度亦有转变，不但召回技术人员，还借口开路不易与车辆问题，拖延运送输华物资。②

　　1943 年 9 月，原属于轴心国的意大利转投同盟国阵营，同盟国与轴心国的战局逐渐逆转，美国也以"租借法案"的名义，将大量战争物资输往中国，支援中国抗战，借以拖住日本陆军主力部队。为了提升中国的国际地位，中国与英美国家签订平等的友好同盟条约，让久经列强压迫的中国军民相当振奋。尤其在 1943 年 10 月 30 日，驻苏大使傅秉常代表中国，与美、英、苏三国代表一起签署《四国宣言》（"Four Nation Declaration"），使中国至少在表面上与美、英、苏三国平起平坐，这自然让中国军民以为中国将为世界四强之一。③根据张力教授的研究可知，在 1943 年 10 月 19 日三国外交部部长会议召开之前，英国与苏联都不愿让中国列为宣言签署国之一，只有美国总统罗斯福（Franklin D. Roosevelt，1882～1945 年）和美国国务卿赫尔（Cordell Hull，1871～1955 年）坚持中国应加入签署国之列，④并认为中国人口众多，一旦团结起来，力量就会很大，况且中国对抗日本长达六年之久，将来必会是亚洲强国，故有必要将中国列为宣言的签署国之一，否则将会减弱这份宣言对美国的重要性，也会增加中国在战后维持亚洲局势稳定的困难度。⑤

　　作为协调人的赫尔，或出于同情，或不愿意折损中国人自尊，并未向傅秉常透露英、苏两国的不友善态度，反而向傅秉常说明这次会议的讨论主题是四国合作问题，美方已拟好四国协议方案，送交蒋介石核阅，中方须严守秘密。

---

① 《傅秉常日记（1943）》，1943 年 4 月 1 日，第 75～76 页；1943 年 6 月 26 日，第 115 页；1943 年 7 月 1 日，第 119 页。

② 《傅秉常日记（1943）》，1943 年 9 月 28 日，第 153 页；1943 年 10 月 5 日，第 156 页。

③ 王建朗：《大国意识与大国作为——抗战后期的中国国际角色定位与外交努力》，《历史研究》2008 年第 6 期，第 125～127 页。

④ 张力：《傅秉常与 1943 年四国宣言的签署》，《中国社会科学论坛文集——政治精英与近代中国》，第 490～493 页。

⑤ Cordell Hull, *The Memoirs of Cordell Hull*, Vol. II, New York : Macmillan Co. , 1948, pp. 1256 – 1257.

赫尔保证将竭力成全中国加入《四国宣言》的愿望，并劝服苏联加入该宣言，使同盟国更加紧密合作，它多少流露美国对苏联处事的不满与怀疑。傅秉常虽不全信任赫尔的保证，但向赫尔强调中国加入《四国宣言》的必要性，也以个人与苏联交涉的经验为例，证明苏联没有必要也没有侵略他国的野心，而战后国际秩序必须争取与苏联合作，希望美方不要猜疑苏联，否则无法保证战后世界之和平。① 为了获得外长会议更准确的消息，傅秉常很早就发动使馆人员，分头打探消息，参事刘绍周与苏联外交部、各国驻苏使馆接洽，武官郭德权与各国军事代表处及各国武官交换情报，随员胡济邦则以记者身份，参加各国驻会记者团，从各国记者那边打探消息。②

从 10 月 19 日至 26 日三国外长会议的谈判过程，可见赫尔争取将中国纳入签署国的诸多努力，尤其是争取到英国外相艾登（Anthony Eden，1897 ~ 1977 年）的支持，使苏联外长莫洛托夫（Vyacheslav M. Molotov，1890 ~ 1986 年）的态度软化，不再反对将中国纳入签署国。但莫洛托夫要求在会议结束前，中国驻苏大使必须获得国民政府的授权，否则不得签署宣言。③ 因此，傅秉常必须赶在 10 月 29 日或 30 日签约前，获得国民政府授予全权，否则只能由英、美、苏三国代表署名，发表宣言。由于莫斯科与重庆联系不便，所以傅秉常于 26、27 日利用美国驻苏大使馆的设备，两次发电给蒋介石与宋子文，而赫尔也透过美国国务院，发电给美国驻华大使高斯（Gauss），再由高斯转请国民政府研办，希望国民政府即时回复傅秉常的授权请求，④ 让中国加入宣言签署国之列，加强同盟国阵营的关系，也有利于中国成为战后东亚的中坚力量。由于国民政府的复电迟迟不来，傅秉常准备向美、英、苏三国外长谎称自己已得到政府授权，等签署宣言后，再向蒋介石自请处分。正当傅秉常拟电时，蒋介石的复电来了，同意傅秉常全权代表中国政府签字。⑤

为了确保宣言如期签署，赫尔不愿与苏联再做口舌之争，要求傅秉常只签字，不与会，并在签署宣言后，仍向外界保守秘密，⑥ 避免泄露，可见赫尔才是《四国宣言》真正的主导者，他使英国附和、苏联勉强同意，也使中国成

① 《傅秉常日记（1943）》，1943 年 10 月 24 日，第 165 ~ 166 页。傅秉常与赫尔的谈话为 10 月 20 日事，24 日为补 20 日记事。

② 《傅秉常日记（1943）》，1943 年 10 月 18 日，第 161 页。

③ 《傅秉常日记（1943）》，1943 年 10 月 26 日，第 169 页。

④ 《傅秉常日记（1943）》，1943 年 10 月 26 日，第 169 页；1943 年 10 月 27 日，第 170 页。

⑤ 《傅秉常日记（1943）》，1943 年 10 月 28 日，第 170 ~ 171 页。

⑥ 《傅秉常日记（1943）》，1943 年 10 月 30 日，第 172 页。

为《四国宣言》的签署国之一。① 《四国宣言》签订后，蒋介石认为，"我国外交地位得由四国协议之签字而巩固"，② 但实际上，作为中国代表的傅秉常并未能参与三国外长会议，也不知三国讨论之机密，可见《四国宣言》的签署虽得到好的结果、提高了中国的国际地位，但这是出于美国的远东布局的需要，不是中国真的有这样的实力。这是"弱国无外交"之真实写照。不过，正因为《四国宣言》的签署，使中国一洗过去不平等条约带来的耻辱，以崭新之姿跃上国际舞台，而英、美两国邀请蒋介石出席开罗会议，讨论同盟国对日作战事宜，使中国不再单独对日作战，长期抗战的艰苦局面终露一丝曙光。③

四 《中苏友好同盟条约》的挫折

傅秉常虽成功签署《四国宣言》，但对外交部颇有怨言："吾人当中国外交家最辛苦之事，即政府对自己万事均不使知悉，而期望于吾辈者又异常之大。吾常谓当中国外交家必具孔子之道德、神仙之知识、幻术家之敏手，始能希望有所成就。"④ 随后不久，傅秉常遭逢母丧，却未能回国奔丧，仍努力协调美国、英国、苏联三方的矛盾，如波兰与苏联疆界问题、苏联《真理报》散播英德单独媾和的谣言。⑤ 傅秉常虽同情苏联的立场，但也尽可能协助美使，帮英国说情、澄清误会，避免同盟国内部分裂，并关注苏联对日态度，避免苏联拖延援华物资的输送，希望苏联能尽快对日用兵，解除中国战场的压力。⑥ 值得注意的是，傅秉常认为中国应积极拉拢苏联，只要"亲苏"便能"和共"，并赞同中共加入中央政权，希望蒋介石能起用思想前进者，认为只要不再限于张群、陈立夫、何应钦等人的亲信圈，国共冲突将能化于无形。⑦

1945 年 2 月 4 日至 11 日的雅尔塔会议（Yalta Conference）上，美国总统

① 《傅秉常日记（1943）》，1943 年 11 月 1 日，第 175～176 页。
② 秦孝仪主编《总统蒋公大事长编初稿》卷 5 上册，1943 年 10 月 28 日，台北，中国国民党党史会，1978，第 422 页；《傅秉常日记（1943）》，1943 年 11 月 6 日，第 180 页。
③ 《傅秉常日记（1943）》，1943 年 12 月 2 日，第 201～202 页；1943 年 12 月 6 日，第 203～204 页。
④ 《傅秉常日记（1943）》，1943 年 11 月 4 日，第 179 页。
⑤ 《傅秉常日记（1943）》，1943 年 12 月 16 日，第 205 页；第 1943 年 12 月 25 日，第 212 页；《傅秉常日记（1944）》，1944 年 1 月 17 日，第 19 页。
⑥ 《傅秉常日记（1944）》，1944 年 1 月 17 日，第 19 页；1944 年 1 月 18 日，第 22～23 页；1944 年 1 月 19 日，第 25 页；1944 年 1 月 22 日，第 28 页；1944 年 1 月 27 日，第 33 页；1944 年 2 月 2 日，第 42 页。
⑦ 《傅秉常日记（1945）》，1945 年 1 月 31 日，第 29 页。

罗斯福以中国主权为筹码，换取苏联对日作战，其中包括保持外蒙古现状，大连港、旅顺港、中东铁路、南满铁路等所有权与租用等问题。① 为了避免中国抗议，苏联与美国都隐瞒雅尔塔会议有关中国的详细内容，这使蒋介石相当焦虑，令外交部与驻外大使打探情报。雅尔塔会议后不久，傅秉常拜访美国驻苏联大使哈里曼（William Averell Harriman，1891～1986 年），探问会议上有否讨论远东战场及其对策，以及苏联对华态度与中苏合作抗日的可能性。但哈里曼说会议上没有讨论远东事件，并批评中国政府无法容纳中共参加政权，导致苏联在援华问题上持不合作之态度。傅秉常深以为然，认为中苏关系若要亲善，必须先解决国共两党的政治问题，他将这些观点发电报告蒋介石与宋子文，劝其尽早与中共妥协。②

　　由于傅秉常在苏联能得到的情报有限，发回"雅尔塔会议有秘密协定"的电报后，③ 就不再追查雅尔塔会议的内情，而把注意力放到国共谈判的进展上，并批评陈立夫、陈果夫把持党政，使领袖耳目闭塞、官员无权、群贤缄默。认为中央政府若不下决心做根本改革，国民党内部必将分裂。④ 随着国共谈判的胶着，傅秉常察觉到苏联支持中共，乃为了夺取中国政权，并批评外交部不告知国内消息，使他既不能有所进取，亦不能表现失望，处境相当困苦。他对中苏关系的前途也越来越悲观。⑤ 蒋介石收到傅秉常的电报后，很快推测苏联将提出恢复东北与旅大的特权。⑥ 为了进一步探明雅尔塔会议的内情，蒋介石派外交部部长宋子文参加联合国制宪大会，询问雅尔塔协定的真正内容。等到宋子文了解雅尔塔协定的内容后，立即向美国提出抗议，但美国袖手旁观，反而建议中国尽快与苏联交涉，蒋介石只能派出代表团赴苏谈判，否则将失去美援。⑦

---

①　王永祥：《雅尔达密约与中苏日苏关系》，台北，东大图书公司，2003，第 33～71 页。

②　《傅秉常日记（1945）》，1945 年 2 月 14 日，第 39～40 页。

③　秦孝仪主编《总统蒋公大事长编初稿》卷 5 下册，1945 年 2 月 21 日，第 679 页。

④　《傅秉常日记（1945）》，1945 年 2 月 24 日，第 49 页；1945 年 3 月 7 日，第 56 页；1945 年 3 月 8 日，第 57 页；1945 年 3 月 12 日，第 59 页；1945 年 3 月 14 日，第 61 页；1945 年 4 月 7 日，第 81 页；1945 年 4 月 27 日，第 98 页；1945 年 5 月 19 日，第 120 页；1945 年 5 月 31 日，第 133 页。

⑤　《傅秉常日记（1945）》，1945 年 3 月 13 日，第 60 页。

⑥　秦孝仪主编《总统蒋公大事长编初稿》卷 5 下册，1945 年 2 月 21 日，第 680 页。

⑦　《中华民国重要史料初编（对日抗战时期）》第三编战时外交（二），台北，中国国民党中央委员会党史会，1981～1988，第 544 页；吴景平：《宋子文政治生涯编年》，福建人民出版社，1998，第 463 页。The *United States*, *Foreign Relations of the United States*（*FRUS*），vol. VII，1945，The Far East：China，pp. 66－67、903－904.

1945 年 6 月 27 日，宋子文为代表团长，率外交次长胡世泽（1894～1972年）、蒋经国等人赶赴莫斯科，并将代表团行程发电通知傅秉常，让他事先告知哈里曼大使，代表团必须先见过斯大林，才能与哈里曼会谈，避免苏联猜疑。① 代表团抵达前，哈里曼向傅秉常透露，美国认为此时为中国与苏联求得谅解的最好机会，亦认为苏方要求甚为合理，并暗示中国接受苏方条件，希望傅秉常催促宋子文赶紧与苏联签约，同时他提醒傅秉常注意英国对华政策与美国多有不同，希望代表团务必对英方保密，不要泄露中苏谈判的内容。代表团抵达莫斯科后，宋子文偕胡世泽、傅秉常与斯大林举行第一次会谈。② 及至 7月 12 日，宋子文与斯大林共有 6 次会谈，其中第二次与第三次会议皆因外蒙古问题不欢而散，直到 7 月 9 日第四次会议外蒙古问题才勉强定下，斯大林同意在日本战败前，不公布外蒙古独立的秘密协议，并以公民投票的形式，决定外蒙古独立的问题，避免引发中国民众的愤怒。③

值得注意的是，《傅秉常日记》将 1945 年 6 月 29 日至 7 月 13 日，及 8 月8 日至 8 月 15 日的记事，全数删去，即隐瞒了第一轮、第二轮中苏谈判的相关细节。询问编者傅锜华与张力教授后，可知手稿原件本就没有记事，非家族后人为亲者讳，隐藏档案，而是傅秉常主动删去这些资料，其原因可能是出于政治考量，不愿被人贴上"亲苏派"的标签，或不愿泄露谈判细节，免遭后人唾骂。从傅秉常刻意隐瞒中苏谈判事可以推知，傅秉常确实参与了中苏谈判，且多预机密，间有错言误语，造成中国主权之损失，否则不必要删去这些日期的记事。例如，《王世杰日记》便记录王世杰因外蒙古疆界问题，不愿签约，宋子文在劝说无效下，竟让傅秉常找来两枚硬币，准备掷币占卜而决之。④ 虽傅秉常

① 傅锜华在《民国最后一任驻苏大使傅秉常在苏联的日子》第 59 页指出，傅秉常不知道宋子文等人到达莫斯科的时间和出席会谈的名单，不得不尴尬地去问苏联人，对外交部与外交部部长宋子文相当不满，语多埋怨。但从傅秉常的日记记事，可知在 6 月 23 日中午时，傅秉常已接到宋子文电报，电文告知谈判代表团将于 6 月 27 日从重庆出发，约 29 日抵达莫斯科。《傅秉常日记（1945）》，1945 年 6 月 24 日，第 146 页。

② 陈志奇辑《中华民国外交史料汇编》第 14 册，台北，渤海堂，1996，第 6881～6883 页，行政院院长宋子文奉派访苏，本日电呈蒋主席报告抵达莫斯科并与斯大林举行初次谈话，附呈与斯第一次谈话记录（1945 年 6 月 30 日）。

③ 陈志奇辑《中华民国外交史料汇编》第 14 册，第 6891～6893 页，行政院院长宋子文本日电呈蒋主席报告其与斯大林进行第二次谈话，重点为外蒙独立及使用旅顺军港等问题，并附呈二次谈话记录（1945 年 7 月 2 日）。

④ 王世杰：《王世杰日记》上册，1945 年 8 月 13 日，林美莉校订，台北，中研院近代史研究所，2012，第 724 页。

删去记录，但仍能透过《外交部档案》《王世杰日记》等资料，解析代表团对苏谈判的情况。

从宋子文与斯大林第二次会谈的记录可知，中苏双方对《雅尔塔协定》规定的"外蒙古之现状应予维持"的认定不同，这自然让宋子文感到棘手。斯大林认为外蒙古的现况即"蒙古人民共和国"为一独立国家，而蒋介石的底线却是"外蒙可予以高度自治，在中国宗主权之下成立自治政府"。① 斯大林也做出部分让步，如旅顺、大连和中长铁路的管理方式、权力分配、归还期限都比原本有利于中方，但在外蒙古独立问题上，斯大林坚持己见，只同意日本战败后再公布外蒙古独立之事，否则将中止谈判。② 在斯大林以外蒙古独立为中苏谈判的前提下，宋子文也做好决裂的准备，并发电询问蒋介石的决定。③ 对苏联的最后通牒，蒋介石与孙科、吴稚晖（1865～1953 年）、邹鲁（1885～1954 年）、陈诚（1898～1965 年）等党国大佬商议后，只好弃虚求实，用外蒙古问题换取更多的筹码，如与苏联协商东北、新疆与中共问题的解决，并尽快与苏联签约，让苏联对日宣战，以留住美国的援助。④ 由此可见，蒋介石与孙科等人商议外蒙古问题时，更为看重东北、新疆的主权问题及全国统一的目标。

或许是蒋介石顾及名声，他给宋子文的指示相当暧昧，使宋子文无法明白蒋的真意，继续坚持外蒙古问题，所以在 7 月 7 日的第三次会谈仍没有进展。⑤ "蒙古人民共和国总理"乔巴山（Choibalsan，1895～1952 年）也在 7 月 4 日来到莫斯科，与斯大林秘密会晤。斯大林对其说明中苏两国对外蒙古独立的立场及其处置办法，这让乔巴山相当高兴，⑥ 可见斯大林对外蒙古独立之事已胸有成竹，让外蒙古在法理上真正脱离中国，从而保障了苏联的国家利益与边防

---

① 秦孝仪主编《总统蒋公大事长编初稿》卷 5 下册，1945 年 6 月 24 日，第 732 页。

② 秦孝仪主编《总统蒋公大事长编初稿》卷 5 下册，1945 年 7 月 2 日，第 744～745 页。

③ 秦孝仪主编《中华民国重要史料初编（对日抗战时期）》第三编战时外交（二），1945 年 7 月 4 日，第 593 页。

④ 秦孝仪主编《总统蒋公大事长编初稿》卷 5 下册，1945 年 7 月 5 日，第 746 页。王世杰：《王世杰日记》上册，1945 年 7 月 6 日，第 712 页。秦孝仪主编《中华民国重要史料初编（对日抗战时期）》，第三编战时外交（二），1945 年 7 月 6 日，第 593 页。

⑤ 秦孝仪主编《中华民国重要史料初编（对日抗战时期）》第三编战时外交（二），1945 年 7 月 7 日，第 598～604 页。

⑥ 俄罗斯联邦总统档案馆：《莫洛托夫档》，目录 7，лор. 560. лагг. 38.，卷宗 110，第 7 页。转自栾景河《外蒙古是怎样从中国分离出去的》，陆南泉等主编《苏联真相：对 101 个重要问题的思考》，新华出版社，2010，第 516 页注 3、第 517 页注 1。

安全。正当宋子文准备束装返国时，却接获蒋介石发来的两封电报，指示战后允许外蒙古独立，但苏联必须先答应两项条件："一、为东三省领土主权及行政之完整。二、苏联今后不再支持中共与新疆之匪乱。"① 斯大林同意蒋介石提出的条件，终于使各项谈判逐步开展，但因斯大林将参加 7 月 17 日举行的波茨坦会议，中苏双方暂时休议，等斯大林回国后再进行第二轮谈判。②

　　由于宋子文不愿因外蒙古问题毁掉政治前途，遂由王世杰接任外交部部长，并于 8 月 5 日随同宋子文赴莫斯科，展开第二轮中苏谈判。③ 与第一轮谈判的处境不同，英、美两国为了减少中国的恶感，都表示愿意支持中方对外蒙古问题的解释，而傅秉常却不以为然，认为英、美两国只是做空人情，说风凉话，中国亦不可自误。④ 第二轮谈判一开始很顺利，但因蒋介石坚持外蒙古疆界必须事先勘定，双方谈判陷入僵局。⑤ 8 月 10 日，日本表示愿意接受《波茨坦宣言》，准备投降，中国代表团得知后，决定必须赶紧与苏联签约，万不可在日本投降后签字，这才可以节制苏联军队在东北的活动。⑥ 8 月 12 日，苏军已进入东三省，宋子文、蒋经国等人认为，代表团不要再纠缠外蒙古疆界问题，赶紧签约，否则苏联军队可能占据东北与新疆，给中国造成更大损失。王世杰虽不赞同，但无法说服代表团，只好坚持在换文列入"外蒙疆界应以现有疆界为限"之字句，不承认 1919 年以前之旧疆界（现时新疆阿尔泰区属于外蒙古）。⑦ 蒋经国也连发急电给蒋介石，力劝从速签约，万不可使谈判破裂，否则将造成苏联支持中共之事实。⑧ 由此可知，东北接收问题之所以重要，乃与中共的竞争有密切关系，特别是中共的根据地在华北、华东，而国军的主力部队却远在西南、西北，⑨ 这使蒋介石不得不考虑苏联盘踞东三省后，将阻碍国民政府接收东三省的可能性。

---

① 秦孝仪主编《总统蒋公大事长编初稿》卷 5 下册，1945 年 7 月 7 日，第 748 页。

② 秦孝仪主编《中华民国重要史料初编（对日抗战时期）》第三编战时外交（二），1945 年 7 月 9 日，第 609～620 页。《蒋经国致蒋中正文电》，台北，"国史馆"典藏，典藏号：002－080200－00625－085。

③ 王世杰：《王世杰日记》上册，1945 年 7 月 25 日，第 716～717 页。

④ 《傅秉常日记（1945）》，1945 年 8 月 6 日，第 161 页。

⑤ 《外交部档案丛书·界务类》第二册，台北，"外交部"，2001，第 48 页。

⑥ 熊式辉：《海桑集——熊式辉回忆录（1907—1949）》，台北，明镜出版社，2008，第 387 页。

⑦ 王世杰：《王世杰日记》上册，1945 年 8 月 12 日，第 724 页。

⑧ 《蒋经国致蒋中正文电》，典藏号：002－080200－00625－091；《蒋经国致蒋中正文电》，典藏号：002－080200－00625－093。

⑨ 郭廷以：《近代中国史纲》，台北，晓园出版社，1994，第 847 页。

8 月 14 日，中苏两国签订《中苏友好同盟条约》，同意日本战败后，国民政府在外蒙古举行公投，用以决定外蒙古是否独立。① 当外交部部长王世杰携约返国后，向国防最高委员会、国民党中央常务委员会、立法院会议、参政会驻会委员会报告《中苏友好同盟条约》订约始末，并解释代表团同意外蒙古独立公投的无奈之处时，遭到了立法委员吕复（1879～1955 年）、卫挺生（1890～1977 年）等人的反对。② 与苏签约的同一天，日本宣布接受《波茨坦公告》，愿意无条件投降，但苏军仍占据东北，国民政府必须赶紧进行外蒙古公民投票之事，于是无视立法院的反对，外交部一手主持外蒙古公投，派员观察。基于一面倒的外蒙古公投结果，国民政府承认外蒙古独立，撤回在外蒙古的军队，并在 1946 年 1 月 5 日发布承认外蒙古独立的文告，③ 中国就此丧失了外蒙古的领土与主权，西北国防不再有天然屏障的保护。④

余　论

《中苏友好同盟条约》缔结后，国民党内虽有少数人反对外蒙古独立，但大多数人仍认为《中苏友好同盟条约》具有重要意义，不但保障了东北主权，也改善了中苏关系，有助于国内走向团结统一。⑤ 如傅秉常就对蒋介石关于《中苏友好同盟条约》的演讲指出，"其中关于外蒙事尤为得体"，并非常认同孙科对《中苏友好同盟条约》的看法，以为中苏同盟将能保证中国长期和平，避免陷入外患内乱。⑥ 事实上，正因为《中苏友好同盟条约》的签订，缓和了国共两党的紧张气氛，⑦ 中共在延安发出愿与国民政府合作的宣言，这让孙科等人大感欣慰，认为《中苏友好同盟条约》将保证中国有三十年的安定，中

---

① 王世杰：《王世杰日记》上册，1945 年 8 月 14 日，第 724～725 页。

② 王世杰：《王世杰日记》上册，1945 年 8 月 24 日，第 727 页。中国国民党党史会：《国防最高委员会常务会议纪录》第 7 册，1945 年 8 月 24 日第 167 次会议记录，台北，近代中国出版社，1995，第 476 页。

③ 中国国民党党史会：《国防最高委员会常务会议纪录》第 7 册，1945 年 12 月 17 日第 179 次会议记录，第 721 页。薛衔天编《中苏国家关系史资料汇编（1945～1949）》，社会科学文献出版社，1996，第 432、435 页。

④ 徐永昌：《徐永昌日记》第 12 册，1956 年 1 月 27 日，第 7～8 页。

⑤ 林桶法：《战后中国的变局：以国民党为中心的探讨》，台北，台湾商务印书馆，2003，第 65 页。

⑥ 《傅秉常日记（1945）》，1945 年 8 月 27 日、1945 年 8 月 28 日，第 166 页。

⑦ 《祝中苏友好同盟条约》，《新华日报》，1945 年 8 月 27 日，第 2 版。

国可利用这段时间休养生息，强化国力。[1] 然而，从《傅秉常日记》1945年下半年的记载可知，中苏关系依然紧张，未能进入蜜月期。先是苏联军队进兵新疆，使新疆乌苏遭受苏联飞机轰炸，人员伤亡惨重；[2] 后是国共谈判进展不顺，屡生龃龉，国内局势蒙上了一层阴影。这些逐渐消耗了中国军民抗战胜利的喜悦；其中接收东北问题尤为矛盾重重，它成为中苏双方冲突的主因。中苏双方屡屡争执东北受降范围、苏军占领地的移交、中国军队是否由大连登陆等问题，[3] 它使傅秉常很担心中苏同盟的前景，他颇感苦恼，甚至暂时隐瞒了唐努乌梁海（Tuva，即今图瓦共和国）被并入苏联的消息，[4] 以免外蒙古独立问题又起变化，造成中苏同盟的破裂。由此可见，傅秉常努力维持中苏关系的稳定，尽可能实现中苏合作的目标，但因苏联未能遵守《中苏友好同盟条约》中的东北接收、新疆撤兵、国共政争三项约定，中苏关系日渐恶化，而傅秉常的努力也只能付诸东流，空留余恨了。

---

[1]　《远交近亲政策获初步成功，孙科院长畅谈中苏盟约》，《申报》，1945年8月28日，第1版；《中苏友好盟约的观感》，《中央日报》，1945年8月28日，第3版。

[2]　沈志华：《俄国解密档案：新疆问题》，1945年9月14日中国政府给苏联政府的照会"新疆遭受轰炸事件"，新疆人民出版社，2013，第218页。

[3]　《傅秉常日记（1945）》，1945年9月1日，第169页；1945年9月5日，第172页；1945年9月11日，第174页；1945年9月13日，第176页；1945年9月14日，第177页；1945年10月6日，第187页；1945年10月12日，第193页；1945年10月16日，第195页；1945年11月10日，第211页；1945年11月15日，第213页。

[4]　《傅秉常日记（1945）》，1945年10月29日，第203页。

民族主义与现实主义之间的权衡与抉择

——再议 1945 年中苏条约缔结过程中国民政府之因应[*]

吉田丰子[**]

摘要： 1945 年《中苏友好同盟条约》的谈判，在波茨坦会议前夕曾一度中断。本文首先对波茨坦会议期间国民政府对苏交涉方针的调整进行了重点梳理，进而以中方保存的谈判记录等档案史料为主，对波茨坦会议后中苏条约谈判过程中国民政府之因应，进行了全面分析，揭示国民政府对苏联妥协的策略性，以及苏方所做出的一定程度的让步。在整个《中苏友好同盟条约》的谈判过程中，国民政府自始至终追求的目标是获取平等对待。这是主要出于对国内政治的考虑，即防止民族主义情绪对国民政府自身之影响。这一点，在美、英、苏公布《雅尔塔协定》前，可以说起到了一定的作用。

关键词：《中苏友好同盟条约》 对苏交涉方针 国内政治 雅尔塔密约

---

* 本文为拙作《民族主义与现实主义之间的权衡与抉择——1945 年中苏条约缔结过程中国民政府之因应》（栾景河、张俊义主编《近代中国：思想与外交》，社会科学文献出版社，2013）之续编。在本文撰写过程中，王建朗的论文《大国背后的辛酸——再议宋子文与〈中苏友好同盟条约谈判〉》（吴景平主编《宋子文与战时中国（1937—1945）》，复旦大学出版社，2006）对笔者影响很大，尤其作者对"中苏军事委员会"之关注给予笔者完成这两篇论文有很大启发。其他主要相关研究参见：陈立文《宋子文与战时外交》，台北，"国史馆"，1991；吴景平《宋子文评传》，福建人民出版社，1992；肖如平《蒋经国与 1945 年中苏谈判》，《抗日战争研究》2012 年第 1 期。

** 吉田丰子，日本京都产业大学外国语学部国际关系学科副教授。

前　言

众所周知，在波茨坦会议前，1945 年的《中苏友好同盟条约》谈判曾经一度中断。[①] 本篇首先将重点探讨宋子文等中方代表自莫斯科返回重庆后，国民政府对苏外交方针的调整；其次将尝试以中方谈判记录[②]、莫斯科的中国代表与重庆的蒋介石之间往来电报，[③] 以及《蒋介石日记》等史料为基础，[④] 对波茨坦会议后中苏重启谈判过程中国民政府之因应，进行更加深入的梳理和分析。[⑤]

通过对中苏谈判全过程的探讨，我们可以看出，中方尽管在谈判过程中处于非常不利的地位，但还是做出了相当大的努力，由于中方的坚持，苏方也做出一定程度的让步。需要强调指出的有如下两点。

第一，谈判中，国民政府对名义上的平等即表面上的平等之争取，也颇为重视，中苏军事委员会之成立就是典型的事例。不能不说，国民政府坚持这种表面上平等的姿态，包括战后以公民投票的方式承认外蒙古之独立的"合理"

---

① 关于波茨坦会谈前夕中苏谈判中止的原因，很多学者认为，其主要责任在于宋子文不愿意签约。但据笔者结合美国研发原子弹的背景，对美国外交文件重新解读后推断，其重要的原因可能是在中苏谈判的过程中，美国原子弹的研发接近成功，这使得美国对这一时期的中苏谈判的态度发生了微妙变化，而美方的这一态度很可能影响了宋子文。

② 吴景平、郭岱君主编《风云际会——宋子文与外国人士会谈记录（1940—1949）》，复旦大学出版社，2010（本文所涉谈判过程，皆根据这一记录整理，故不一一注释）。苏方谈判记录参见 *Русско-китаиские отношения в XX веке Т. Ⅳ：Советско-китаиский. 1937 — 1945 гг. Кн. 2*，М.，2000。双方谈判记录略有不同，具体比较是笔者今后的课题之一。关于波茨坦会议前夕中苏关于外蒙古问题的讨论，参见拙稿《1945 年中苏条约缔结过程中蒋介石与宋子文对外蒙古问题之因应——以波茨坦会谈前夕为中心的探讨》，吴景平主编《宋氏家族与近代中国的变迁》，东方出版中心，2015。

③ T. V. Song Papers, Hoover Institution Archives, Stanford University. 《蒋中正总统档案——领袖特交给文电相关专案整理俄帝阴谋部分编案初稿及参考资料一：雅尔达密约与中苏协定》，台北，"国史馆"藏。《蒋中正总统档案（事略稿本）》第 62 册，台北，"国史馆"，2004；以下简称《事略稿本》。

④ 《蒋介石日记》，Hoover Institution Archives, Stanford University。

⑤ 相关拙稿有《"内外交困下"蒋介石的对苏外交——从"阿山事件"到华莱士访华前后（1944 年 3—7 月）》，吴景平主编《民国人物的再研究与再评价》，复旦大学出版社，2013；《抗战末期国民政府对苏政策与新疆（1944—1945）》，《蒋介石与世界国际学术研讨会论文集》，台北，文化大学史学系史学所，2010；《国民政府对雅尔塔"密约"之应对与蒙古问题》，吴景平主编《宋子文生平与资料文献研究》，复旦大学出版社，2010。关于中苏莫斯科谈判前史之研究相当薄弱，拙稿为弥补这一不足。

姿态等，在应付国内政治上是不可或缺的。而这种形式上的平等，对于维护国民政府在国内社会中的威信起到了一定的作用，直至 1946 年 2 月 11 日美英苏三国同时发表《雅尔塔协定》，《中苏友好同盟条约》作为大国强权政治结果的负性影响才得以暴露。

第二，美国在研制原子弹成功并且用以轰炸日本本土后，积极介入中苏条约谈判，其主要目的，是为了谋求在东北实行"门户开放"政策，以防止东北成为苏联的势力范围。但是在苏联和"蒙古人民共和国"已经大军压境东北和内蒙古的情况下，美国之介入的影响非常有限。

一

宋子文和蒋经国自莫斯科返回重庆后向蒋介石提交报告，蒋阅读报告后对波茨坦会议前的中苏谈判做出如下总结："俄国政策：一、求战后 20 年之安全与苦干；二、希望我为其友而不与美国为敌也。其对我之贡献意见：一、干部重要；二、战后民族工业之建立不为外国商品之市场也。"[1]

在审阅中苏双方会谈记录后，将介石尤其对外蒙古问题以公民投票方式解决之决定表示后悔。[2] 蒋介石非常清楚，在强权政治下，对于斯大林而言，公民投票之结果不会妨碍外蒙古的独立。蒋介石之所以同意采取公民投票方式，主要是为了应付国内舆论。既然外蒙古独立已不可避免，蒋介石转而采取策略，试图以承认外蒙古之独立，来换取苏联保证中国东北之主权、不支持中共、不支持新疆叛乱这三项政治条件。[3]

为达到这一目的，蒋介石在重庆专门与苏联驻华大使彼得洛夫进行了谈话。谈话中，蒋介石首先强调，中方关于《雅尔塔协定》中外蒙古"保持现状"之解释与苏方不同，中方承认苏联所要求之外蒙古独立系他个人意见，承认外蒙独立，中国牺牲很大，所以苏联必须满足中国三项条件，即"苏联协助我东三省领土主权与行政主权的完整，及解决国内共产党问题，使国家真正统一，和新疆变乱的解决"。并称："这三点做到，我才可排除一切反对的意见，解决外蒙问题，而且外蒙问题只有在我当政时代由我手里可以解决，除我以外，任何人和任何政府都不敢解决这个问题，希望史达林元帅了解我国之

---

① 《蒋介石日记》，1945 年 7 月 18 日。

② 《蒋介石日记》，1945 年 7 月 18 日。

③ 拟主席与彼得罗夫大使谈话稿，T. V. Soong Papers, Box 68, Folder 6。

牺牲重大。"

蒋介石称，对于中方所提三项条件中的中共问题与新疆问题，在波茨坦会议前期的中苏会谈中斯大林已经有了一定的表示，但是关于中国东三省的领土主权及行政之完整问题，双方意见还有出入。具体问题是以下四点：第一，关于旅顺，中方要求领土行政主权必须完整，行政人员由中方指派，若事先须得到苏方同意，则主权便不能完整；第二，关于旅顺港，既然共同使用，则必须组织中苏军事委员会，负责处理有关各种问题；第三，关于大连，必须为纯粹自由港，但是某些仓库和运输工具等可租给苏方使用，并可聘用苏联专门技术人员和顾问；第四，关于由大连至沈阳的铁路，不可列入军港范围内，并称"本人明白该地军事的形势，军港如果没有其北至金州狭小海股一段地域在内，那是要受威胁的。不过在这段狭小海股以北九公里地域在内可由中苏军事委员会来协商办法，终不使旅顺军港因此减少他的价值"。其中，关于中苏军事委员会，中方在波茨坦会议之前的谈判中就已经提出，但当时苏方未置可否。

会谈中，彼得洛夫首先询问中苏军事委员会是否设在旅顺及其是否会长期存在。蒋介石对前者予以肯定答复，对于后者则称以中苏盟约有效期限为限，但决不会妨碍苏方在旅顺的军事，而且可以协助满足苏方之各种需要。关于中东和南满铁路的董事长，蒋介石称必须由中方指派，但是中东路局局长可由苏联人充任，而南满铁路局局长则必须由中方指派人员。

关于中苏军事委员会，因为旅顺军港虽然号称双方共同使用，但实际上是为苏联所使用，因此中方提出这一主张，其目的在于追求中苏在形式上之平等，以避免国内政治舆论对政权之影响。此外，关于两条铁路之董事长的人士安排，蒋介石是在深思熟虑后提出的，因为南满铁路一带为资源重地。

彼得洛夫称，斯大林曾强调苏联政府只承认与国民政府的关系，只承认蒋介石为中国的领袖；关于外蒙古与东三省问题，苏方主张中苏互利，即：第一，关于外蒙古问题。这一问题为中苏间一切误会之根源，对于外蒙古人民屡次表示之独立愿望，苏联认为是合理的。关于此一问题之解决，斯大林重视中方意见，即现在承认外蒙古独立，待战争结束及外蒙古人民投票表示独立愿望之后再宣布其独立。第二，关于中国在东三省之领土主权及行政之完整。"因为顾虑日本失败后可能再恢复势力"，苏联才拟于旅顺港内建立对日本的强有力海军根据地，为期30年，在此期间，苏联预备在海参崴以北各港建立足以对付日本的海军根据地，在大连港苏联拟获得优势地位。彼得洛夫最后总结道，"关于两条铁路和两个海港的使用问题，主要是为对付今后日本之可能的侵略，所以苏联在旅顺力量强大不仅对苏联有利，且对中国一样是有利的"。

蒋介石坚持，两条铁路和两个海港的中国主权与行政权一定要完整，尊重中国领土主权与行政权之完整为苏联在旅顺巩固力量的基础条件，如果此点得到保证，中方不仅不会妨碍苏联的军事，还会提供各种便利。

值得注意的是，在这次谈话中，蒋介石对波茨坦会议前中苏谈判过程中双方已经达成共识之"外蒙疆界"问题，即以现在之"疆界为疆界"并不做文字表示之点，提出了重新讨论的具体主张。他认为，应根据前清以来至民国初年中国所划定之地图为标准，"因为这张地图是最公平的，后来的许多地图都有变动，都不正确"。对此，彼得洛夫称，宋子文在莫斯科也提过一种地图，但是苏方始终没有见到，"现在最重要的是决定外蒙独立的原则，至于外蒙疆界问题可待日后来解决"。关于疆界问题，彼得洛夫提出了与斯大林之"承认现状"不同的主张，即暂时搁置的方针。谈话中，蒋介石并称，外蒙古独立以后中国可与其正式建交。

在谈话的最后，蒋介石表示，他将把此次谈话的内容通知杜鲁门总统，理由是中国需要答复美国所送来的《雅尔塔协定》中有关中国问题的备忘录，蒋的这一表示无疑是想借美国来牵制苏联。此外，蒋介石请彼得洛夫大使向斯大林报告，"中国外交是自主的，中国事情将由中国自己决定，别人不能左右我们的主张，所以这次波茨坦会议，如果讨论有关中国的问题而有所决定，因为中国并未参加会议，中国决不承认"。蒋的目的是想通过彼得洛夫大使向斯大林间接表示，中方不希望苏联在波茨坦会议上与美国单独商谈类似《雅尔塔协定》性质的与中国有关的问题。

此后蒋介石继续思考波茨坦会议后的对苏交涉方针。如 7 月 21 日，蒋介石在日记中所列的"最近要务"第二项即为"对俄外交"，[①] 同日，在"上星期反省录"中，蒋又表示"对俄外交方针自主与牵制应有决定"。[②] 7 月 27 日，蒋介石在日记中的"下周工作预定表"中写道："研究对俄交涉之利害得失迫切，此时对共不能不用政治解决，则对俄妥协与谅解是为必要。只要在对日胜利前后不发生内乱，求其安定一时，则政治解决目的与真正统一当可达成也。"[③] 在 28 日的日记里，蒋介石对当时国民政府的对外方针的要点包括对苏

---

① 《蒋介石日记》，1945 年 7 月 21 日。
② 《蒋介石日记》，1945 年 7 月 21 日，"上星期反省录"。
③ 《蒋介石日记》，1945 年 7 月 27 日，"下周工作预定表"。

政策进行了罗列与剖析：

> 今后国际政策之方针。（一）亲苏俄联英美、（二）居间自重自立、（三）防英美孤立主义不问东亚事、（四）防俄操纵陷我孤危。
>
> 甲、亲俄政策与目的。（一）孤立中共使之就范、（二）巩固统一实施建设、（三）用国际形势与政治力量制服中共、（四）使俄对东方安心专力防欧。
>
> 乙、外交方针。（一）北疆与俄合作、（二）内地与美合作、（三）对俄重政治（中共关系）、（四）对美重视经济（工业技术）、（五）军事重自主不偏不倚。
>
> 丙、预防俄共阴谋之要领。第一步离间中美之策略，第二步断绝中美合作关系，第三步中国投入其他怀抱，第四步怂恿中共叛变、制我死命，第五步赤化中国、统治东亚，第六步驱逐英美发动第三次世界大战。①

在与彼得洛夫大使进行谈话的 7 月 19 日，蒋介石曾发电报给美国杜鲁门总统，说明对苏交涉情况。然杜鲁门之复电却称，"余请阁下执行雅尔达协定，但余未曾请阁下作超出雅尔达会议之让步"，对此，蒋介石感到"侮辱以及，余对雅尔达会议并未参加，毫无责任，何有执行之任务，彼诚视中国为其附庸也，美国外交之无中心无方针无礼仪如此，殊甚危险，应重加考虑。但必持其志，毋暴其气，不可以小不忍而乱大谋也，戒之"。②

其实在波茨坦会议前的中苏谈判开始时，美国已经做出视天气情况进行原子弹试验的决定，③ 因此，这一时期美国对中苏谈判的态度非常微妙，美国最大目的是希望在东北实施"门户开放"政策，具体而言即大连商港实行"国际化"。杜鲁门此时做出如此回应并对中国施压的目的，显然是希望在中苏条约缔结过程中为美国获取利益。④

7 月 29 日，美国务卿致电宋子文，望其速致电斯大林，表明中方希望仍

---

① 《蒋介石日记》，1945 年"杂记"。《事略稿本》第 62 册，1945 年 7 月 28 日。

② 《蒋介石日记》，1945 年 7 月 18 日，"上星期反省录"。

③ Tsuyoshi Hasegawa, *Racing the Enemy*: *Stalin*, *Truman*, *and the Surrender of Japan*, The Belknap Press of Harvard University Press, 2005.

④ 与第 179 页注释①相同，此为笔者重新分析美国外交文件之所见，专文论述为今后之课题。目前可参照之主要著述有吴景平《宋子文评传》，福建人民出版社，1992。

到莫斯科与苏联达成协定。关于这封电报，蒋介石认为"其辞傲慢如命令，其意可鄙，美国人心里骄滔盖如此也"，"子文向赖其协助对俄外交，其结果更为不利。其不明外交情势至此，思之痛心"。随后，蒋介石向宋子文单独说明了对苏政策与交涉方针，促使宋子文改变自莫斯科返回重庆以来一直所坚持的不再赴莫斯科谈判的主张。宋子文答应返回莫斯科继续交涉，但同时表示他不愿承担责任。

对此，蒋介石日记中称其"只知求名邀功取巧诿过，何以成事，甚为国家忧也"。7 月 31 日，蒋介石在其"上星期反省录"中又称，"对俄交涉以子文不敢负责任尚未签订协定，而准予外蒙战后独立之决策，实为生平革命史上最重大之一页，于事于理无不自安也"。①

由于宋子文不愿对签约负责，蒋介石对外交部部长人选做出了调整，任命宣传部部长王世杰为新的外交部部长，取代宋子文。② 7 月 30 日，国防最高委员会通过了蒋介石的这一任命。③ 翌日，宋子文明确提出中苏条约交由王世杰签字，当时王世杰曾问宋子文可否由其两人共同签字，宋子文予以拒绝，但是又称如果苏方由斯大林签字，他就签字。而"实际上，苏方自行将由其外交部长莫洛托夫签字"，中方签字人注定为新任外交部部长王世杰。8 月 1 日，王世杰开始在外交部视事。④

蒋介石在 8 月 2 日日记中首称："本日际遇最为烦难而重大，诚所谓百难从集，万仇交迫之日也。"具体内容中与中苏关系直接相关者包括："子文坚持由俄径飞英美主张"，"新疆额敏县城失陷，北疆危急"，"共匪新华日报捏造事实，企图摇惑中外耳目，扩大淳化案件"，"对俄交涉错过时机，今后更增拮据"。⑤ 可见，为了防止苏联对新疆与中共之支持，蒋介石此时认为不能错过与苏联缔结条约的机会。由于在波茨坦会议之前的谈判中宋子文已经答应斯大林承认外蒙古独立，并表示暂时不提疆界问题，但王世杰认为："余意疆界之划定必须在承认之前，否则将为未来留无尽之纠纷。"而蒋介石在与彼得

---

① 《蒋介石日记》，1945 年 7 月 31 日。

② 蒋介石为何安排王世杰任外交部部长，参见《顾维钧回忆录》第 5 分册，中国社会科学院近代史研究所译，中华书局，1985，第 558~559 页。

③ 《王世杰日记（手稿本）》第 4 册，1945 年 7 月 30 日。7 月 29 日，宋子文曾向王世杰要求待五国外长会议结束之后，王世杰在接替其外长之职，但同时又称国防最高委员会承认王世杰为外长，已经来不及了（《王世杰日记（手稿本）》第 4 册，1945 年 7 月 29 日）。

④ 《王世杰日记（手稿本）》第 4 册，1945 年 8 月 1 日。

⑤ 《蒋介石日记》，1945 年 8 月 2 日。

洛夫大使谈话时，已经提出过希望重新讨论划界问题，因此王世杰的建议立即得到了蒋介石的同意。①

在宋子文、王世杰、蒋经国等再赴莫斯科谈判之前，蒋介石针对波茨坦会议前之中苏谈判又提出以下四点主张。

第一，关于旅顺口外一百公里之岛屿，蒋介石认为问题最大，即"旅顺军港百公里之各海岛非由中俄两国同意，不得设防之件，更为骇异。果而，则蓬莱县海岸至旅顺间之百公里，在此 30 年间皆成为不设防区域矣，此等大事，子文不能任用专家沈鸿烈等之研究，而认为无关重要，责与俄国商拟稿件，可痛。不知今后国家将如何建矣。乃命力拒不能商谈此事也"。同日下午，蒋介石与宋子文、王世杰"谈对俄基本交涉方针甚切"，② 其主要问题即关于旅顺口外一百公里之岛屿。蒋介石指示，非经中苏协商，不得有任何军事建造之条文，绝对不能承认。王世杰建议，对尚未决定之问题必须将中方之主张坚持到底。蒋介石称必要时可以来电向其请示。王世杰又称，"无论如何，一切均须批准始能生效"。对此，蒋介石表示同意。③ 显然，王世杰所提议必要之法律程序，并非仅为法律问题，而是还有其一定的政治考虑的。这一点充分体现于本节文章最后所引述之《王世杰日记（手稿本）》之中。

第二，蒋介石对于与苏联所拟定之稿件中"对日德二国"之表述，认为应将"德国"删除。他明确向宋子文指示，中国今后之国际政策不过问亚洲以外之事，不能与苏联有共同对德义务。

第三，对苏军进入东三省及其他各地之句，蒋介石认为应将"其他各地"字句删除，而只以东三省为限，如果苏联进入热河与察绥时，应该受中国第十二战区之指挥，苏联进入东三省之军队依照华盛顿之决议通报，应受中国战区统率。

第四，承认外蒙古独立之前，必须先划定疆界，这非常重要。关于这一问题，蒋在其日记中称："上次幸未签约，否则将铸成大错矣。"④

8月4日下午，蒋介石在与宋子文等商谈对苏交涉方针后，又与彼得洛夫大使进行了谈话。蒋介石首先向彼得洛夫大使确认苏方有无新的意见，彼得洛夫大使仅回答称，"史达林元帅与宋院长在莫斯科所已经谈过的各项问题以及

---

① 《蒋介石日记》，1945 年 8 月 2 日。
② 《蒋介石日记》，1945 年 8 月 3 日。
③ 《王世杰日记（手稿本）》第 4 册，1945 年 8 月 3 日。
④ 《蒋介石日记》，1945 年 8 月 4 日。

双方发表的意见，都将是有效的"，也就是没有任何新的意见。在这次谈话中，蒋介石在表明中方对苏方军事要求会尽量予以协助后，再次强调希望斯大林能够彻底了解中方关于主权与行政权能够保持完整与独立之政治要求。

此外，关于苏联在旅顺港外以南一百公里半径之岛屿设防必须得到中国之同意一点，蒋介石表示："中国决不能接受，此种要求不但丧失我主权，而且有损我国之国格，希望贵国政府不再对此不合理之要求在谈判中提出。"彼得洛夫大使称，苏联对那些岛屿所提出之意见，完全是为了保障旅顺军港之安全，别无他意。但是蒋介石态度坚决，称："除非将我国看作一个没有常识的政府，否则这种要求是绝不可提出来的。我们可以牺牲像外蒙古这样大的土地，但是对于我国在这几个岛屿上应有之主权，则决不肯牺牲。"

值得注意的是，在此次谈话中，蒋介石向彼得洛夫大使提出，中苏同盟条约订立后，苏联参加对日作战时，他本人想去莫斯科访问斯大林。对此，彼得洛夫答称有可能实现。此外，蒋介石告知，熊式辉将军将与宋子文等同行，负责与苏联商谈与军事有关问题。[①]

关于此次谈话之宗旨，蒋介石在日记中写道："托其面告史大林并明言对于军事合作，中国可以俄国之主张为重，而对于政治方面则俄务以中国之主张为重之意，总不使我之主权有所损害也。"[②]

8 月 4 日，即起程的前一日，王世杰在其日记中写道："余觉此行之目的可以三语括之：统一、和平、与保全东北。但外间对于外蒙问题云颇有异论。如舆论不能谅之了解，则诸约有成，中苏之感情仍将不协，前途之变化甚可虑。"[③] 由此可知，王世杰在外蒙古问题之社会舆论对其自身之影响上，忧虑之深。8 月 5 日，宋子文与王世杰、熊式辉、蒋经国、沈鸿烈、卜道明、刘泽荣等一行 17 人与彼得洛夫大使及其同行之苏联人员 4 人起程赴莫斯科。

二

8 月 7 日，宋子文等一行抵达莫斯科。当晚 10 时至 11 时半，中苏双方举行了第七次会谈。苏方出席人员与波茨坦会议前相同，计有斯大林、莫洛托夫

---

① 《事略稿本》第 62 册，1945 年 8 月 4 日。

② 《蒋介石日记》，1945 年 8 月 4 日。关于访苏，蒋介石认为莫洛托夫之态度冷淡，乃嘱咐蒋经国不再由中方提出（《事略稿本》第 62 册，1945 年 8 月 5 日，第 36 页）。

③ 《王世杰日记（手稿本）》第 4 册，1945 年 8 月 4 日。

外长、彼得洛夫大使、洛索夫斯基次长、柏巫洛夫翻译；中方出席人员有宋子文院长、王世杰部长、傅秉常大使、胡世泽次长、蒋经国。

会谈内容第一点为旅顺口问题，主要包括苏联所辖区域问题与中国所提中苏军事委员会之成立问题。关于前者，宋子文提出其曾建议将大连划在该区域之外，但由于斯大林主张苏方需要较宽地区以保卫旅顺口之颈部，身为军人的蒋介石同意了斯大林的主张，宋并出示了蒋介石所建议之区域画线地图。斯大林认为蒋介石提出的范围太小，"吾人已放弃中立地带，基于军事之理由，吾人必须有若干地区"，并在地图上画一线建议必须在地峡以北确保若干地区，以防止敌人登陆。宋子文虽称或许能同意，但是以中方已经在外蒙古问题上做出让步为前提，提出保持大连为一自由港，其铁路及公路在战时绝对不能受军事之控制。斯大林强调苏联并不要求大连与旅顺口实行同样的制度，但是铁路自然应该在军事区域之内，关于控制铁路之正式权力属于苏联军事当局的目的，是为了贸易利益及军队安全。宋子文则称保护铁路为中方利益之所在。对此斯大林答应予以考虑。

双方围绕着苏方所拟有关旅顺口及大连的第八、第九条内容进行了交涉。

第八条　在旅顺口以外及大连以外共管区域内之民事行政，由中国方面负责。民政主要人员之选任由中国方面与苏联军事指挥官同意行之。

第九条　在此区域内之军事指挥权及为防卫此区域所必需之治安之维持，当委托苏方办理。军事指挥官为维持区内治安所发布之命令，对民政方面，有拘束效力。

宋子文对第八条"主要人员"提出疑问，问具体指何，莫洛托夫称可以通过商谈得到中方之同意。对第八条后半部分，宋子文坚持波茨坦会议前谈判之主张，即认为这将侵犯中国主权而不能同意。对此，莫洛托夫称，规定"只适用于该区域"。

宋子文关于第八条如此主张，与中方所提设立中苏军事委员会之建议相关，即中国方面委派之任何人员，有充分理由证明其不妥当时，可向该委员会提出处理。中方的理由是如果中国之人员必须由苏方同意，"吾人将深难向本国人民解释"。对此，斯大林建议第八条后半部分改为主要人员由中国政府顾及苏方利益派任。宋子文与王世杰谓翌日再做答复。

随后，宋子文提出双方就设立中苏军事委员会进行具体谈判。宋子文指出，中方提议设立该委员会之目的，是"为使中国人民明悉吾人在本案有发言之权"。斯大林向宋子文询问具体意见。宋子文提出，由该委员会负责拟定旅顺口共同使用办法，"事实上，吾人并无舰队，该委员会自并无许多工作"，关于人员构成，宋子文称双方各派二人或三人。斯大林认为"吾人必须加以考虑，吾人或可同意此点"。很显然，中方提出设立中苏军事委员会，其实是形式大于实际，因为中方不可能真正得到实际权力，在此情形下，中方仍争取至少在形式上达到中苏"共同管理"之目标，其主要意图是为了应付国内政治及社会舆论。

会谈内容第二点为大连问题。中方主张与波茨坦会议前相同，即大连为自由港，其行政管理权属于中国，但中方准备聘请苏联技术专家，并准备以商业方式将仓库码头长期租予苏方，在过境运输方面给予苏方便利。对此，莫洛托夫称，苏方草案内规定组建市政委员会，由中苏同等数目代表组成，主席为苏联人，副主席为华人，港口主管人员由苏方派遣，此点与雅尔塔会议所规定的苏联"优越地位"相符。斯大林补充道，苏联之"优越地位"指的是给予苏联之便利与给予"其他国家者不同"。显然，这里的"其他国家"主要是指美国。

接下来中苏双方围绕大连港进行了激烈辩论。苏方首先提起历史上的权益问题。莫洛托夫称，港口之工事及其"设备建制"为俄国所建筑或购买。宋子文回复称："大连之期限，业已届满。"斯大林称："吾人在上述期限内，并未利用此港。"对此，宋子文反驳称：

> 吾人对此无从助力。吾人并未向俄方保证贵国之不受日本侵略。再则大部分码头建筑系由日本出钱建制。吾人对外蒙旅顺口大连及铁路已作甚多之让步。阁下试易地相处。余思阁下亦必感觉以予余以足够之让步。吾人已表示吾人深愿满足阁下之意见。但吾人必须顾到吾国之人民。在作战多年之后吾人作如此巨大之让步。试以外蒙为例。吾人并不在与苏联作战，但为符合苏方之意见，并为彼此永久友好起见，吾人退让同意于阁下之意见。

斯大林反驳称：

> 苏联政府并非随意提出此等建议，更非如帝俄政府之际与以征服中国

为出发点之愿望。倘阁下将帝俄之条件与目前之要求相较，阁下将感其差别实不啻霄壤。以往旅顺口及大连系完全在俄国之手，并规定有延长租借期限之条款。如果无日本，吾人将无所要求。日本因一定投降，但仍将复起。此点必须顾到。余曾有一次告知阁下吾人最低限度需要三十年之时间建筑吾人在远东之军事及商业港口。吾人现在远东之港口设备既劣，且未接通铁路。如何使此等港口装备现代化，并建造必要之铁路线，实为一艰巨之工作，吾人需要三十以后完成此项工作。同时吾人为两国之利益起见，亟需在远东获有港口。三十年之后，吾人将不需在中国之港口及铁路。帝俄时代获此根据地为求进一步深入中国。吾人盼有此项根据地，则因吾人在未建成自己军港前，有此需要。如无日本或日本威胁之可能，吾人或不作任何要求。阁下愿部分满足吾人之希望，阁下应不使吾人限于一种纸面上允许而事实上不能执行所得权利之地步。雅尔达会议既已说明吾人优越地位应予以保障，然则吾人必须足以保障之。至于中国之主权，吾人正拟为此而作战流血，此则帝俄从未做过者。反之，俄皇与日本磋商如何分割中国。

宋子文称，正因为明了苏联之"新政策"在于继承1924年苏联所放弃之帝俄的所有权益，所以中方同意苏联对于外蒙古及旅顺口之要求。斯大林称其"新政策"与1924年不同，"1924年苏联并不欲与中国向日本作战"。宋子文指出，其所指为苏联放弃帝俄时代在中国所得特殊权益，而并非指苏联对日政策。斯大林竟然强词夺理称，苏联已经放弃此项权益，苏联与帝俄之不同是在以平等国家之地位与中国进行谈判。

会谈内容第三点为谁为大连主人之问题。斯大林提出，港口之主管应为苏联人，而市政委员会华人可占多数。但宋子文称如此之权力划分无法进行。斯大林续称，港口主管隶属市政委员会。宋子文依然不让步，称即便苏联出钱建设也不行，理由是大连为东三省主要之港口。斯大林反驳称，如此，则苏联之地位"与英美之地位无异"。莫洛托夫称，如果苏联在大连的地位不能确定，则南满铁路之价值将大为降低。宋子文称，中方给予苏方之权益，其他国家并没有。斯大林仍表示不能接受。这时，莫洛托夫提出了一个妥协方案，即建议大连市政委员会主席可以为华人。宋子文提出对案称："吾人希望大连成为一特别市，有一自由港口。"最后，斯大林综合各方意见，提出一个方案，"市政委员会十人，可由华人为主席，至于港口主管将由苏方委派，但置于市政委员会之下"，并称"中国并不损任何主权，苏联将分担港口设备之费用"。宋子文依然以大连为东三省之主要港口，婉言拒绝了费用问题。但是斯大林称，必须获得一共同协定，以实行装备港口之计划，并规定所需之时限，"为吾人利益计，此港愈早完成愈佳"，并问日本是否已装备并利用此港。宋子文答称，全今日本并未破坏大连港，"此大连之问题实为一困难之点"。宋子文言外之意，因为日本没有破坏此港口，希望苏联不要将大连港与参加对日作战结合起来考虑。宋子文称，关于此点，将与同来人员考虑之。斯大林表示同意。

会谈内容第四点为铁路。宋子文提出，两条铁路设一个理事会，由中苏各派理事五人组成。中东铁路至长春一段，苏联人为局长，华人为副局长。南满铁路则华人为局长，苏联人为副局长。关于理事长，宋子文以铁路在中国，仅从礼仪而言也应该为华人。对此，苏方未提出不同意见，但斯大林要求将旅顺口及铁路之建议写成书面意见，并且保密。宋子文答应翌日将建议以书面形式提交给斯大林，并提出蒋介石所嘱托的关于旅顺口一百公里半径以内之岛屿不能设防的主张，斯大林嘱洛索夫斯基准备一旅顺口及岛屿之地图，并称苏联将不会侵犯中国之要求。

最后，双方又谈了四个问题。第一，宋子文称，遵蒋介石嘱咐与之同来的熊式辉将军可否与苏方军事人员会谈；斯大林答称，翌日可告知苏方军事人员姓名。第二，关于外蒙疆界问题。如前所述，中苏双方本来在波茨坦会议前已经达成协议，即按照斯大林之主张，以现有疆界为准，并且不在条约中提出。但是中方在关于波茨坦会议后的对苏交涉方针中，决定为了防止未来纠纷，必须在承认独立之前划界。为此，宋子文出示了一张中国地图与一张苏联地图。莫洛托夫问，两图之疆界有无不同。宋子文答称，二者完全相同。斯大林与洛索夫斯基怀疑苏联地图为日本伪造。斯大林称，在波茨坦会议前的谈判中已经决定保持现有疆界；对此宋子文提出，中方并未同意任何具体疆界，因为当时没有带地图。斯大林坚持在草案中不提疆界，但宋子文仍然坚持中方必须明确所承认者为何，以免除将来之纠纷。面对中方的坚持，斯大林表示同意谈判此问题。第三，关于日本政府及私人在东三省产业。宋子文提出，应该移交给中国，作为赔偿中国因战争所遭受损害之一部分。而斯大林认为，有若干股份仓库及战争用品，将发生问题，即"究将视为战利品，抑应由中国支配，吾人必须讨论及之"。第四，宋子文根据蒋介石之指示表示，因为中国无法加入在欧洲之战事，要求同盟条约中不兼提德日，而仅限于日本，斯大林表示同意。

8 月 8 日凌晨 3 时，宋子文与王世杰将会谈结果，向蒋介石做了报告：

今晚职等与史大林唔商，傅大使、经国、胡次长参加。莫洛托夫、彼得洛夫亦在座。商谈结果如下：（一）旅顺区域以史达林前次所划红线为界，界内主要民政人员由中国任用，惟须顾及苏联利益。军港共同使用办法，苏方对于设立军事委员会一节允予考虑；（二）旅顺港外一百公里岛屿问题，史大林似可放弃其原议，为对于距港甚近岛屿问题史达林或尚另提办法；（三）大连市问题经辩论后，苏方主张由华人任董事会主席，俄人任管理局长，受董事会管制，我仍坚拒，尚成僵局将续议；（四）中东铁路董事长及两局长问题，似可照我方提议，或可被接受；（五）外蒙疆界问题，我已将丁文江等地图及1926年苏联旧地图出示，史氏允细阅后答复；（六）同盟条约史氏应允不加列德国为对象；（七）军事问题，史氏允即指定专人另与天翼兄晤商；（八）关于日人在满产业机器作为对华赔偿一节，史氏允予以同情考虑并允细谈其事。①

8月8日，中方按照与斯大林会谈结果，将拟就的中苏同盟条约草案及若干附属协定草案，于午后2时左右送至苏联外交人民委员部。

当天晚上7时半，莫洛托夫邀王世杰、傅秉常大使至其官邸，称苏联决定明日起与日本进入战争状态，并当场宣读了苏联对日宣战声明书。莫洛托夫称，苏联在雅尔塔会议时曾应允于德国投降三个月后对日作战，明日即为德国投降届满三个月之日期，故苏联决定履行其诺言对日宣战。

关于苏联参战与中苏谈判之关系，宋子文与王世杰于8月8日晚上11时致蒋介石电报称：

职等观察，苏联对日宣战为预定步骤，不致影响中苏谈判，中苏同盟条约草案及其他若干协定草案已于今午送莫洛托夫，其他各约文亦定今晚一律送出。莫氏表示将尽力增强中苏友好关系，我民众及政府机关对苏联参战似宜作热烈表示。②

① 第二次访苏第二号，上主席电，自三十四年六月二十七日至七月七日访苏期间有关交涉之往来电报清稿（以下，简称"清稿"），T. V. Soong Papers, File 58, Folder 17, Hoover Institution Archives, Stanford University。
② 第二次访苏第三号，上主席电，清稿，T. V. Soong Papers, File 58, Folder 17, Hoover Institution Archives, Stanford University。

据王世杰日记，莫洛托夫在约其见面两小时前，已将对日本宣战的声明书交给日本驻苏大使佐藤，声明书内容谓：苏联在日本拒绝7月26日英美中劝降通告后，已接受盟国之提议，应允参加对日作战。莫氏催促王世杰将中苏协约各稿早日拟就完成，王世杰谓大部分已经提送，其他亦可于当晚提出。①

早在波茨坦会议期间，美国政府即决定直接介入中苏谈判的方针，目的在于争取在东北实施美国的"门户开放"政策，美方将这一问题交由其驻苏大使哈里曼"全权处理"。② 8月9日上午，哈里曼来访王世杰，与之会商大连问题。据称，在其所拟的中美英苏四国共同声明之中，有关大连问题的协定内容仅是为了给予苏联以进出口货物之便利，并不影响美国的"门户开放"政策，亦无侵犯中国主权之意，且此点已得到斯大林之同意。对于哈里曼之提案，斯大林仅对文中苏联无"优先权益"之语表示不赞同，称雅尔塔会议商定之文件中，美国曾表示承认苏联之"特殊权益"。哈里曼又称，斯大林在大连行政权上对港务管理权及警察权的要求态度甚绝。王世杰与宋子文仔细商谈后，认为苏联对日发动军事行动，"情势趋紧"，应该向蒋介石电报请示准予必要时采取权宜之"拒纳"，于午后发出的电报内容如下：

> 苏方对于大连行政管理将坚持苏方必须参加管理，关于此问题，职等拟于必要时为权宜之拒纳，因苏已对日宣战，形势趋紧，不容过事牵延也。③

8月9日下午，王世杰往晤苏共中央政治局委员兼苏联商务委员会委员长米高扬。米高扬表示，中苏关系不但政治方面要加强，而且经济方面也应加强。王世杰希望米高扬能在最近期内往中国一行。当天，美国第二枚原子弹轰炸日本长崎。王世杰在其日记中写道："此一武力之威力将不仅使敌人落胆，即其他盟国亦不觉大有戒心。"④

---

① 《王世杰日记（手稿本）》第4册，1945年8月8日。

② Department of State, *Foreign Relations of the United States: The Conference at Malta and Yalta, 1945*, Washington, D. C., 1955.

③ 《王世杰日记（手稿本）》第4册，1945年8月9日。第二次访苏第四号，清稿，T. V. Soong Papers, File 58, Folder 17, Hoover Institution Archives, Stanford University；第二次访苏第四号，清稿，T. V. Soong Papers, File 58, Folder 17, Hoover Institution Archives, Stanford University。

④ 《王世杰日记（手稿本）》第4册，1945年8月9日。

8月10日凌晨4时，王世杰在中国使馆突然听到伦敦BBC广播，称日本已声明愿投降，接受7月26日中美英劝降之通告，唯表示须承认日本天皇。王世杰在其日记中写道："倘无'原子弹'之威力，则虽有苏联参战，日本亦绝不至投降如此之速，因月前日本拒绝三国通告之时，日本当已预计苏联必参战也。"听到日本投降的信息后，王世杰与宋子文、熊式辉、蒋经国等详细商谈了今后中方关于对苏条约所应采取之态度。商定以下两点："一、对苏方表示仍愿缔约；二、不作任何重要让步。"①

蒋介石是在8月9日晨接到苏联对日宣战消息的。他在当天的日记中写道："今晨接俄国对日宣战之消息，忧喜参半，而对国家存亡之前途与外蒙今后祸福之关系及东方民族之盛衰强弱，皆系于一身，能不战栗恐惧乎哉。"②当晚，蒋介石约各院院长谈俄国参战事。③8月10日，蒋介石获悉日本投降的消息。当时蒋介石正在约宴墨西哥大使，忽听求精中学美军总部一阵欢呼声，蒋介石命其贴身侍卫蒋孝镇探听，才得知日本投降了。随后，各方消息不断传来，蒋介石证实日本除保留天皇制外接受中美英"波茨坦公报"中的柏林公报条件而投降的确切消息。④

需要指出的是，在苏联宣布对日参战的翌日，"蒙古人民共和国"也宣布了对日参战。如下所述，这一行动之最大目的，在于将苏联所要求的外蒙古独立造成既成事实。

三

8月10日晚上9时至11时30分，中苏双方举行了第八次会谈。出席人员与上次相同。斯大林问宋子文是否仍然签订条约，宋子文回复称："吾人亟盼于日本投降之前，签订条约。因在投降之前签订，对于人民较易措词。"然后，斯大林对中方各项草案提出如下意见：

> 吾人不能同意大连划在军事区域之外。目前虽无需有何军事性质之行动，但在十年或十五年，军事警戒，或属必要。倘在彼时再为签约，必将

---

① 《王世杰日记（手稿本）》第4册，1945年8月10日。
② 《蒋介石日记》，1945年8月9日。
③ 《蒋介石日记》，1945年8月9日。
④ 《蒋介石日记》，1945年8月10日。

太迟。故吾人必须于此时签订条约，俾为将来可能发生之事，预为布置。吾人准备在大连及大连外围二三公里划为一区，在平时不受军事控制。再则铁路运输将为自由运输，将无检查与阻碍。此问题必须决定，否则将无法得到结果。

关于两铁路之管理，可以合并为一。吾人可接受阁下之建议，采取平等原则。华籍理事长，苏籍局长。俾吾人将此问题商妥，吾人将迅速进行吾人之谈判。

关于港口设备，租借应指土地而言，而非指设备，设备应为双方共有财产，一如铁路然。

关于安全问题，军事指挥官之若干要求，应予顾到。

关于岛屿未经双方设防一点，吾人不加坚持，吾人当打消吾人之建议。

关于同盟友好条约之声明，吾人对贵方草案有若干之修改。

关于外蒙，吾人准备将"并在将来"数字删去。中国地图所绘制之疆界，根据不足。现行之疆界，应予承认。

俾所有以上各项问题，均能解决，则各事可迅速进行。

余建议按照贵方草案逐点讨论。

接下来斯大林向宋子文提出，因其太忙，如无重大问题其是否可以不经常参加会议，而由莫洛托夫负责与宋子文会谈。在莫洛托夫称"吾人必须获得协定"后，宋子文复称："吾人亟盼于日本投降前获得协定。因在此以后，将更难以对吾人民。吾人已作战八年，人民不能了解何以吾人作此让步。"这样，虽然双方目标不同，但在日本投降前夕必须签约这一点上，二者的认识是一致的。

会谈中，宋子文首先强调中国在外蒙古以及其他问题上已经做出许多让步。对此，斯大林回复称："外蒙无论如何，业已丧失，且已对日宣战。"① 宋子文则坚称中国丧失外蒙古牺牲重大，其面积占到了全中国七分之一。而斯大林则反驳称，外蒙古为荒漠地区，广东省的一小块土地之价值就相当于外蒙的二十倍。其后，双方围绕斯大林所提各项意见逐项进行谈判。

第一，关于大连问题，中方由王世杰与斯大林进行谈判。王世杰称，蒋介

---

① "蒙古人民共和国"于8月10日对日宣战。

石命其向斯大林说明中国要求保持在大连之行政权的理由，是为了避免影响到战后中国对九龙及香港的收复。斯大林反驳称，英国视香港为其领土，而苏联将在三十年后将大连归还中国。谈判中斯大林坚持将大连划在军事区域之内。"倘发生战事时，将予加以干预。中国当亦希望吾人之干预"，"该地行政，将属中国。由华人任委员会之主席。港口主任将为苏人，其副手则为华人"。即在战时大连由苏联控制，而在平时除港口主任外，行政权属于中国。王世杰坚持，中国不愿有市政委员会，也不愿有外国代表参加市政委员会，"因此一问题同样将在上海九龙发生，再则苏联代表将使此中国城市之大连变为苏联性质之城市"，并称此为蒋介石之严格训令。最后，斯大林与莫洛托夫商量后回答，同意大连之行政与该区域之行政相同，全归中国。王世杰在大连问题上的坚决态度，与美国大使哈里曼此前的会谈可以说不无关系。

第二，关于铁路问题，宋子文提议，南满铁路局局长应为华人，副局长为苏联人，中东路局局长为苏联人，副局长为华人。对此，斯大林则提出两条铁路局局长均为苏联人，理事长为华人。王世杰辩称："吾人需要完全平等。吾人可有两个理事会与两个局长。如理事长为华人，则局长为苏人。如理事长为苏人，则局长为华人"；洛索夫斯斯基称，"日本现为一条铁路"。王世杰反击道：在苏联将中东铁路售予日本之前，铁路原为两条，并称其建议系私人性质。斯大林此时提出，两条铁路的人事安排一个局长，由苏联人担任，安排一个理事长，由华人担任。对此，王世杰称："倘吾人采取绝对平等之原则，则吾人易于取信于人民。"而斯大林却称："铁路由俄人所建。倘有任何不平等，则为对苏联之不平等"，并且称，"为供路用之附属事业及中东南满两铁路所筑之线应属俄路范围"。宋子文反驳称，关于斯大林所确认之南满铁路所建供路用之事业如机车厂等，如果是在"俄国经营时代所建者"，应该除外。然而，斯大林要求将中东铁路支线包括在内。但宋子文坚称，"吾人同意俄国时代所建之事业，吾人对于支线，迄未同意"。随后，斯大林称不要求非"俄人"所建之南满铁路之支线。此时，莫洛托夫提出，应该具体规定中国对煤与燃料供应之责任及盈亏各半的问题，对此，宋子文表示中方已经同意。最后，斯大林再次提出，苏方特别坚持两个铁路局局长应为苏联人。显然，双方关于铁路最大争执点在于，中方要求双方对等，而苏方坚持两铁路局局长为苏联人。

第三，关于新疆问题，即条约之第三段，斯大林建议："关于新疆最近之事变，苏联政府证实从无干涉中国内政之意，并如友好同盟条约第五条之所定，现在亦无干涉中国内政之意。"对此，王世杰回复称可以接受，同时提出，"该地倘有纷扰，中国政府必要时愿获得贵国之合作"。斯大林对此态度冷淡，认为中国应该自行处理。

第四，关于共产党问题，即条约第　段，斯大林建议将"在中国中央政府下"删去，并加入"苏联政府深信中国中央政府将实现统一及民主"。对于王世杰的极力反对，斯大林认为是反对民主化，即继续打击共产党，如此则苏联在道义上难以支持国民政府。王世杰反驳称："吾人不愿将一国内事件成为一国际之主题。"莫洛托夫建议改为中国之目的在国家之完全统一及进一步民主化。宋子文坚持按原文。斯大林认为，如果反对民主化，中共将谴责苏联。宋子文称不愿以内战解决中共问题，而斯大林称国民党愿有一内战。宋子文与王世杰对此一致否定，称是中共攻击国民党，并表示不愿苏联支持中国共产党。

第五，关于苏联撤兵问题，斯大林称最多三个月足以完成撤退。宋子文称同意斯大林之修改，并作为双方同意记录签字。斯大林对此表示接受。

第六，关于外蒙疆界问题，此一问题争议最多。斯大林与莫洛托夫坚持"照现行之疆界"，而王世杰却称：

> 阁下愿避免纠纷。外蒙之疆界为纠纷之主要原因。吾人并不希望任何利益，故吾人带来一大学通用之地图。此项地图系一般人公认为权威之地图。现吾人被要求承认外蒙之独立，吾人必须明示人民吾人所承认之领土为何。吾人必须在承认之前对疆界有大体之决定。在此地图上境界与吾人交阁下之俄国地图相同。

斯大林反驳称：

> 现行疆界之确定，已有二十六年，中国迄未提出任何异议。苏联制图家曾赴该地，并在地图上依照中蒙边境警卫分界之线划定。关于东线，与日人一度争议后，已订立协定。倘吾人重行研究疆界，将耗费甚久之时间。若干地域应予包括在内，若干地域应予划出。君等之俄国地图并非有效者。

莫洛托夫补充称，中方出示之地图为日人在"海尔克金廊战役"之后送交给苏方者，并与斯大林持同样主张："容吾人接受现行之疆界。"斯大林认为，中方在拟觅借口以撤销已同意之事。宋子文辩解道，并非觅借口而是中方需要清楚界限之所在。

王世杰提出：

> 在此间无人对疆界问题有研究。吾人带来之地图系公认为权威之地图，并为中国各地所用者。倘阁下反对余之建议，余可别作一建议。吾人或可稍缓结束吾人之谈判，同时贵国有研究之人士可赴重庆与我国制图专家觅求疆界之协定。

斯大林称："此非正常办法。倘现行疆界改变，外蒙古人必将起骚动，彼辈企图与内蒙古合并，故最好勿提边界问题"；并称："为防止蒙古人有何梦想起见，外蒙应予承认。倘届时彼辈希望有内蒙古，可以战争相威胁。苏俄决不助彼扩张其疆土，则彼辈自将归于宁静。"[①] 接下来，宋子文再一次提出铁路局局长问题，斯大林仍然坚持为苏联人。

第七，关于中方所提旅顺口中苏军事委员会，斯大林认为各项事情可由两国政府直接解决而予以反对。

第八，苏联所派遣与熊式辉商谈人员为安托洛夫。

关于此次会谈，宋子文与王世杰向蒋介石做了如下报告：

> 今日职等闻悉日本投降之训后，即约集同来诸人详商，当经商定仍表示愿与苏联继续商定条约，但对未决事项决不作重要让步。旋于晚九时往晤史太林商谈达两小时半。史氏见面即问愿否继续订约事，职等答以愿谈并望从速结束。兹将所谈话结果列报如下：
>
> （1）关于大连市问题，史氏允以使政权全归中国不设中苏混合董事会，惟任用苏籍人员一人管理港口船物，在对日战事时，该市始受旅顺军区之约束；（二）关于旅顺口外岛屿问题，苏方愿放弃其要求；（三）对于在旅顺设立中苏军事委员会之提议，苏方不肯接受；（四）对于外蒙边界问题，苏方不肯接受我方所提地图，亦不愿于换文中作任何关于疆界之

---

① 关于外蒙古民族运动参见 "Sino-Soviet Diplomacy and the Second Partition of Mongolia, 1945 – 1946," Stephen Kotkin and Bruce A. Elleman eds. , *Mongolia in the Twentieth Century*: *Landlocked and Cosmopolitan*, New York, M. E. Sharp, Inc. , 1999.

声明；（五）关于中东南满两铁路问题，苏方仍坚持两局均应以苏人为局长，华人为副局长，至董事长则由华人充任；（六）关于撤兵事及不干涉新疆内政尊重东三省主权与苏方一切援助只能给予我中央政府诸项，苪已同意书面表示。明日职等将与莫洛扎夫续商，惟与莫谈恐不能商决一切，目前障碍为外蒙疆界与南满路局局长及旅顺中苏军事委员会三问题，尚祈讯示机宜，以作南针。职等曾询史太林如日本继续在满洲作战，苏军何时能令日军瓦解，史云只须一星期。史氏对日本求降谓加以研讨，但言外之意，似不愿接受日方维持天皇之条件。①

在8月10日当天，蒋介石以"二日以来未接子文来电"，"恐对俄交涉发生变故也"，向宋子文接连发出三封电报。第一封电报告知宋子文，他与杜鲁门总统商定的关于日本投降及其新国家体制的问题，希望得知"苏联之意"，同时就大连问题做出了具体指示：

　　大连问题，名义上须为自由港，其与海军有关之码头与港务，则准雇用苏员办理，是于苏联目的并无损害，惟此事准由兄等权宜决定，中勿遥制。②

第二封电报主要涉及苏军进入东北后与中方军事及行政代表之商谈问题，即："关于与苏军同入东北之我方代表团，已定熊天翼为团长，又东北另设民政长官一员，在战时指挥东北各省之民政事宜，拟派成章充任，兄同意，可即知照苏方，俾可在莫斯科接洽一切也。"③

第三封电报则要求宋子文于谈判完毕后回国。"日本投降，国际局势已定，兄不必急赴美国，且国内待决之事甚多，请先回渝，详商政策，决定后，再行赴美为宜。"④

---

① 第二次访苏第五号，上主席电，清稿，T. V. Soong Papers，File 58，Folder 17，Hoover Institution Archives，Stanford University。
② 清稿，来电，No. 0005，T. V. Soong Papers，File 58，Folder 17，Hoover Institution Archives，Stanford University。
③ 清稿，来电，No. 0006，T. V. Soong Papers，File 58，Folder 17，Hoover Institution Archives，Stanford University。
④ 清稿，来电，No. 0007，T. V. Soong Papers，File 58，Folder 17，Hoover Institution Archives，Stanford University。

8月11日，蒋经国致电蒋介石称："大人致史氏电，各报皆有登载并极重视，史氏昨谓中苏谈判能从速顺利结束，可使中国政府即派人员前往东三省组织行政机构。"①

8月12日，蒋介石接到8月10日宋子文与王世杰来电。同日，蒋介石发两封电报致莫斯科。在第一封致宋子文电报中，蒋提出如果大连港务必须任用苏籍人员，则南满铁路局局长必须任用华人，因为南满铁路以东支线及其重要资源皆在东区，如果非由中方任局长，则将来东二站站长，必须由华人担任。② 同日，蒋介石再发电报给宋子文及王世杰，向两人出指示：

> 未文未侵两电谅达，除由中名义致史个人之电外，请正式谈话时告以如南满路局局长任华人，则管理大连港口船务人员可用苏籍人员，如其同意设立军事委员会，则大连如在对日战争时，受旅顺军港约束之要求，我方亦可接受。惟外蒙疆界必须此时有一图底，必国内在承认其独立以前，勘定界线，否则外蒙问题之纠纷，仍不能解决，则承认其独立，不惟无益，而且有害，虽停止交涉，亦所不惜。务抱定此决心与态度为要。③

8月11、12日，中苏双方对具体条文进行了逐项讨论，斯大林并没有参加。除了对具体文字进行了修改之外，双方8月10日谈判之争执点并没有得到解决。

8月12日，宋子文与王世杰致电蒋介石报告如下：

> 职等连日反复与史达林、莫洛托夫商谈，已得相当结果者如下：（一）大连行政大体归于中国。（二）旅顺军区民政人员由我任用。（三）南满铁路入旅顺军区之段，亦不受旅顺军区军事机关之干涉。（四）关于中东南满两路路警军运及附属产业范围等事，大致约照我方主张。（五）同盟条约限于对日本。（六）旅顺军港外一百公里岛屿不设防之议已打消（至旅顺军区附近小岛原在旅大租借地范围内者，势不能划诸界外）。

---

① 《事略稿本》第62册，1945年8月11日。

② 清稿，来电，No. 0009, T. V. Soong Papers, File 58, Folder 17, Hoover Institution Archives, Stanford University。

③ 清稿，来电，No. 0010, T. V. Soong Papers, File 58, Folder 17, Hoover Institution Archives, Stanford University。

（七）战后三个月起，苏军自东三省完全撤退一节诸事，已允用书面承诺。（八）苏方允以只接济我中央政府，不干涉新疆内政，尊重东三省领土主权。至外蒙疆界苏方不愿在换文中作何规定或声明，路局局长问题及军事委员会问题，苏方不愿让步。又旅顺市本区之行政苏方认为不能划归中国。职等默察以上数点，恐再难强苏方让步，今日拟再作一度磋商，倘今明日内钧座别无指示，拟就商定结果与苏方签字。又莫洛托夫昨面告职等谓，苏联已经同意美方所拟劝慰日投降答复草案，惟谓受降之联军统帅人选须由同盟国磋商。①

当日午后，宋子文接到蒋介石来电，称外蒙古疆界问题必须有图且于承认前必须勘定疆界，否则交涉停止亦在所不惜。王世杰在其日记中写道："此事显然办不到。苏军已大规模攻入东三省，但再拖延，交涉或生根本变化。"宋子文、钱乙藜、蒋经国、傅秉常等主张不顾蒋介石来电指示，直接与斯大林谈判解决。但是王世杰认为如此不妥，如果未经蒋介石同意，则未来国内意见纷纷时，即使条约签了字，也未必能够获得批准，因此主张当晚暂停与斯大林谈判，致电蒋介石说明一切，请蒋介石授权宋子文权宜处理。同时，王世杰主张在外蒙古问题换文中，列入外蒙古疆界应以现有疆界为限之字句，则在条约中可以表明中国不承认民国八年以前之旧疆界，因为民国以前新疆之阿尔泰区属于外蒙古，此为外蒙古疆界的主要争执点。于是，宋子文接受王世杰之主张，决定12日晚不与斯大林会谈，同时向蒋介石连续发出两封电报请示。

宋子文与王世杰联名者如下：

> 侵文震三电，均于今日奉到，职等原待今晚与史达林作末次商谈，接电示，已以电话请其暂停晤见，外蒙疆界问题确已无法照钧示办到，其原因颇多，似非苏方故意预将来留一惹起纠纷地步，职等及同来诸人一致认为中苏条约必须缔结，倘再迁延，即易立即引起意外变化，兹特恳请钧座对于外蒙及其他未决事项授予职等权宜处置之权，并恳急示，无任祈祷之至。②

---

① 清稿，第二次访苏第六号，上主席电，T. V. Soong Papers, File 58, Folder 17, Hoover Institution Archives, Stanford University。

② 清稿，第二次访苏第九号，上主席电，T. V. Soong Papers, File 58, Folder 17, Hoover Institution Archives, Stanford University。

当日，蒋经国又向蒋介石发出如下电报：

> 外蒙疆界事，史达林上次谈话中，不肯根据我方所提出之地图，仅谓可将现有之疆界作为疆界，但似并无藉此造成今后中苏纠纷之意，宋院长、王部长与同来诸同志，皆认以从速订约为有利，史氏亦极愿速即订约，同时有疑我方拖延订约之表示，且望大人对于未决事项，授予宋院长王部长全权，从速解决之权，莫氏对于组织旅顺军事委员会事，已经表示同意。①

其中，所谓苏方拖延指的是中方所提先划定边界，然后再承认独立之主张。8 月 13 日午后，宋子文再次主张不待蒋介石回电立即与斯大林会谈，但王世杰坚持关于外蒙古问题必须在接到蒋介石复电并经其允许后再谈，宋子文勉强同意。于是中方约斯大林于晚 12 时续谈。② 当日，王世杰向蒋介石发出如下电报：

> 职与宋院长上钧座未锡电，计已呈阅，钧座侵电嘱由经国兄转达史达林之理由，职等目前已代表钧座向史宣布，剀切申述，史谓 25 年来外蒙疆界并无纠纷，现如提出，徒引起外蒙古人之种种要求，我如要求先定界，而后承认独立，则为故意拖延宕，苏方决不能同意云云，职当谓去岁新疆外蒙之冲突，即是一种边界纠纷，史氏谓此事起因并非边界问题。职又请其派人立即来渝划定图界，史氏亦认为不可，史氏始终未自行提出苏方外蒙地图，窥其原因不外二者，一则苏方预计彼之地图既包括新疆一部分领土，当非华方所能接受，揆之实际，我确不能放弃外蒙领土之外，复放弃任何新疆领土。二则唐努乌梁海等地方，原属外蒙，现则已成苏联另一属国。总之外蒙问题职等反复谈判，迄无结果，不胜惶恐，但默察苏方态度，似非蓄意与我为难，其欲藉此次缔约改进中苏关系之心，似属相当诚挚。就我方利害言，则此次缔约，可以明中苏之关系，减少中共之猖獗，保证苏军之撤退，限定苏方在东北之权益，凡此皆为今后统一及建国

----

① 《事略稿本》第 62 册，1945 年 8 月 12 日。
② 《王世杰日记（手稿本）》第 4 册，1945 年 8 月 13 日。

所必需，倘再停止谈判，则形势立变，前途隐忧甚大，权衡至在，职与宋院长拟于接到钧座授权解决之电令时，再向史氏作一度谈判，要求将外蒙疆界，以现时疆界为限之字句列入换文中，盖有此一语，则在约文上，我固显然不承认民国八年以前属于外蒙之旧疆土为外蒙土，事态严急，用特渎陈并乞垂察。

关于签约的必要性，中方谈判人员之危机意识为："减少中共之猖獗，保证苏军之撤退，限定苏方在东北之权益，凡此皆为今后统一及建国所必需"，所谓"倘再停止谈判，则形势立变，前途隐忧甚大"。显然，这是对苏联支持共产党不测之举及外蒙疆界问题的担心，因此提议："要求将外蒙疆界，以现时疆界为限之字句列入换文中"，"盖有此语，则在约文上，我显然不承认民国八年以前属于外蒙之旧疆土为外蒙土"。

8 月 13 日，宋子文、王世杰终于接到了蒋介石的复电，内称，"对于外蒙及其他未决事项，准授权兄等权宜处置可也"。①

四

8 月 13 日晚 12 时至 14 日凌晨 2 时，中苏双方举行最后一次会谈，斯大林也参加了会谈。此次会谈内容主要有以下五个方面：外蒙疆界问题、铁路问题、大连港问题、旅顺中苏军事委员会问题、苏方在东北军费问题。

第一，关于外蒙疆界问题，宋子文首先告诉斯大林，蒋介石已复电决定接受苏方的要求："蒋委员长原先同意先确定外蒙疆界，再承认其独立，但阁下说这样会拖延太久，所以蒋委员长现在接受业已存在的疆界。因此，这一问题就算解决了。"同时宋子文向斯大林递交了一份中方关于此问题的草案，斯大林表示同意。

第二，关于铁路问题，宋子文首先提出南满铁路经理问题。由于南满地区是大部分工厂所在地，故蒋介石希望经理为华籍。考虑到斯大林所提出的军事目的，且希望两条铁路经理均为苏籍，所以中方做出让步，提议可以允许战时由苏方派人担任南满铁路经理；但斯大林称，即使在和平时期，苏方也必须保

---

① 清稿，来电，No. 0013, T. V. Soong Papers, File 58, Folder 17, Hoover Institution Archives, Stanford University。

证至旅顺口的交通畅通无阻，所以不能接受宋子文的建议。

宋子文随即提出一个新的提案，即中方要有实权，理事会将由 6 个华籍人员和 5 个苏籍人员组成，理事长为华籍。中方让出经理一职，苏方须同意在理事会中增加一个华籍席位，理由是："我们想向我国人民显示真正平等。"莫洛托夫问，是否会分为两条铁路。宋子文称，可以"合并成一条铁路"。莫洛托夫不同意此案，认为经理会被架空。宋子文回答称，理事会是政策制定机构，而经理负责铁路运营，如遇政策之不可协调，则请两国政府解决。

斯大林最后做出让步，提议苏中理事会人数相等，但华籍理事长拥有决定性的一票，宋子文当即表示同意。斯大林同时提出，监事会由中苏双方各派 3 人组成，苏籍监事长有决定性一票。① 至于监事会与理事会是否需要有联席会议的问题，斯大林建议与宋子文翌日再谈。

第三，关于大连问题，双方主要围绕港口主任的任命问题展开交涉。中方希望这一职位由市长任命，而莫洛托夫与斯大林都坚持，港口主任必须从属于铁路。王世杰称，港口主任将在大连市市长的领导下进行工作，但斯大林称不能有两个领导。经协商，最后决定港口主任由苏方任命，但须取得中方市长的赞同。

第四，关于旅顺问题，宋子文提出中方希望成立一个中苏军事委员会，由华籍和苏籍各两人组成，投票时苏方一票记两票。苏方提议苏籍委员三人，华籍人员两人。委员长由苏籍担任，投票时记一票。宋子文反驳称，为什么不采取先前已经谈妥的中方方案，然后再附加"旅顺主要民政人员的任命须征得中苏军事委员会的同意"。斯大林答称，"在这个问题上，军事委员会无需作为，它不具任何行政职能"。宋子文后将提议改为："在争得军事当局同意后由中国政府任命。"斯大林补充道，免职也须经军事当局之同意。这样，中方所提设立中苏军事委员会的建议最终得到了苏联的同意。然而如上所述，该委员会的实权在苏方，中方深知这是无法改变的事实，中方在此的主要目的是获取与苏方形式上的平等，以应付国内政治的需要。

第五，苏方在东北军费问题，苏方提出由中方提供经费，对此中方回复，经过八年抗战，中方自己的部队都没有足够的粮食与物资。苏方称如此苏联将就地征收物资，发放收据，或者由苏方发行一种临时的中国货币。王世杰答

---

① 中东铁路与南满铁路合并成"中长铁路"。

称，此事无论如何必须返回重庆再做商讨。①

8 月 14 日上午 11 时，中方又与莫洛托夫将条约各款逐一商定。苏方对中方略有迁就与让步，比如，铁路的名称没有采取苏方提出的"中东铁路"，而采取了中方所提出之"中长铁路"。双方决定于当晚 10 时签字。②

日本宣布接受投降的消息于 8 月 15 日晨 2 时达到莫斯科，因为中苏条约的文稿书写需要时间，故苏方在条约签字数小时之前先通过广播宣称条约已经签字。事实上，中苏条约的签字手续直到 15 日晨 6 时才在克里姆林宫开始。斯大林出席了签字仪式。条约由莫洛托夫与王世杰签字。签字完毕之后，斯大林发表长篇讲话，大意为帝俄时代之政策与日本之目的相同，即在于分裂中国，而苏联政府则与中国为友，并且希望中国强盛，使日本不能再崛起。③

签字完成之后，王世杰与宋子文分别致电蒋介石告知结果。④

蒋介石于重庆时间 8 月 14 日晚 8 时才得到中苏签约的确切信息。在 8 月 18 日的"上星期反省录"中，关于中苏条约蒋曾如此写道：

> 14 日，日本正式接受无条件投降之宣言，而中俄同盟条约亦于相同时间订定。是日，实为我奠定国基，革命胜利之一日，然而对俄交涉之纠葛与艰难亦云极矣。最后，旅顺军事委员会之主张卒获贯彻，实为此条件惟一之重心也。⑤

可见，蒋对他所提议在旅顺设立中苏军事委员会最后能写入条约还是比较满意的。

结　语

本文的基本观点见于前言，因此不再赘述。在此，仅对蒋介石关于外蒙古问题之考虑提供若干补充信息，以期为考察在中苏友好同盟条约缔结之后的中苏关系种种问题提供一些线索。

---

① 《王世杰日记（手稿本）》第 4 册，1945 年 8 月 14 日。
② 《王世杰日记（手稿本）》第 4 册，1945 年 8 月 14 日。
③ 《王世杰日记（手稿本）》第 4 册，1945 年 8 月 15 日。
④ 《事略稿本》第 62 册，1945 年 8 月 14 日。
⑤ 《蒋介石日记》，1945 年 8 月 18 日。

1945 年 8 月 20 日，蒋介石在其日记中写道：

> 目前最后重要问题，为中俄同盟条约与对外蒙独立协定经过立法程序以早日批准发表也。关于外蒙独立与西藏自治二事，乃我党革命与我国盛衰最大问题之一。依照民族自决与民族主义之原则，以及国际之现状及国家利害之轻重而论，则当断然允许外蒙之独立，扶植西藏之自治，此一政策之转变与决定乃为存亡盛衰之枢机。应由余独自负责，功罪毁誉当置之度外，在所不计也。①

8 月 24 日，国民党中央政治委员会常务会议与国防最高委员会举行联席会议，讨论了《中苏友好同盟条约》以及实现民族主义之方针，条约获一致通过。同日正午，蒋介石签署《联合国宪章》。如蒋介石日记所称，"此两大事皆于上午完成，实为最重要之任务"。②

关于中苏条约，争议最多者为外蒙古独立问题。8 月 24 日，蒋介石在与国民参政委员会委员聚餐时，在场许多委员皆认为此乃痛心之事，并且说同样的经历绝对不能在西藏发生。蒋介石在其日记中称："余乃以直道解慰，惜时间匆促，不能阐述要旨。惟告其对余对此一大问题之决断与处置于心甚安也。彼等实不知政治与革命为何物，余信西藏对于此一宣言之发表，今后不仅不受英人之教唆，而且不愿再要求其独立矣。此种心理之妙运非智者不明晰其蕴奥也。"③

新的研究表明，直到美、英、苏公开发表"雅尔塔密约"，外蒙古问题在国民政府对苏交涉上，一直发挥着一个外交筹码的作用。"雅尔塔密约"公布后，随着全国上下反政府声浪的提高，以及美苏在中国东北问题上的对立，国民政府最终放弃了对美谋求自主以及用美国牵制苏联的"自主与牵制"方针，转而采取了"亲美反苏"的政策，不久国共内战爆发。④

---

① 《蒋介石日记》，1945 年 8 月 20 日。
② 《蒋介石日记》，1945 年 8 月 24 日。
③ 《蒋介石日记》，1945 年 8 月 25 日。
④ 拙稿《第二次世界大战后的中蒙关系（1945—1946）》（京都大学人文科学研究所现代中国研究中心，2015）。

中日关系专题

甲午战后二甲子的东亚新危机

——从甲午战后一甲子的钓鱼岛事件看今日中日领土僵局

任天豪[*]

摘要：钓鱼岛问题其实并非明清时代便已肇生渊源的争议，而是在东亚冷战的发展过程中，方才形成的一个新问题。若非"二战"结束不久便即进入冷战局势，钓鱼岛恐怕不会形成今日的东海争议。"冷战"对钓鱼岛问题的影响，自 1950 年代以后日渐明晰，盖因其中历经奄美"返还"事件与"第三清德丸事件"等意义重大的事件，而能体现此间海域的权力状态。特别是发生于钓鱼岛海域的"第三清德丸事件"，更可呈现如同清季"牡丹社事件"的诸多特征，成为影响今日理解的一个案例。

关键词：钓鱼岛　奄美　琉球　第三清德丸

绪　言

发生于 1894 甲午之年的甲午战争，是近代中日两国走向冲突之路的重要里程碑。幸经"二战"结束以来的诸多努力，中日两国重拾和平且皆成为东亚最重要的国家。然而两国之间，仍横亘不少矛盾，且这些矛盾均可能加剧东亚区域的紧张情势，并显见中日关系对全球政局的影响力。故以理性与客观的

---

* 任天豪，台中科技大学通识教育中心助理教授。

态度，面对今日中日间的争议问题，是中国和平崛起的重要态势。

钓鱼岛问题是上述矛盾中的一个事例，也确曾引起东亚的紧张态势，将大陆、日本及台北等各方势力均卷入其中。[①] 由此可见，钓鱼岛研究有高度的现实需要。本文以典藏于台湾中研院近代史研究所档案馆之《外交部档案》等资料为主，期望透过距离甲午战争一甲子后的 1955 年所发生的一个海上事件，来理解今日钓鱼岛问题的真正渊源，并为与甲午战争时隔两个甲子的今日维持东亚和平，提供可资参考的依据。

在今日的理解中，钓鱼岛问题似乎不是新的问题，因为至少在甲午战前便已出现日本评估其究属中国抑或为"无人岛"的论述。然而甲午战后因琉球与台湾俱已成为日本所控制之岛屿，钓鱼岛为台湾或琉球属岛，便失去讨论意义。在"二战"结束以后，以美国为首的盟军如何规划战后日本领土，以及日本在此阶段如何因应，方才可能成为钓鱼岛问题的渊源。故而笔者在过去数篇依据档案研究而完成的论文中，不断强调钓鱼岛争议既是东亚"冷战"局势的延续问题，也是与琉球问题有关联的重要问题。[②] 故而笔者乃延续此一研究心得，暂以 1950 年代的相关海上问题为切入点，说明"冷战"特殊性为何影响了钓鱼岛问题。[③] 必须强调的是，本文乃系东亚"冷战"史范畴内的历史

---

① 不过应该指出的是，台湾虽在 2008 年 6 月 10 日，与日本发生"联合号海钓船事件"——其台北县瑞芳籍"联合号"娱乐用渔船，在钓鱼台南方六海里处与日本海上保安厅巡视船"甄号"（Koshiki）发生碰撞。"联合号"遭撞沉，船上 16 人虽获救，但船长何鸿义等三船员被日方留置讯问，引发台湾与日本关系的紧张，见《钓鱼台海域 我海钓船遭日舰撞沉》，（台北）《中国时报》，2008 年 6 月 11 日，版 1。而大陆船只与日方船只在钓鱼岛海域的冲突，则多发生在 2010 年 9 月 7 日与日本巡视船发生碰撞事件以后（相关后续新闻此处不赘）。即整体而言，钓鱼岛矛盾的浮出水面，主要应是在 21 世纪以后的事，并非"传统问题"。因此，检视此前（"二战"结束以来）的海上问题，以理解今日问题的真正性质，实有相当程度的现实价值。

② 此说法虽非笔者独创，但笔者已出版数篇论文论证此说，笔者首次强调处请见任天豪《中华民国对琉球归属问题的态度及其意义（1948~1952）——以〈外交部档案〉为中心的探讨》，（台北）《兴大历史学报》第 22 期，2010 年 2 月，第 77 页。

③ 虽然现今的华文学界，已有部分论文体会到"冷战"期间的钓鱼岛问题源流，如孙翠萍《中日钓鱼岛问题的缘起》，《理论界》2008 年第 11 期，第 112~113 页。不过该文及其中许多见解，均认为 1968 年以后逐渐酝酿的资源问题，是钓鱼岛争端在"冷战"期间所以出现的原因。但笔者透过部分个案研究，认为"冷战"期间实有围绕钓鱼岛而发生的其他明确纷争。石油气资源与 1969 年的《埃默里报告》（"Emery Report"），只是让"冷战"中的钓鱼岛问题，在更大范围（如国际关注度、民间压力程度、相关势力的争取意愿等）中突显而已。笔者的相关个案研究此处不表，可参见笔者整合后的论述：任天豪《东亚权力局势的形成与影响（1955~1970）——从台湾〈外交部档案〉理解钓鱼岛问题》，华东师范大学"冷战国际史博士后国际学术论坛"（2013 年 10 月 26 日），华东师范大学（刊印中）。

研究，有关钓鱼岛主权归属等现实问题，并非本文所欲讨论的部分。

一　1950 年代初期以来的东亚"冷战"局势与两岸关系

　　钓鱼岛问题所以应自"冷战"期检视，是因"冷战"以来的东亚局势，已较过去大为不同，并且最为重要的是，牵涉其中的政治势力，对国际法及国际政局的理解，已远非明清时期的程度可比。所以，采用当时并未在东亚世界中确立、有效执行甚至真正认识的国际法等现代思维或方法，来解释明清之际的钓鱼岛问题并论证其归属，不免与当时的历史情境有些距离；然"冷战"时期的相关政权，则不但均已对国际法、国际政治等西方学科运用多年，甚且能依这些知识而求取自身的最大利益，或思考相对有利的风险回避，证明此时与今日所习用的知识体系与内涵较有延续性，对于主权归属等国际法相关问题，也才较有适用意义。因此，本文虽系历史研究而不讨论钓鱼岛的主权归属，但仍须先行厘清此问题的历史发展脉络，才能清楚地认识今日钓鱼岛问题的真正性质。

　　整体而言，在 1950 年代初期的东亚"冷战"环境中，意识形态的"二极对立"与美、苏的主控力量，均未明显地存在于当下（事实上终"冷战"之世，苏联也多半没有"主控"过东亚的共产阵营）。因此台北当局虽然退守台湾，形势上岌岌可危，却仍因为时局的发展，而能保有一定程度的自主性，只是表面上未必体现该自主性而已。故检视当时的东亚局势及台北所采行的决策，是理解"冷战"初期钓鱼岛问题渊源的第一步。

　　1950 年代初期以来，以美国为首的所谓"民主阵营"，实已在东亚海域建有多重的防卫措施。第一种防卫措施便是因为朝鲜战争而大幅提高的东亚成员的危机意识。这种防卫措施包括与朝鲜战争的危局直接有关的措施，最终体现的是美国对东亚的掌控能力。例如，美国原本希望日本加强自身的军事能力，但在 1953 年时发生"要求日本再军备，在原则上已有转变"的情形，因为美国欲将防卫日本的重点转为"空军第一主义"，因此地面兵力以"能保有防卫美国在日空军基地等之规模即可，至海上则以能对抗敌人渡洋作战之海军力为已足"。吉田茂（1878～1967 年）因担忧防御能力下降，反向美国要求其 20% 的原子弹"存放日本，以警告对日侵略者之意图"，台北则由国民党转发此消息给参谋总长周至柔（1899～1986 年）参研。① 此事表面上看似美国缩小在日的防卫力量，其实体现的是美国更为精悍有效的东亚部署；又因日本再军备的可能性降低，美国对东亚海域的控制力更加提升，美国在此区域的硬实力程度得以彰显。

第二种防卫措施原本系为减轻美国的防卫压力——形同降低美国的掌控程度——而设，但或许出现与期待相反的结果，例如，台北当局所执行的"关闭政策"（port-closure policy），就在最后成为美国掌控力量的另一证明（后文将详述理由）。② 也就是说，"冷战"时期的东亚局势，除与美国的规划与举措密切相关外，台北当局的行动与反应，也是促成局势演变的重要因素。故在东亚"冷战"史的探讨中，台北实是过去经常忽略却实在不应忽略的观察角度，因此影响今日对于琉球、钓鱼岛实况的理解。这也说明台北的防卫行动除涉及美国的东亚战略外，实与 1950 年代的钓鱼岛问题有所牵连。

然除台北与美国间的关系外，东亚的阵营对立状况并不如表象上那般明确，这也是此时的重要背景。尤其是台北对于日本的特殊戒心，使东亚的所谓"民主阵营"较难顺利地组成团结的盟友，亦令东亚未能产生如同欧洲一般的完整对立格局。③ 此一内情造成此时台北在维持对美、对日关系时，都有相当的心理负担，加上印度、英国、中欧与北欧诸国（如瑞典、丹麦）及其他多国陆续承认北京的冲击，使得台北空有"大国"之名，实力地位却完全无法与"二战"结束之时相提并论。另外，也可由台北的分析资料，看出美国因素在此时的关键作用④：一方面梳理台北

---

① "台（42）中秘室字第 0032 号张其昀、张炎元呈美国要求日本再军备之原则已有转变情形"（1953 年 1 月 29 日），《蒋中正总裁批签档案》，《国民党档案》，国民党党史馆藏，典藏号：ntul-kmt-zp42－0022。本文所有关于"关闭政策"之认识与档案提供，皆出自林宏一先生之义助，在此特致谢意。另关于海峡两岸的称呼，本文以"北京"与"台北"此二偏向地理概念的名词代之，避免非本文主旨的现实政治意涵的影响。

② 林宏一：《封锁大陆沿海——中华民国政府的"关闭政策"（1949～1960）》，台北，"国立"政治大学历史研究部硕士论文，2010，第 4 页。

③ Christopher Hummer and Peter J. Katzenstein, "Why is There No NATO in Asia? Collective Identity, Regionalism, and the Origins of Multilateralism," *International Organization*, 56：3（August 2002），p.581.

④ 例如，"外交部"在分析英国承认北京的可能原因及因应方式时，认为英国亦有借此行动促使美国对亚太之"英国属地及英帝国自治领""给予较多之援助，以增强其自保力量"。见"呈报英国等七国家承认中共伪政权及本部处理情形，祈鉴核备案"（1950 年 1 月 31 日），《英承认匪伪政权及我驻英使馆撤退》，中研院近代史研究所藏《外交部档案》，档号：305.22/0003。

此刻面临的行动环境（operational milieu），一方面理解台北面对问题时的重要关切——即心理环境（psychological milieu）。[1] 故而各国承认北京此类打击台北当局维持"正统"（orthodoxy）目标的行为，自然加深台北的心理负担。

由于两岸对立的局面，致使美英等"民主阵营"中的要国，皆对台北当局能否延续十分悲观，认为台湾恐会"陷入共手"，不然就是因"本身经济难于维持"而终结。[2] 这种理解自然也存在于台北本身，但更重要的是它影响了台北所面临的行动环境，因为如连"生存"（subsistence）都很困难的台北，若想要进行诸如"反攻大陆"之类的重要军事行动，当然也就难获支持。[3] 尤其1950年时，美国国务卿艾奇逊（Dean G. Acheson，1893～1971年）做了演讲，表示美军将以阿留申群岛、日本、琉球与菲律宾所组成的岛弧，作为美国在东亚的防线，意味台北与韩国均不在此防线之内。[4] 故此，台北等于在失去大陆领土与许多友邦的情况下，还遭美国放弃，使其在台湾的政权安危及其本身维持"正统"的目标，都受到极大威胁。这种威胁与限制，是1950年代初期台北面对其他问题如何决策时的重要影响因素。

反之，日本、琉球相较于台湾，却均处于美国的东亚防线规划中，明确而残酷地体现台、日、琉三者对美国重要性的差异。因此，无论台北当局如何宣称自身的性质或价值，都远不及美国所定义且能控制的这条东亚防线所能体现性质或价值，这也造成位处此条防线中的日本、琉球，与被排除在外的台湾，在权力位阶（hierarchy）上明显出现高低之

---

[1] 以行动环境和心理环境进行分析国际政治中的"知觉"（perception），是国际政治学中的一种尝试，由杰维斯（R. Jervis）所提出。此种取向的重点，是借部分社会心理学中的理论，解释决策者心理及其决策选择之间的关系。杰维斯在1976年出版的名著 *Perception and Misperception in International Politics* 已有中文翻译，见〔美〕罗伯特·杰维斯《国际政治中的知觉与错误知觉》，秦亚青译，世界知识出版社，2003。

[2] "驻美大使馆报告"（1949年9月26日），《英承认匪伪政权及我驻英使馆撤退》，中研院近代史研究所藏《外交部档案》，档号：305. 22/0003。

[3] 事实上，台北当时号称拥有60万军力，但真实数字可能不及，故实施大规模军事行动的能力本就有限。军力相关研究，可参见刘凤翰《国军（陆军）在台澎金马整编经过（民国39年至70年）》，《中华军史学会会刊》7期，2002年4月，第278～282页。

[4] "Crisis in Asia: An Examination of U. S. Policy," Department of State, *Department of State Bulletin*, Vol. 22, Jan. -Mar. 1950, pp. 111 – 117.

别。[①] 此种心理环境对台北而言，尚有更多"雪上加霜"之处，例如，日本除拥有处在美国东亚防线内的地理优势外，还有许多涉及日本内部的优遇，如美国对其战争责任有相对宽松的对待，[②] 为日本提供"安全保障"等。[③] 这些都使台北亟待实践的争"正统"目标难以达成，造成台北的权力位阶，较形式上的位阶更为低下，这在日后争取自身利益时，成为更为不利的行动环境背景。

二 貌似错综实则单纯的 1950 年代初期新局

不过对台北而言，韩战（朝鲜战争）的爆发虽未使其成为美国关键的军事伙伴，但至少仍使台湾的战略价值得以突显，保卫台湾的需求因此提高。此一新局固对台北或有激励作用，但因美国的决策混乱，使得台北也很难明确因应。[④] 不过台北尚称幸运的是，北京先已宣布"一面倒"的政策，使美国与其结盟的期待落空，而令台北重新获得美国的防卫承诺。这使台北虽然不易掌握美国的意向，但至少获得远较过去明确的军事保障，无形中增强了形势稳定的信心，可以继续其"正统"目标的追求。于是台北虽已因失去大陆领土而在

---

① "权力位阶"或"等级制"等角度的看法，亦为国际政治理论中的一种研究视角，认为国际政治未必混乱无序，可能存在着各种基于不同权力因素而形成的等级式权力关系。持此种看法的学者，有戴维·莱克（David A. Lake）；参见〔美〕戴维·莱克《国际关系中的等级制》，高婉妮译，上海人民出版社，2013。唯此处所谓的"权力位阶"或"等级制"，并非如莱克的具体的计量的概念，而是从性质的角度理出的边界仍不必然明确，却确实具有影响力的概念。另，本文虽不具体引用莱克之理论，却同意其概念与东亚传统的文化或国际关系，有一定程度的近似。例如，费孝通（1910～2005 年）所提出的"差序格局"虽是着重透过血缘、姻亲、利益等因素所建立，而非借具体的权力关系所形成的格局，但这种传统中国常见的格局，仍与"等级制"关系有极类似的形态。因此，台北当局内部即使形成对此国际关系的位阶、差序之类的认知，也不见得是超脱传统性质的推测。

② 见王希亮《日本右翼势力与东北亚国际关系》，社会科学文献出版社，2013，第 39～44 页。本书论述虽有明显的价值判断，但在整理日本内部对其右翼势力的研究成果，仍有一定贡献及值得参考之处。

③ 如哈佛大学的阿尔伯特·克雷格（Albert M. Craig）便在描述战后及"冷战"初期的日美关系时，采取吉田茂（1878～1967 年）在与杜勒斯（John F. Dulles, 1888～1959 年）进行安保交涉时杜氏"让步"、吉田"大胜"的说法，对日、美双方在东亚"冷战"局势中的付出程度，也以"冷战中，没有任何一个发达国家所发挥的作用像日本这样小"来形容日、美双方不对等的责任承担状态，由此可见日、美间的权力态势。参见〔美〕阿尔伯特·克雷格《哈佛日本文明简史》，李虎、林娟译，世界图书出版公司，2013，第 164～165 页。

④ 例如，美国当时一方面想与北京交好而放弃台北，一方面又支持台北的部分经济或军事行动，以求弱化北京的实力，参见张淑雅《韩战救台湾？解读美国对台政策》，新北市，卫城出版，2011，第 70 页。

权力位阶上大幅衰退，此时却反而能因其位处"冷战"边界的地位，重新取得争"正统"的筹码。也就是说，退守台湾固是台北的大痛，也造成美国决策的游移难定，但因北京亲苏政策的出台，反倒帮助台北稳定其在台湾的实质统治，暂时消缓台北当局的生存忧虑感，重新确立追求"正统"的政治目标。

除了上述对台北相对"正向"的情势外，还有对台北不甚有利的"负向"因素，有趣的是，这些"负向"因素却反导致台北当局更为坚定地对"正统"目标的追求。例如，韩战爆发后，美国"台海中立"政策虽然遏阻了北京攻台的目标，却也同时阻碍了台北"反攻大陆"的行动，自然不利台北的争"正统"目标。① 更为严重的是，台北不断阻挡北京进入国际场合发声的行动，也出现裂缝，北京竟在1950年11月28日以"控美侵台案"的理由进入联合国议场；② 且自"后见之明"的视角可知，这是两岸政权唯一一次同时出现于联合国的历史时刻；可见台北争"正统"的行动似乎遭遇挫折。然而，这些状况虽然引发台北不满，却不影响台北当局对台湾的统治，"生存"忧患并未提升。故而台北实可进行"化正统于其他口号"的尝试，例如，将"反攻"与意识形态中的"反共"挂钩，强调两者内涵上的一致性，从而不但不违拗美国的意志，还能加强自身的正当性，进而彰显台北在"正统"方面的代表意义。

对台北来说，当时情势固然对"反攻大业"不太亲切，但在进行政策目标的选择之时，"正统"仍有较大的出线机会。因其"务实"地遵循美国所宣称的政策，如"坚守台湾，退守外岛"，或承认"台海中立""台湾地位未定"等，均不免危及台北的"正统"目标，同时美国是否始终坚持这些政策，终究也是未定之数。③ 因此台北不如延续原本争"正统"的政策内涵，即使争夺

---

① 〔日〕若林正丈：《战后台湾政治史——中华民国台湾化的历程》，洪郁如等译，台北，台大出版中心，2014，第81页。

② 《蒋廷黻电外交部》（1950年8月28日），《台湾地位问题》，中研院近代史研究所藏《外交部档案》，档号：602.1/89024。

③ 虽然今日可知，美国在1950年代时仍大体贯彻台海中立的政策，对台湾地位更一直依据杜鲁门（Harry S. Truman，1884~1972年）于1950年6月27日所提关于韩战的声明，见 Gleason, S. Everett, Aandahl, Fredrick, Ed., *Foreign relations of the United States, 1950*; *National Security Affairs*; *foreign economic policy*（FRUS），Volume I, U. S. Government Printing Office, 1950, p.439. 但身处当时的台北，自难确保美国的态度必将一致。何况"关闭政策"自实施以来，也在一定程度上达到美国军方所期待的海上阻运效果，甚至"台海中立"时期的"关闭政策"之所以继续执行，很多情报是由美国官方直接提供。此皆代表美方表面声称"台海中立"，实仍暗中支持台北继续实施"关闭政策"，言行不一可见一斑。见"条约司签'关于我恢复执行领海主权案刍议'"（1951年6月1日），《关闭部分领海及港口》，中研院近代史研究所藏《外交档案》，档号：606.48/0010。

"正统"未必有利，坚持路线也是相对合理的选择——至少不会"亏本"。只是台北终究因其客观实力的限制，不得不以美国意向为最主要的关注点，形成此时决策的心理环境基础。也因如此，台北对美国所代表的权力意义自更仰赖，故其即使可以追求"正统"目标，一旦涉及美国也将会进行调整，不愿向美国进行强硬展现。于是在台北的知觉中，对"正统"的追求便形成一种既渴望又压抑的混乱状态，此种状态乃是日后面对钓鱼岛所产生问题的根源之一。

由于此时台北的生存获得保障、"正统"地位却略受削弱，因此台北对努力争"正统"的行动需求便得以提高，前述"关闭政策"的执行便成为相对有效的方式之一。虽然"关闭政策"在"台海中立"期间，形式上被要求暂停执行，但其实仍在美国军方与情治单位的默许及暗纵之下，"阳奉阴违"地被实践着。① 此一着重针对"外籍船舶及航空器"的政策，② 实际上造成英国等与台北同在同一阵营的国家，亦因成为"关闭政策"的攻击对象而受害极重。③ 这种状况使得台北成为"民主阵营"在东亚的麻烦之一，也造成阵营内部的步调难以一致；更因实际执行的海军官兵或游击队，难判当下的对象是否真是法定对象，在操作之时不免超过法定标准，④ 致使实际的"关闭政策"执行效果，与台北心中的期待不无落差，而此落差便能体现台北当时在"冷战"局势与"正统"追求间的拿捏状况，并也预示了 1955 年发生钓鱼岛问题的近期背景。

三　新局中的尴尬处境（一）：奄美"返还"

然在论述 1955 年的钓鱼岛事件前，仍有两个重要的历史事件，足以影响并

---

① 参见林宏一《封锁大陆沿海——中华民国政府的"关闭政策"（1949～1960）》，第 44～49 页。

② "行政院令"（1949 年 6 月 18 日），总统府第五局编《总统府公报》第 229 号，总统府第五局，1949；转引自林宏一《封锁大陆沿海——中华民国政府的"关闭政策"（1949～1960）》，第 4 页。

③ John W. Garver, *The Sino-America Alliance, Nationalist China and American Cold War Strategy in Asia*, Armonk：M. E. Sharpe, Inc. , 1997, p. 117. 转引自林宏一《封锁大陆沿海——中华民国政府的"关闭政策"（1949～1960）》，第 6 页。

④ 其实"关闭政策"的法理依据乃系《管制外籍船舶资匪航运临时办法》，而其中实有规定"避免使用武力"，见《管制外籍船舶资匪航运临时办法》（未书日期），《关闭匪区海港交通暨管制外籍船舶资匪航运办法》，《国军档案》，"国防部"永久档案作业室藏，档号：00042985。但实际执行时，违反官方规范的各种现象仍多，见"行政院 89 次院会叶代外交部长对于执行关闭政策一部分领水及港口之办法案发言记录"（1949 年 9 月 14 日），《关闭匪区领水及港口》，中研院近代史研究所藏《外交部档案》，档号：343.71/0001。

解释此时钓鱼岛问题为何成为日后这种形式。一为1953年的奄美"返还",一为1955年2月的"大陈岛撤军"。这两件事件皆造成台北益发退缩的形势。

奄美原本是在1946年2月2日,由麦克阿瑟(Douglas MacArthur, 1880~1964年)命令"移隶入琉球列岛管辖",扩大"琉球军政府管区"[①]的群岛,使战后的奄美与日本近代以来的安排断裂,重新成为琉球的属土,而琉球则是美国直接控制的领地,故对台北而言,实与美国领土相差无几。故当奄美即将由美国"归还"日本的风声传出时,台北敢于大力反对的可能性委实不大。

奄美即将"返还"日的消息,其实早在1952年9月便已由《每日新闻》披露。[②]次年年初,相关的讨论日渐增多,美国提出奄美战略重要性相对琉球为低、较无军事价值等说法,[③]为奄美"返还"开辟大道。6月以后,在美国拍板定案的情况下,美日以不到两个月的时间就达成相关共识,12月24日双方签约确定奄美"返还"。[④]这一过程几乎完全没有台北方面的参与,这除体现台北对美国的奄美决策的无能为力外,也可看出即使事关台北尚有置喙余地的琉球,台北也因自认无力抗拒强权而无介入的意图。在1953年年底进行一场小型的内部讨论中,台北"外交部"便表示,《旧金山和约》第三条"实际上乃各签约国为日本应保留琉球群岛之主权,而美国则享有该条所给予各项权利之一项决定。此在旧金山会议举行之时,已予表明",[⑤]即其已经体认当时的琉球问题,不但系美国等强权刻意所遗留,而且琉球的未来也早在《旧金山和约》签订时,便已确定日本已然保留对琉球的主权,有利于其日后收回琉球。亦即台北早已意识到,日本在《旧金山和约》的安排下,实能保有对琉球的"残余"主权,却因无意挑战美国,且在即使担心奄美"返还"成为美国日后"琉球归还"予日第一步的情况下,依然无计可施。此一情况除能看出台北的无奈外,也体现日本在美国东亚战略中的重要地位,台北、日本对

---

① "《美军占领下琉球现状第二章军政第一节军政府之成立及其简历》"(未书日期),《美军占领下琉球现状》,中研院近代史研究所藏《外交部档案》,档号:019.13/0001。

② 鹿児島県地方自治研究所编《奄美戦後史:揺れる奄美、変容の諸相》、鹿児島市:株式会社南方新社、2005、頁367。

③ "Memorandum by the Executive Secretary(Lay)to the National Security Council(1953/06/15),1952-1954," FRUS,(Vol. 14),pp. 1430~1432.

④ 間弘志《全記録分離期軍政下時代の奄美復帰運動、文化運動》、鹿児島市:株式会社南方新社、2003、頁111-112。

⑤ "密件"(1953年11月15日),《反对将奄美岛交与日本》,中研院近代史研究所藏《外交部档案》,档号:019.1/0001。

美国的价值高低可见一斑。

其实就海上的实际状况来说，奄美海域几乎早已形同日本的"领海"。例如，1952 年 8 月之时，台北当局的海军曾对私运货物的日籍渔船"一丸"号进行截捕。"一丸"号虽是在浙江沿海被捕，却是来自琉球与奄美群岛。这表示琉球与奄美此时虽皆为美国所属地，但日本船只在其间航行的阻力不甚大，且能进行被台北当局痛恶的海上私运活动。① 故对台北来说，美国不仅早有"归还"奄美予日的意愿，而且日本船只对该海域的自由航行，显示台北的力量无法进入此区，因此台北顺应潮流也属合理。

仅从截捕"一丸"号的处理方式中，就可以看出当时台北当局仍尚未感到奄美"返还"在对琉球问题上可能带来的后果。9 月底时，"外交部"在内部拟定的《关于琉球问题之说帖》中，仍对奄美目以"此等岛屿无关重要"，且"美国因管理不便，或者有意交还日本，若谓美国即将开始将琉球群岛逐次交还日本，似尚言之过早也"。② 这种看法主要来自行政部门的评估，但代表民意的"立法委员"有不同想法，是故"立委"廖维藩（1898～1968 年）即在 10 月 16 日提出质询，③"立委"李文斋（1900～1988 年）也于同月 28 日拜会"外长"叶公超（1904～1981 年）沟通意见。④ 民意机构一则提醒了

① "一丸"号被扣留位置的经纬度，在"东经 122 度 15 分，北纬 28 度 55 分"，系位处大陆沿岸而与琉球、奄美相去极远，见"国防部代电：准电续查截扣日籍走私渔船'一丸'号案有关各点复请查照转知"（1952 年 9 月 29 日），《日渔船一丸号走私案》，中研院近代史研究所藏《外交部档案》，档号：030.22/0003。但一丸号被扣前曾航行经过的海域，即是沿着"冲绳、奄美大岛的路線航行"（俱シ冲縄、奄美大島ノ線ニ沿フテ航行シ突発ノナ惡天候遭遇ノ場合一時附近ノ島ニ假泊ヲ要スルト思ヒマス），见"（一丸船長稲垣孝親筆切結）報告書"（1952 年 11 月 5 日），《日渔船一丸号走私案》，中研院近代史研究所藏《外交部档案》，档号：030.22/0003。

② 见《关于琉球人民请求将琉球群岛归还日本问题之参考意见》（1953 年 9 月 28 日），《反对将奄美岛交与日本》，中研院近代史研究所藏《外交部档案》，档号：019.1 / 0001。

③ "第一届立法院第十二会期第九次秘密会议速记录"（1953 年 11 月 6 日），收录于"立法院"秘书处编《立法院反对奄美大岛交与日本一案会议会 附有关文件》（台北，"立法院"秘书处，1954 年 3 月），第 22～23 页。转引自杨子震《中华民国对琉球群岛政策中的"奄美返还"问题》，台北，中研院近代史研究所"全球视野下的中国近代史研究"国际学术研讨会发表论文，2014 年 8 月 13 日。

④ "第一届立法院第十二会期第八次秘密会议关于李委员文斋等三十四人临时动议拟请外交部部长来院报告奄美大岛问题并备质询一案之速记录"（1953 年 11 月 3 日）、"第一届立法院第十二会期第九次秘密会议速记录"（1953 年 11 月 6 日），收于"立法院"秘书处编《立法院反对奄美大岛交与日本一案会议会 附有关文件》（台北，"立法院"秘书处，1954 年 3 月），第 11～16 页。转引自杨子震《中华民国对琉球群岛政策中的"奄美返还"问题》。另按：在华文学界，对奄美"返还"问题中的民意因素如何影响政策的研究，以杨子震此文为最有系统进行探究者。故对台北内部民意与政策的互动，请参见杨子震文，此处不赘。

"外交部"，二则或许当真产生些许压力，令"外交部"重新考虑奄美与琉球的关联性，于是到 11 月，叶公超便与美国驻台北"大使"蓝钦（Karl L. Rankin, 1898～1991 年）会晤，向美国表达台北对奄美"返还"可能导致琉球归日的疑虑，并表示台北"政府对美方拟将奄美群岛移交日本事，极为重视"，① 且担心"美国将以琉球交还日本"。不过美国不仅坚决否认，还由蓝钦当面向叶公超表示，其乃"奉国务院训令，秘密告之"，"美国对琉球群岛问题，将以书面向日本政府阐明美国政府无意将该群岛交还日本"。② 只是即使到了今日，蓝钦所谓之"书面"内容仍未出现而已。

美国这种流于空泛的保证，对维持台北的信心着实有限，故台北乃分别对美、日、琉、台四方实施行动。③ 其中在对美方面，就能看出台北对美国权力地位的"畏服"。除只采取对美私下交涉传达反对之意的行动外，台北还在拟定致美国的反对信函时，曾两度修改向美方表示"抗议"的用词，最后改成较为平和的"异议"，可见台北有意退让的心态。④ 另在权力位阶不可忽视的日本方面，台北也透过日方媒体表达"无法同意美方意欲转移（奄美）群岛于日本之管辖下的计划，且已再三对美表示此一立场"等说辞。但值得注意的是，台北对美国交给日本的权利，系以"jurisdiction"（管辖权）称之。⑤ 此究竟代表台北承认美国让与日本的奄美权利带有主权性质，⑥ 还是沿用美方用法而无具体体会，犹待进一步探查。也正因如此，虽然有国际法学者谓台北此时送交美国的备忘录，是"对琉政策的一大转变，我国从此不再采取中日和约谈判时表

---

① "关于奄美群岛问题（琉球卷）"（1953 年 11 月 26 日），《反对将奄美岛交与日本》，中研院近代史研究所藏《外交部档案》，档号：019. 1/0001。

② "42 年 11 月 24 日上午 11 时半蓝钦大使请见叶部长以下为当时谈话之简要纪录（原纪录存条约司）"（1953 年 11 月 26 日），《反对将奄美岛交与日本》，中研院近代史研究所藏《外交部档案》，档号：019. 1/0001。

③ 参见任天豪《冷战与钓鱼台——1950 年代的中华民国决策对钓鱼台问题的影响》，台北，中研院近代史研究所 "多元视野下的钓鱼台问题新论" 国际学术研讨会发表论文，2014 年 4 月 18 日，本文将刊印并由该近代史研究所出版。

④ "为反对奄美大岛交还日本事，我已向美方提异议，函复查照"（1953 年 12 月 4 日），《反对将奄美岛交与日本》，中研院近代史研究所藏《外交部档案》，档号：019. 1/0001。

⑤ "The foreign minister told the Japanese newsman the Chinese government cannot agree to the American plan of transferring the islands to the Japanese jurisdiction and has repeatedly expressed its stand to the U-nited States in this respect," "Amami Oshima Transfer Opposed; Treaty Violation Seen"（1953 年 11 月 25 日），《反对将奄美岛交与日本》，中研院近代史研究所藏《外交部档案》，档号：019. 1/0001。

⑥ 由于美国早在 1946 年便已确立其所认定之具有国内管辖权的争执事件可不受国际法院管辖的规范，见 Ian Brownlie, *Principles of Public International Law*, Oxford: Clarendon Press, 1991, p. 728；故管辖权对美国而言，应带有较强烈的主权性质。

示琉球是美日两国的事之态度"，① 但从台北当局的决策制定，及东亚"冷战"政局的角度来看，或许未必能呈现如此意义。

于是可知奄美"返还"所引发者，乃系琉球未来走向的问题，台北此时已然心知肚明，但因无力反抗美国的意志，更形强化其对羞退让的心理环境。而琉球毕竟早在 1946 年 6 月便已"归隶（美国）陆军部管理，同时将已有之海军军政府，又复移交予陆军执行"；而其行政上虽系由琉球民政府负责，但军政府拥有发布命令、监督指挥的权力，故琉球实际上仍是美军直接控制之地，体现的是美国的硬实力。② 因此，当美国此时已经对台北明确提到日本对琉球的"剩余主权"（唯"外交部"此时系将此"residual sovereignty"字样，译为"残余主权"），且更严肃表示《中日和约》并未提及琉球乃一"事实"（fact）之时，③不仅表示已有转交奄美予日的坚定决心，也代表美国绝不承认此一举措有任何法理上的争议，甚至可能暗示了琉球日后比照办理的可能性。然此前"外交部"虽确曾向美方表示，不能同意美方认为《旧金山和约》未使琉球"脱离日本主权"（即日本保有所谓"剩余主权"之意）的解释，也提出台北保有"发表意见之权利与责任"及美国对琉球之事皆应与台北"事前磋商"等意见，④ 但由台北仅以"备忘录"形式表示异议的情况来看，已可感台北当局的无奈。而台北一旦没有明确、积极的反对行动，无形中便等于容许琉球可能归日的趋势，从而奠定日后琉球亦"返还"日本的事实基础。

另外，由台北应对奄美"返还"的行动，还能看出此时日本的权力位阶。其实，台北对其与日本的关系，本就极为重视，当台北与日本恢复"邦交"并互设"使节"之时，台北曾经十分慎重地去电驻美"使馆"，询问应该如何得体地以英文表示日本天皇的称号，才能避免影响双方关系。⑤ 但日本对台湾虽非全不重视，但在面对奄美问题时，因为获得美国移转奄美权利的明确保证，因此才能在媒体中明确表示，台北当局对琉球问题，全无"发言

---

① 丘宏达：《关于中国领土的国际法问题论集》，台北，台湾商务印书馆，2004，第 25～26 页。

② "《美军占领下琉球现状》"（未书日期），《美军占领下琉球现状》，中研院近代史研究所藏《外交部档案》，档号：019.13/0001。

③ "美国大使馆 1953 年 12 月 14 日收外交部备忘录译文""Memorandum"（1953 年 12 月 14 日），《反对将奄美岛交与日本》，中研院近代史研究所藏《外交部档案》，档号：019.1/0001。

④ "行政院咨立法院函稿"（1953 年 11 月 24 日），《反对将奄美岛交与日本》，中研院近代史研究所藏《外交部档案》，档号：019.1/0001。

⑤ 而驻美大使馆的答复是"美驻日大使到任国书用以下字样 To His Majesty Hirohito Emperior of Japan"，见"机要室收华盛顿大使馆电"（1952 年 9 月 22 日），《中日设使领馆及派遣使节问题（附张岳军先生访日）》，中研院近代史研究所藏《外交部档案》，档号：010.11/0001。

权"可言，并将台北的反弹视为争取更多美援的欲擒故纵之技。① 反观台北对日本此一评论，并无针对性的回应。因此奄美归日一事，已可看出台北在对美国权力采取退让与接受的态度外，在面对日本之时亦采取相对退让的姿态，故而体现三者间的权力位阶高低。台北既然先已理解奄美附属琉球，却缺乏积极阻止美国移交奄美的行动，自然可以看出台北受到美国权力影响而持退缩的态度。于是，到了1955年台北被迫撤出大陆沿海之时，便更可知其因实力再遭重挫，在自身战略价值下降的情况下，原本的退让态度又将衍生如何的负面影响了。

四 新局中的尴尬处境（二）：大陈岛撤军

1955年年初，北京对台北所控制的一江山发动攻击，战况对台北极为不利，台北做出大陈岛撤军的决定。此一行动代表诸多与东亚政局有关的意涵，且亦牵涉日后处理钓鱼岛问题时的背景。

一江山之役与大陈岛撤军皆发生于《台美共同防御条约》（*Sino-American Mutual Defense Treaty*, 1954）签订以后的1955年，完全体现该约不将台北所属的"外岛"包含在内的条约内容——但不可否认的是，美军仍帮助"国军"在这些岛屿上进行撤退行动，体现该约在执行时确实仍有模糊地带——对台北维持"正统"目标的打击自然不小。② 美国总统艾森豪威尔（Dwight D. Eisenhower, 1890~1969年）在一江山已然被中共军队攻下的1月24日时，于国会咨文中请求国会授权总统以"美国的武力"，确保"台湾与澎湖列岛"的安全，协助台北"重新部署兵力"。但因其同时强调此一授权，并不意味着扩张正在国会进行审查的《台美共同防御条约》之权限，而仅系对当下威胁的新因应而已，③故而等于重申《台美共同防御条约》不含

---

① 如日本共同通讯社的评论即是如此，见《琉球情报》（1953年12月6日），《反对将奄美岛交与日本》，中研院近代史研究所藏《外交部档案》，档号：019.1/0001.
② 这可能与1950年初台北便已强烈坚持保有外岛，而与美国的决策相悖有关，见 "The Charg'e in China (Strong) to the Secretary of State, Taipei (1950/06/29)," *FRUS*（Vol. 6），1950, pp. 371–374. 不过台北虽在此点与美国政策不同，对美国利益而言仍属利大于弊，故仍能维持一定程度的合作。
③ "Message from the President to the Congress"（1955/01/24），*FRUS*, Vol. 2, 1955~1957, pp. 115–119.

"外岛"的内容。① 台北掌控大陆沿海的能力在大陈岛撤军后，基本上已难维持。②

大陈岛撤军后，台北执行"关闭政策"的效果更加打折扣。③ 但对美国来说，大陈岛终究只是不受美国防卫观所欢迎的台北外岛，其就算推估北京已有袭击大陈岛的计划，但不愿积极防卫大陈岛。④ 事实上，直到 1955 年之时，美国仍不断试图以对台湾的保障，说服台北放弃外岛，以免美国一直为台北当局的外岛防御所拖累。⑤ 也就是说，即使大陈岛有利于台北执行"关闭政策"，也不符合美国的战略需求。

由此可知，大陈岛对台北与美国的意义大为不同，而对台北而言，大陈岛是"关闭政策"实施据点，具有重要的"宣称正统"功用。盖台、澎与大陆，毕竟有台湾海峡相隔，远不及一江山、大陈等邻近大陆的岛屿在台北"正统"目标上所代表的意义。故而非到必要之时，这些外岛都非轻易可以言退之地。也正因如此，即使此时大陈岛必须撤军，台北仍试图维持类似的外岛领地，无论其大小如何，故其尚有保留浙江外海的南麂岛之意，直到 2 月以后被迫撤退，方才断绝据守江浙沿岸岛屿的期盼。

此一背景固然体现台北的心理环境，却未呈现台北的行动环境，因为台北当时军力虽在美国协助下略有提升，海军实力仍十分困窘。尤其当时的大陈岛游击队、"江浙反共救国军"等非正规部队，早已面临粮饷极度不足的情况，

---

① 不过，艾森豪威尔此举代表美国此刻暂时放弃"含糊策略"的态度，而明确地对北京展现保护台湾的意志，与美国过去所采"含糊策略"的态度相较，至少对台北提供了较多的安全保障。张淑雅认为，美国这种化"含糊策略"为明确表示的行动，仅在 1955 年 1 月的此时，曾罕见地、暂时地出现过。见张淑雅《金马撤军？美国应付第一次台海危机策略之二》上册，台北，中研院近代史研究所，1995，第 414 页。

② 虽然，此时美国对台湾方面的军事援助确实增加，也使国民党军军力明显提升，但并未因此促成台北反攻、争"正统"的力量增加。见《美援计划书；1955 年美增援美金；扬子公司造船；杂件；星云考察团》，中研院近代史研究所藏《外交部档案》，档号：471/0039。笔者以前述《冷战与钓鱼台——1950 年代的中华民国决策对钓鱼台问题的影响》为基础所修改刊印的论文《1950 年代的中华民国冷战决策与钓鱼台问题的关联》中，有较详细的论述，此处恕不赘述。

③ 例如在前述的"一丸"号事件时，国民党军便是将该船船员羁押于大陈岛，而"国防部"甚至还曾发生对此船员"在大陈羁押有时对友方动态不无知悉，其于返国后可能外泄应予顾虑"的忧心，可见其对大陈岛的看重。"国防部代电：为防释放日籍一丸号船员返国后泄漏我方大陈情形电请注意迳与日使馆洽商进行见复"（1952 年 9 月 23 日），《日渔船一丸号走私案》，中研院近代史研究所藏《外交部档案》，档号：030.22/0003。

④ "Memorandum by the Assistant Secretary of State for Far Eastern Affairs（Robertson）to the Secretary of State, Washinton（1954/08/19）," *FRUS*, Vol. 14, 1952 – 1954, pp. 542 – 544.

⑤ "Memo: Bowie to Dulles（1955/02/07）," *FRUS*, Vol. 2, 1955 – 1957, pp. 238 – 240.

甚至因为成员本就多非法人士，纪律与战斗力均难维持，①国民党曾试图提高其战斗力，至少令其能够维持纪律，切实遵守领导，发挥台北当局所期盼的功能。② 不过客观来说，其整体表现仍难让人满意。

于是，台北乃面临两种尴尬的处境，无论奄美"返还"还是大陈岛撤军，在即使决策相对单纯的 1950 年代中期以前，仍然有其他内涵的决策限制。这些限制体现在当时的东亚局势中，原本看似权力位阶较高的台北当局，实不能与日本乃至琉球相提并论，盖此二者皆各自代表着不同程度的美国权力。此种权力分布的状况，在当时或许未必清晰，然随着时间的流动与局势的发展，在台北面对钓鱼岛问题时产生的负面影响，便日渐明显，使台北处于一种尴尬之境。

五　尴尬处境里的"第三清德丸事件"

于是在此情况下，1955 年下半年所发生的"第三清德丸事件"，便成为体现台北窘况且印证钓鱼岛问题与东亚"冷战"关系密切的例证。由于"关闭政策"仍在执行，因此无论日本、琉球抑或美国，对于此间海域受到台北海军"骚扰"之事，并不特别意外；但因大陈岛撤军时的南麂岛部队较晚撤离，所以发生海上攻击事件以后，这批部队便在直觉上成为嫌疑者，从而令"第三清德丸事件"性质难明，与一般的海上事件不甚相同（例如，前述明确体现"关闭政策"状况的"一丸"号事件）。

由于大陈岛撤军之时，并未将南麂岛列入行动序列，故其部队仍于该岛驻留，以致 2 月下旬再行撤退南麂岛部队时，势单力孤的南麂岛部队与战力有限的"国军"，均有美军支援的需求，美国事实上也确有援手。可是到了 8 月之时，美国驻日大使馆突然致台北驻东京"使馆"一份节略，表示美国受琉球之托，希望台北能就琉球籍渔船第三清德丸在"琉球群岛的鱼钓岛附近"遭

---

① 参见林宏一《封锁大陆沿海——中华民国政府的"关闭政策"（1949～1960）》，第 58～59 页。另外，据曾为"江浙反共救国军"成员，后曾担任《中国时报》副刊主编的桑品戴（1939～　）回忆，此时"江浙反共救国军"的组成分子，大部乃是胡宗南去整编的时吸收的海盗分子。他说，"另外一种呢？是吃过牢饭的人，他们到了反共救国军去当（兵）。所以反共救国军，原来就是非法出身人士——我讲就是江浙那一带。以后又出现了一批俘虏战士。"可见其成员之良莠状况。见纪录片访谈内容，长天传播制作，《最后岛屿：台湾防卫战（1950—1955）》，台北，沙鸥多媒体发行，2011。

② 《台（41）中秘室字第 0032 号张其昀呈》（1952 年 12 月 2 日），《蒋中正总裁批签档案》，《国民党档案》，国民党党史馆藏，典藏号：ntul-kmt-zp41－0378。

到攻击之事，进行调查并说明情况。①

　　简单来说，该事件系琉球方面指控"国军"游击队，于钓鱼岛附近海域攻击琉球籍第三清德丸并造成 2 人死亡的海上事件。琉球提交了包括台北旗帜、军服、反共标语等在内的近 50 项证据，要求美国向台北讨一个交代。然台北以琉球的证据均与"国军"现况不合，且无琉球所指之涉案船只，表示应系中共军队伪装栽赃。双方各说各话，久而久之再无下文。因笔者已对此事发表论文，故本文不拟赘述，且其事件真相如何，迄今犹不明朗。② 但值得注意的是，该事件发生后的各方反应及其内涵，反映的是当时的东亚"冷战"局势，以及钓鱼岛争议中的"冷战"渊源。此一海域的状况，其实原就不甚平静。国际船只航行于此时都颇不安心。"国军"于 1950 年 2 月，曾在美国洛杉矶租借土耳其籍货轮，载运坦克前往台湾，但土耳其政府竟特别指示该公司"卸货勿运"。③ 由此可见该海域的混乱状况，也可见"国军"的掌控能力无法给外国船只信心。因此"第三清德丸事件"虽然已由琉球方面提出诸多证据，但只能表示此次攻击事件确曾发生，无法确知攻击者的身份。"第三清德丸事件"仍为"悬案"。

　　虽然"第三清德丸事件"的真相不明，但各方对此问题的态度，仍有极高的探讨价值。正值"关闭政策"中的台北，即使受到美国的暗中支持，其海上武装的打击能力或许也只能收"骚扰"之效果，唯台北当时是在联合国中代表"中国"，且为安理会"五强"（Permanent Five）之一的"大国"，国际地位与在海岸及外交上均受台北封锁的北京全然不同，故此衰弱的形象与表现，对"正统"目标的耗损，自然远较北京更多。即攻击第三清德丸之船只

---

① 《中华民国驻日本国大使馆电外交部》（1955 年 8 月 9 日），《琉轮振兴丸资匪》，中研院近代史研究所藏《外交部档案》，档号：019.14/0003。"琉球群岛的鱼钓岛附近"之语出自琉球提供给美方的资料，内称"（The incident was）in the vicinity of Uotsuri Island, the Ryukyus, in 123° 13' East Longitude, 25°48' North Latitude"，见"Resolution Number 10: Resolution Requesting for Investigation of Shooting Incident of the Daisan Seitoku Maru Crew"（1955 年 3 月 5 日），《琉轮振兴丸资匪》，《外交部档案》，中研院近代史研究所藏，档号：019.14/0003。

② 由于史料限制，笔者过去仅能就所得资料论述该事件的前因后果，但因台北、琉球两造说法不同，故仍无法判断肇事真相。即使如此，该文应已是目前华文学界中，对该事件论述最详尽之论文。请见任天豪《冷战与钓鱼台——1950 年代的中华民国决策对钓鱼台问题的影响》，台北，中研院近代史研究所"多元视野下的钓鱼台问题新论"国际学术研讨会发表论文，2014 年 4 月 18 日。

③ 《顾维钧华府电》（1950 年 2 月 11 日），《美军请求优待运输；七九弹转口；空军欠总统轮船公司运费；土耳其轮自美载运我坦克赴日转台》，中研院近代史研究所藏《外交部档案》，档号：426.3/0010。

固然是中国武装船只（毕竟由琉球提出的证据可知，船上确实存有大量符合"国军"状况的物件，只是不知是正常所有还是刻意栽赃而已），但无论是"国军"抑或中共军队，造成的影响均会指向台北当局，而非与其对立的北京。故而"第三清德丸事件"的发生，已经具备高度的政治意涵，成为削弱台北"正统"目标的一个案件。

对台北更为不利的是，南麂岛驻军延后撤退，使美国亦认为"第三清德丸事件"或系南麂岛驻军所为，即使台北已在军方查证后提出解释，仍难令美、琉信服。甚至日后竟连台北方面，亦传出与琉球类似的说法。曾任台北"国防部"技术室少将的王微（1897～1979年），在回忆"第三清德丸事件"时认为，钓鱼岛为据守南麂岛的女性游击队领袖张希敏所控制，其辖下的一个连曾在南麂岛撤退时转进至钓鱼岛主岛，并于该年3月2日炮轰第三清德丸。[①] 但笔者根据网络地图测距工具推估，这些说法可能均系后人的讹传，盖自南麂岛至钓鱼岛主岛的直线距离超过300公里，很难想象一个小型的海上游击队，竟会将部队如此配置；[②]而"国防部"的报告里也强调南麂岛部队早在2月25日前便已全体撤抵台湾，[③]军方清算后也无发现名称符合的船只。[④] 故南麂岛之张希敏驻军是否真仍驻留于南麂岛、钓鱼岛，也颇令人怀疑。这些后来的论述内容，与档案中所见之琉球所述状况大不相同，例如，华人口述为炮击，琉人则指证为"手枪射击"等。因此目前所见之华人回忆，或仍有不少疑点，且与官方当时的回应不同。"第三清德丸事件"的发生，与南麂岛驻军未必真有关联，此驻军牵涉"第三清德丸事件"，只是美方在事件后的一个猜想而已。[⑤] 正因如此，权力位阶已然较低的台北，又在此间启人疑窦，难免更为低调，并因"揣摩上意"而宁对美国举措暂时退让，不愿积极理解"第三清德丸事件"所可能

---

① 刘永宁：《未被揭露的钓鱼台史实（之三）——驻军拆船皆有可考》，《旺报》2013年3月5日，台北：http：//www.want-daily.com/portal.php? mod = view&aid = 65361，查询日期：2014/11/10。

② 据"地球在线"（http：//www.earthol.com/）估算，南麂岛经纬度为121.09°，27.45°，钓鱼岛经纬度为123.47°，25.74°，测定后距离约为303.943公里。

③ 《外交部便签（"根据国防部报告"之重点节录）》（未书日期，但或系1955年8月9日后），《琉轮振兴丸资匪》，中研院近代史研究所藏《外交部档案》，档号：019.14/0003。

④ "各部队本身均无帆船，海上部队亦全系机动炮艇组成，并无武装帆船编号"，《陆军总司令部呈文抄件：为呈查琉球渔船正德丸遭受炮击案无此事实复请鉴核由》（1958年8月5日），《琉轮振兴丸资匪》，中研院近代史研究所藏《外交部档案》，档号：019.14/0003。

⑤ "节略原文"（1955年8月5日），《琉轮振兴丸资匪》，中研院近代史研究所藏《外交部档案》，档号：019.14/0003。

延伸的政治问题。于是"第三清德丸事件"体现当时台北在钓鱼岛问题上的迟钝，令此事件颇有钓鱼岛版的"牡丹社事件"的味道。

六 钓鱼岛版的"牡丹社事件"

"牡丹社事件"虽主要指 1874 年日本出兵攻台之事件，不过 1871 年的"八瑶湾事件"是出兵的主要起因，① 故"牡丹社事件"应分为 1871 年与 1874 年两个阶段的外交事件。② 而 1955 年的"第三清德丸事件"，则颇有 1871 年"八瑶湾事件"的影子。在钓鱼岛问题上，也与 1874 年日本出兵时的形态与内涵有些相像。

"八瑶湾事件"的发生经过是这样的，1871 年琉球宫古岛人在海上遭遇台风漂流至台湾，于八瑶湾登陆后，进入台湾原住民之牡丹社领域，不料隔日因琉人有意离去而不知为何与当地原住民冲突，54 人为牡丹社、高士佛社族人所杀，余下 12 名幸存者则在当地汉人的保护下，由台湾府城离开。③ 这与琉球声称第三清德丸上的琉球船员，遭"国军"攻击、杀害的背景十分相似。盖杀害宫古岛琉人者为中国所领有的台湾原住民，且犯事者实系牡丹社和高士佛社；而当时恒春半岛（"琅𫭟十八社"）以猪膀束社为首领，牡丹社皆非主要牵涉者，但日本仍以牡丹社为主要的指责及进兵对象，④ 这显示时人对状况不够清楚。"第三清德丸事件"同样是琉人被与中国有关之武装人员杀害，但嫌疑人究竟是谁也非时人所能确知，无论琉方、美方，还是日方。这种疑犯扑朔迷离的情况，是此二事件相似的第一个外部特征。

---

① 爱德华·豪士（Edward H. House, 1836～1901 年）是较早针对此事写作并记录者，其在著作中直接将"八瑶湾事件"称为"牡丹社惨案"，见〔美〕爱德华·豪士《征台纪事：牡丹社事件始末》，陈政三译著，台北，台湾书房，2008，第 32～34 页。但为求与 1874 年的事件做区分，故此处依随台湾方面的习惯，将 1871 年事件称为"八瑶湾事件"。

② 林修澈：《原住民重大历史事件：牡丹社事件》，台北，"行政院"原住民族委员会委托研究报告，2003，第 3 页。

③ 林修澈：《原住民重大历史事件：牡丹社事件》，第 4 页。此事被爱德华·豪士认为是一件空前的灾难事件，但本书中文版译著者陈政三，引用台湾学者汤熙勇的研究，认为清代的台湾共有 182 件外籍船难记录，且 1842 年之前本就以琉球船难数最多，因此"八瑶湾事件""并非空前，只是受难者人数较多，且被日本当作出兵借口而突显了"，见〔美〕爱德华·豪士《征台纪事：牡丹社事件始末》，陈政三译著，第 32 页。但陈政三所谓系"船难数"，实与豪士所指之"遭到杀害的人数"，概念不同。

④ 黄清琦：《牡丹社事件的地图史料与空间探索》，《原住民族文献》8 期，2013，第 6～7 页。

　　第二个类似的外部特征就是权力格局。两次事件时的中国均处于国力困顿之时，而周边却有超越中国的强大硬实力，影响中国的决策制定，这些实力来源是日本与美国。日本在两次事件中，均是以"对琉民有照顾义务"之说作为关切的理由，例如，日本众议员吉田法晴即在"第三清德丸事件"后表示，日本政府理应协助处理"日本国民"在"日本国内"受害的问题。①美国虽在"牡丹社事件"时，看似牵涉程度较小，其原驻厦门领事李仙得（Charles W. Le Gendre，1830 ~ 1899 年）只以其信息提供及决策参考相助日本，然实际上李仙得在调查、测绘、制作相关报告与地图时，明确展现"刻意强调番地不受清政府实际管辖"以及将台湾领土的性质切分为清领与原住民"邦联"（confederation）的思维，②成为日本出兵而不致变为对中国宣战的重要依据之一，同时也成功协助日本能在事后获得琉球主权。这与美国自奄美"返还"到"第三清德丸事件"时，因倾向日本而不断做出有利琉球"返还"日本的行动内涵，实有极高的相似度。也就是说，虽然日本两次均以照顾琉民为借口，但两次事件后真正促使琉球日益倾向于日本的，是美国这个关键因素。

　　"牡丹社事件"后，日本获取琉球主权的主要权力依据乃系出兵后的武力效果，而"第三清德丸事件"后并无此种情况，但美国的影响不可忽视，以致两次事件在权力内涵上，均带有强烈的外国力量介入性质。

　　"第三清德丸事件"真相虽尚不明，但在今日也成为日方论述琉球与钓鱼岛主权的例证之一，且于日本实际控制琉球与钓鱼岛的情势下，其论述力道更为强大。在甲午战后已近两个甲子的 21 世纪，该事件成为中日之间仍然总因钓鱼岛问题发生摩擦的原因之一。因此，若能理解如今的钓鱼岛问题实源于"冷战"时期的原因，便能明白"第三清德丸事件"清晰地体现了自 1950 年代初期以来钓鱼岛问题发展的渊源所在。

结　语

　　无论从整个东亚"冷战"史的角度，抑或 1950 年代的东亚海域等角度来

---

① 日国会会议录检索，［002/003］23 - 参 - 予算委员会 - 5 号（昭和 30 年 12 月 13 日）：ht-tp：//kokkai. ndl. go. jp/cgi-bin/KENSAKU/swk __ dispdoc. cgi? SESSION =4362&SAVED __ RID = 1&PAGE = 0&POS = 0&TOTAL = 0&SRV __ ID = 2&DOC __ ID = 17145&DPAGE = 1&DTOTAL = 3&DPOS = 2&SORT __ DIR = 1&SORT __ TYPE = 0&MODE = 1&DMY = 4497，查询日期：2014/11/10。唯此质询内容，将船名误作第五清德丸。

② 黄清琦：《牡丹社事件的地图史料与空间探索》，《原住民族文献》8 期，2013，第 11 页。

看，"第三清德丸事件"都不是一个重要的海上事件。然而该事件本身的微小，不等于其所体现的意义也同样微小。若以"钓鱼岛的冷战渊源"为视角切入，便能看出此一事件的特殊之处。

自退守台湾开始，东亚局势便对台北大为不利，即使台北形式上仍在安理会"五强"之列。然此不利并非仅因台北的军力不足、实力衰弱，而是就美国的东亚战略价值而言，台湾本难与日本、琉球比拟。是故美国对于位居台湾的台北当局的态度，自会随着时局的变化而转变，而且极易往轻忽的方向发展，盖两岸政权的实力过于不对等，日本、琉球的重要性则更因之提升。这种趋势致使台北在对外因应时益发"卑微"，且此"卑微"不会因为台北在形式上的地位而消失，反因台北的"自知之明"而更加"卑微"，形成台北当时的心理环境，令其在面对琉球或钓鱼岛相关的事务之时，失去积极因应的意愿。

因此，即使台北能自 1950 年代初期开始，"阴错阳差"地执行其争夺"正统"目标的行动，但台北当局渐渐"力不从心"的权力格局还是日益显现。透过奄美"返还"、大陈岛撤军等经历，台北的权力位阶更为降低，即连没有主权能力的琉球，都能因为美国之故而凌驾台北之上。对此窘况心知肚明的台北，因无有效因应或提升自身重要性的方法，终于只能低调面对，从而更加势弱。反观受到美国高度重视的日本，则能有以待之，静待琉球与其关系趋近。迨至"第三清德丸事件"发生以后，虽然相关各方均不见得对钓鱼岛海域的问题有何清楚认识，然已习惯低调并避免违背美国意志的台北当局，未能意识到部分涉及海域主权的问题，遂使钓鱼岛与琉球的联结更近；且在如此趋势下，无意间助长"钓鱼岛—琉球—日本"的联结趋势，增加其日后申诉钓鱼岛主权时的困难。此种发展脉络，导致"第三清德丸事件"成为目前可见之钓鱼岛"冷战"渊源的首项事例。

"冷战"因素固然重要，但美国也是此时期里的重要因素，甚至可说，台北的举措基本上是随着（台北所认为的）美国思维而制定、因应的。例如，在 1953 年，"外长"叶公超便发下指示，要求部内"关于琉球群岛（包含奄美）之各案卷，均归美洲司，并由该司主办"；而"亚东司"在接到指示后则表示，在叶公超的手谕之前，便早已将相关琉球的业务交由"美洲司"主办。① 是故台北"外交部"忖度美国意志的情况十分明显，因而在对琉球的态

---

① 《部长手谕》《美洲司函条约司亚东司》（1953 年 12 月 7 日、8 日），《反对将奄美岛交与日本》，中研院近史所藏《外交部档案》，档号：019.1/0001。

度上，也能看出台北对于涉及美国的事务如何慎重的内在心理，美国因素的重要性可见一斑。

整体而言，1950 年代中期以前，由于台北面临的"冷战"行动环境，及其自身内部的心理环境，实与其所欲发展的"正统"目标不甚吻合，只是表面上看似有利而已。因此到了 1955 年的"第三清德丸事件"时，其所能体现的意义，已远比形式上的"海上冲突"更为重大，而有了钓鱼岛版的"牡丹社事件"此种意义。如此的环境氛围，致使钓鱼岛争议不待 1970 年代发生的"保钓运动"开始，就已在 1950 年代的东亚海域中埋下根源，令距离甲午战争已过两个甲子的今日，钓鱼岛问题仍阻碍中日关系的发展。为了避免无谓的区域冲突，历史研究应能提供相当的助益，而"第三清德丸事件"除能反映当时的东亚"冷战"局势外，对照一甲子前的甲午战争渊源，也有可以攻错的价值。

九一八事变后日本的国际形势认识与对策

——针对《根据国际关系所见的时局处理方针案》之分析

陈群元[*]

摘要： 日本政府于 1932 年 8 月决定的《根据国际关系所见的时局处理方针案》，事实上是九一八事变爆发后，日本政府全面检讨外交的产物。虽然以往涉及此一文件的研究并不算少，但多为片断式的探究而缺乏全面性的分析，使得此一文件所呈现的日本国际形势认识与对策，并未获得完整的理解。事实上，这份在"日满建交"前夕出台的国策文书，虽然受扶植"满洲国"的核心方针的驱使，其主张颇有大胆之处，但其对国际形势的观察，明显地显得审慎务实与冷静周密，其协调与分化交互运用的处置对策，其实具有一定程度的可行性。但其对中国的观察与对策，则明显受其特殊偏见的影响，南京国民政府事实上遭到其刻意的忽视。

关键字： 内田康哉　伪满　日本外交　中日关系

前　言

1931 年九一八事变的发生，对当时的国际社会带来了极大的冲击。不过，受到冲击的并非只有遭受侵略的中国以及大感惊讶的世界各国，身为事变发动者的日本，其内部也是颇有震荡的。由于关东军的动向难以节制、军部中央也

---

* 陈群元，浙江大学历史系讲师。

支持关东军，再加上国内政争掣肘、少壮军人蠢动，导致原先并不知情的日本文人政府穷于应付，内阁也从第二次若槻礼次郎内阁更替为犬养毅内阁（1931年12月13日成立），并且在犬养毅遭到暗杀之后，由海军出身的斋藤实受命组织所谓的"举国一致内阁"（1932年5月26日成立）。①

　　在这样的过程当中，日本文人政府虽然在初始有所抗拒，但终究还是选择了追认与保有关东军的行动成果，并且以国家政策的位阶，全力巩固傀儡政权"满洲国"的存立，其对外政策的实行，也因此有所更易。

　　对于九一八事变后日本外交的变化，目前学界的研究成果相当丰富，对于具体的外交实行过程，细致的研究颇有出现。但是对于事变后日本对于国际形势的认识与整体的对策部分，其研究上的进展相对迟缓，使得对于事变后日本外交全貌的掌握，出现了见树不见林的情况。

　　一个基础的问题是，九一八事变后的日本，究竟如何认识事变后的国际形势。日本与中国虽然地处东亚，但北方苏联的动向，向为两国所关注。太平洋另一侧的美国，对事变的发生也并非全无动作。以英、法为首的国联，对事变的处理更是直接。在这样的情况之下，日本在处理对华事务之际，明显地必须考虑各国可能的动向，其对国际形势的认识，直接对其外交政策的形成与执行造成影响。因此，事变后日本所认识的国际形势为何，此为本文所欲处理的第一个课题。与此相关的是，对于九一八事变后的国际形势，日本是否有综观全局的世界战略，其内容又为何，此为本文所欲处理的第二个课题。

　　再者，在九一八事变已经发生的背景之下，日本对华外交发生变化并不让人意外。但是，日本的对华政策是否就只是单一地针对中国来实行，或者换成另一种说法，各国在日本的对华政策中，是否被规划与期待能发挥特定的作用，此为本文所欲处理的第三个课题。

　　与第三个课题息息相关的是，身为九一八事变另一方当事国中国，虽然理应是事变发生后日本外交的重心，但是当时的日本对中国国力的评价为有限，在其外交规划当中，对华政策的位阶究竟为何，其实颇有值得深究之处，此即为本文所欲处理的最后一个课题。

　　由于日本内部势力纷杂，即便是政府部门，彼此之间乃至部门内部的意见

---

①　〔日〕臼井胜美：《满洲事变》，东京，中央公论社，中公新书版，1974，第Ⅱ、Ⅲ、Ⅳ章。
　　〔日〕大杉一雄：《日中十五年战争史》，东京，中央公论社，中公新书版，1996，第Ⅰ章第2节。

亦不尽相同。真正能代表日本政府意见者，当为内阁会议所决定的国策文书。1932 年 8 月 27 日由阁议决定的《根据国际关系所见的时局处理方针案》，事实上正是九一八事变爆发之后，日本政府首次全面检讨其对外政策的成果。[①] 其决定时间，更是在日本与"满洲国"正式"建交"的前夕。此文件的重要性，当不言自明。由于关于此份文件决定过程的相关文书留存不多，因此对于其内容的解读便显得极其重要。然而，以往的研究对于这份文件的处理，普遍地仅就所关注的部分予以探究，使得对于这份文件的理解，事实上呈现了片断化的状态，文件整体的意义，亦因此而难以掌握。因此，本文拟对此一文件进行整体角度的考察，以裨益于理解此一时期的日本外交。

一　《根据国际关系所见的时局处理方针案》的出台与主旨

九一八事变发生之后，日本政府一时陷入了严重的危机。不但对内无法约束军部，对外也面临事变带来的国际压力。但是，种种情势的发展，终究让日本政府决定确保关东军的军事行动成果。在"满洲国"宣布于 1932 年 3 月 1 日"建国"，"一·二八事变"中的中日两军冲突告一段落的情况之下，日本政府于 1932 年 3 月 12 日阁议决定了《满蒙问题处理方针要纲》。[②] 这份文件除了明确地表示要扶植将满蒙从中国独立出来的"新政权"，并借此"回复扩充"日本的权益，以及日方各种主张应运用"新国家"自发形式来避免国际法与国际条约上的问题之外，还说明将满蒙作为"帝国的对俄对支国防的第一线"，以不容许外部侵扰为由，决定增加日本在当地的驻军。[③]

严格来说，日本决定增加在满蒙的驻军毫不让人意外，这份文书的产生，原本即与陆军方面关系密切，但是文件中将满蒙作为日本对华国防的第一线而与对苏国防并列，除了满蒙与中国华北、西北以及苏联相接邻的地理位置因素

① 〔日〕酒井哲哉：『大正デモクラシー体制の崩坏　内政と外交』，东京，东京大学出版会，1992，第 26 页。

② 关于此一文件的产生过程与内容，臧运祜的研究分析较为详尽。见臧运祜《七七事变前的日本对华政策》，社会科学文献出版社，2000，第 16～20 页。

③ 《满蒙问题处理方针要纲》，1932 年 3 月 12 日，阁议决定，外务省记录，日本外务省外交史料馆藏（以下省略）：Z.1.3.0.1－2，《阁议决定书辑录　满洲关系阁议决定集》。

显而易见之外，还明确地说明了即便当时中国的国力明显不如日本，但日本仍须考虑中国的角色并视之为国防上的假想敌。

无论如何，这份著名的国策文书仅着眼于满蒙问题的处理，除了确立扶植"满洲国"的方针之外，还对日本的对外方针进行规划，避免日本对"满洲国"的扶植政策，引发其在国际法与国际条约上的困境。这意味着日本在九一八事变爆发后的外交方针，依然未能确定。之后，日本又因为发生暗杀犬养毅首相的"五一五事件"，使得其在对外方面，直到斋藤实内阁成立之后，才出现稳定的决策环境。

1932 年 7 月 6 日，日本外交界元老内田康哉出任斋藤实内阁外相一职。原先担任满铁总裁的内田康哉，在事变爆发后，对于陆军的方针多所追随。1932 年 8 月 27 日阁议决定的《根据国际关系所见的时局处理方针案》，即是在此种背景下出台的。① 这份文件的篇幅相当巨大，分成主文与附件两大部分。主文部分又分主文、两个"方针"，以及"对支那本部"、对联盟、对各国的三段"要纲"；至于在附件部分，则分为"别纸甲号（对支那本部策）"与"别纸乙号（对列国策）"两部分，且各自内容又细分了相当多段，其中"别纸乙号（对列国策）"大致可分成对英、法、美、苏以及对各国等五大部分。

如同前述，这份文件是日本政府自九一八事变爆发以来，首次全面检讨对外政策的成果。文件内容声称，日本的国际关系以九一八事变为"契机"，出现了大幅的转变。在对华政策上，主张将其与对满蒙政策相分离，实行日本"经济政策的推进"，主张"和列国的协调"，并且暗示了扶植中国地方政权，期待其与南京国民政府相分离。②

不过，虽然这份文件的主张颇为积极、大胆，但其所呈现的日本情势认识，明显体现审慎而非乐观。虽然这份文件在开头即声称日本的国际关系以九一八为"契机"出现大幅转变，但随后则说明要"发挥自主外交的真谛，以坚韧不拔的努力来打开国运以及遂行国家的使命"。之后，该文件承认九一八事变以及"一·二八事变"的发生让日本的国际关系大为恶化，国联以及各国联合起来"压迫"日本。指出虽然伴随着上海情势的变化，情况在当下已

---

① 〔日〕岛田俊彦：《华北工作与国交调整（1933～1937）》，日本国际政治学会太平洋战争原因研究部编『太平洋战争への道3日中战争』（上），东京，朝日新闻社，1962，第 68～69 页。

② 〔日〕岛田俊彦：《华北工作与国交调整（1933～1937）》，日本国际政治学会太平洋战争原因研究部编『太平洋战争への道3日中战争』（上），第 68～69 页。

有所缓和，但"我对支关系将来必有种种波澜，特别是满洲问题今后包藏许多难关"，指出日本"国际关系的前途仍不容立即乐观"，将来形势的演变"难以期待绝无如同前述般的极端险恶事态的发生"。①

上述的主张明确地呈现了日本政府的危机意识，文件内容说明了即便日本政府把扶植"满洲国"视为是国家使命，并决心为此实行"自主外交"，但日本政府确实也承认日本的"国运"在九一八事变与"一·二八事变"之后，出现了闭塞的情况，而且两桩事变的发生，给日本带来的是"极端险恶"的对外关系处境，这种处境还可能因为对华关系而再次出现，"满洲问题"尤其是问题之源。

虽然当时日本国内正因为华盛顿、伦敦两个海军裁军条约到期等问题，主观认定日本将面临重大战争威胁，盛行所谓的"1935、1936 年危机"之说，但前述的对外危机认识，明显地与此种"1935、1936 年危机"的情况认识大有区别，相当务实地将焦点集中在确实发生的外交危机，亦即因为扶植"满洲国"而给日本造成的危机之上。

不过，虽然日本政府在情势认识的部分务实审慎，但因甘冒国际批判的扶植"满洲国"方向已经被确立下来，因此日本政府在此种方向限制下决定的时局对策，显得积极大胆就不至于出人意料。

文件中说明，"万一联盟等对帝国施以重大的现实压迫，我方当然必须以实力加以排除"，面对上述国际关系的危机，日本要在"军备充实、非常时期的经济政策，以及国家总动员"上预先准备，其对策依据的方针则是根据前述的《满蒙问题处理方针要纲》，以"就帝国独自的立场迈进来实行满蒙经略"作为日本外交的枢轴。其在对华政策上的"对处要纲"则企图让中国"发挥其作为贸易及企业市场的功能"，主张只要各国不妨碍日本的"满蒙经略"，即可与其协力保持中国的区域性和平并努力让其门户开放，并且若有机会即应向各国与中国"如实"展示日本"对满蒙政策"与"对支那本部政策"的"本质区别"，让各国与中国对日本的对华政策不抱"无用的危惧"。②

虽然当时日本因为尚未正式承认"满洲国"，因此文件中皆以"满蒙"二

---

① 「国际关系ヨリ见タル时局处理方针案」，1932 年 8 月 27 日，阁议决定，外务省记录，A. 1. 1. 0. 10，「帝国ノ对支外交政策关系一件」，松本记录第 1 卷。

② 「国际关系ヨリ见タル时局处理方针案」，1932 年 8 月 27 日，阁议决定，外务省记录，A. 1. 1. 0. 10，「帝国ノ对支外交政策关系一件」，松本记录第 1 卷。

字代替，但文件中的这些说法，相当清楚地说明了若是国联与各国对日本扶植"满洲国"有抵制、反对的动作，日本将倾全力予以排除，并为此做战争的准备，日本外交政策的策划也以扶植"满洲国"为中心来加以规划。但是，日本仍寄望透过外交手段让各国理解日本"对满蒙政策"与"对华政策"本质不同的立场，主张与各国共同维护中国的和平，均沾在华经济利益，并保持中国门户的开放。

这些主张除了说明此时日本的外交在强调自主之外，其实还保有一定程度的国际协调的精神，将满蒙与"支那本部"相分割，并且在"支那本部"和各国协调的主张上，呈现一种将九一八事变后的事态予以限定，并且设法不让其扩大的规划。简单地说，虽然此时的日本不惜为了"满洲国"与国联和各国彻底对抗，但其本意是想在既有成果的稳固下，不再扩大事态，与各国共同维护在华的经济利权。

这样的情况让文件中的对联盟、对各国的要纲与对华政策直接连接。在对联盟部分，该文件主张要让国联"充分认识"日本对满蒙的高度关心以及日本的"公正态度"。若是国联仍施以干涉政策，则以全力对处，但若联盟的施压"有倾覆帝国满蒙经略的根本，威胁我将来国运之虞"，则设法让舆论谅解日本将不得不退出国联。[1]

简单地说，日本希望国联理解其在满蒙问题上绝不动摇之决心，一旦国联的处置措施动摇此点，日本将不惜退出国联。但一个关键的问题是其所谓的"公正态度"的内涵逻辑明显地模糊不清，日本在九一八事变爆发后的种种激进作为，对大多数的国联成员国而言，无法将之与"公正态度"相连接。要纲中所设想的不惜退出国联的情况，恰恰足以说明日本对说服国联一事不抱乐观态度。

事实上，陆军方面对于"满洲国"承认问题所可能引发的国际关系危机别有看法。例如，首相人选之一的贵族院议员近卫文麿，在阁议决定此案的一周前（20日），基于元老西园寺公望秘书原田熊雄的依赖，就中国驻日公使蒋作宾提出的由中日两国商议"满洲国"承认问题的建议，前去询问陆相荒木贞夫的意见。结果荒木贞夫所表现的态度相当消极，对于蒋提出的"与其不在国联提出而由中日两国单独商议"的建议，荒木贞夫似乎希望此事在国联

---

① 「国际关系ヨリ见タル时局处理方针案」，1932 年 8 月 27 日，阁议决定，外务省记录，A.1.1. 0.10，「帝国ノ对支外交政策关系一件」，松本记录第 1 卷。

中提出，更乐见日本因此孤立进而以世界为对手来进行战争。这样的情况让身为右翼领袖的近卫文麿也大感震惊。① 如此的情形说明了日本之所以对说服国联一事不抱乐观态度，其实除了难以克服的国际观感问题之外，还有着日本内部对于未来日本方向的不同规划因素。而与国联决裂的选择，其实也正是其规划的选项之一。

不过，日本对于其与各国未来关系的看法并非像对与国联关系那般的沉重。在对各国要纲上，文件提到了美苏都没有加入国联，而加入国联的英法以及其他各国虽然有其成员国的立场，但也有各本国"固有的立场"，因此日本可不必拘泥于前述对国联的政策，"利用各国方面的特殊事情来增进与各国之间的友好关系，努力使帝国的国际地位向上"；② 换句话说，日本打算采用与各国交往的方式，来突破九一八事变后的国际关系困境。就当时英、法等国对日本所采行的妥协态度而论，日本此种政策显然存在着相当程度的可行性。

二　《根据国际关系所见的时局处理方针案》中的对各国方策

对于上述的各种外交策略，文件在"别纸甲号（对支那本部策）"与"别纸乙号（对列国策）"中做了更为细致的规定，其情况认识也更为明确。在"别纸甲号（对支那本部策）"中，除了前述的暗示期待并有意支持中国分立的部分之外，其他部分也有值得重视之处。文件中主张"各种案件只要情况容许，可和各地方政权谋求实际的解决以努力避免事端的发生"，并且主张日本基于前述各种方针，在与地方政权关系的处理上要避免争先，应设法"诱导各国与帝国协力"来处理问题。在具体的地方政策上，主张应以外交手段来确立上海的安宁和安全保障，或者是设法助长当地外侨及华人有实力者的机会以尽速达成安定。对于不包含东北在内的中国沿海及长江沿岸，则规划除了上海、青岛、汉口以外，若有重大事态发生则适时撤侨。汉口部分若日本海军

---

① 〔日〕原田熊雄：《西园寺公与政局》第 2 卷，东京，岩波书店，1950，第 359～360 页。另外，关于蒋作宾的在日活动及国民政府当时的对日接近动向，鹿锡俊的研究最为详尽。见鹿锡俊《中国国民政府与对日政策（1931～1933）》，东京，东京大学出版会，2001，第三章第四、五、六节。

② 「国际关系ヨリ见タル时局处理方针案」，1932 年 8 月 27 日，阁议决定，外务省记录，A.1.1.0.10，「帝国ノ对支外交政策关系一件」，松本记录第 1 卷。

无法提供保护，则亦予撤侨。至于山东与华北，比起前述地区危险较小，"应尽可能地保持平静"。对此，"外务及陆海军派驻官员应特别协调努力"。但是，"万一该地方的治安明显紊乱，在帝国臣民生命财产与其他重要权益的保护上有绝对必要的场合，则实行派兵"。另外，为了日本商权的伸张以及日侨生活的安定，日本政府"应适当地给予指导并检讨必要的财政援助方式"。至于日侨当中"有意引起事端之徒"，"则由外务官员与陆海军方面协力来加以严肃取缔"。①

在这些主张当中，暗示支持中国地方政权分立，但不争先而是希望诱导各国协力的部分，"其实行几近为完全不可能的事情"，被视为外务省残留的币原协调外交传统与军部积极外交保持某种均衡的呈现。② 但总体而言，除此试图支持中国分立之点以外，"别纸甲号（对支那本部策）"的基调相对稳健，无论是撤侨、护侨的举措都并未超出九一八事变前的做法。即便是支持中国地方政权分立，也是在中国出现此一趋势的前提之下，主张不争先地诱导各国进行合作。并且，对于有意引起事端的日人，还规定严肃取缔。

但是，这种基调相对稳健的主张，事实上存在两个重大而且明显的问题。一是在暗示支持中国分立的情况认识部分，当时中国的地方当局虽然未必全然听从南京国民政府的号令，但这种不听从号令的情况，与日本所期待的分立，仍有实质上的落差。李宗仁、陈济堂、阎锡山等主要地方势力，虽然与蒋介石方面关系不佳，但是否真有"分立的倾向"，其实颇有疑问，最明显的症结莫过于他们明显地存在与蒋介石争夺国民政府主导权之意。至于其他较小的地方势力，是否有条件或者敢于公然反抗南京政府，亦明显地存有问题。

二是外务省与陆海军是否得以切实合作来严肃取缔有意引起事端的日本人士。包含所谓日本浪人在内的这些人士，与军部间的互助关系源远流长，特别是陆军更常利用这些人士在中国制造事端。尽管当时日本政府有意掌控局势，取缔这些意图生事的日人并非全然空话，但能做到何种程度，军方是否彻底执行并不予包庇和利用，以及军方是否可以信赖，都大有问题。

除了上述的两个问题之外，"别纸甲号（对支那本部策）"的情况认识还有一个相当值得注意之处，即对于日方来说，华北和山东一道被认为比其他地

---

① 「国际关系ヨリ见タル时局处理方针案」，1932 年 8 月 27 日，阁议决定，外务省记录，A. 1. 1. 0. 10，「帝国ノ对支外交政策关系一件」，松本记录第 1 卷。

② 〔日〕岛田俊彦：《华北工作与国交调整（1933～1937）》，日本国际政治学会太平洋战争原因研究部编『太平洋战争への道3日中战争』（上），第 69 页。

区危险相对较小。日本的权益与日侨的生活，在这两处皆获得更为安全的保障。如此的情况认识，正恰恰印证了日后华北的不安，即便忽略与日本策动九一八事变的这一根源的联系，亦明显地和日军自 1933 年初所逐步开展的各种行动直接关联。

在"别纸乙号（对列国策）"的部分，其内容如同前述分为对英、法、美、苏以及对各国等五大部分。在对英部分，认为日英协调有长久的历史，但是在 1926 年年末，"英国政府采取对支那方面极端迎合的所谓新对支方针"，造成英日两国在中国问题上的协调愈趋困难。不过，英国的态度在 1932 年初开始出现变化，因此文件主张要助长此种倾向，促成日英协调的回复，并且还主张在英国视为重点的上海、广东、长江沿岸、华南等地，"适当地尊重英国的立场"，期使英国能在"满洲问题"上支持日本。另外，对法的部分，事实上也和对英部分有关，文件中的看法认为，法国在对华政策的立场上与日本相近，在九一八事变爆发后采取了对日本比较有利的态度，主张日本应促进日法谅解，并利用日法接近来促成较为困难的日英接近，增加英国在日英协调上的热情。此外，还认定法国在对满投资上不太具有政治色彩，比英美资本更值得欢迎。①

九一八事变爆发之后，英法两国对日本所采取的消极态度，向为中国当局所苦恼，这份文件则从日本的角度，明确地说明了九一八事变并未让日本与英法的关系出现危机。相反，从日本有意促成日英协调回复、日法谅解乃至尊重英国在中国的立场、欢迎法国投资"满洲国"的情况来看，九一八事变对于日本与英法两国的双边关系，反而可能起到强化的作用。而日本有意运用日法关系来促进日英关系，显示了此时日本在对外关系的运用上，仍保有相当灵活的考虑，并未因为要全力扶植"满洲国"就彻底僵化合作。

至于在对美的部分，文件中认为美国对日本的"满蒙经略"造成极大的障碍，是日本在"对满政策"的执行上，最不容易诱导至对日方有利的国家，日本应与英法接近来牵制美国，认为此举还有利于使美国缓和态度。另外，文件认为美国民间对于国务卿所采行的不承认与非战条约、《九国公约》抵触的任何既成事实的原则，"有相当强力的反对论"，实业界中也有只要能以"门户开放机会均等原则"维持现状，则其他问题顺其自然即可的气氛。因此，

---

① 「国际关系ヨリ见タル时局处理方针案」，1932 年 8 月 27 日，阁议决定，外务省记录，A.1.1. 0.10，「帝国ノ对支外交政策关系一件」，松本记录第 1 卷。

该文件主张应运用"门户开放机会均等原则"，在"满洲国"的经济利益上与美国有所均沾，则美国的态度将会缓和。①

文件中的这段对美策略的说明，印证了以美国国务卿史汀生为名的"史汀生主义"，确实让日本的"满蒙经略"出现重大障碍，造成日本外交的极大困难。但是文件也显示了即便面对最大障碍的美国，日本除了利用与英法的合作来试图制衡之外，还能务实地从美国内部的矛盾中寻找可能的突破点，并未因此舍弃改善日美关系的尝试。而且，文件显示了日本并未彻底放弃对"门户开放"政策的尊重，并使其作为改善日美关系的重要方策。与美分享"满洲国"经济利益，也成了其中的一环。

就实际情况来说，日本的策略确实有实现的可能。即便不论明显与日本友好的法国，九一八事变之后的英国，其内部也有与关东军行动共鸣的意见，致使英国并未与美国协调。其对日的认识甚至认为日本是东亚的安定力量，除了"压制中国民族主义的激进化倾向"之外，还是"阻止苏联共产主义扩大化的堡垒"。就算在美国，其实业界中也的确在九一八事变发生后，出现了对日本立场认同的声音。② 这些情况说明了日本的策略并非是天马行空。

在对苏部分方面，文件中认为，就当时北满的形势来看，"日苏间藏有相当的危机"，因此应"努力尽速做好军事外交与其他内外各种准备"以备万一。不过，文件主张鉴于当下的国际关系中，避免与苏联发生冲突"极为重要"，并且不应有刺激苏联的举措。对于苏联感到疑虑的如日本是否对苏联领地和中东路怀有野心以及日本与白俄的关系等问题，亦应"尽可能地采取让苏联方面安心的举措"。不过，"在苏联进一步地对帝国的满蒙经略表现阻止、妨害等积极态度的情况下，应断然予以排除"。若是苏联提议签订互不侵犯条约，只要不对日本的立场有所限制，则日"满"苏可不采取条约形式来表明互不侵犯，并设法改善日本在远东苏领的权益。此外，日本也应该做外交准备，以备苏联对于前述日本的对英法美政策展现出积极态度。③

日本发动九一八事变的原因众多，但最主要的原因即在于对抗苏联的需

---

① 「国际关系ヨリ见タル时局处理方针案」，1932 年 8 月 27 日，阁议决定，外务省记录，A.1.1.0.10,「帝国ノ对支外交政策关系一件」，松本记录第 1 卷。
② 〔日〕细谷千博：『真珠湾への道1931-1941』，〔日〕细谷千博编《日美关系通史》，东京，东京大学出版会，1995，第 113 页。
③ 「国际关系ヨリ见タル时局处理方针案」，1932 年 8 月 27 日，阁议决定，外务省记录，A.1.1.0.10,「帝国ノ对支外交政策关系一件」，松本记录第 1 卷。

要。可是从文件中的此一部分来看，掌握"满洲国"的日本并不愿意刺激苏联，其政策方向明显的是想要缓和日苏关系。不过，其不愿意和苏联签订互不侵犯条约的做法，则暗示了此一政策只是对付苏联的缓兵之计。正如同对于苏联若是妨碍"满蒙经略"即断然加以排除的主张一样，此时的日本并未根本放弃与苏联的对决，只是暂时将缓和双方关系作为首要目标。并且预先就苏联对日本和英法美三国关系发展上的可能反应，做出相应的准备。

至于在苏联方面，苏联在九一八事变发生后，其实并未采取和日本直接对抗的态度。由于苏联认为日本发动事变的目的正是为了对付苏，英美各国采取的对日绥靖政策又深化了苏联的这一疑虑。为了避免苏联遭到日军进攻，因此苏联在事变爆发后，采取了不干涉的态度，甚至主动向日方提议缔结互不侵犯条约，只是日方基于各种考虑，始终消极应对。① 从苏联的状况来看，日本此次决定的对苏政策，确实是有相当程度的可行性。

至于与其他国家的关系，文件中则表示要"尽可能地谋求友好关系的增进并期待通商的圆滑"，特别是要让荷兰消除因为"一·二八事变"的发生而在所谓日本对荷属印度尼西亚意图上更为加重的疑虑，并借由此一过程让在南洋拥有殖民地的各国除去此种误解，并使各国谅解日本在"满蒙问题"上的"纯正立场"。②

这一部分的内容呈现了日本对除美英法苏等主要国家之外的国际关系的认识，其主要基调仍是透过协调来增进友好关系。值得注意的是，在九一八事变已经发生的背景之下，"一·二八事变"的发生让荷兰等拥有南洋殖民地的各国，进一步地感到了日本的威胁，各国对于日本在"满蒙问题"上的立场，显然是不相信日方所谓的"纯正立场"说法。

结 论

总的来说，《根据国际关系所见的时局处理方针案》中所呈现的日本情势认识相当丰富，也说明了日本打算将对处"满蒙经略"时所面临的事态作为其外交主轴。在日本的眼中，九一八事变与"一·二八事变"确实给

---

① 李凡：《日苏关系史》，人民出版社，2005，第 75~76 页。
② 「国际关系ヨリ见タル时局处理方针案」，1932 年 8 月 27 日，阁议决定，外务省记录，A.1.1. 0.10，「帝国ノ对支外交政策关系一件」，松本记录第 1 卷。

日本的外交处境带来了深刻的危机，但是在"一·二八事变"结束后，危机已经渐渐减缓。不过，即便日本认为此后的中日关系困难重重，而且深刻地认识到"满洲问题"包藏危险，未来可能会再次面对重大危机，日本还是坚持推进"满蒙经略"，并不惜为此与国联对抗甚至是脱离国联，并打算进行战时体制的准备。

　　然而，即便情况不容乐观，日本也没有因此就对国际协调感到绝望，[①] 而是谨慎地分析了日本与各国的关系以及各国内部的情况，试图寻找可能的突破口。无论是对联盟或对各国，日本都打算避免采取刺激性行动，强调谨慎应对，并试图透过协调来强化与各国的关系，提升日本的国际地位。并且，日本打算借选择性地开放"满洲国"的经济利益，来拉近与各国的关系。虽然在对国联关系的部分，日本较为悲观，但是在对各国关系上，日本认识到英法两国与其关系不差，且与法国的关系尤佳，英国也有可能在对华事务上与其协调。至于美国，日本则认识到美国是日本"满蒙经略"上的最大的障碍，但仍有可能利用其内部矛盾来突破。至于苏联，尽管日本并未减缓对苏联的敌视，也不排除在必要时以实力对决，但此时仍以缓和对苏关系为紧要，不想主动予以刺激。对于其他各国，则重视消除在南洋拥有殖民地的各国对日本在南洋进出意图上的疑虑，期使各国了解日本在"满蒙经略"上的立场。总体而言，日本对除中国以外的各国方策，就当时各国的形势而论，大体上具有相当程度的可行性，绝非不切实际。值得注意的是，尽管德国与意大利在欧洲事务上举足轻重，但日本此时还未特别重视与德意之间的关系。

　　虽然日本冷静地分析了与各国之间的关系，但对于九一八事变另一当事国的中国，其分析就带有着一定程度的偏见，漠视南京国民政府的存在，并且过大评价了地方当局与南京国民政府之间的疏离关系，完全忽视了南京国民政府强化中央与地方关系的可能性，仅把中国视为是商业上的市场，认为日本可以透过支持与日方友好的地方当局以及与各国进行协调来安定治安，保护日本权益及侨民安全，伸张日本的商业利益。虽然支持中国地方的分立，但日本对"支那本部"并没有领土野心的主张，确实将"对满蒙政策"与"对支那本部策"做出了本质上的区别。然而，这样的认识明显地忽略了军部的主动能量，

---

①　关于此份文件中所显示的对各国政策的协调性问题，酒井哲哉认为，当时的日本在对英协调上主张积极，对法、美、苏关系部分"至少并未全面性地否定协调政策的可能性"。笔者认为这样的评价稍嫌保守，从整体文件上显示的对外协调性，事实上是相当积极的。酒井哲哉的说法，见酒井哲哉『大正デモクラシー体制の崩坏　内政と外交』，第27页。

过小评估了引发九一八事变的陆军的不安定性及其对中国的种种野心。另外还值得特别注意的是，这份文件在对华政策上的说明，除了试图让南京国民政府与各国一同了解日本的"对满蒙政策"与"对支那本部策"有本质上的区别，无须对日本产生忧虑之外，对南京国民政府的政策内容基本上是只字未提。这样的情况显示，对于南京国民政府，日本政府此时在政策上，尚无明确的方向与定见。

从另外一个角度来说，日本政府的对华政策，事实上被置于对各国的政策之内，视为可与各国进行协调之项。换句话说，日本政府之所以对南京国民政府无举措，是因为南京国民政府此时受到了日本政府的刻意漠视。

派系之争下的中国外交与巴黎和会：
读《外交》与《博弈》[*]

侯中军^{**}

摘要： 在中国走向巴黎和会的过程中，有若干重要的历史节点。《外交》与《博弈》在论述这些重要的历史节点时既有共同认识，亦有分歧。两著均认为，为山东问题而加入"一战"的中国，在巴黎和会前的会议筹备中，其实并未将其列为会议议题。两著基于各自论据所得出的结论有所不同，其异议主要有三个方面。第一个方面，在陆征祥过境日本时有无向日方许诺。《博弈》认为陆并未给予日方确认，而《外交》则倾向于认为陆已经给予日方承诺。第二个方面，陆征祥称病及暂避会议。《博弈》经考证后认为，日本大使事先向陆征祥秘密通告，请其勿出席五国讨论会；《外交》则指出，通知陆征祥暂避而留余地的是美国代表团顾问威廉士。第三个方面，拒签和约一事。《外交》倾向于认为北京政府最终是要求签字的，《博弈》则认为北京政府最终态度是拒签。

关键词： 巴黎和会　山东问题　拒签和约

---

* 唐启华：《巴黎和会与中国外交》，社会科学文献出版社，2014；邓野：《巴黎和会与北京政府的内外博弈》，社会科学文献出版社，2014。

** 侯中军，中国社会科学院近代史研究所副研究员。

"一战"爆发百年之际，中国学界几乎同时推出两本研究巴黎和会的专著，一为台湾东海大学历史系唐启华教授的《巴黎和会与中国外交》（下称《外交》），一为中国社会科学院近代史研究所邓野研究员的《巴黎和会与北京政府的内外博弈》（下称《博弈》），它们合力推动了中国与"一战"的相关研究。两位学者均长期致力于民国北京政府时期的政治与外交研究，侧重点则略有不同。在强调内政与外交不可分割的学术前提下，唐以政争为外交研究的参考，邓则以外交为政争的背景。一时之间，较为沉寂的"一战"研究掀起一轮灼人的热潮，其对学界的影响必将逐渐显现。二者学术着眼点之不同，对其各自研究的展开及论证均留有较深的痕迹。因此，在还原历史真相的同时，二者的学术观点还可以互相印证、补充。本文不拟围绕《博弈》与《外交》两书所设定的研究章节进行归纳，而是以中国走向第一次世界大战与参加巴黎和会的自然发展顺序为线索，结合双方研究及相关思考，从中国参与"一战"的大框架出发，在充分理解既有研究的基础上提出问题。文章的目的，一方面在于向学界推介两本专著，另一方面在于思考中国与"一战"这一学术命题的可能走向。

一　政争与外交：《外交》与《博弈》
研究的框架及线索之安排

民国史研究中政争与外交的互动关系，诚为不可分割的一个整体，然就巴黎和会而言，政争实乃围绕外交而展开。鉴于派系政治在北洋时期的普遍性，《博弈》与《外交》均予以重视的，但在具体展开方式上则有所不同。在巴黎和会这一议题之下，《外交》从"筹议加入和会"入手，然后依次论证"和会筹备""和会外交""拒签和约"等主要节点，向读者展现了中国参与和会的清晰线索。作为一本外交史专著，《外交》并未在一级标题上设置与政争相关的内容，而是仅在二级标题上设置了"中国代表团内争"及"研究系与巴黎和会"两项研究。这样的安排并未限制作者在论述相关议题时穿插有关内政的论述。

《博弈》同样以巴黎和会为中心展开论述，但并未涉及中国在宣战以前对参加和会所做的种种准备，而是以中国对德宣战为切入点，在稍微交代中国参加巴黎和会之前的政局演变后，即展开论述中国参加巴黎和会的准备、山东问题的提出、交涉与失败。为了论证拒签对德和约所发生的种种政争与博弈，以五个章节的篇幅深入探讨了学潮与政潮、南北和会的召开与破裂、北京政府的签约决定、徐世昌的辞职与钱能训的下台，以及不同利益集团的政治表现。这五章内容构成了《博弈》的主题部分。《博弈》在一级标题设置上，充分体现了外交争执与政派利益的论述主题。

《博弈》作者在前言中对写作思路有过一个交代。其一，从国家政治的视角，侧重研究五四学潮前后北京政府的各项考虑、主张与措施，尤其是几个主要政派之间的不同利益关系，以及彼此在多个时政问题上的对立与争执。其二，从国家外交的视角，较为系统地研究中国参加巴黎和会的全过程，尤其是围绕对德和约签字与否这个核心问题，研究北京政府的前后考虑，以及中国代表团的具体交涉。

《外交》作者在绪论中亦对其写作基调及创新特色有所交代。基本上，2000 年以前的研究未能使用《中日关系史料——巴黎和会与山东问题》一书，而 2008 年以前的研究未能使用《外交档案》（03 - 13）中《驻比使馆保存档案》新整理公开的部分。本书主要使用上述新史料，辅以英日文史料及研究成果，希望经百年沉淀后，能比较平心静气地还原历史真相，摆脱先入为主刻板印象的扭曲，理解陆征祥等外交官苦心孤诣的外交努力成果。（第 9 页）

《外交》与《博弈》论述重点的差异，使得两书在更多的时候可以互相补充与印证，对于读者全方位了解巴黎和会提供帮助。由于论述对象的同一性，两书在同一问题上的不同见解，则更可为研究者提供不同的思考角度。

二　对德绝交与宣战

对德宣战是研究中国与"一战"的重要节点，宣战所产生的外交效应以及国内政治效应，均对接下来的中国外交与政治产生了重大影响。正因如此，中国的参战外交研究是学界挖掘的相对比较充分的领域。[①]　关于因绝交与宣战而产生的国内政治纷争亦有相当充分的展示。[②]　在此问题上《博弈》《外交》均略有涉及。以对德宣战为界点，中国为参加巴黎和会所做的外交准备有一个根本性转折：宣战前，中国是中立国，为战后和会所做的外交准备即为争取参加和会；对德宣战后，中国由中立国转变为参战国，参加战后和会已经不是一

①　最新的研究参见王建朗《北京政府参战问题再考察》，《近代史研究》2005 年第 4 期。
②　关于政争的成果可参见汪朝光《北京政治的常态和异态——关于黎元洪与段祺瑞府院之争的研究》，《近代史研究》2007 年第 3 期。

个主要问题，此后的外交准备是为了如何争取在和会上实现中国的要求。如果考察中国筹备和会的历史进程，对德宣战部分应该加以一定的介绍。

《博弈》出于研究巴黎和会前中国政争的主题，将府院之争及张勋复辟予以精辟分析，认为张勋复辟为段祺瑞最终对德宣战扫清了两个障碍：其一赶走了不合作的黎元洪；其二解散了不合作的以国民党人为主体的国会。在研究系的配合下，终于于 1917 年 8 月 14 日发布宣战布告，正式对德奥宣战。对德绝交与宣战的争论及阻力，主要是内争，从纯粹的外交利益上看，参战无疑是可取的。（第 5 页）

两著在行文中未曾论及广州政府的宣战。其时，广州政府亦于 9 月 22 日召开非常会议，承认中德交战状态，并于 9 月 26 日对德宣战，宣称"解决内政与国际战争，本属两事"。已有研究指出，广州政府的宣战颇可玩味，它为我们讨论参战究竟于中国有利或有害和观察以往争论的是非及要点所在均提供了一份难得的参照。①

三　北京政府自"一战"爆发伊始的和会筹备

"一战"爆发后，北京政府最关心的是近邻日本将采取何种行动，在未预想到日本将会加入战团及没取得最佳的外交形势下，于 1915 年 8 月 6 日宣布中立。中国宣布中立后，日本却很快步英国后尘，于 8 月 23 日对德宣战，随后出兵中国山东，攻占青岛及胶济铁路。巴黎和会引出的中日纷争和外交交涉的种子自此种下。《外交》指出，在"11 月青岛战事结束后，北京就开始构想如何加入和会"（第 13 页）。事实上，北京政府开始构想加入和会的时间可能要远早于青岛战事结束之际，目前可以查阅到的档案，将此时间提前到日本对德宣战前的 1914 年 8 月 23 日。在中国社会科学院近代史研究所所藏《张国淦档案·外交宣战案件》中有一份《媾和大会论》的报告，从理论上探讨中国参加战后和会的可能及利弊。报告所预设的前提是中国不参战，美、日亦不参战，借此可以推论出报告的出台时间。② 因此，在山东问题尚未出现之前，中国内部已有参会之议。山东问题出现后，北京政府的参会调研遂有了明确的目标。

---

① 王建朗：《北京政府参战问题再考察》，《近代史研究》2005 年第 4 期。
② 《媾和大会论》，日期不详，《张国淦档案·外交宣战案件》，中国社会科学院近代史所特藏档案：甲 350 - 203。

《外交》指出：北京政府对和会筹备的大方针，在中立时期偏重于研究海牙保和会以来，国际公约对中立国权益的保障，调查日本破坏中国中立的证据，并研究欧洲外交史中对中国参加和会有利的先例。对保和会准备会所做之种种讨论，是为理论上的准备，探讨中国以中立身份加入和会的可能性。除此之外，外交部先后派员亲赴欧洲探询各国意见，为参会外交做早期的准备。北京政府的筹备参会机构，除保和会准备会外，《外交》还论述了国际政务评论会、战时国际事务委员会及欧战议和筹备处等。

《外交》对巴黎和会前北京政府的参战工作做了较为详细的梳理，诸多事实得以呈现。笔者以为，还可在此基础上概括为：对德宣战前的一切努力是为了获得参会资格；对德参战后，参会已经不是主要问题，重点转向了如何在会上伸张自身利益。①

《博弈》则向我们展现了另外一个面相：中国参战与南北之战几乎同时进行，欧战告终之后，南北亦宣布休战。在外交史的框架下，研究中国政局的演变，对深刻理解内政对外交的影响具有特别的意义。《博弈》将欧战及南北战争对中国政治关系的影响各总结为三点。其中欧战的影响有：（1）中日两国间形成一个严重的悬而未决的山东问题；（2）北京政府因对德宣战发生严重争议，引起府院之争、张勋复辟，结果导致南北分裂；（3）中国成为战胜国，有权出席巴黎和会，从而在理论上获得一次改变国际地位的机遇。南北战争的影响有：（1）形成南北两个政府、两个国会；（2）在南北交战过程中，以曹锟、吴佩孚为首的直系与以段祺瑞、徐树铮为首的皖系，形成尖锐的派系对立；（3）安福系一支独大，把其他派系统统树为政敌，其中的一个典型，就是把研究系推到了对立面。（第19页）

四 中国各界对巴黎和会的期望与外交方针之制定

中国参加巴黎和会，外交目的是什么，采取何种方针，两著均将其列为论述对象。

《博弈》在梳理文献后指出：就中方而论，无论北京政府，还是社会舆论，都是强调废除不平等条约，等于是把废除中国的半殖民地问题提了出来，

---

① 见侯中军《民国政府对第一次世界大战的外交因应之一：中立国身份下的预筹与会》，《第五届全国青年史学工作者会议论文集》下册，中山大学历史系，2012。

虽然将山东问题也提了出来，但朝野上下均未视为一个主要问题。（第 30 页）《外交》则以研究巴黎和会训令的方式切入中国对巴黎和会的外交方针及目的。1918 年 11 月 28 日，外交部将中国参加和会宗旨电告中国驻巴黎使馆，训令代表团执行，中国的基本要求是：关于土地之完全；关于主权之恢复；关于经济之自由。可以概括为：追求平等国际地位，与美国保持一致。与《博弈》认识不同的是：《外交》认为中国代表团直到 1919 年 1 月 11 日前并未决定将山东问题提交和会，北京政府打算依据中日成议办理，更没有废除《民四条约》的想法。简而言之，就是外交部并未准备将山东问题提请和会予以讨论。（第 143 ~ 146 页）

综合上述认识，巴黎和会前中国究竟有无准备在和会上提出山东问题似乎需要进一步解释。

中国参加"一战"，实即因山东问题而起，预筹参加和会的种种努力，其最初宗旨亦是为收回山东而设计的。两著在此问题上均得出了消极的结论，对于读者而言，必然要激起强烈的好奇之心。

《博弈》论证中国对巴黎和会的期待，主要选取了外交委员会、国民外交协会两机构作为代表，并择取了徐世昌、林长民、康有为、陆征祥等个人的言论及态度，在上述机构及人物的资料中，除陆征祥的外，均属论述中国和会外交的纲领性文件，不涉具体问题，因此山东问题并未得以明确提出。陆征祥时为外交总长，他所考虑的和会外交必然更具体，更具可操作性。陆曾多次指示章宗祥就山东问题探询日方意见。参议院亦曾有人联名提出此案，要求中国将山东问题提交大会，劝日本无条件交还山东。（第 27 ~ 30 页）会前，中国朝野就山东问题并非没有讨论，而是将其置于废除不平等条约的大目标之下。段祺瑞曾在代表团行前发表讲话，认为"青岛问题，日本一再宣言交还中国，谅不至食言，且看日本有无提议，随机应付，没有确定"，"众无疑议，就此决定"。[1] 段祺瑞的观点当为政府内部的普遍看法，政府并非忽略山东问题，而是待机而动。

《外交》虽指出中国直到巴黎和会开幕前尚未决定提出山东问题，但并不意味着忽略山东问题。在其所引用的政府训令中已经包含了此项内容，如在训令中有关于"土地之完全"的解释："例如各处租界及租借地、胶州湾等处是也。租界主权名属中国，其实无异外国之土地，日清之役，上海宣布中立，即

---

[1]　曹汝霖：《一生之回忆》，春秋杂志社，1966，第 188 页。

明证也。其土地为一国立国之要素，今谬托租界之名以行其破坏土地完全之实，其不公平孰甚于此。至于租借地如胶州湾、旅顺、威海卫、广州湾等，皆昔日借口于教案或均势之说而为之，其实无异于割让。……青岛之役，我国人民受其荼毒，不知凡几，当时日本曾有宣言，应归还我国，即因攻击青岛而日军占据之胶济铁路，亦应交还我国，或有相当之解决，以昭公平。"（第76页）认为该训令并未就山东问题有专门提案当为事实，但并不代表忽略山东问题。

较为合理的解释或为：由于日本一再宣言将归还青岛，因此政府内部并不认为这属于一个主要问题，而是将注意力转到更为宏大的废约问题上，力图藉此提高自身的国际地位。山东问题是隐含在中国的与会宗旨之内的当然内容。又由于山东问题的解决主要是以日本为对手，因此何时以及如何向大会提出，必须在摸清日本的方针以后方可着手。陆征祥过日时与内田谈话，已经大致了解了日本的方针，不单独对日是中国参战前就已经达成共识的外交策略，此策略与日本的方针针锋相对，不得已，到达巴黎后的陆征祥决定在和会上正式提出山东问题。

五　陆征祥过境日本所产生之问题

中国代表团人选名单及人数几经变更，最终确定为五名：陆征祥、王正廷、施肇基、顾维钧、魏宸组。1918年12月1日，陆征祥启程赴欧参会，计划经日本转道美国赴法。在过境日本期间，于12月9日与日本外相内田康哉有过一次会晤，此次会晤所谈问题及双方态度，对于后来中日交涉产生了莫大影响，亦引起研究者广泛关注。其核心在于陆征祥有无就山东问题对日本有所承诺，《博弈》与《外交》所给出的解读既存在差异，亦存有共同之处。

《博弈》关键论证如下。

（1）内田说，"俟与德国交涉清楚后，按照原议归还中国，请勿听德人或他方之撩拨，致生异议。祥答以两国原议自应按照办理，将来两国代表在会，仍愿彼此遇事接洽"。[①]

（2）此电在被《秘笈录存》收录时删去了"祥答以"三字。

---

① 《收陆总长（征祥）由横滨来电》，1918年12月9日，《中日关系史料——巴黎和会与山东问题》，台北，中研院近代史研究所，1980，第5、6页。

（3）对于内田所提议的归还山东分两步走问题，章宗祥记载："内田力言中日两国务宜步调一致。陆答甚含糊。"①

《博弈》指出，"两国代表在会，仍愿彼此遇事接洽"之语，的确出自陆征祥本人。从当时的谈话来看，此言不过是晋通客套话，并无特别含义。（第33页）陆征祥既未接受，也未反驳，也就是说，日方的安排尚未获得中方确认。（第49页）

《外交》关键论证如下。

（1）内田云，"至青岛问题，俟与德国交涉清楚后，按照原议归还中国，请中国勿听德人或他方之挑拨，致生异议。答以两国原议自应按照办理，将来两国代表在和会，仍愿彼此遇事接洽"。（第125页）

（2）章宗祥致国务院电称："内田力言中日两国务宜步调一致，陆答甚含糊。"（第126页）

（3）日方的相关论述及新闻报道："陆征祥赞成日本意见，并表示将与日本合作，使日本对和会放心"；"伦敦太晤时报载东京访员专电称：日本外部宣言，关于欧洲和会，中日业已彼此商妥，所有中日在会方针，利害与共，合力进行云云"。（第128页）

（4）《颜惠庆日记》的相关记载为："陆确实曾对内田说，中国愿按照成议办理"；"刘崇杰告诉胡惟德，北京为陆对内田的讲话事不满，他确实同意了'二十一条'的有效性与山东条约，陆曾下令不得写出会谈详情"。（第129页）

（5）《陆总长在和会专电》被置于《驻比使馆保存档案》，而不是藏于外交部《巴黎和会档》。

《外交》总结如下：陆征祥在东京与内田谈话之内容，陆氏本人及严鹤龄、刘崇杰都对承诺中日提携、山东依成议办理，表示否认或是含糊其辞。然而档案记载确凿，陆氏当时对内田做了承诺，但因事后改变态度，遂否认此事，甚至试图遮蔽相关档案。

《博弈》与《外交》所述陆征祥与内田谈话的不同之处在于：前者认为陆并未给予日方承诺，而后者则更倾向于认为陆已经给予日方承诺。共同之处在于：均认识到事后相关方试图修改档案，为陆开脱。

如果没有更为直接的证据出现，此事或将仍为悬案。《外交》其实亦注意到陆宗舆事后的言论，将陆征祥过日时只是与日本"敷衍交换意见"，解读为

---

① 章宗祥：《东京之三年》，《近代史资料》总第38号，中华书局，1979，第62页。

或许是为了修补中日关系时说的，有推脱责任的可能。（第 127 页）

由于会谈双方的着眼点不同，日方对陆征祥的中性或者说礼节性表态极为重视，认为系承认的表示。日方的记载实为从其自身立场出发，对相同的言辞做出有利自身的解释。作为身担出席巴黎和会重责的中国外长，其与日方外相的任何会谈，均应谨慎，完全可以以纯外交性的辞令予以回应，而非含糊其辞，造成理解上的混乱。

六　陆征祥称病及五国会议事先告密问题

1919 年 1 月 27 日，五国会议讨论德国殖民地分配问题。在上午的讨论会上，日本提出要继承德国在山东的权益，由于事涉中国，美国代表建议听取中国的意见，于是临时决定下午通知中国代表出席会议。对于这突然来临的参会通知，中国代表团决定派遣顾维钧、王正廷出席，而陆征祥未能出席的原因是因病在床。出席此次五国讨论会的决定，是整个巴黎和会外交中一个极其重要的环节，对此环节的每一个细节的还原，都对通盘了解北京政府和会外交具有重大的意义。

1 月 27 日中午，几位中国代表正在顾维钧房间共进午餐，下午 1 时左右邀请中国代表出席的函件送到。而在此之前，美国代表团顾问威廉士（Edward T. Williams）已经先行密告中国代表团做好准备。对此事实，《博弈》与《外交》均予记录，并无差异。

此事先从陆征祥称病开始。在顾维钧房间进餐的中国代表中，没有陆征祥，此时陆已经卧病在床。[①] 如果陆征祥称病是他采取的暂避措施，那显然他早在 27 日中午之前就已经知道了中国代表将在五国会议上与日方交涉山东问题，于是不得已"自导自演了一幕卧床称病"（《博弈》，第 48 页）剧。问题在于，陆为何决定不出席五国会议关于山东问题进行辩论，事先如何得知相关的消息？《博弈》考证后认为：日本大使事先向陆征祥秘密通告，请其勿出席五国讨论会。其资料来源是 2 月 5 日熊希龄致唐绍仪的电报："前月廿九（应为 27 日）提出青岛问题，日本大使先期知照陆使暂避，仅由顾、王两使。"[②]

日本之所以提出让陆暂避，根源在于陆征祥路过日本时未曾答应日本方面

---

① 陆称病未参加聚餐一事，邓及唐均选取了《顾维钧回忆录》中的记载。

② 《熊希龄致唐绍仪电》，1919 年 2 月 5 日，《一九一九年南北议和资料》，中华书局，1962，第 128 页。

的要求。日本方面早就提出关于归还青岛的程序，先由德国交还日本，再由日本交中国，并在陆征祥路过日本时要求陆答应中日"步调一致"，当时陆征祥既未接受，也未反驳，而是"答甚含糊"。为了避免中日双方迎头相撞，为日后继续磋商留下余地，因此要求陆暂避。（《博弈》，第 49 页）

《外交》提出："27 日五国会议（即十人会）讨论山东问题时，中国由顾、王两人出席，陆氏并未到场，日本代表团颇感意外，遂判断陆氏之意见被顾、王两氏压倒。"① 这里，作者指出日本代表"颇感意外"，应该是建立在这样的判断之上：日本并未先行要求陆征祥暂避。《外交》认为，通知陆征祥暂避从而"借留余地"的是美国代表团顾问威廉士，而非旁人。其资料来源是 1 月 27 日陆征祥发给外交部的电报："嘱祥暂避，先派他员前往，借留余地，祥即请顾、王两使出席。"（第 170 页）

《外交》所用 1 月 27 日电文，《博弈》在其行文中亦曾采用。《博弈》引文如下："本日午后三钟五国会议，关于青岛问题。先由秘书通知，并密告预备，嘱祥暂避，先派他员前往，借留余地。法总理一钟始来通知祥，并通知顾、王两使出席。"② 该引文同样来自《外交档》，不同之处在于：在《外交》中引用的是发电，而《博弈》引用的是收电。《博弈》认为，此电文仅表明陆征祥事先得到密报，而《外交》则将密报者解读为美国人威廉士。

看来，陆氏称病及暂避会议问题仍然存在疑问，期待两位作者在此基础上，再进一步。

七　山东问题交涉及顾维钧破局之举

《外交》与《博弈》均将顾维钧在和会上的发言及其所引起的外交转折，视为中国巴黎和会外交的重点。二者的论述重点及解读意趣确不尽相同，详细比较，可为我们了解这样一段神话式的外交提供不同的参考侧面。

"顾维钧在和会的发言，极为精彩，其之所以能争取到国际同情与支持，并非因为姜身不明的'耶路撒冷'四字，而是他在后半段的辩论中，从法理上驳斥日本的依据"。顾维钧从七个层次驳斥日本。对于此种有利外交局面的取得，《外交》总结为：（1）早在保和会准备会时顾就已经围绕山东问题做了

---

① 唐启华援引陈三井《陆征祥与巴黎和会》第 222 页的相关内容，似乎表明，他本人亦持此见解。
② 《收法京陆总长电》，1919 年 1 月 27 日，《中日关系史料——巴黎和会与山东问题》，第 36 页。

相当全面的讨论与研究，可谓早有准备；（2）不能忽略美国对辩论结果的影响，因为顾氏的辩论结果相当程度上反映了美国代表团的观点。（第173～175页）

《博弈》同样注意到顾氏对国际法的纯熟运用。"顾维钧在哥伦比亚大学所学专业是国际法，其与牧野伸显的当场辩论，一个突出特点就是，充分运用相关的国际法规则，提出直接归还青岛的两个法理依据"。这两个法理依据其一是中国对德宣战后，从法理上，德国在山东的权益应全部归还中国；其二是即使中德条约没有废除，德国也无权将胶州转交他国。顾维钧之所以能凭一席辩论为中国争取到主动，原因在于：其一是顾维钧少年时代留学美国，深受西方文化影响，这篇发言和辩论的一个突出特点是采用了西方人士易于接受的方式方法，尤其是关于民族、文化、宗教的陈述；其二是充分利用相关的国际法规则。（第54～55页）

顾维钧发言所产生的作用有四点：其一，关于归还山东的要求，迫使日本由"一字不提"，转而表示愿意归还；其二，中日密约的公布，提上巴黎和会议程，中日两国政府的私下交易即将曝光；其三，为中国收回山东主权奠定了法理基础；其四，山东问题顿时成为中国方面最为突出、最为严重的问题，开始成为中国代表团和中国舆论关注的焦点。（第55页）

更为关键的转折出现在与牧野伸显的会议辩论中。牧野提出，中日两国已经就山东问题达成若干协议，牧野的本来意思是此问题"不必由巴黎和会裁决，可以按照中日两国已经达成的协议处理"，然而此问题的提出"实际上也就把中日密约问题提了出来"，此点被顾维钧敏捷地抓住，进而提出由十人会议对中日交涉做个声明，实即暗示：中日密约应向巴黎和会公布。威尔逊当庭问日本是否打算将中日密约提交十人会，牧野回答以"日本政府不会提出任何反对，但是由于该请求是出乎意料的，他必须征得日本政府的许可"，当顾维钧被询及时，则答以"中国政府对此不表反对"。法国总理克列孟梭进一步要求中日代表团表明态度，是否愿意向十人会公布。实际上，由于顾维钧已经表态，克列孟梭的提问系针对日本而言的。"顾维钧这一违规的大胆表态，成为辩论的转折点，因为，与会各国所欣赏、所赞成的，肯定是承诺公布密约的一方，而不是含糊拖延的一方"（第53页）。

前文提及，陆征祥过日时曾与内田康哉有过谈话，虽然未曾明确表态，但"遇事接洽"一语被日本理解为中国承诺不提山东问题。由于顾维钧向和会暴露了中日密约，中国决定向和会提交密约内容，由此围绕"遇事接洽"一语再起风波。当严鹤龄将中国准备提交的密约译文送交日本代表团时，说此次送来密约文本系出于"礼貌"，日本代表团伊集院则说"礼貌二字，不能赞同，此是商量，日中双方如有送密件之时，当互相接洽，此种办法，两方均应受拘束，非独贵国一方然也，阁下知之否"，并暗示严鹤龄"陆总长必知之"。（第65页）当吉田茂回访中国代表团时，严鹤龄即以陆在东京之言纯为客套话告之。此回答显然并未扭转稍显被动的局面。真正的为此语解套的仍是顾维钧。他接过吉田茂的话回应：山东问题是在中方毫无所知的情况下，由牧野在五国会议上突然提出，既然日方一再宣称"遇事接洽"，那么，日方为何事前不与中方接洽？在中方毫不知情的情况下，中方"即使欲接洽，何从接洽起？"（第68页）《外交》同样注意到日本未与中国商允而在十人会提出山东问题，"是日本违约在先，乃决定将山东问题提交和会处理"的这个人是陆征祥而非顾维钧。究竟是谁首先想到据此驳斥日本，目前看来，是顾维钧直接面对吉田茂时提出的反驳。如果是陆征祥有意安排顾维钧如此应答，则尚须找到相关的证据。

《外交》注意到了在此过程中美国所给予的支持。当中国向和会曝出中日之间的密约后，日本曾向外交部施压。威尔逊就此指示蓝辛，给美国驻华公使芮恩施发电，表达美国的支持；给驻日大使发电，要其向日本表示不满。当中日决定向和会提交密约后，威尔逊劝告中国暂缓提交密约，俟日本先行提交后，中国再提。由于与中国代表团电话联络不便，美国甚至提出要为中国代表团装一专线电话，以便联络。正因美国大力相助，中国不能承认中日成约。（第180～182页）

山东问题的提出与交涉，虽因陆征祥的一番话语将中日两国逼上悬崖，但在顾维钧的外交辩论下，中国摆脱了日方的圈套，日方所预设的解决山东问题的模式彻底改变。一切有待接下来各大国在和会内部的利益交换而决定，能留给中国的外交空间还有多大，将要逐渐揭晓。

八　山东问题与种族平等问题、阜姆问题

种族平等问题是日本向巴黎和会提出的最为重要的一项要求，此问题之所以与山东问题发生关系，是出于列强对复杂利益进行平衡的考虑。日本提出将种族平等加入国联盟约，英、美均表反对。顾维钧在会上并未表态，而是选择了中立立场。照常理中国是应当支持日本的，但支持日本就意味着反对美国，

在现实面前中国拒绝选边站。（《博弈》，第 79~80 页）而其实中国拒绝支持日本，还有更为具体的原因："原则可予赞成，俟国联成立后再来解决，以期双方兼顾。所虑英、美、日等接洽之结果，彼此迁就，以平等待遇专允日本一国国民，则我自不能不为反对，近来各处华侨对于该问题时有来电请求。"（《外交》，第 189 页）即担心日本独享平等待遇亦属中国代表团不明确表态的原因。

对于欧洲，尤其是对美国而言，在种族平等被否决后，似乎欠下日本一个情，由此产生一个问题：如果在山东问题上继续否决日本的要求，对日本似乎有失公允、平衡。种族平等问题成为美国在山东问题上对日妥协的原因之一。

阜姆问题同样本身与山东问题毫无关系，仍然出于利益平衡的考虑，两者被联系起来，再一次构成交换。由于意大利退出和会，日本随即表示有意步意大利之后尘。日本威胁退会，给美国组建国际联盟的构想以极大压力，如果日本也退会，则巴黎和会肯定破产，国联亦将难以成立。阜姆问题的出现，使得中日两国对于美国的利益关系，开始发生转换。（《博弈》，第 80~81 页）

自开战以来，中国朝野均对美国寄予厚望，美国亦有意联络中国，笼络人心，但在复杂的利益交换之下，威尔逊最终放弃支持中国，亦放弃了他一直所追求的外交理念。威尔逊总要为自己的行为给中国人一个解释，于是"欣然同意"一词被其用以驳斥顾维钧的发言。日本的要求得以实现。1919 年 5 月 1 日，中国代表团召开第 74 次会议，商议应对方针，认为有三个表示办法：（1）照意大利办法，全体离会回国；（2）不签字；（3）签字而将该条款声明不能承认。（《外交》，第 203~204 页；《博弈》，第 89 页）

九　山东问题交涉失败后的中国政治与外交

《外交》另辟章节探究中国在巴黎和会的其他外交问题，而《博弈》则展开篇幅深入探讨由此引发的国内政争。虽然重点不同，但对于研究系与巴黎和会的关系，均作为重点加以介绍。

《外交》认为，北京政府政争的主要形式体现为亲徐的研究系与亲段的安福系、旧交通系、新交通系之间的交锋，牵涉亲英美或亲日的争执。《外交》还具体了论述了此种政争的表现形式。"铁路统一案"与新银行问题，是和会期间研究系与交通系政争的外交焦点，牵涉美日在华争夺主控权的对抗，也涉及交通系对铁路的控制权，各方皆有立场与说辞，内情复杂，很难简化成爱

国、卖国之别。（《外交》，第 257 页）

《外交》注意到研究系与五四运动的关系，并认为颇值得玩味。由一些蛛丝马迹看，研究系借外交问题攻击新交通系，将和会外交失败归罪于三个卖国贼。（第 275 页）《博弈》则较为肯定地指出：五四学潮从始至终都不是一个纯粹的民众运动，而是下层民运与上层政潮互为渗透，互为借力所致。五四运动既是一个以青年学生为主体的民族主义运动，同时又是多个敌对政派之间的政治互殴。（第 116 页）

在全文论述巴黎和会与北京政府的内外博弈中，始终贯穿《博弈》的一个基本认识是：政治的选择取决于需要而不是依据。中国代表团在山东问题交涉失败后曾以极大的努力劝说美英法等国，接受中国提出的保留条款，但均未成功。是否在对德和约上签字，成为北京政府面临的一个重大抉择。《博弈》将北京政府拒签合约的逻辑论证建立在缜密的国内政治局势的分析之上，为全面了解拒签和约的前因后果提供了一幅清晰的图景。

山东问题交涉失败后，就政治而言，必须有人为此负责，结果曹、陆、章三人被锁定为卖国贼。三人的被指控，至少有三个政治作用：其一，对于民众而言，目标明确，道理简单，而明确与简单最适于展开民众的组织与动员；其二，对于政派而言，锁定曹、陆、章等于锁定皖系与安福系，可以名正言顺地展开政治攻击；其三，这项指名避开了段祺瑞，或多或少地避开了一些障碍与麻烦。（《博弈》，第 116～117 页）曹、陆、章三人均为自己提出无罪辩护。

山东问题的核心实即日本对德国的继承权，而继承权的核心在于济顺、高徐铁路合同。曹汝霖、章宗祥着重解释山东密约的签署并不等于承认日本的继承权，从事实而言，曹、张二人的解释是成立的。继承权的性质与后果严重得多，范围也广泛得多，大大超出铁路合同。"欣然同意"与继承权没有关系。（《博弈》，第 138～139 页）

十　拒签对德和约

德约签字与否都将承担巨大的政治与外交风险，《博弈》从陆征祥与徐世昌两人的个人利益考虑出发，将中国拒签的过程予以形象表述：徐世昌与陆征祥分别打起各自小算盘，都不动声色地安排了脱身之计。陆征祥企图金蝉脱壳，私下提名胡惟德接任外交总长。龚心湛则是采取拖延方式，故意发出一道指令明确但又不能及时到达的废电。（《博弈》，第 225 页）

北京政府最终拒签和约是因三个方面的原因：其一，民众强烈反对；其二，龚心湛地位脆弱，没有下达签字指令；其三，出席巴黎和会的全权代表中，或者推脱，或者反对，代表团自行决定"当时不往签字"，结果事实上成为拒绝签字。（《博弈》，第 226 页）与我们以往认识不同的是：（1）龚心湛的确下达了拒绝签字的训令，但故意拖延至 6 月 26 日发出，俟该电到达巴黎时，对德和约签字仪式已经结束，从而避免了承担拒约之责；（2）代表团当时不往签字，并非断然拒绝签字，而是保留了一个补签的余地，但是北京政府并未训令签字，从而导致当时"不往签字"，事实上成为拒绝签字。（《博弈》，第 224～225 页）

《外交》在梳理《外交档案》后指出：中国代表团拒绝签字，主要问题在于民间舆论与北京政府之间的歧见，代表团之所以决定拒绝签字，主要是顾虑到国内民情，并非与北京政府意见不同。（第 329 页）《外交》在梳理政府训令时指出，就是否签字问题，北京政府先后有五个训令，其中可见政府态度之摇摆。5 月 5 日训令：不签字；15 日训令：和约大体签字，唯山东问题应提出声明；27 日训令：保留不成则签字；6 月 11 日训令：签字；19 日训令：签字不必保留。学界曾相传的 6 月 23 日训令"相机办理"之说未见诸档案。（第 321 页）

《外交》依据驻比使馆及相关档案所论，与《博弈》所得结论多有相左之处。

《外交》论证如下。

（1）6 月 24 日，陆征祥收到国务院、外交部电，指示签约不必保留。（第 320 页）

（2）拒签之后，代表团仍收到签约之指示，6 月 30 日收到外交部 25 日电：17 日电悉，已代呈大总统，奉谕"安心养病"，幸正式约稿已定，到期签字不必用心，仍望始终维持，完成大事，全权首席不必遽行更动，希望仍照 16 日面谕。（第 326 页）

（3）代表团内部虽然也有歧见，但在得知日本声明内容后，大致是倾向签字的。（第 328 页）

《博弈》论证如下。

（1）在代表团内部五位全权代表中，有三位明确反对签字，而参加 5 月 28 日代表团最后一次会议的成员中，两种意见相等。（第 204 页）

（2）北京政府在最后一刻终于明确表态：不能保留即拒绝签字，并于 26 日"电达专使在案"。（第 215 页）

《外交》倾向于认为北京政府最终是要求签字，而非拒绝签字；《博弈》认为，北京政府最终态度是拒签。

两著作者以其深厚的学术功底，向学界展现了巴黎和会中国外交的丰富面相，并均对巴黎和会的中国外交予以积极评价，"它标志着中国外交开始冲破'始争终让'的惯例，开创了一个敢于抗争的先例，这一先例对于以后的中国外交，产生了明显的、积极的影响"。（《博弈》，第226页）"北京政府对和会的筹备堪称积极并颇有成效"，"整体而论，中国在和会外交不能算失败，若拉长时间，考虑到后续的发展，和会提出的许多问题，陆续得到较好的解决，和会外交的成果更可以肯定"。（《外交》，第375页）《外交》更是进一步指出："日本也不认为自己在巴黎和会上获得胜利，日本民族主义者反而感受到相当的挫折感，而中日、美日关系恶化，更是其苦恼之处。"（《外交》，第377页）

本文是笔者抱着学习的目的而做，对两著的精妙之处或未能完全理解，或有误解。由于比较阅读的限制，对于两著涉及的丰富内容亦未能一一列出，如《外交》对联美制日方针的论证，《博弈》对于国内政争的独到探索，唯望此文能引起学界对于中国"一战"问题的关注，在两著的基础上再行精进，共同推动此一问题研究的进步。

第五届近代中外关系史国际
学术研讨会综述

李　珊[*]

2014 年 11 月 21～23 日，第五届近代中外关系史国际学术研讨会在北京召开。会议由中国社会科学院近代史研究所中外关系史研究室与北京大学历史系联合举办，共有来自中国大陆及港台地区、日本、韩国、丹麦等多个国家及地区的近 70 名学者与会。由于 2014 年适逢甲午战争 120 周年、第一次世界大战爆发 100 周年，会议主办方将本次会议的主题拟定为"战争与外交"。本届会议的一个显著特点是议题较为集中，所收到的 58 篇论文中，关于"战争与外交"主题的文章有 38 篇，约占论文总数的 66%，其中，两次鸦片战争 2 篇，甲午战争 8 篇，第一次世界大战 9 篇，九一八事变 4 篇，抗日战争 13 篇，国共内战 2 篇。这些论文大多围绕着鸦片战争以降的近代中外战争展开，内容丰富，既有对战时及战后中外交涉过程的考察，也有对战争给中外关系带来的影响的探讨，还有对中国政府战时外交决策的分析。此外另有涉及近代中外关系史其他相关问题论文共 20 篇，内容包括具体外交交涉的考辨、外交观念转型的论析、中外文化交流及人物交往活动的发覆及对于国民外交组织与活动的研究，等等。

以下，从几个方面对本届会议做一个简单的回顾。

---

*　李珊，中国社会科学院近代史研究所助理研究员。

一 两次鸦片战争给外交制度带来的冲击

权赫秀（辽宁大学）重点考察了两次鸦片战争与中国对外关系体制近代转型的关系。他提出中国近代关系体制的转型研究，既应充分关注外部因素的作用，也应关注清政府本身的主动调适，并由此探讨两次鸦片战争及作为战争结果的条约对19世纪末中国外交体制转型的作用与影响。文章剖析了第一次鸦片战争与五口通商大臣兼职体制，第二次鸦片战争与总理衙门洋务外交体制之间的关系，认为两次鸦片战争直接促成了中国对外关系体制近代化进程早期阶段的开始。

自《天津条约》赋予基督教在华自由传教的权利后，各地教务教案频发。李卫民（山西省社会科学院历史研究所）探讨了晚清教务教案管控中的"持平办理"原则。他考察晚清时期中外双方对于教务教案的交涉及相关言论，认为清政府和欧美等国政府出于各自的利益考虑，均认同"持平办理"的原则，但是中外官员认识上的差距，又使得"持平办理"的原则很难在实际的教案处理过程中得到落实。19世纪七八十年代开始，随着清政府外交机构的健全、各级官员涉外经验的增加、条约观念的加强，以及西方官员对清政府官员的轻视有所减少，中外官员的共识逐渐增加，这为"持平办理"原则的实现创造了一些便利。

二 甲午战争及钓鱼岛问题

两个甲子之前的甲午战争对于中日两国各自的历史走向及两国关系都产生了重大的影响，至今余波未息。臧运祜（北京大学）回顾了晚清时期中日关系的发展演变的历史，认为甲午战争的爆发以及随后《马关条约》的签署，彻底改变了2000余年以来，特别是1840年以来的中日外交关系。他指出，以中国为师、人民友好、和平相处是古代中日关系的主要特征。1840年鸦片战争和1853年佩里开国使两国被迫走向近代，而古代中日关系也就此终结。1871年，两国签署的《中日修好条规》是两国第一个近代意义上的平等条约，也标志着近代中日外交关系的开端。但是，在订约、改约、换约期间中日双方发生复杂的纠葛，使得《中日修好条规》成为中日外交斗争的开端。而此后20年间，两国围绕着日本侵台、琉球问题及朝鲜问题展开复杂的外交纠葛，至甲午战争一决雌雄,《马关条约》的签订使得中日关系由平等的竞争关系转变为侵略与被侵略的不平等关系。

甲午战争之前,日本便有意识地通过商贸、金融、文教等途径向中国渗透势力,探查中国内情。李少军(武汉大学)指出,自1862年德川幕府派"千岁丸"赴沪算起,甲午战争前30年间日本势力便开始在长江流域的活动。自1870年日本使臣来华谈判建交到甲午战争爆发,日本政府自行在上海设立领事馆,商人擅自设厂,日军非法购买"海军用地",并建立在华间谍监督联络中心。甲午战前,在长江流域的其他区域,日商业务虽没有明显进展,但日本军政人员对长江流域的市场、物产、交通状况进行了广泛的探查,日谍则搜集了大量军事情报。

陈开科(中国社会科学院近代史研究所)考察了甲午战争期间中俄之间的交涉,力图呈现甲午战争前后中、俄、日等国在东北亚问题上的外交交涉的动态过程。他指出,中俄交涉的法理基础是1886年李鸿章与俄国驻华代办拉德仁之间达成的口头"君子协定"。这个协议虽然具有外交实效,但由于未经正式签署,其中所针对"第三方"的规定也较为隐晦,没有给出明确的政治或军事应对方案,因而无论是在甲午战争之前消弭中日冲突上,还是在战争期间有关停战议和展开的调停交涉上,都导致清廷对俄外交受到严重的限制。

戴东阳(中国社会科学院近代史研究所)利用日方档案及中方相关资料,还原了甲午战争爆发后日本驻天津领事馆撤离时所发生的"重庆号"事件始末。她指出,该事件是最早受到"高升号"事件影响而引发的中日摩擦,就此事件的发生及善后而言,中方并未有违背国际公法之举。清兵进入"重庆号"乃受直隶总督李鸿章指使,目的并非伤害船上的日人,而是搜查日本乘客尤其是驻天津领事馆人员随身携带的文件,而震惊中外的石川伍一间谍案也正是在此次搜查中暴露的,故搜查具备维护国家安全的正当理由。

马陵合(安徽师范大学)对甲午战争期间订立的克萨借款进行了考辨,理清了这项借款历经前后两次签订协议背后的复杂过程。甲午战争期间,为了打击赫德与汇丰银行独揽中国借款的企图,清政府对地方外债的态度发生了微妙的变化。在驻英公使龚照瑗的联络之下,张之洞与克萨银行达成协议。但是在各种力量角逐之下,克萨借款由地方外债变为中央外债,开了近代中国国外公债的先河。

李银子(韩国釜山大学)分别考察了甲午战争前后在《朝清商民水路贸易章程》和《韩清通商条约》两个不同的法律依据之下的中朝诉讼案件的处

理，并以此透视甲午战争前后中朝（韩）关系的演变。她指出，甲午战争之前，中国依据壬午之乱后签订的《朝清商民水路贸易章程》而享有治外法权；甲午战争之后签订的《韩清通商条约》规定双方均享有治外法权，这成为保护双方国民的手段，并被两国官员积极运用到审判过程中，构成了领事裁判权历史上的一个特例，但由于日本吞并韩国，中韩之间的这种外交关系的"试验"只能短暂维持。

由于近年来中日的领土争议，历史上的钓鱼岛问题受到持续关注。赵国辉（中国政法大学）的论文勾勒了明治政府对钓鱼岛从最先设计建立"国标"，后又退化为难以成立的"县标"，至《马关条约》中故意模糊处理将钓鱼岛裹挟其中的脉络，并从法理上指出，日本窃据钓鱼岛的过程，不符合近代国际法中国家间通过双边定约划定边界、确定疆域的做法，具有将国内政治与国际政治混淆的错误逻辑。

任天豪（中研院近代史研究所）认为，应当从20世纪50年代东亚"冷战"局势入手，探究造成中日钓鱼岛问题的渊源。他引入国际关系中"权力位阶"的概念，指出在东亚"冷战"格局中台湾表面上的地位与其实际的军力及实力并不相称，在美国东亚战略版图中的重要性也不如日本、琉球。这导致台北当局在对外交往中地位尴尬、心态卑微，而奄美"返还"和大陈岛撤军的因应使得台北当局权力位阶更加降低。这使台北当局在"第三德清丸事件"发生后未能辨明利害关系，无意间助长了"钓鱼岛—琉球—日本"的联结。

三　晚清外交的其他问题

在近代中国的历史上，战争与条约具有密不可分的关系。晚清时期，西方发动的几次侵华战争多以中国被迫签订不平等条约、列强获得在华特权而告终。李育民（湖南师范大学）总体论述了近代中国历史上的几次主要中外战争与条约关系之间的相互作用和影响。他认为，列强将战争视为打破中国传统国际秩序、与中国建立条约关系的途径。两次鸦片战争、甲午中日战争、八国联军之役是近代中外条约关系产生、形成及巩固强化的过程，而两次世界大战则促使中外条约关系由不平等到基本平等的转变。他指出，传统国际法认可战争立约的合法性，因而虽然不平等条约违背了国际法中的主权原则和平等原则，却仍然得到承认，决定了列强发动侵华战争的必然性。同时，中国利用参加两次世界大战的时机废除不平等条约，也反映出中外条约关系不是中国自身的孤立事件，而与国际形势的整体变化有关。

恽文捷（深圳大学）对 19 世纪 70 年代英国干涉中国收复新疆的缘起、动机、方式、效果，以及左宗棠与清廷的应对之策进行了研究。他强调 19 世纪后期中英俄三大帝国的中亚战略对地缘政治的影响，同时注意到英国对新疆事务的干涉与中日琉球争端和马嘉理事件的密切关系。在左宗棠西征开始前及进行中，中英俄之间为了各自在中亚的战略利益进行了一系列的交涉和博弈。英国为确保英属印度北疆的安全，两次派遣福赛斯出使新疆并签订条约，以防止阿古柏政权成为俄国的附庸。而以威妥玛为代表的英国外交官在同光海防、塞防之争及收复新疆期间对中方施以一系列舆论、外交和财政干预，居间调停，力图诱使清政府承认阿古柏名义上的"属国"地位。

刘本森（华东师范大学历史系博士生）考察了英租威海卫的细节，指出 1897～1898 年在德占胶澳、俄索旅大的危机之中，张之洞、刘坤一、盛宣怀等地方大员在英国必将出面干涉的猜测之上，延续以夷制夷的思路，提出"联英制俄"之议，清廷最初对此采谨慎态度，倾向于维持与列强的平衡关系，采取"共保东方大局"之策，以成"不联之联"的局面。但当 1898 年春日本欲久占威海卫的消息传出后，清廷权衡利害后又提出以威海租英，赫德则成为向英国政府传递消息的中间人。

费志杰（南京政治学院上海校区）利用赵尔巽全宗档案，对其主持和参与的外洋军火购运进行了梳理和分析，以此透视晚清督抚代表地方当局组织和购运外洋军火的基本流程，以及地方督抚在晚清外洋军火购运中所扮演的角色。他认为，由于军政财权下移，军火贸易的主动权掌握在地方督抚手中，各海关监督也多有参与，而由此产生了浮冒贪污、外购军械质量低劣、制式不能划一等诸多问题。

钟勇华（西南交通大学）探讨了庚子之变后国人外交观念的更新与转型。他认为晚清十年是国人近代外交观念的基本形塑期，具体表现为近代世界观和国家观的形成，对于西方近代外交理论和原则的接受和倡导，以及在中外关系上现实主义的价值取向和理性务实的思维方式的确立与奉行。

晚清以降，日本政商学界的许多人物都与中国各种的政治势力有着广泛的交游与接触，有的还深度介入中国政治进程中。近年来大量相关人物日记、书札的刊行，为了解这些旅华日人的活动提供了重要线索。戴海斌（上海社科院历史研究所）探究了东亚同文会创始人近卫笃麿 1899、1901 年的两次中国之行。他指出，1899 年近卫在中国之行中对于刘坤一、张之洞等南方实力派相当重视，而对清廷则不抱太大希望；庚子事变之后，南方实力派地位削弱，近卫笃麿将拉拢清政府作为其主要目标。同时，近卫笃麿两次来华时与清廷及地方实力派的接触深浅，也与日俄竞争及二者刘俄态度有密切关系。陈丹（华中师范大学）则借助档案及日记等资料，考察了日俄战争接近尾声之际，日本政商界的活跃人士平冈浩太郎为试探清政府对于战争善后问题的态度，遍访北京要员及天津的袁世凯，就中国的教育、财政、兵制等问题进行商谈的过程。她认为，平冈浩太郎的来访给清政府带来的巨大刺激，直接导致清廷出台派大臣出洋、兵制改革等决策。

四　第一次世界大战与北洋外交

在第一次世界大战爆发一百周年之际，不少学者都就中国政府对"一战"的因应和参与进行了深入的研究。侯中军（中国社会科学院近代史研究所）探析了"一战"爆发后中国宣布中立的时机及其背后的考量。他指出，奥塞战事爆发后，中国即生中立之议，其中的一个重要原因是关于日本会以英日同盟为借口参战的推测。虽然北京政府本欲先得到美国的外交支持和日本中立的保证，但内外形势使得北京政府在此二点并未实现的情况下宣布中立。而在日本对德最后通牒前后，宣布中立的北京政府仍为了防止日本侵占山东而做了各种外交努力，但并未得到英、美、日等国的接受。

"一战"期间，鉴于战争双方均在华有租界或租借地，北京政府有意识地通过制定法规、加入公约的努力，从法理上确保中国的利益不受战争影响。李兆祥（曲阜师范大学）考察了第一次世界大战期间北京政府为应对战争形势而进行的一系列立法活动。他指出，北京政府通过制定一系列法规及细则，为维护中国的中立地位、处置敌国人民及华工赴欧提供了法理依据，显示了部分中国政治家和外交家主动应对"一战"复杂局势的眼光和智慧。

尹新华（湖南师范大学）指出，"一战"是中国参与国际公约的重要阶段，尤其在宣布参战前取得了较大突破，一次性补签了五项战争公约。补签决议依托第三次保和会准备会进行，其形成过程反映了民国外交决策研究更趋正规化的发展趋向，而《局外中立条规》及其配套措施的出台既是中国履行国际公约的体现，也是中国将国际公约向国内法转变的一次全面实践。不过，她也评价道，北京政府围绕战争法公约的中立外交在强权挑战下表现浓厚的被动色彩和权宜性质，这也是促使北京政府由中立向参战转变的主要因素。

魏兵兵（浙江大学）则关注了"一战"期间及战后北京政府处置德国在华权益的方针和措施。中国虽以弱国身份参战，但北京政府坚决撤销了德国在华种种特权，而对于德侨的正当权益，战时北京政府则顶住协约国压力，坚持采取温和的保护性政策，战后，由于在山东问题上迫切需要协约国的支持，北京政府被迫对德侨及其财产采取较为强硬的处置方法。在清理德侨财产问题上，北京政府尤其慎重，始终采取控制而非任意占有或清理的办法，这为此后中德重新订约奠定了基础。

张岩（香港中文大学历史系博士生）关注了第一次世界大战期间法国华工的招募与交涉。他考察了中法华工招募合同的订立、华工招募情况及放洋流程，以及相应华工保护措施的出台过程，并探讨了中央政府、地方政府及驻华使领馆在其中扮演的角色、发挥的作用及其间的博弈。他认为，"一战"时期法国华工招募仍然折射出北京政府在处置外交事务以及侨工事务上的某些进步。

"一战"期间，内政与外交的复杂纠葛一直是学界关注的重点。滕帅（中南民族大学）梳理了洪宪帝制期间英国的应对并探究了其背后的原因。洪宪帝制在公开运作之初，为了避免日本干涉，本来主张暂缓称帝的英国转为筹划并迅速承认，但由于英国急需全面应付欧战，而不得不在远东政策上倚重英日同盟，故英国又转为迁就日本的所谓"观望政策"，而日本却行反袁倒袁之实。他认为，洪宪帝制的终结，意味着英国实行的扶植袁世凯、遏制日本势力的对华政策的破产。

曾荣（中共中央党校博士后）考察"一战"期间国民外交团体围绕着对德交涉问题所表达的政治诉求、外交主张及团体自身的人员状况，指出国民外交改变了清末时期与政府外交对立的姿态，各政党亦积极向国民外交团体渗透，使北京政府在对德绝交和对德宣战等问题上"由无后援而进于有后援"，而政府外交与国民外交的交织与纠葛也构成"一战"时期中国外交的重要表征。

罗毅（西北大学）、金光耀（复旦大学）考察了中国如何筹备参加"一战"后和会的问题。他指出，北京政府在日本占据山东后不久，即筹备通过参加战后和会以求山东问题的解决，虽然北京政府在此过程中几经变动，但筹备工作未有间断，而且随着时局的变化制定出各种应对方案。具体而言，参战前，中国为争取以中立国身份参加和会进行了各种尝试；参战后，中国获得出席和会的可靠保障，议和筹备工作趋于具体化，驻外使节亦纷纷就山东问题、对德关系及修约问题提出建议。战后，正是由于前期的充分准备，北京政府在和会召开之前迅即敲定了参会方针。在此过程中，外交部与驻外使节、中国代表团间函电交驰，为北京政府的决策提供了重要的依据。

吴翎君（台湾东华大学）探讨了美国在远东最大的商人利益团体，在"一战"期间对于中美经济外交关系的影响。她指出，美国亚洲协会从成立之初到第一次世界大战，始终标举"门户开放"政策，主张保全中国主权完整。欧战期间，其机关刊物大力鼓吹中国市场的巨大潜力，致力于加强中美经济外交的联系，同时该刊物还向读者介绍民族主义精神觉醒之下的中国新面貌，肯定中国参战的角色与作用。同时，在对日态度上，虽然美国亚洲协会的商人群体对日本的扩张野心表示疑惧，但出于务实投机的考虑，他们仍主张美日合作开发中国。

五　南京国民政府时期的外交与九一八事变

陈志刚（西南大学）的文章分析了北伐统一后美国驻华使馆迟至 1936 年才正式南迁的原因。他认为，根本原因是使馆南迁牵涉《辛丑条约》中规定的驻兵权及侨民保护等问题。但是，1935 年日本提出中日使馆升格问题，促使美国调适其政策，最终通过保留南北两个使馆的方式解决了使馆南迁问题。

九一八事变后中日两国政府的外交决策及交涉，以及西方列强的态度，是学者关注的焦点。陈群元（浙江大学）解读了 1932 年 8 月日本阁议形成的《根据国际关系所见的时局处理方针案》及 1933 年 10 月日本五相会议确定的外交方针，以此丰富对九一八事变后日本的外交方针的认识。他指出，这两份形成于日本内阁会议的决策文书真正代表日本政府对国际局势及相应对策的认知。从这两份文件中可以看出九一八事变后，日本政府已陷入高度的危机感中。在对策方面，前一份文书显示，九一八事变后日本政府的外交决策为其扶植"满洲国"清除障碍，因而为退出国联已做了心理准备；后者则反映日本政府对其与美、英、苏及德、意等国关系的定位，也体现了日本全面协调修复与各国关系的对策。

随着中外关系史研究的不断推进，学者们越来越自觉地引入多边外交视角来分析问题，注重分析交涉双方之外第三国的态度及活动。耿密（西南大学）围绕着九一八事变、"一·二八事变"及《国联调查报告书》的出台等几个节点，对英国内阁文件进行了解读，进而探讨九一八事变后英国对日本侵华的应对。他认为，英国无论是祖护日本，还是支持中国，都是以其根本利益为着眼点来不断转换的，较少顾及国际道义与法理，作为国联主要领导力量的英国因而对中国国联外交产生了不利影响。

李欣荣（中山大学历史系）考察了抗战前中日就教科书问题进行的交涉，为探究抗日战争爆发的深层原因提供了一个新的视角。他指出，日本政府宣称南京国民政府在"济南惨案"后实施的"国耻教育"导致仇日情绪和行动，并以此作为侵华借口。九一八事变后，日本曾多次就此问题向国民政府施压，国民政府虽因应外交方针的变化，加强对教科书的审定力度，试图将教科书问题纳入政府可控范围。然而，民间反日情绪强烈，日本修改教科书的强硬要求遭到教育界的抵制和抗议，国民政府的民族主义立场亦较为坚定。

李君山（台湾中兴大学）提出自九一八事变到七七事变的"华北外交"这一概念。他分析了"华北外交"的形成背景，梳理了华北地区的管辖权由北平军分会、行政院驻平政务委员会的"两会制"到冀察政务委员会的嬗替，并探讨了后者作为"华北外交"的主体所进行的对日交涉个案。文章呈现了中国内部派系政治、地方主义及日本侵华势力等多种因素在华北地区这一中日冲突前沿的复杂纠葛与影响。

六　抗日战争时期的对外关系

史桂芳（首都师范大学）分析了抗日战争初期日本首相近卫文麿"建设东亚新秩序"声明对中国的影响。她指出，汪精卫认为近卫声明体现了日本尊重中国主权的立场并为其张目，宣称该主张与孙中山民族主义、大亚洲主义一致，进而在其所控制的地区开展东亚联盟运动，打着继承孙中山遗志的旗号破坏中国抗战。日本的此种诱降政策，对中国抗战产生了一定的消极影响。

鹿锡俊（日本大东文化大学）探讨了苏德战争爆发后以蒋介石为首的国民政府领导层对日本进攻方向的错误研判。他结合蒋介石日记及档案，指出蒋介石及国民党军政大员的基本判断是日本必将"北进攻苏"，而日本相关外交档案则显示，日方早已确定了"南北并进，先行南进"的政策。这一基本判断导致在日美秘密谈判破裂后，蒋介石也未对日本率先发动太平洋战争做出预判。

张俊义（中国社会科学院近代史研究所）考察了太平洋战争爆发前国民

政府尤其是最高领袖蒋介石对美日秘密谈判所做出的因应。他指出，1937 年抗战全面爆发后，国民政府从战略高度将谋取国际支持放在了解决中日争端中的重要位置，并逐渐将对美外交置于外交工作中的优先地位。为了达到与美联手的目标，国民政府与蒋介石通过各种途径不断地游说，提出各种合作方案，在遭遇美方的冷眼与拒绝时能做到隐忍自持。同时国民政府采取果断措施，在制止美日达成秘密妥协上发挥了重要作用。在 1941 年 11 月底，美国向日本提出以牺牲中国利益为代价的临时过渡方案的关键时刻，蒋介石向其驻美私人特使宋子文发出态度明确、措辞强烈的电文，后者据此做出种种外交努力，终于促使美国方面放弃妥协方案，而美日谈判的最终破裂对于太平洋战争的爆发则起了某种程度上的直接推动的作用。

以往在抗战时期中外关系史研究中，学者大多较注重大国外交关系，对于中国和一些小国的外交关系的发展则关注较少。何铭生（Peter Harmsen）（法新社北欧分社）对抗日战争时期丹麦、瑞典两国的对华政策进行了比较研究。他考察丹麦、瑞典两国外交档案，指出抗战爆发之初，丹麦、瑞典两国均希望如常进行对华外交工作，但事实上两国均未如愿。由于两国的处境不同，两国对华外交虽均陷入非常状态，但其应对则并不相同。此外，他还揭示了轴心国为达到使两国承认汪伪政权的目的而采取协同行动的史实。

刘利民（湖南师范大学）考察了抗日战争时期中美、中英在新约谈判过程中就废止沿海贸易和航行特权问题中、美、英三方的态度及谈判。他指出，矢志于废除英美一切在华特权的国民政府将收回航行权作为新约谈判的重要内容，并为此做了充分准备。由于中方态度坚决，美方因中方的坚决立场决定满足中方要求，而英方放弃航行特权则显得颇不情愿。

太平洋战争爆发后中国国际地位提升，大国意识增强。肖如平（浙江大学）的论文便以 1942 年蒋介石访印期间与印度国大党领袖甘地会晤为视角，考察蒋介石参与国际事务的实践和能力。一方面，出于对日作战及战后亚洲格局的考虑，蒋介石坚持中印友好原则，试图借自己与甘地的私谊说服国大党支持英国参战；另一方面，他又抱持解放亚洲被压迫民族的理念，公开号召英国政府从速赋予印度国民政治实权，甚至策动美国向英国施压。由于对形势认识不足及自身实力有限，蒋介石最终非但未能如愿，还使中英关系进一步恶化。

朱浤源（中研院近代史研究所）详细回顾了中国远征军两次赴缅作战的过程，并试图整理与重构缅甸当地人尤其是华侨华人在战争中的状况，进而揭示参与国家众多、牺牲巨大的缅甸战场在第二次世界大战中的重要地位，希冀通过历史的发掘唤起官方与民间重视中国军民及缅甸华人在"二战"中所做出的突出贡献。

邵玮楠（南京大学历史系博士生）探究了抗战后期国民政府就假道伊朗和苏联中亚地区与英、美、苏三国的交涉过程。他揭示出，英国对假道运输多有推动，却无力独自施援；美国一度积极协助，但终因内部意见不一而放弃；苏联虽勉强同意，但实际上采取拖延战略并最终导致交涉无果。他还指出，假道运输的交涉不仅受到"二战"进程和战时国际关系的影响，新疆问题也作用其中。

吉田丰子（日本京都产业大学）认为，波茨坦会议的召开是1945年《中苏友好同盟条约》谈判的重要节点，会议前后国际局势的改变使得谈判发生了很大的变化。她运用中方谈判记录、莫斯科的中国代表与蒋介石的来往电文及蒋介石日记等资料，细致梳理了波茨坦会议后中苏间的谈判过程，以此对国民政府的因应进行重新审视与评价，并探析蒋介石在民族主义与外蒙古问题上的考量。在她看来，尽管中国丧失了外蒙古和旅顺军港，但东北与新疆的领土主权得以保全。她还强调美国在向日本投放原子弹前后对苏态度由妥协变为力争不妥协，也为中方增加了谈判的砝码。

尤淑君（浙江大学）利用最近出版的《傅秉常日记》及其他史料考察了傅秉常担任苏联大使期间的外交表现，探讨国民政府对苏政策的变化。她认为，尽管傅秉常、孙科等亲苏派将《中苏友好同盟条约》的签订视为保证中国避免长期陷入外患内乱的契机，但是由于苏联未能遵守条约中接收东北、新疆撤兵及国共政争三项规定，而使中苏关系恶化，傅秉常的努力也付诸东流。

抗日战争时期，国人在空前的民族存亡危机之前，对于争取西方国家人民的支持与援助起积极的作用。李珊（中国社会科学院近代史研究所）从写作主体的角度关注了抗日战争时期中国人的英文书写。抗日战争时期不仅国民政府注重利用国际宣传处及各驻外机构编撰发行英文出版物宣传中国抗战，专家学者、留学生及文学家亦写作出版大量英文著述。

郑月里（台湾玄奘大学）借助档案、日记等史料，还原了卢沟桥事变爆发后，王曾善等五名伊斯兰教徒在外交部的支持下，组成中国回教近东访问团，遍访土耳其、伊朗、叙利亚等九个伊斯兰教国家，开展国民外交活动的历程。作为回族应对国难的一个代表性个案，中国回教近东访问团的活动反映了穆斯林为抗击日本侵略所做的贡献，同时她也指出，该访问团所取得的宣传效果较为有限。

七　国共内战时期的中外关系

孙扬（南京大学）对 1948 年广州沙面事件进行了再考察。他强调沙面事件的背景、英方视角、广州地方政府和外交当局在九龙城寨问题上的分歧以及事件本身的脉络。他认为，沙面事件并非单纯由城寨事件牵连产生，其发生背景是 1945 年英国重占香港后，香港民众对港英政府的不满，以及中国政府对香港事务的介入和内地民众运动。

金东吉（北京大学）关注了抗战胜利到国共内战国共两党对东北朝鲜人的政策，以及东北朝鲜人"朝鲜族化"的进程。他指出，1945 年日本投降之际，国共两党都不认为中国境内的朝鲜人是中国的少数民族，但 1945 年 9 月，中共东北战略由"独占"改为"分占"后，开始承认东北朝鲜人的少数民族身份，鼓励朝鲜人加入中国国籍，并在分配土地等问题上与汉族同等对待。但由于解放区整风运动，东北朝鲜人在法律上的"朝鲜族化"与感情上的"朝鲜族化"并不同步。

八　中外关系的其他方面

从广义上讲，近代中外关系史的内涵不仅是中国与不同国家政府之间的外交关系，也应包含着中国人民与其他国家人民之间的经济、文化交往。它不仅能反映近代中国不断走向世界的广度和深度，也有利于更好地把握国家间冲突与磨合背后的深层文化因素。本届会议亦有多篇论文集中探讨这些问题。

郭卫东（北京大学）对鸦片战争之前东西方贸易的网络及货品进行了分析，认为当时的国际贸易并非西方与东方间的交换，而是西方人利用东方物品的交换，西方人在其中只是充当居间牟利者的角色。这既是当时东方经济水平不输西方的体现，也是殖民地掠夺经济的体现。

1887 年清政府通过考试选派 12 名官员，分赴世界四大洲二十多个国家游历考察，这本是晚清时期中国人走向世界的一次盛举，却长期湮没不闻。王晓秋（北京大学）的论文分析总结了 1887 年海外游历被人们遗忘的原因，即：游历之举立意不高、目标不明确，分工不细致；清政府未将游历使作为外交人才加以培养任用；游历使内受保守势力攻击，外遭游历国家歧视；游历使人选级别低，素质和知识结构不佳；游历经费有限及由此引发的与驻外公使的矛盾。

谭皓（大连民族学院）则追溯了近代日本外务省对华派遣留学生的开端，指出外务省派遣学生留华始于 1874 年柳元前光担任全权公使期间。他还对外务省留华学生的学习情况做了介绍，认为外务省派遣留学生的最初尝试在于培养汉语人才促进日本对华关系，在派遣留学生上外务省发挥了积极作用。

近代西方势力在中国的存在不局限在政治和国家层面，而是渗透地方社会，以致内与外的界限变得日益模糊。王敏（上海社会科学院历史研究所）便以在华西人与中国人的互动为研究对象。1927 年前后随着国际、国内环境的变化，上海公共租界的未来地位问题成为中外人士关注的焦点。1927 年至 1931 年间，中外人士围绕着谁对上海贡献大、在上海孰主孰客、未来的上海是中国的上海还是世界的上海等几个问题展开争论。她认为，这场争论实际上是外侨的自由贸易理念与中国反帝民族主义和国际反殖民主义的交锋。

来华基督教的发展及本土化是研究中西关系的一个重要侧面。张德明（中国社会科学院近代史研究所博士后）关注了 1929 年世界经济危机之下华北基督教会的发展。他认为，经济危机爆发后西方基督教会减少了对华传教事业的经费支持，华北基督教会采取了多种应对策略来克服困难。在此过程中，中国教会及教会机构的自养色彩加重，这为中国教会逐渐本土化提供了积极的探索机会，但中国教会并未根本摆脱对西方经费的依赖。李传斌（湖南师范大学）关注了全面抗战之初的新教教会医院，指出中日战争的全面爆发使教会医院处于严重的困境之中，根据国际法所享有的保护权益也得不到保障。尽管处境艰难，但教会医院作为战区的特殊存在还是在发挥人道主义精神、救助中国军民方面发挥了积极的作用。美英等国也曾与日本就教会医院遭到轰炸及破坏一事展开交涉，但在英美妥协政策的背景下，这些交涉收效有限。

进入 20 世纪以后，随着外交制度与观念由传统向现代转型，以及民族主义思潮的兴起，国民外交越来越为国人所重视。这也是考察近代中外关系史的一个重要视角。孙会修（中国人民大学清史研究所博士生）对 1921~1923 年间苏俄灾赈济会的活动进行了细致的考察，他指出当时的舆论和赈济会将救济苏俄灾荒视为国民"善力"的表现，并希冀以此塑造国民形象，使中国成为道德上的强国，进而推动国民外交。但由于工商业者等群体捐款不力，自身公信力不足等因素的制约下，结果令人失望。

太平洋国际学会是太平洋地区最早出现的国际性非政府组织，亦是国民外交的产物。王立新（北京大学）探究了该学会的产生背景、活动情况及其影响。他指出，学会建立之初的学术研究、圆桌讨论与教育活动有助于消除国家间的误解，对太平洋战争时期的美国政策也具有一定的影响，一定程度上也推动美国亚洲研究，但由于国际环境的巨变，各国理事会民族主义立场与学会组织者对于科学与理性的天真信奉，该学会所希望培育的太平洋共同体的意识并未实现。

周海建（中国社会科学院近代史所博士生）探讨了 1934 年年底爆发的意大利与阿比西尼亚（今埃塞俄比亚）之间的战争在中国知识界产生的反响，认为中国知识分子对意阿战争的关注与讨论体现了"一战"后形成的国际秩序对国人观念的影响，也折射出日本侵略背景之下知识分子的外交观念和民族主义情结。

综观各位专家学者们提交给本次会议的论文来看，我们或许可以从中得出这样几点印象：其一，会议关于近代中外战争与外交的研究较为丰富，尤其在中日甲午战争与晚清外交、抗日战争与国民政府外交等领域文章较多，同时，有关两次鸦片战争及国共内战这一头一尾两个时期的中外关系的论文则相对较少，这或多或少也反映目前近代中外关系史研究领域存在热闹与冷清之别。其二，近代中外关系史的研究视野进一步拓宽，从国家政府层面的外交决策与交涉，拓展到地方及民间层面的外交活动。研究视角也日益多元，一方面突破从中国的角度分析中外关系的思路，开始从英美等国反观中国的内政外交；另一方面，重视从多边外交的维度考量问题，尽可能地发掘中外交涉中各个国家的因素及相互作用，由此得以更加客观而深刻地重建与阐释近代中外关系史的发展脉络。其三，研究者在立足原始外交档案展开研究的基础之上，更加注重日记、书札等史料的发掘与运用。

值得一提的是，为激励近代中外关系史领域的青年学生及学者的成长，促进学术交流与切磋，本届会议还专门面向海内外史学界广泛征集论文。征稿活动得到了学者们的热烈响应，共收到文章 27 篇，最后由会议组委会组织专家评出 13 篇具有较高水平的论文参会。在大会的总结发言中，与会专家纷纷对这些论文给予了较高的评价，并对近代中外关系史领域的新生力量的涌现感到欣慰。相信在近代中外关系史领域众多前辈学者的带动和青年学者的积极参与下，近代中外关系史学科一定会取得更好的发展。

图书在版编目（CIP）数据

近代中外关系史研究.第5辑／张俊义,陈红民主编.—北京:社会科学文献出版社,2015.11

（中国社会科学院重点学科·近代中外关系史学科）

ISBN 978 - 7 - 5097 - 8331 - 3

Ⅰ.①近…　Ⅱ.①张…②陈…　Ⅲ.①中外关系－国际关系史－国际学术会议－文集　Ⅳ.①D829 - 53

中国版本图书馆CIP数据核字（2015）第261537号

中国社会科学院重点学科·近代中外关系史学科

近代中外关系史研究（第5辑）

主　　编／张俊义（执行）　陈红民

副 主 编／侯中军　肖如平

出 版 人／谢寿光

项目统筹／宋月华　吴　超

责任编辑／吴　超

出　　版／社会科学文献出版社·人文分社（010）59367215
　　　　　地址：北京市北三环中路甲29号院华龙大厦　邮编：100029
　　　　　网址：www. ssap. com. cn

发　　行／市场营销中心（010）59367081　59367090
　　　　　读者服务中心（010）59367028

印　　装／北京季蜂印刷有限公司

规　　格／开　本：787mm×1092mm　1/16
　　　　　印　张：17.5　字　数：315千字

版　　次／2015年11月第1版　2015年11月第1次印刷

书　　号／ISBN 978 - 7 - 5097 - 8331 - 3

定　　价／79.00元